国家社科基金
GUOJIA SHEKE JIJIN HOUQI ZIZHU XIANGMU
后期资助项目

中国古代城市治理体系研究

A Study on the Urban Governance System in Ancient China

陈松川　著

社会科学文献出版社
SOCIAL SCIENCES ACADEMIC PRESS (CHINA)

国家社科基金后期资助项目
出版说明

后期资助项目是国家社科基金设立的一类重要项目，旨在鼓励广大社科研究者潜心治学，支持基础研究多出优秀成果。它是经过严格评审，从接近完成的科研成果中遴选立项的。为扩大后期资助项目的影响，更好地推动学术发展，促进成果转化，全国哲学社会科学工作办公室按照"统一设计、统一标识、统一版式、形成系列"的总体要求，组织出版国家社科基金后期资助项目成果。

全国哲学社会科学工作办公室

目　录

第一章　"众里寻他千百度"

——探寻城市治理的中国规律

第一节　研究中国古代城市治理的时代背景、理论意义与现实意义

一　城市治理体系和治理能力现代化是当前中国国家治理体系和治理能力现代化的重要内容

城市是国家结构的重要节点和战略支撑。列宁认为："城市是人民的经济、政治和精神生活的中心，是前进的主要动力。"[①] 随着 2011 年中国城市化率达到 51.27%，中国正式进入了城市时代。但是，中国城市化的后发特征明显，集中发生在改革开放后的 40 多年，特别是 21 世纪以来的 20 多年。从 1949 年到 1978 年的 30 年间中国城市化率提高了 6.74 个百分点，而改革开放后的第 1 个 10 年和第 2 个 10 年就分别提高了 7.89 个百分点和 4.59 个百分点，第 3 个 10 年和第 4 个 10 年更是分别提高了 16.60 个百分点和 12.58 个百分点（见图 1 – 1）。快速、集中的城市化导致了中国城市化进程多个阶段叠加的复杂性，也造成了城市问题的快速积累和集中爆发，使解决城市问题成为当前国家发展面临的重大挑战。正是在这样的背景下，2015 年 12 月召开的中央城市工作会议明确提出"促进城市治理体系和治理能力现代化"的要求。2020 年 3 月 31 日习近平在浙江考察时指出，推进国家治理体系和治理能力现代化，必须抓好城市治理体系和治理能力现代化。[②] 英国历史学家汤因比

---

① 《列宁全集》（第 2 版增订版）第 23 卷，人民出版社，2017，第 358 页。
② 《统筹推进疫情防控和经济社会发展工作　奋力实现今年经济社会发展目标任务》，《人民日报》2020 年 4 月 2 日，第 1 版。

早就预言:"中国似乎在探索一条中间道路,想把前工业社会的传统生活方式和近代以来已经在西方和西方化国家生根的工业方式这二者的优点结合起来,而又避免二者的缺点。""如果共产党中国能够在社会和经济的战略选择方面开辟出一条新路,那么它也会证明自己有能力给全世界提供中国和世界都需要的礼物。这个礼物应该是现代西方的活力和传统中国的稳定二者恰当的结合体。"① 这同样是时代赋予中国国家治理和城市治理的重任。

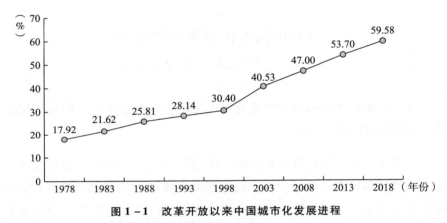

图 1 – 1　改革开放以来中国城市化发展进程

资料来源:中国统计年鉴 2018 和年度统计公报。

二　实现城市治理体系与治理能力现代化亟待厘清中国城市治理的内在逻辑

毋庸置疑,城市发展自身存在带有普遍性的一般规律,城市化特别是由工业化进程引发的现代城市问题也具有一定的共通性,特别是作为工业城市发源地的西方发达国家城市治理模式,由于具有先发优势,比较容易获得社会认同和支持,在世界范围内得到较为广泛的传播,中国在一段时间以来也以学习借鉴西方城市治理经验为主。但是,简单地照搬学习西方城市治理模式这一思路,却并不一定能够取得预想的结果,甚至会因此走一些弯路。这不由得引发人们的思考,城市治理规律到底

---

① 〔英〕汤因比:《历史研究》(插图本),刘北成、郭小凌译,上海人民出版社,2019,第617页。

该如何理解，城市治理之路是否仅有西方发达国家城市治理模式一途，中国改革开放以来积累的城市治理实践以及几千年的古代城市治理积淀该如何认知。这些问题已经引起国内外的广泛关注，"到今天，我们的'城市'已经被逐渐抽出内核，其内涵已经与西方迥异。应该说，中西方'城市'的这种差异是实质性的；而我们长期忽视这种制度层面的差异的确是造成诸多城市问题的症结所在"①。"中国近年来的城市化进程不完全是受到西方模式引导的现代化产物，它同时也是深植于中国数千年历史的社会与文化动力的一种表达。中国城市的现代化进程浸透着诸多传统元素，如果不能识别它们的影响，我们就不可能理解中国城市。"② 同时，与国家治理、省域治理和乡村治理不同的是，城市治理具有空间高度压缩、资源和人口高度聚集的独特特征，也需要从独特的治理理念、方法和工具等方面进行系统的专门研究，以探索城市治理体系和治理能力的基本逻辑。因此，在推动城市治理体系和治理能力现代化这一重大历史课题的过程中，需要厘清中国城市发展的脉络，厘清中国城市的发展规律特别是中国城市治理与生俱来的内生逻辑，在此基础上实现中国城市治理逻辑与发达国家城市发展经验的有机结合，这是目前亟须解决的重要课题。

三　古代城市治理体系是中国城市治理研究的薄弱环节

中国城市治理的内在逻辑是与中国城市特别是中国古代城市的发展演变紧密相连的。恩格斯指出："历史从哪里开始，思想进程也应当从哪里开始，而思想进程的进一步发展不过是历史过程在抽象的、理论上前后一贯的形式上的反映；这种反映是经过修正的，然而是按照现实的历史过程本身的规律修正的，这时，每一个要素可以在它完全成熟而具有典型性的发展点上加以考察。"③ 陈寅恪认为："其真能于思想上自成系统，有所创获者，必须一方面吸收输入外来之学说，一方面不忘本来民

---

① 刘君德、范今朝：《中国市制的历史演变与当代改革》，东南大学出版社，2015，第24页。
② 〔德〕迪特·哈森普鲁格：《中国城市密码》，童明、赵冠宁、朱静宜译，清华大学出版社，2018，ⅲ。
③ 《马克思恩格斯文集》第2卷，人民出版社，2009，第603页。

族之地位。"① 美国学者刘易斯·芒福德提出:"要想更深刻地理解城市的现状,我们必须掠过历史的天际线去考察那些依稀可辨的踪迹,去了解城市更远古的结构和更原始的功能。这应成为我们城市研究的首要任务。"② 尽管关于中国城市的知识日益增加,但相关研究过于关注城市中的新因素与所谓的"转型",对于中国城市的传统特征在城市发展中的作用和变迁关注较少,特别是对中国历史上形成的城市治理传统这一重要论题,没有进行充分的讨论。当前的中国古代城市研究过多重视物质的结构、形式和布局,造成"中国古代城市的研究难以对世界城市史研究中的关键问题进行回应,也难以对世界城市史的研究从中国古代城市的角度进行修正、补充以及提出新观点"③,尤为值得重视的是,"规划、建设、管理是城市发展的三个重要方面,其中古代城市行政管理曾被学界长期忽视"④。这些方面研究的不足,也是西方话语在中国城市治理研究中的主导地位难以撼动的主要原因。对中国古代城市治理及其体系从认识形态到解释制度进行全面的认识,将是当前中国城市治理研究迫切需要补足的一个短板。

四　透视中国城市治理体系历史变迁中的深层次规律

古希腊思想家亚里士多德说过,"我们如果对任何事物,对政治或其它各问题,追溯其原始而明白其发生的端绪,我们就可获得最明朗的认识"⑤。社会学家费孝通认为,"文化自觉是当今时代的要求,它指的是生活在一定文化中的人,对其文化要有自知之明,并对其发展历程和未来有充分认识"⑥。习近平指出:"一个国家的治理体系和治理能力是与这个国家的历史传承和文化传统密切相关的。""我们推进国家治理体系和治理能力现代化,当然要学习和借鉴人类文明的一切优秀成果,但不

---

① 陈寅恪:《金明馆丛稿二编》,上海古籍出版社,1980,第284页。
② 〔美〕刘易斯·芒福德:《城市发展史——起源、演变和前景》,倪文彦、宋俊岭译,中国建筑工业出版社,1989,第1页。
③ 成一农:《空间与形态——三至七世纪中国历史城市地理研究》,兰州大学出版社,2012,第233页。
④ 韩光辉:《宋辽金元建制城市研究》,北京大学出版社,2011,第185页。
⑤ 〔古希腊〕亚里士多德:《政治学》,吴寿彭译,商务印书馆,1981,第4页。
⑥ 费孝通:《经济全球化与中国三级两跳中的文化思考》,《光明日报》2000年11月7日,第B3版。

是照搬其他国家的政治理念和制度模式，而是要从我国的现实条件出发来创造性前进。"① 美国学者牟复礼也指出："中国人生活的重要集中区——城市，是以与我们意想中别处的前现代城市互不相同的方式，与中华民族的整个存在互相联系着的。"② 著名学者史念海认为："他山之石可以为鉴，作为现代的中国的城市却不能不具有中国的特色。这就不能不在某些方面吸取前代的优异的成就。因此，历史上都城演变规律的探索是应该得到重视的。"③ 通过研究中国古代城市治理体系，在历代城市治理体系的变迁过程中不断深化认知其背后的深层次内生逻辑，从而逐步累积、叠加起城市治理的古代中国规律，不仅可以为建构中国城市治理的话语体系奠定坚实的基础，还可以为城市治理体系与治理能力现代化提供具有原生性乡土味的有力理论支撑。

第二节 缘起

在当前处理中国城市治理问题的过程中，一方面是中国现有的城市治理方式基本处于被检讨的状态，另一方面是古代城市治理处于被忽视的"失语"地位，占据主导地位的是导入西方现代城市治理的模式与经验。但现实中，从西方移植的以法律、社会、技术为主要偏向的治理模式所取得的效果并不理想，因为"把城市作为现实的问题来分析，忽略了城市的历史性，缺乏基于知识利用的历史性分析"④。这使人不得不产生这样的疑问：拥有数千年城市发展历史的中国古代城市治理难道没有给当代的城市治理留下什么遗产？这些古代城市治理遗产体现在哪些方面？有无形成系统的中国城市治理经验？"路径依赖意味着历史是重要的。不去追溯制度的渐进演化过程，我们就无法理解今日的选择。"⑤ 本书力

---

① 《牢记历史经验历史教训历史警示 为国家治理能力现代化提供有益借鉴》，《人民日报》2014年10月14日，第1版。
② 〔美〕牟复礼：《元末明初时期南京的变迁》，载〔美〕施坚雅主编《中华帝国晚期的城市》，叶光庭等译，中华书局，2000，第133页。
③ 史念海：《中国古都和文化》，重庆出版社，2021，第51页。
④ 罗文恩等：《西方城市管理思想与流变》，社会科学文献出版社，2018，Ⅲ。
⑤ 〔美〕道格拉斯·C.诺思：《制度、制度变迁与经济绩效》，杭行译，格致出版社、上海人民出版社，2016，第118页。

图通过研究中国古代城市治理历史的制度变迁回答这些问题。

第三节 核心概念

一 城市

对于城市的概念，有多种理解，西方学者更多偏重于从城市的人口规模和经济属性上把握城市的内涵。我国多数学者采用的是行政标准，即把县城及其以上的各级行政机关驻地看作城市。[①] 这后一个标准被多数学者用来划分中国历史上的城市，也就是说，中国古代城市即所谓"治所城市"，指的是传统地方行政体系中，县及县以上行政机构的驻在地，或径称为"行政城市"[②]。这也是本书中"城市"的基本含义。

二 治理

从20世纪90年代开始，"治理"（governance）这个概念就一直十分活跃，在政治学、经济学、社会学、法学等很多领域广受关注。但是如果认真考究的话，就会发现"治理"并非一个严谨的概念，它的内涵在不同的语境下含义不一，即使在同为西方的美国和欧洲也是如此。欧洲的"治理"强调治理过程中的社会参与，美国的"治理"则更倾向于其原始的引导调控含义，因此，从"治理"自身所体现出来的特征来看更多属于一个理论框架。"治理"一词早在14世纪就出现于法文之中，本义指"控制、引导和操纵"，它最初根植于城市环境，是用于解决城市问题的地地道道的"城市治理"，到后来随着这种理论框架被逐步引入更为广泛的领域，衍生出了企业层次上的"公司治理"、国家层次上的"国家治理"和超国家层次的"全球治理"。从政治领域尤其是国家治理领域看，当前国内外的许多研究都将"治理"的重心放在其与单方面统治不同的政府分权、主体多元和社会自治等具体表现层次上，对其更深层次的理论内涵强调得不够，"'治理'概念广受欢迎的一个关键原因在

---

① 张继海：《汉代城市社会》，社会科学文献出版社，2006，第3页。
② 黄敬斌：《郡邑之盛：明清江南治所城市研究》，中华书局，2017，第1页。

于它的涵盖能力——它涵盖了与统治（governing）过程相关的所有制度与关系领域"，"它将政治系统与其环境连结了起来，并使政治科学更具政策关联性成为可能"①。也就是说，"治理"在政治领域是一种处理与统治相关的制度与关系的理论，它体现的是"政府调控引导社会的能力"，这是"治理"的根本性内涵，也是本书讨论的"治理"的基本含义。当然由于治理产生的文化环境和时代背景不同，其具体的侧重点和层面也会有所差异。中国的"治理"更偏向于传统上的"治国安邦"，在对象上着眼于"国（邦）"的政府，在价值取向上偏好于与"乱"相对应的"治"与"安"，在手段途径上强调以"理"达"治"，通过理顺各种关系实现秩序化，"凡事治则条理秩然"②，"化解冲突的全部可能性都蕴含在'关系'和关系方法论之中，真正的理性表现为优先建构普遍有效的相互关系而不是利益最大化的计算"③，这同样也是本书中"治理"的具体内容。

三 城市治理

由于治理最初就是源于城市的治理，治理与城市治理有着天然的血缘联系，可以说城市治理是各个层次的治理中历史最为悠久的成分。与"治理"的境况一样，在城市问题研究领域"城市治理"话语正在取代"城市管理"，但是对"城市治理"内涵的认知在现实的反映中也体现出较大的差异，城市治理也是一个多维度的行为，对城市治理的理解总的来看存在"地理单元指向"和"公共权力指向"两个维度。城市治理框架尽管算不上严谨、成熟，在很多时候都被认为是嵌入在国家治理之中的一个部分，受到国家治理的限定，但由于城市政府是"最接近群众的层级"④，城市治理不能简单地顺着国家治理的思维拷贝，它有自身特定的内涵和外延。在西方城市政治的语境中，治理一直被定义为"关注管理，不依赖

① 〔瑞典〕乔恩·皮埃尔、〔美〕B. 盖伊·彼得斯：《治理、政治与国家》，唐贤兴、马婷译，格致出版社，2019，第 1 页。
② （东汉）刘熙撰，（清）毕沅疏证，（清）王先谦补《释名疏证补》卷四《释言语》，祝敏彻、孙玉文点校，中华书局，2008，第 128 页。
③ 赵汀阳：《天下体系——世界制度哲学导论》，中国人民大学出版社，2011，第 3 页。
④ Andrea Petriwskyj et al.，"Diversity and Inclusion in Local Governance：An Austalian Study of Seniors' Participation," *Journal of Aging Studies* 26（2），2012，p. 190.

于政府权威资源，在公共事务领域实现集体行动"①。英国学者约翰·伦尼·肖特也指出："对于当代社会中的城市而言，其构成元素是千变万化的图景、应接不暇的资讯和争执不休的利益冲突，而我们可以尝试着找出一种秩序把这些纷繁的要素整饬起来。"② 因此，总的来看，城市的本原性质是城市秩序，这是它区别于乡村的一个明显特征，中外城市莫不如此，特别是中国古今城市更是尤重秩序。秩序是指符合可识别模式的重复事件或行为。它使人们相信，他们可以依赖的未来行为完全能被合理地预见到。③ 基于此，本书的"城市治理"是指城市地域空间内通过制度安排和关系处理构建良性秩序的公共权力运作活动的总称。

四　城市治理体系

"体系"是指"若干有关事物或某些意识互相联系而构成的一个整体"④，突出的是该整体内部的联系性。不同的治理领域对应不同的治理体系，在城市治理领域相应的就是城市治理体系。当前对城市治理体系还没有一个成熟的共识，国外不太重视城市治理体系的研究，主要停留在城市治理的具体内容层次；国内的研究时间还比较短，对城市治理体系的认识逻辑多以国家治理体系作为参考。所谓国家治理体系，是指一个国家有效形成秩序的主体、功能、规则、制度、程序与方式方法的总和。它包括自发秩序的生成体系和组织秩序的生成体系两个基本方面。⑤有学者归纳了这样的定义："城市治理体系是指城市治理运行中必然涉及的治理主体、治理客体、治理方法（包括治理体制、机制、技术等）等因素构成的有机整体以及对此整体进行明确界定的制度因素。"⑥ 本书认

① 乔恩·皮埃尔：《城市政体理论、城市治理理论和比较城市政治》，陈文、史滢滢译，《国外理论动态》2015 年第 12 期，第 64 页。
② 〔英〕约翰·伦尼·肖特：《城市秩序：城市、文化与权力导论》，郑娟、梁捷译，上海人民出版社，2011，第 3 页。
③ 〔澳〕柯武刚、〔德〕史漫飞、〔美〕贝彼得：《制度经济学：财产、竞争和政策》，柏克、韩朝华译，商务印书馆，2018，第 195 页。
④ 《现代汉语词典》第 7 版，商务印书馆，2016，第 1288 页。
⑤ 徐邦友：《国家治理体系：概念、结构、方式与现代化》，《当代社科视野》2014 年第 1 期，第 33 页。
⑥ 夏志强、谭毅：《城市治理体系和治理能力建设的基本逻辑》，《上海行政学院学报》2017 年第 5 期，第 12 页。

同这一思路，但进一步强调城市治理体系对城市自身历史进程、经验衍化和对策回应的一致性和延续性，从这种一致性和延续性的视角出发，突出城市构建良性秩序过程中，围绕城市公共权力运行而形成的由结构、体制、制度、机制等安排构成的具有内在联系的整体。

第四节　国内外相关研究综述

与本书研究内容直接相关的研究文献主题是"城市管理""城市治理"。但从当前国内外研究的现状来看，专门从城市管理或城市治理角度对中国古代城市进行的研究还不够丰富，尤其是国外。目前与古代城市管理、古代城市治理有关的研究以城市史居多，主要是在城市历史地理、城市规划史、城市发展史等领域中有所涉及，即使是以"城市管理"为名的研究也脱离不了历史学和建筑学这两个主要领域。从城市治（管）理所归属的公共管理学视角出发的研究鲜之又鲜，特别是不够系统。这给本部分的写作带来了较大的困难。

一　国内学术史及研究动态

国内的古代城市管理研究本身起步较晚，前期相关内容主要散见于历史学、地理学、社会学和建筑学四个学科领域的相关研究成果中，直到 20 世纪 80 年代才受到一些关注，进入 21 世纪以来学术成果渐趋活跃，但从城市管理或公共管理视角研究的不多。

20 世纪 80 年代以前中国的古代城市研究更多的是城市经济社会发展和历史地理研究。在古代有很丰富的都城、城市的记录和考察，如《洛阳伽蓝记》《长安志》《唐两京城坊考》《东京梦华录》《武林旧事》《历代帝王宅京记》等。在近代与城市管（治）理相关的较早的有华绘以及吴晗关于明清城市政治的研究，[①] 吴云端的《唐代的都市制度》也是较早关注这一方面的文献。[②] 1946 年翦伯赞在《中国史纲》中提到了

---

① 华绘：《明代定都南北两京的经过》，《禹贡》第 2 卷第 11 期，1935 年；吴晗：《明代靖难之役与国都北迁》，《清华学报》第 10 卷第 4 期，1935 年，第 917 ~ 939 页。
② 吴云端：《唐代的都市制度》，《中央日报》1946 年 9 月 7 日，第 7 版。

都市行政管理的问题。① 李剑农以市和闾里为切入点对汉代城市内部结构进行了研究，指出秦汉以来城市居住区和市区有严格区分，都设于四面围墙之中，四面有门。② 胡如雷研究了中国古代城市与郡县制的关系，认为中国古代城市具有国家政治、军事据点的性质。③

　　20 世纪 80 年代至 90 年代中期加强了以都城为主体的中国城市史研究，特别是出现了与城市管（治）理直接相关的研究成果，在以历史地理学、城市经济史为主的基础上，城市规划学中涉及的相关研究也逐渐增多。曹尔琴辨别了里与坊的性质与布局设置。④ 张永禄认为唐代长安城行政管理分府、县两级，县之下的坊里是最基层的管理单位。坊正是居民的直接管理者，还设有监察系统和军事警备系统，其书是较早比较系统地归纳中国古代城市管理体制的文献。⑤ 张鸿雁的《简述春秋战国城市管理》是最早以"城市管理"为标题的文献，较为全面地概括了春秋战国时期的城市管理制度。⑥ 张南、周伊认为，秦汉建成了大一统的郡县城市体系。⑦ 林剑鸣关注到了汉代的城市治安管理与卫生管理。⑧ 张永禄的《唐都长安》将长安的管理制度归纳为伍保组织、实行宵禁制度、禁止私藏与携带兵器、街衢交通管理、城市环境卫生的治理、城市绿化管理、房第建造管理、市场管理八个方面。⑨ 朱大渭论证了魏晋南北朝城市的军事化及套城结构特点。⑩ 宿白将隋唐城市分为京城、都城、大型州府城、中型州府城、县城五种，并认为隋唐地方城市建城有一定的等级制度：十六个坊、四个坊、一个坊，层层十字街的分割形式是隋唐城市内部结构的一个特征。⑪ 这一时期的一个重要进展是出现了一些

---

① 翦伯赞：《中国史纲》，重庆大呼出版公司，1946。
② 李剑农：《先秦两汉经济史稿》，生活·读书·新知三联书店，1957。
③ 胡如雷：《中国封建社会形态研究》，生活·读书·新知三联书店，1979。
④ 曹尔琴：《唐代长安城的里坊》，《人文杂志》1981 年第 2 期。
⑤ 张永禄：《唐都长安城坊里管理制度》，《人文杂志》1981 年第 3 期。
⑥ 张鸿雁：《简述春秋战国城市管理》，《安徽史学》1986 年第 3 期。
⑦ 张南、周伊：《秦汉城市发展论》，《安徽史学》1989 年第 4 期。
⑧ 林剑鸣：《秦汉社会文明》，西北大学出版社，1985，第 169 页。
⑨ 张永禄：《唐都长安》，西北大学出版社，1987。
⑩ 朱大渭：《魏晋南北朝时期的套城》，《齐鲁学刊》1987 年第 4 期。
⑪ 宿白：《隋唐城址类型初探（提纲）》，载北京大学考古系编《纪念北京大学考古专业三十周年论文集（1952—1982）》，文物出版社，1990。

有代表性的通史类著作，其中涉及里坊、市场管理等城市治理内容。贺业钜的《中国古代城市规划史论丛》从城市规划角度研究了唐宋市坊制度。[①]杨宽出版了通史性的《中国古代都城制度史研究》一书，[②] 这是较早对历代里坊制度、市场管理制度等进行系统梳理的专著。何一民的《中国城市史纲》是一部中国城市发展通史。[③] 贺业钜的《中国古代城市规划史》以《周礼》"营国制度"为纲，分析了中国城市规划的基本特点，从城市规划的角度对里坊制度进行了分析和论述。[④] 此外，贺业钜的《考工记营国制度研究》对周代的里制、闾里规划以及市制、市场规划进行了阐述，但侧重于对周代里市规划形制的推测，对里作为社会基层组织的叙述一带而过。[⑤] 张鸿雁对城市管理和城市管理体制进行了分析。[⑥] 林立平不仅分析了中国古代城市封闭性结构的产生、强化与终结，更重要的是将之与当时的诗文格律等社会心理结构相联系，已隐约透露出话语分析的趋向，这是前后期的其他研究所没有的。[⑦] 韩大成从派官驻军、编划坊厢、整顿市容、社会救济、市场管理等方面对明代的城市管理进行了研究。[⑧] 萧斌主编的《中国城市的历史发展与政府体制》对中国古代城市的管理机构与管理制度做了简要介绍，并具体介绍了治安、消防、市场、规划等管理情况。[⑨] 朱绍侯主编的《中国古代治安制度史》中介绍了历代的城市治安管理制度。[⑩]

20世纪90年代中期以来，在以往相关研究继续发展的基础上，中国古代城市治理研究的发展进一步得到了社会学、经济学、地理学、建筑学、城市学等多种学科的推动，但仍然主要局限于历史地理学科、考古文物学科、建筑规划学科，[⑪] 古代城市管理研究逐步增多，特别是出现了以"城市管理"命名的专著。于云瀚对春秋战国时期的治安管理与

---

① 贺业钜：《中国古代城市规划史论丛》，中国建筑工业出版社，1986。
② 杨宽：《中国古代都城制度史研究》，上海古籍出版社，1993。
③ 何一民：《中国城市史纲》，四川大学出版社，1994。
④ 贺业钜：《中国古代城市规划史》，中国建筑工业出版社，1996。
⑤ 贺业钜：《考工记营国制度研究》，中国建筑工业出版社，1985。
⑥ 张鸿雁：《春秋战国城市经济发展史论》，辽宁大学出版社，1988。
⑦ 林立平：《封闭结构的终结》，广西人民出版社，1989。
⑧ 韩大成：《明代城市研究》，中国人民大学出版社，1991。
⑨ 萧斌主编《中国城市的历史发展与政府体制》，中国政法大学出版社，1993。
⑩ 朱绍侯主编《中国古代治安制度史》，河南大学出版社，1994。
⑪ 郭湖生：《关于中国古代城市史的谈话》，《建筑师》1996年第6期。

组织管理进行了研究。① 高敏认为，汉代城市里有行政机构"都乡"和治安机构"都亭"。② 周长山对汉代长安的居民管理和市场管理进行了研究，按照行政层级将汉代城市分为县城、郡城、都城三类。③ 张金龙研究了北魏后期洛阳里坊数、里坊名称及其命名原则、里坊的管理、乡里结构及其所反映的中古地方基层组织的发展趋向等。④ 任重、陈仪对魏晋南北朝城市管理做了比较全面的研究，明确提出了城市管理机制是城市管理的关键，大多数情况下是该行政区划的行政管理机制，其与其他管理领域的不同不在于管理制度，而在于管理方式。⑤ 马继云、于云瀚认为，厢坊制是宋代对城市管理制度的重要改革，城市拥有了更多的主动权。⑥ 陈振较为系统地研究了宋代城市行政制度的演变。⑦ 王维坤对古代都城里坊制做了系统的梳理。⑧ 尹钧科的《古代北京城市管理》对北京城市管理的研究，上迄辽代下至明清，包括城市规划、市政建设、户籍管理与民政管理、工商税务管理、社会治安管理、教育文化管理六个方面，是较为系统的研究之作，具有奠基的作用。⑨

　　进入 21 世纪，特别是近 10 余年来，对于中国古代城市管理的研究成果开始增多，尤其是古代都城城市的研究，但研究视角仍以城市史和城市规划为主。

　　宏观层次的城市管理研究，关注整体的城市管理特征或某个朝代的城市管理研究。在整体城市管理特征层面，李孝聪对以往较少注意的城市内部结构进行了分析，如强调了隔离性、封闭式管理对城市治理的重要心理强化作用。⑩ 成一农研究了 3~7 世纪城市结构和里坊制演变，并

---

①　于云瀚：《春秋战国时期的城市居民组织及其管理》，《安徽史学》2000 年第 4 期。

②　高敏：《秦汉史探讨》，中州古籍出版社，1998。

③　周长山：《汉代城市研究》，人民出版社，2001。

④　张金龙：《北魏洛阳里坊制度探微》，《历史研究》1999 年第 6 期。

⑤　任重、陈仪：《魏晋南北朝城市管理研究》，中国社会科学出版社，2003。

⑥　马继云、于云瀚：《宋代厢坊制论略》，《史学月刊》1997 年第 6 期。

⑦　陈振：《略论宋代城市行政制度的演变——从厢坊制到隔坊（巷）制、厢界坊（巷）制》，载《漆侠先生纪念文集》编委会编《漆侠先生纪念文集》，河北大学出版社，2002。

⑧　王维坤：《试论中国古代都城的构造和里坊制的起源》，《中国历史地理论丛》1999 年第 1 期。

⑨　尹钧科：《古代北京城市管理》，同心出版社，2002。

⑩　李孝聪：《唐代的地域结构与运作空间》，上海辞书出版社，2003，第 248~306 页；李孝聪：《历史城市地理》，山东教育出版社，2007，第 151 页。

认为里的行政管理作用比坊要大。① 鲁西奇强调了城市作为权力运作场所和工具的政治文化内涵、城墙的威权象征含义。② 赵炎才指出,中国传统地方行政制度中政级配置与控制措施同生共存,制度性与变通性良性互动,具体性与目标性有机统一。③ 在具体朝代城市管理研究层面,张继海认为汉代城市管理分为民间略带自治性质的管理与由上至下的管理,以后者为主。④ 包伟民不仅研究了宋代城郭基层管理制度,还从行政等级、行政制度、市场管理、市政建设等方面介绍了宋代城市治理。⑤ 周执前研究了清代的城市管理机构和法律制度。⑥ 李伟峰从法律的角度对宋代城市的市政管理、经济管理和治安管理制度进行了研究。⑦ 梁克敏深入、系统地研究了唐代都城和地方城市的管理,认为唐代城市的社会管理包括人口、社区、治安和基础设施四个方面。⑧

中观层次的城市管理研究,主要是对具体城市的个案研究,特别是集中于都城的城市管理研究,如汉长安、隋唐长安、北魏洛阳、北宋汴梁、元明清北京等著名都城。刘章璋所著《唐代长安的居民生计与城市政策》被称为唯一的研究唐代政府管理城市生活政策的专著,是目前所见对唐代城市管理论述较为集中的一部著作。⑨ 张春兰系统研究了唐代都城的行政管理、人口管理、治安管理、环境管理等内容。⑩ 宁欣认为,对都城管理而言,核心问题至少包括对空间的布局和管理、对居民时间

---

① 成一农:《空间与形态——三至七世纪中国历史城市地理研究》,兰州大学出版社,2012;成一农:《里坊制及相关问题研究》,《中国史研究》2015 年第 3 期。
② 鲁西奇:《中国历史的空间结构》,广西师范大学出版社,2014。
③ 赵炎才:《中国传统地方行政制度的主要特征分析》,《上海行政学院学报》2009 年第 2 期。
④ 张继海:《汉代城市社会》,社会科学文献出版社,2006。
⑤ 包伟民:《宋代城市管理制度》,《文史》2007 年第 2 期;包伟民:《宋代城市研究》,中华书局,2014。
⑥ 周执前:《国家与社会:清代城市管理机构与法律制度研究》,巴蜀书社,2009。
⑦ 李伟峰:《宋代城市管理制度研究》,硕士学位论文,山东大学,2013。
⑧ 梁克敏:《唐代城市管理研究》,博士学位论文,陕西师范大学,2018。
⑨ 刘章璋:《唐代长安的居民生计与城市政策》,台北:文津出版社,2006。
⑩ 张春兰:《唐五代时期的城市管理制度》,载杜文玉主编《唐史论丛》第 11 辑,三秦出版社,2009;张春兰:《唐代都城治安管理制度》,《南都学坛》2010 年第 3 期;张春兰:《由唐入宋都城管理制度的变革》,载姜锡东主编《宋史研究论丛》第 12 辑,河北大学出版社,2011;张春兰:《城市发展与权力运作:唐代都城管理若干问题研究》,人民出版社,2018。

的管理、社会治安管理等。① 袁芳馨研究了唐代长安城治安管理制度的特点和地位，认为中国古代都城治安管理制度自此基本成型。② 研究北宋都城东京城市管理的学位论文较多，并涵盖了人口、治安等具体领域。③ 陈鸿彝强调了巡检制、户牌制、分厢管理体制与防隅巡警和消防队的组建在世界警察史上具有首创意义。④ 张金花对宋代政府夜市管理进行了研究。⑤ 韩光辉等研究了宋金元时期的城市专门行政管理机构，特别强调了建制城市的形成。⑥

微观层次的城市管理研究，主要集中在城市的里坊制及城门和里门等设施在城市管理中的作用。冯剑、何一民认为微观层次的"研究城市管理机制是研究城市管理的关键"。⑦ 周祥从军事、经济、政治三方面分析了古代城市封闭的闾里形成的影响因素。⑧ 肖建乐认为，唐代坊市制度具有管理、服务双重功能。⑨ 李昕泽的《里坊制度研究》从建筑学和社会学的角度研究了里坊制度作为聚居空间形态和社会基层组织两个方面的内涵。⑩ 李昕泽、任军认为，里坊制度是城市和区域规划的基本单位与居住管理制度的复合体，代表着以社会政治功能为基础的城市聚居

---

① 宁欣：《唐代长安的城市建设与管理》，《人民论坛》2010 年第 Z1 期，第 166 页。

② 袁芳馨：《唐代长安城坊市治安管理机构的设置与运行》，《首都师范大学学报》（社会科学版）2009 年第 S1 期；袁芳馨：《唐代长安城治安管理制度研究》，硕士学位论文，首都师范大学，2009。

③ 陆爱勇：《宋代城市人口管理探析》，硕士学位论文，山东大学，2005；陈德文：《北宋东京城管理研究》，硕士学位论文，湖南师范大学，2007；吕远超：《北宋东京城治安问题研究——以城市管理为视角》，硕士学位论文，辽宁大学，2016；阮军鹏：《宋代城市游民管理》，硕士学位论文，渤海大学，2012；杨瑞军：《北宋东京治安研究》，博士学位论文，首都师范大学，2012。

④ 陈鸿彝：《宋代城市治安管理模式杂谈》，《中国人民公安大学学报》2001 年第 2 期。

⑤ 张金花：《宋代政府对夜市的干预与管理》，《首都师范大学学报》（社会科学版）2016 年第 2 期。

⑥ 韩光辉：《宋辽金元建制城市研究》，北京大学出版社，2011；韩光辉、林玉军、魏丹：《论中国古代城市管理制度的演变和建制城市的形成》，《清华大学学报》（哲学社会科学版）2011 年第 4 期；韩光辉、魏丹、王亚男：《中国北方城市行政管理制度的演变——兼论金代的地方行政区划》，《城市发展研究》2012 年第 7 期。

⑦ 冯剑、何一民：《中国城市通史（秦汉魏晋南北朝卷）》，四川大学出版社，2020，第 145 页。

⑧ 周祥：《古代城市封闭的闾里形成因素探析》，《建筑师》2009 年第 4 期。

⑨ 肖建乐：《唐代坊市制度及其历史定位》，《光明日报》2009 年 12 月 1 日，第 12 版。

⑩ 李昕泽：《里坊制度研究》，博士学位论文，天津大学，2010。

制度的成熟，是社会学层面封建统治者管理控制基层的重要手段。① 王谷、王准对秦汉里门的功能、门禁制度及里门对里内安全秩序的作用做了研究。② 万晋认为唐代城市中的"里"有其特殊性，凸显出人的地缘关系即"里望"，没有设"里正"的固定制度。③ 陈志菲梳理了历代旌表门间制度的特征和旌表方式，认为这种形式通过道德教化的社会功能，达到维护社会秩序和社会稳定的目的。④ 万晋、赵贞分别对城门郎、街鼓在城市管理中的作用做了研究。⑤ 肖爱玲、周霞认为，唐长安城作为中国历史上规模宏大的都城，城门管理制度严格而完备，是维系都城社会空间、等级秩序有序运行的重要保障。⑥ 闫明研究了门牌在清代城市管理中的作用。⑦

　　总而言之，20 世纪 90 年代以来出现了一些关于古代城市管（治）理的研究，体现了学界对这一研究短板的重视，也取得了一些重要成果，有了一定的研究积累。但中国学者多从经济史、制度史和政治史旁涉城市管（治）理研究，在理路和方法上或是采取局部和个案的研究，或是分政治、经济、社会文化等领域进行阐述，问题意识、理论指向、分析工具不够突出。⑧ 具体体现在以下三个方面，一是在研究视角上，现有的中国古代城市管（治）理研究多从城市规划、城市形态两大领域入手。在"历史城市地理"或"城市形态史"的研究路径下，学者们主要关注城市的物质形态和空间结构，建筑学界以"城市规划史""城市建设史"等名称所开展的研究与此颇为相似；在社会经济史的研究路径下，学者们关心的则是城市的社会职能。⑨ 有学者将之概括为"规划情节"

---

① 李昕泽、任军：《里坊制度发展演变特点新论》，《建筑与文化》2014 年第 3 期。

② 王谷、王准：《论东周秦汉时期的里门》，《中国社会经济史研究》2016 年第 2 期。

③ 万晋：《唐长安城的"里"、"坊"与"里正"、"坊正"》，《东岳论丛》2013 年第 1 期。

④ 陈志菲：《中国古代门类旌表建筑制度研究》，博士学位论文，天津大学，2017。

⑤ 万晋：《唐长安城门郎官考析》，《绵阳师范学院学报》2010 年第 10 期；赵贞：《唐代长安城街鼓考》，《上海师范大学学报》（哲学社会科学版）2006 年第 3 期。

⑥ 肖爱玲、周霞：《唐代长安城城门管理制度研究》，《陕西师范大学学报》2012 年第 1 期。

⑦ 闫明：《门牌保甲与清代基层社会控制——以清代门牌原件为中心的考察》，《南京大学学报》（哲学·人文科学·社会科学）2013 年第 2 期。

⑧ 席会东：《中国历史城市的基本问题与研究取向》，《三门峡职业技术学院学报》2016 年第 3 期，第 6 页。

⑨ 黄敬斌：《郡邑之盛：明清江南治所城市研究》，中华书局，2017，第 6~7 页。

与"城墙视角"。① 古代城市治理自身所属的公共管理或城市管理却被忽视了，城市管理毕竟是一个前人未系统研究过的重要领域，② 还缺乏一个适合中国国情的古代城市治理理论框架。有学者指出："制度安排、运作及其变迁，城市空间、城墙、标识性建筑或地理事物的象征意义，特别是其蕴含的文化权力及其在城市社区构建中所发挥的作用，应当是中国古代城市形态与空间结构研究的两个新切入点。"③ 二是在研究方法上，方法种类比较单一，无法适应古代城市治理问题的复杂性和情境的多样性。当前国内的研究多采用传统的文献归纳法和借鉴西方的研究方法，局限于都城的研究，停留在简单的历史描述和考证层面，特别是欠缺宏观层面对中国古代城市治理的规律性研究。"立基于西方城市发展经验的城市功能分区及其自然形成过程的解释"，"但却忽视了中国古代城市的'权力'本质"，"应当首先将中国古代城市（特别是治所城市）视作王朝权力运作的场所和工具，从王朝权力的获取、维护与运作的视角出发"，"其中的关键乃是制度安排及其变迁"，④ 这很可能是古代城市治理研究的一个重要突破点。宏观视野下虽然出现了何一民主编的 7 卷本《中国城市通史》，但古代城市管理史整体性、系统化的研究成果仍然缺乏。另外，虽然引入了一些技术手段，但是"到目前为止，这些技术手段所回答的问题都是传统的问题，也即对传统问题利用技术手段进行了解答，或进一步细化、深化了以往的回答，或推翻了以往的回答，但这些是不够充分的，我们希望看到的是这些技术手段能改变或者进一步提升我们提出的问题，这些是技术手段自身无法做到的，而只有通过改变我们思考问题的方式才能达成"⑤。三是在研究内容上，注重具有"典型性"和"代表性"的都城、大城市，而忽略了大量"普普通通"的地方城市，具有一定局限性。研究重点放在了汉长安、北魏洛阳、隋唐长安、宋开封、元明清北京等都城，关注地方城市较少，具体的研究内容以里坊、市为主，最多到街道，提炼的城市治理思想常常显得过于零散，各

---

① 黄敬斌：《郡邑之盛：明清江南治所城市研究》，中华书局，2017，第 13 页。
② 定宜庄：《有关近年中国明清与近代城市史研究的几个问题》，载〔日〕中村圭尔、辛德勇编《中日古代城市研究》，中国社会科学出版社，2004，第 260 页。
③ 鲁西奇：《中国历史的空间结构》，广西师范大学出版社，2014，第 342 页。
④ 鲁西奇：《中国历史的空间结构》，广西师范大学出版社，2014，第 338～340 页。
⑤ 成一农：《中国城市史研究》，商务印书馆，2020，第 64 页。

个部分之间缺乏有机联系，整体性的有深度的古代城市治理研究较少，缺乏一个更系统的体系，比较性研究也少。特别是在确立中国城市治理发展演变的完整概念方面，停留在阶段性分析阶段，未能进行有跨度、有深度的学理透视。

二 国外学术史及研究动态

国外对中国古代城市的研究有着明显的分野，以欧美为主的西方对中国古代城市研究的重视程度没有以日本为主的周边国家高，同时欧美的研究以中国近现代城市居多，鸦片战争之前的相对较少，日本对中国古代的城市研究则有一定的成果。

第一个阶段是 20 世纪 50 年代以前。这一阶段西方的相关研究主要集中在欧洲，没有专门的中国古代城市治理研究论著，但产生了一些观点并形成了对西方中国古代城市问题研究影响颇大的马克斯·韦伯范式。从 19 世纪下半叶起，西方出现了一些由传教士和旅行家写的有关中国城市的游记，这些文献为后续的学术研究提供了基础资料。在 20 世纪 20 年代西方的学术专著中出现了与中国古代城市有关的内容，其中影响最大的就是马克斯·韦伯的相关研究，包括《非正当性的支配——城市的类型学》（1921）和《中国的宗教：儒教与道教》（1915）等著作。韦伯认为前工业化城市有西方型城市与东方型城市两大类型，中国古代城市作为东方型城市的代表，主要是行政中心，以行政机构严密控制为主的行政管理发挥着主要作用，不像西方那样依靠完整的法律体系治理而是采用习惯。这些理论观点为其后相当长时期内的西方中国古代城市研究确立了范式框架，开辟了研究中国古代城市问题的学术化和专业化道路。日本的中国古代城市研究则相对聚焦于具体的城市，比较有代表性的有加藤繁的《宋代都市的发展》（1931），对坊制、厢、市制等做了比较有深度的研究，以及足立喜六的《长安史迹考》（1935）、那波利贞的《从中国首都规划史的角度探讨唐长安城》（1930）等。内藤湖南提出的"唐宋变革论"对后续日本及中国的都市研究都有很大影响。① 曾我部静

---

① 〔日〕内藤湖南：《支那近世史》，京都：弘文堂，1947。

雄研究了中国都市里坊制的建立与发展问题。[①]

　　第二个阶段是 20 世纪 50 年代至 80 年代。二战后西方中国城市研究的中心转移到美国，同时有关中国古代城市问题研究的专著越来越多，在对西方中心研究模式进行反思的基础上，不断丰富完善西方中国古代城市研究范式。这一阶段西方对中国古代城市的研究侧重三个层面：一是城市通史研究，二是跨学科探索的城市个案研究，三是城市形态形成机制研究。20 世纪 50 年代有关中国古代城市研究影响最大的是以费正清（John King Fairbank）和墨菲（Rhoads Murphey）等先驱为代表的研究模式。他们认为中国有与西方截然不同的独特性，中国城市在历史上始终扮演着与西方城市完全不同的角色。[②] 到 20 世纪 70 年代出现了西方最具有标志性的成果，即所谓的"施坚雅模式"。施坚雅（G. William Skinner）比韦伯和费正清等前辈更注重中国古代城市自身的动态性和复杂性，在研究的价值取向上以中国为中心，并从地理系统、时间坐标和社会结构等更加综合的维度研究了中国城市的历史和发展。施坚雅主编的《中华帝国晚期的城市》一书是本阶段美国中国古代城市研究的里程碑。施坚雅在该书中不仅归纳了中国古代城市之间存在越来越强的层级系统、城市自身行政层级越高城市性越强、城市内部行政分区与乡村不同等特征，还在《城市与地方体系层级》一文中，具体从经济角度论证了中国古代城市治理体系不仅在地理空间上存在"核心—边缘"结构，在行政管理层级上也存在"核心—边缘"结构，认为行政治所层级的叠加性及其等级性特征影响着城市政府所承担的为城市居民服务的社会管理职责，特别是提到了以缙绅为主的副政治体系所发挥的非正式管理安排的重要性。牟复礼（Frederick W. Mote）的《元末明初时期南京的变迁》一文强调了城市加强了政府神秘性与威严的论断，以及城区居民组织管理与其他地区的不同性质。约翰·R. 瓦特在《衙门与城市行政管理》一文中指出县衙门具有极强的城市化偏好，县级衙门实行行政首长负责制，其主要职责是维护社会安宁和征税，还要教化百姓，反映了城市的组织特征和文化特征。另外，西比勒·范·德·斯普伦克尔还提到

---

① 〔日〕曾我部静雄：《都市里坊制的成立过程》，《史学杂志》第 58 编第 6 号，1949 年。
② Rhoads Murphey, "The City as a Center of Change: Western Europe and China," *Annals of the Association of American Geographers* 44 (4), 1954, pp. 349 – 362.

了城市社会管理由地方性、排他性的团体、会社借助惯例维持和政府行政机关靠法令、官僚治理这两类组织形式构成;章生道提到了城墙作为城市行政地位与复式城市中城墙所起的分隔控制作用;芮沃寿提到了中国古代城市象征主义传统。① 本时期西方另一个重要人物是罗威廉,他分析了汉口城市商业精英对城市的管治,开创了西方历史学家对中国非都城城市做深入个案研究的先河。② 另外,章生道特别强调城市规模与行政级别的关系。③ 鲍罗·惠特利对中国古代城市做了综合性研究,他把中国的城市与世界其他城市进行了比较,认为礼仪中心和"宇宙象征"对中国古代城市的功能非常重要。④ 英国学者庄思东论证了唐代里坊制城市在宋代的瓦解。⑤ 在日本,宫川尚志系统论述了魏晋南北朝都城的内部结构,特别是住宅安置在坊中,商业被限定在市中的特点。⑥ 宫崎市定认为魏晋南北朝城市的军事化出现了既有城又有郭的两重城市,居民按身份分别居于城内和郭内,还论述了城市基层单位由汉代里向唐代坊的转变过程。⑦ 室永芳三对唐代长安城治安进行了专门研究,论述了长安城坊制、坊正、里正、巡史等有组织的治安警备体制,对唐代长安城治安管理的研究比较成熟。⑧ 夫马进对南京的城市行政做了研究。⑨

第三个阶段是 20 世纪 90 年代以来。20 世纪 90 年代,美国对中国城

---

① G. William Skinner ed. , *The City in Late Imperial China*, Stanford: Stanford University Press, 1977. 〔美〕施坚雅主编《中华帝国晚期的城市》,叶光庭等译,中华书局,2000。

② William T. Rowe, *Hankow: Commerce and Society in a Chinese City*, 1796 – 1889, Stanford: Stanford University Press, 1984; William T. Rowe, *Hankow: Conflict and Community in a Chinese City*, 1796 – 1895, Stanford: Stanford University Press, 1989.

③ Sen-Dou Chang, "Some Observations on the Morphology of Chinese Walled Cities," *Annals of the Association of American Geographers* 60 (1), 1970, pp. 63 – 91.

④ Paul Wheatley, *The Pivot of the Four Quarters: A Preliminary Enquiry into the Origin and Character of the Ancient Chinese City*, Chicago: Aldine Pub. Co. , 1971.

⑤ R. S. Johnston, "The Ancient City of Suzhou: Town Planning in the Sung Dynasty," *The Town Planning Review* 54 (2), 1983, pp. 194 – 222.

⑥ 〔日〕宫川尚志:《三至七世纪的中国城市》,《史林》第 36 卷第 1 号,1953 年;〔日〕宫川尚志:《六朝史研究》,日本学术振兴会,1954。

⑦ 〔日〕宫崎市定:《宫崎市定全集》第 7 卷,岩波书店,1992。

⑧ 〔日〕室永芳三:《唐都长安城的坊制与治安机构》,《九州大学东洋史论集》第 2 集,1974;第 4 集,1975 。

⑨ 〔日〕夫马进:《明末的城市改革与杭州民变》,《东方学报》第 49 期,1977 年;《明代南京的城市行政》,载〔日〕中村贤二郎编《前近代城市和社会层》,京都大学人文科学研究所,1980。

市史研究更多转移到个案城市的阶段。崔艾莉讨论了清代北京及汉口治安管辖和城市空间秩序之间的关系。[①] 薛凤旋从中国城市的政治性等特质出发，论述了明清北京城的演变及其与《考工记》王城模式的关系。[②] 许亦农通过探讨苏州在 20 世纪以前城市形态与空间的演变，论证了地方城市的特殊性和"唐宋城市变革"带来的城市规划和行政原则的改变。[③] 20 世纪 90 年代以来，日本学界的中国城市史研究，在"唐宋变革"和"商业革命"等分析工具的基础上，进一步展开对城市空间的"场域"研究。久保田和男提出北宋都城开封的驻军在维持城市治安方面也做出了贡献，并对开封的治安制度进行了研究。[④] 爱宕松男指出，元代"录事司"是专司城市行政的机构，是个特殊的现象。[⑤] 妹尾达彦在《唐代长安和洛阳》一文中，系统区别了里制、坊制、坊墙制、坊市制。[⑥]

2000 年以后，对中国省城和省城以下城市的研究有较大的进展，从中大致可以看出美国对中国城市史研究的最新取向。除传统的文献和考古方法外，综合运用社会科学的各类研究方法，拓展了城市形态研究的精度、深度和广度，特别是在长安、洛阳、北京等著名都城在皇权、政治控制下的典型城市形态研究上。安东篱（Antonia Finnane）的《说扬州：1550—1850 年》基本上是一部城市传记。[⑦] 熊存瑞对唐长安城内的商业提出一种观点，即长安存在两种主要的商业——管制商业和非管制商业，原则上，管制商业只局限在市场里，而非管制商业则分布在城门坊角及坊内主干街道等处。[⑧] 朱剑飞从

① Alison Dary-Novey, "Spatial Order and Police in Imperial Beijing," *The Journal of Asian Studies* 52 (4), 1993, pp. 885 – 922.

② Victor F. S. Sit, *Beijing: The Nature and Planning of a Chinese Capital City*, Chichester: Wiley, 1995.

③ Yinong Xu, *The Chinese City in Space and Time: The Development of Urban Form in Suzhou*, Honolulu: University of Hawaii Press, 2000.

④ 〔日〕久保田和男：《宋都开封与禁军军营的变迁》，《东洋学报》第 74 卷第 3、4 号，1993 年；《宋都开封的治安制度和城市结构》，《史学杂志》第 104 编第 7 号，1995 年。

⑤ 〔日〕爱宕松男：《元大都》，《历史教育》第 12 卷，1996 年。

⑥ 〔日〕妹尾达彦：《唐代长安和洛阳》（中译节本），1998 年 8 月 1 日北京大学历史系演讲稿，转引自李孝聪《历史城市地理》，山东教育出版社，2007，第 150 页。

⑦ Antonia Finnane, *Speaking of Yangzhou: A Chinese City, 1550 – 1850*, Cambridge: Harvard University Asia Center, 2004.

⑧ Victor Cunrui Xiong, *Sui-Tang Chang'an: A Study in Urban History of Medieval China*, Center for Chinese Studies, The University of Michigan, Ann Arbor, 2000, p. 193.

话语规训角度研究了帝都北京背后的权力关系场域，为中国古代城市治理研究提供了一个更加深层次的研究视角。[1] 熊存瑞 2016 年出版的《前现代中国都城与城市形态：公元前 1038 年至公元 938 年的洛阳》是较新的研究成果。[2]

总的来看，国外有关中国古代城市研究有一定的积累，但日本和西方学者更偏爱中国城市经济史与社会史的研究，关于中国古代城市治理的研究较少，更多的是散见于城市形态相关研究中的零碎观点。从以欧美为主的西方来看，其研究方法科学规范，形成了一些颇具影响力的研究范式如"施坚雅模式"，对其他地区包括中国的古代城市研究都有很深影响，但是也存在两方面的问题。一是资料上的不足影响了其成果的准确性。牟复礼就曾明言"有关中国城市以及一般的有关旧中国的可资参考的英文资料是太有限了，无以支持雄心过大的集大成者展翅飞翔"[3]，因此容易产生基于二手材料的关注个别问题、以偏概全等现象。二是视角上以西方为中心。受研究者所在的语境、社会文化、问题意识等多方面因素制约，往往在研究中暴露出比较强的以西方为中心的观念和方法，使研究成果偏向性明显，不够全面、丰富。日本对中国古代城市的研究具有西方不可比拟的资料优势，但缺乏比较宏观的范式研究，更偏向于对唐宋都城的研究，特别是集中于对其影响较大的长安、洛阳、开封等进行研究，研究对象比较有限。

第五节　本书研究内容

一　研究对象

本书的研究对象是城市治理主体提升城市治理效率的制度选择，通过对中国古代不同时期城市治理体系变迁历程的分析，厘清由在古代城

[1] Jianfei Zhu, *Chinese Spatial Strategies: Imperial Beijing, 1420 – 1911*, New York: Routledge, 2004.
[2] Victor Cunrui Xiong, *Capital Cities and Urban Form in Pre-modern China: Luoyang, 1038 BCE to 938 CE*, New York: Routledge, 2016.
[3] J. Mindell and M. Joffe, "Health Impact Assessment in Relation to Other Forms of Impact Assessment," *Journal of Public Health Medicine* 25 (2), 2003, pp. 107 – 112.

市发展中形成并在当前城市治理中仍发挥作用的各种关系形成的内在规律逻辑。

二　研究内容

本书研究的具体内容从以下 5 个模块进行展开。

模块 1：对嵌入在古代城市治理行为中的以塑造城市秩序的约束要素及其间关系为内容的城市治理体系进行溯源性理论归纳与演绎分析。通过追溯自周代以来不同时期城市治理结构、治理体制和治理机制的内涵及关系变化，归纳总结出可能存在的城市治理机构、权力配置结构及其运作机制，以及由此形成的不同城市治理形式，同时进行理论演绎，提出城市治理制度选择、城市治理模式特征、城市治理经验逻辑的概念性分析框架。

模块 2：理论分析与理论解释模型（"城市治理体系—城市治理模式—城市治理经验"模型）构建。通过质性研究，对现有的不同时期都城和地方城市治理的相关研究资料进行深入的归纳总结，了解城市治理机构之间的权力配置结构与运行机制类型，结合都城和一般地方城市的叙事研究探索和描述城市治理机构推动城市治理制度演进的具体情境，并归纳总结出在特定治理情境下，城市治理机构在国家治理秩序理念的外部边界约束和城市发展趋势的内部张力约束下所采取的城市治理制度类型，在质性研究的基础上提炼本研究的概念框架并建构本研究的理论解释模型。

模块 3：对不同时期城市治理体系内涵进行变迁分析。在模块 2 构建出理论解释模型后，进一步调整和细化概念框架，围绕时间和制度向量，结合不同时期的多个城市治理体系，利用"刺激—行为"理论模型进行本时期自证分析和不同时期间的对比分析，通过对多个不同时期外部国家治理约束和内部城市发展趋势双重作用下城市治理制度的结构选择、组织方式和运行机制演变情况的对比，初步建构出本研究的要素关系模型，并在此基础上推进下一个模块的研究。

模块 4：对不同时期城市治理体系特征进行模式分析。结合模块 3 中对不同时期城市治理体系变迁具体内涵研究中提炼出的要素关系模型，引入特征向量，利用"情境认知—路径选择"分析模型对城市治理体系各层面的权力及资源配置情况中所体现的情境特征、认知判断和路径选择等制度变迁过程进行深入分析，提炼出这些制度要素背后具有规定性的特征要素，在验证其间作用机制和影响程度等相互关系性质的基础上，进一步将城市治理体系研究提升到更具普遍性的城市治理模式高度，为最后抽象古代城市治理经验提供理论支撑。

模块 5：对不同时期城市治理体系逻辑进行经验分析。结合变迁分析和模式分析的结果，采用"知识积累—自我强化"分析模型，对体现城市治理体系权力结构和运行机制的理念建构、政策设计和工具选择进行趋势方向性分析，识别影响城市治理行为的关键因素及其间关系的总体脉络，归纳出古代中国城市治理模式选择所蕴含的更具本质一致性的本土原生性经验逻辑，为认识理解当前城市治理规律提供启示，并为有效推进城市治理体系和治理能力现代化提供思想支撑。

三 研究重点难点

（一）研究重点

一是城市治理体系与其影响因素之间的逻辑关系，国家治理体系是城市治理体系的外部限定边界，城市自身发展趋势是城市治理体系的内部支撑基础，随着外部王朝政权治理模式的更替和内部城市发展模式的演变，中国古代城市治理体系发生了一系列既相互联系又各具特色的变迁。二是通过对不同时期古代城市治理的结构、体制、制度机制等构成内容的具体考察，在描述中国古代城市治理体系微观变迁轨迹的基础上，进一步探究蕴藏在其背后的更具一般性、一致性的古代城市治理体系变迁路径。三是通过对中国古代城市治理体系中理念、政策、工具等基本要素在不同时期的表现及其演变进行归纳，从更深层次上研究理念、政策、工具等要素之间存在的内在趋势及其现实启示。

（二）研究难点

一是当前有关中国古代城市的研究多是在历史城市地理、城市规划、城市社会经济史等领域进行的，公共管理领域的研究较少。同时城市治理涉及的内容较广、系统性较差，这两方面交叉在一起使本书在研究范围、研究规范性等方面更加难于把握。二是由于本研究时间跨度大，不同时期材料的丰俭程度不一，如魏晋南北朝的资料就相对较少；同时现有与城市治理有关的研究主要集中于里坊等较狭窄的主题，城市治理体系所涉及的结构、体制、机制等诸多层面的资料也相对较少，这些也加大了本书研究的难度。三是本书不仅要研究中国古代城市治理体系在不同时期的具体体现以及这些具体构成所呈现出的整体性模式，还要挖掘这些不同模式之间深层次的逻辑关系，并由此进一步归纳出更具普遍性、一致性的宏观经验规律特征，这些都具有不小的挑战性。

第六节　研究思路和方法

一　研究思路

本书研究思路见图 1 - 2。

二　研究方法

（一）历史文献研究法

历史文献研究法主要指搜集、鉴别、整理文献，并通过对文献的研究形成对事实的科学认识的方法。通过大量搜集、系统整理和深入阅读相关理论著作、历史资料与最新研究成果，确定本书的研究视角、研究思路、研究方法、研究起点、研究方向等，奠定理论基础与方法论基础。

（二）情境分析法

情境（context）是指界定某种研究现象的客观环境、存在条件、面临的形势和自然环境的总称。[①]　情境分析试图解释行为主体与所在情境之间的相关性，进而分析特定情境中主体行为的特征。本书将不同历史时期视为具体的特定情境，在抽象这些特定情境的主要影响因素的基础上，探求该时期的城市治理特征模式，进而分析城市治理体系的发展态势与可选择路径。

（三）比较研究法

比较研究法又称对比分析法，是把具有相互联系的事物进行比较，

---

① F. Welter，"Contextualizing Entrepreneurship: Conceptual Challenges and Ways Forward," *Entrepreneurship Theory and Practice* 35（1），2011，pp. 165 - 184.

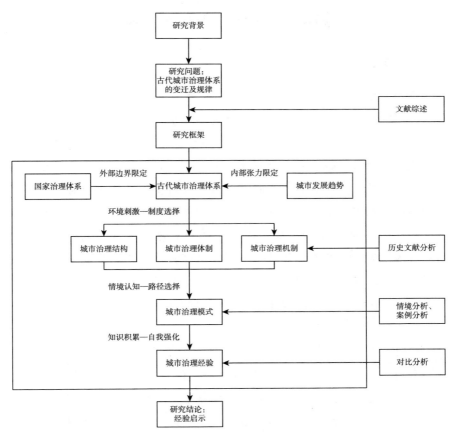

图 1 – 2 研究思路示意图

在对比中达到认识事物的本质和规律并做出合理评价的目的。本书通过对不同时期城市治理体系内涵的变迁和模式进行共时性横向比较与历时性纵向比较，来分析具有整体方向性的中国古代城市治理的逻辑规律。

（四）案例分析法

根据文献的可获得性和充分性，通过对具体政策和机制的案例分析掌握研究对象的特性，进一步验证理论研究结论并给予实践反馈，对结论给予实践性优化。结合不同时期城市治理体系内涵变迁和特征模式等描述性研究，本书选取周公营洛邑、能吏治长安、南朝建康令、马周置街鼓、汴梁设都厢、丁宾议火甲等，进行典型案例的实证研究。

第七节　创新点及学术价值

一　学术创新

本书的创新点主要体现在研究范式、研究视角与研究方法三个方面。

在研究范式上，本书采用以制度为中心的制度变迁研究范式，以城市治理主体推动城市治理的政府过程为研究对象，考察城市治理主体在受到相关压力刺激时，所采取的行为和相关行动类型。与现有空间结构、物质形态、社会变迁等范式不同，本书将来自上级政府维度强制性的国家治理结构约束和来自下层社会维度诱发性的城市发展变革趋势作为环境中的"内外刺激"，研究城市治理主体应对这些"内外刺激"所表现出的具体治理行为形式，并进一步探究这些具体城市治理制度形式和更深层次的治理模式及治理逻辑之间的关系。通过运用制度变迁的研究范式来解释中国古代城市治理体系不断衍化的现象，使古代城市治理的研究建立在一个更加客观的基础之上。

在研究视角上，与现有的历史地理、城市规划、社会发展等视角不同，本书强调城市治理本身所归属的公共管理视角。同时以操作层次的古代城市治理政府过程作为切入点，建立了一个更为直接的城市治理体系框架基础；在归纳古代具体城市治理实践的基础上，形成以情境和路径为变量的特征层次城市治理模型；最后从城市治理模型的变化轨迹中，提炼出以理念、政策和工具等关键因素变化趋势为依托的逻辑层次的城市治理经验，构成了一个立体的多层次分析视角。特别是更多从以王朝为中心的视角进行分析，而非西方以国家和社会之间的对立为中心的视角。

在研究方法上，一是注重多学科研究途径的综合运用。引入"制度变迁"分析范式，使古代城市治理体系的深层次逻辑机制分析具有更加明确的指向性和针对性；同时将城市历史地理学和城市规划学的空间结构分析与公共管理学的府际关系研究结合起来，使本书的古代城市治理体系更具整体性。二是注重多种研究方法的综合运用。综合运用文献分析法、比较分析法、层次分析法、情境分析法，实现连续性和阶段性的统一，使对研究问题的认识更为全面、立体和深刻。

二 学术价值

本书从古代城市治理的政府行为选择这一基本属性出发，以制度为中心进行动态变迁研究，强化了该领域研究的明确公共管理学指向，弥补了当前中国古代城市治理缺乏专门性通史类研究的不足。本书以城市治理体系廓清了权力主导下古代城市治理中制度安排的具体内涵，通过系统地对以古代城市治理体系为核心的政府过程进行历时性变迁研究，揭示了古代城市治理的真实发展轨迹。同时，本书以城市治理模式清晰界定了古代城市治理制度变迁的特征向量，通过探究政府城市治理理念取向调整和与之对应的制度差异之间的关系，澄清了权力结构制约下情境变化对城市治理制度路径选择产生影响的传递机制，深化了对古代城市治理政府过程的解释力。另外，本书紧紧抓住城市治理制度变迁过程中的知识累积特性，概括了古代城市治理中具有连贯性的治理趋势逻辑，将城市治理制度变迁研究拓展到更具本质性的中国城市治理话语的认识高度，构建起沟通古今城市治理脉络的桥梁。

小 结

当前中国城市治理现代化的发展需要从向西方学习的阶段转向构建中国特色城市治理话语体系的阶段，而作为这一转向的基础，古代城市治理经验是中国城市治理研究领域中亟待强化的方面。只有全面深入地梳理出中国古代城市治理体系的内涵，特别是其话语构成，才能更好地认识中国面临的城市治理问题，更好地推进城市治理体系和治理能力现代化。

第二章　中国古代城市治理体系的
制度变迁理论框架

诺思（又译"诺斯"）指出："一部好的历史，其故事就必须能给出一个一致的、合乎逻辑的解释，并且还应能紧守已有的证据与理论……制度与历史的结合，比之其他方式，将能使我们讲出一个更好的故事。"①

第一节　制度变迁研究范式

制度变迁理论对制度概念、制度构成以及制度变迁过程做了清晰、严密的理论概括，形成了一个完整的制度分析及制度变迁分析理论框架，不仅是公认的研究制度和制度变迁问题的经济学经典理论，也是社会科学各学科研究人类社会历史演变过程所不可忽视的理论范式，本书也将以之作为理论分析框架的基础。

一　制度变迁的基本概念

（一）制度（institutions）

制度作为解决不确定性和冲突实现合作的基本工具，在社会发展中发挥着基础性作用，在社会科学的各个研究领域中普遍受到重视，并因之产生了制度主义学派，20 世纪 90 年代以来广有影响。但是作为一个理论概念，制度的定义却较为宽泛，影响比较大的是诺思的定义："制度是一个社会的博弈规则，或者更规范地说，它们是一些人为设计的、型塑人们互动关系的约束。"② 这个定义强调了制度内涵的关系本质。制度

---

① 〔美〕道格拉斯·C. 诺思：《制度、制度变迁与经济绩效》，杭行译，格致出版社、上海人民出版社，2016，第 156 页。

② 〔美〕道格拉斯·C. 诺思：《制度、制度变迁与经济绩效》，杭行译，格致出版社、上海人民出版社，2016，第 3 页。

分为正式制度和非正式制度两类，正式制度由宪法、法令、产权等构成，非正式制度则由道德、禁忌、习惯、传统和行为准则等构成。正式制度具有强制性和约束性，以法律法规、组织安排和政策等主要形式体现。与制度一起经常被提到的概念是"制度安排"，它被定义为"约束特定行为模式和关系的一套行为规则"[1]，突出了其与制度不同的特定性和集合性特征。制度本身常常具有一种内在的稳定性，本书集中探讨其中的政治制度，即行政机构、法律、规范以及运行程序。[2]

（二）　制度变迁（institutional change）

瓦尔特·C. 尼尔认为，（制度）这种安排具有时间和地点的特殊性而非一般性，也就是说制度具有历史性。[3] 诺思也认为："制度将过去、现在与未来连接在一起，从而历史在很大程度上就是一个渐进的制度演化过程。"[4] 这就使制度变迁成为理解人类社会历史变迁的重要框架。在制度变迁的含义上，比较制度分析更加强调的是由微观参与者行动的选择而导致的一种均衡到另一种均衡的转移，而历史制度主义则更为注重的是平衡—冲突—再平衡这样一个宏观的变迁过程。之所以二者会对制度变迁的含义产生这样的分歧和差异，主要原因在于二者的分析框架完全不同。[5] 诺思给出了这样的定义："'结构'一词指制度框架，'变迁'一词指制度创立、变更及随着时间变化被打破的方式。"[6] 并指出制度变迁"通常由对构成制度框架的规则、规范和实施的复杂结构的边际调整所组成"[7]。也就是说，制度变迁过程本质上是个动态优化和认知累积的

---

[1]　汪洪涛编著《制度经济学——制度及制度变迁性质解释》，复旦大学出版社，2003，第6页。

[2]　〔美〕朱迪斯·戈尔茨坦、罗伯特·O. 基欧汉：《观念与外交政策——信念、制度与政治变迁》，刘东国、于军译，北京大学出版社，2005，第21页。

[3]　Walter C. Neale, "Institutions," *Journal of Economic Issues* 21（3），1987, pp. 1177－1206.

[4]　〔美〕道格拉斯·C. 诺思：《制度、制度变迁与经济绩效》，杭行译，格致出版社、上海人民出版社，2016，第140页。

[5]　李骥：《关于两种制度变迁理论的比较：比较制度分析和历史制度主义》，《实事求是》2014年第2期。

[6]　〔美〕道格拉斯·C. 诺思：《经济史中的结构与变迁》，陈郁、罗华平等译，上海三联书店、上海人民出版社，1994，第225页。

[7]　〔美〕道格拉斯·C. 诺思：《制度、制度变迁与经济绩效》，杭行译，格致出版社、上海人民出版社，2016，第98页。

过程，它不仅有经济层面的效率优化，还有更深的政治层面上执政者强化统治的政治目标和社会秩序目标。制度变迁可以分为两种模式，一种是诱发性制度变迁，另一种是强制性制度变迁。诱发性制度变迁一般是指现行制度安排的变更或替代，具有自发性。强制性制度变迁，是指政府命令或法律引入和实行的制度变迁，由权力中心提供新的制度安排的能力和意愿。

二　制度变迁理论的主要发展

制度与制度变迁是社会科学中一个持续受到关注的话题，在古希腊时期就受到亚里士多德等思想家的重视。但是真正规范意义上的制度与制度变迁研究却是从马克思开始的。马克思建立起了一个以人类社会制度变迁为核心的理论分析框架，将历史因素与制度分析有机地结合在了一起，创立了唯物史观和唯物辩证法。马克思主义认为，由生产力和生产关系、经济基础和上层建筑这两对对立统一的矛盾形成的动力，推动着人类社会制度按照原始社会、奴隶社会、封建社会、资本主义社会、社会主义社会和共产主义社会这样的次序，实现由低级社会制度向高级社会制度的变迁。在马克思的理论中，"制度"是指人类社会制度（system），与本书的制度（institutions）含义不太一致，但是马克思有关制度变迁的理论分析框架和方法论得到后来制度变迁理论研究的认同与借鉴。对当前制度变迁理论影响较大的西方制度学派产生于19世纪与20世纪交替时期，其中虽有德国历史学派的影响，但其主要的发展是在美国。在早期学者凡勃伦、康芒斯和密契尔等人的经济学研究中，制度和制度变迁已经上升到核心因素的高度，科斯、诺思等学者进一步完成了对制度和制度变迁的分析框架构建任务，在制度变迁理论研究中具有里程碑意义。科斯在制度变迁研究中的最重要工作是以成本—收益分析进行制度变迁研究。诺思作为制度及制度变迁理论研究的集大成者，进一步将时间范畴和制度因素引入历史变迁的动态过程研究，使制度变迁理论分析框架最终走向成熟。当前制度变迁理论有三个发展方向：实证分析，寻找制度和经济绩效间相关性的证据；规范分析，对已有的实证分析进行阐释，分析和模型化制度变迁和经济绩效的作用机理；从演化、文化、比较制度分析等视角对制度变迁理论进行探讨。[①]

三　制度变迁理论的基本逻辑

制度变迁理论的贡献，主要是该理论带来的政治学与经济学思维方式上的变化。[②] 将时间维度和制度维度紧密结合在一起，通过对某一问题的历史资料进行历时性制度演变考察，利用理论上的规范性归纳和方法上的实证性分析，形成制度变迁的一般原则与过程，是制度变迁理论范式的中心思路。在此基础上，制度变迁理论形成了如下四个核心逻辑。

（一）对内外环境刺激回应的动机逻辑

制度存在的合理性就在于它是人类认识和解决社会问题的结构化，凡勃伦认为："制度必须随着环境的变化而变化，因为就其性质而言它就是对这类环境引起的刺激发生反应时的一种习惯方式。"[③] 从这个意义上讲，制度变迁很大程度上是无意活动及对新环境适应的结果，而非意志的产物，这是制度变迁的最原始内涵。诺思认为："制度提供基本的结构，在整个人类历史上，人们通过这个基本结构来创造秩序并减少交换中的不确定性。"[④] 对不确定性的环境下制度和认知重要作用认识的不断深化和强调，使"'不确定性'及应对不确定性的方式正式在诺斯制度变迁理论中取代交易费用和效率成为基本逻辑主线"[⑤]。动态地看，在社会交往过程中，异质心智模式的当事人相互的知识交流，不仅形成了共享心智模式，而且在相互认同的过程中，该模型会稳定下来，并固化成共同的行动规范，这就是制度。[⑥] 制度是共享心智模型或针对社会互动

---

① 孙圣民：《制度和发展的政治经济学：制度变迁理论最新进展综述》，载《中国制度经济学年会论文集》，2006，第 1339 页。

② 杨光斌：《诺斯制度变迁理论的贡献与问题》，《华中师范大学学报》（人文社会科学版）2007 年第 3 期，第 30 页。

③ 〔美〕凡勃伦：《有闲阶级论——关于制度的经济研究》，蔡受百译，商务印书馆，2017，第 148 页。

④ 〔美〕道格拉斯·C. 诺思：《制度、制度变迁与经济绩效》，杭行译，格致出版社、上海人民出版社，2016，第 140 页。

⑤ 赵顺龙、周一帆、曹逸之：《诺斯制度变迁理论的演变》，《南京工业大学学报》（社会科学版）2008 年第 4 期，第 45 页。

⑥ 〔美〕C. 曼特扎维诺斯、C. 诺斯、S. 沙里克：《学习、制度与经济绩效》，《经济社会体制比较》2005 年第 3 期，第 103 ~ 110 页。

中不断涌现的问题的共享解决办法。

（二）制度变迁中效率提升的动力逻辑

诺思把"有效率的"行为体看作制度设施，制度在社会中具有更为基础性的作用，它们是决定长期经济绩效的根本因素。① 同时一般意义上的"制度变迁"，其重心在于既有制度安排的变更和迭代。从内涵上讲，制度变迁不是泛指制度的任何一种变化，而是特指先进高效的制度取代原有的落后低效的制度；制度变迁本质上是对构成制度框架的规则、准则和实施机制所做的边际调整，制度变迁的动力与目标在于社会经济收益的优化与改进。② 无论是微观的成本—收益简单理性功利比较，还是宏观的生产力—生产关系、经济基础—上层建筑分析，都有着强烈的效率取向。微观企业层次上的制度变革要满足成本大于收益的报酬递增，才有制度变迁的需求；宏观国家层次上的制度变革要使生产关系更有利于生产力效率释放和提高，才能实现社会制度的更替、变迁。也就是说，制度变迁有着很强烈的效率指向，当然这种效率有时并不一定完全是资源的效率，还可以是统治被接受的效率，如强化政治统治正统性与合法性的制度，同样有利于政府治理效率的提升，因此，这方面的制度变迁也有着很强的制度需求。

（三）制度变迁中路径依赖的行为选择逻辑

"路径依赖观点具有广泛的意义：它们能够帮助政治科学家更为明确和清楚地思考时间和历史在社会分析中的作用"，"路径依赖在解释制度出现、维系和变革模式上的作用对政治科学家有着特别重要的意义"③。路径依赖（path dependence）是解释制度变迁的传递机制的一个重要框架。"路径依赖"最早出现在生物学领域，后来由戴维和阿瑟提出了技术演进中的路径依赖理论，诺思又进一步将之引入制度变迁领域，形成了"制度变迁的路径依赖"理论。更为重要的是，诺思揭示了路径依赖的传递途径和更深层次的认知根源。他认为"路径依赖不仅仅意味着现

---

① 〔美〕道格拉斯·C.诺思：《制度、制度变迁与经济绩效》，杭行译，格致出版社、上海人民出版社，2016，第127页。
② 冯继康、王洪生：《制度变迁理论的逻辑蕴涵及现代价值》，《云南行政学院学报》2001年第1期，第21页。
③ 〔英〕詹姆斯·布赖斯：《现代民治政体》上，张慰慈等译，吉林人民出版社，2001，第200~224页。

在的选择要受到过去积累而成的制度传统的约束"，"路径依赖与其说是一种'惯性'，还不如说是过去的历史经验施加给现在的选择集的约束。要想理解变迁过程，就必须理解路径依赖的本质，以确定在各种环境中路径依赖对变迁所施加的限制的本质"①。他把"学习过程"与"路径依赖"问题结合起来，并把它作为解释制度演变的关键线索。他指出，信念规定了制度结构，信念又是通过个体学习和社会集体学习的过程形成的，因此，是人类的学习过程决定了制度的演进方式。这一逻辑前提决定了制度变迁的路径依赖起点是认知层面，认知的路径依赖，导致制度也呈现出路径依赖的特性。

（四）　制度变迁中知识积累的自我强化逻辑

知识积累与制度变迁有着割舍不断的联系。哈耶克开创性地通过"有限理性"理论将制度变迁与知识积累结合在一起。制度变迁以行为体对相关问题的认识为基础，而这种认识由于人的认知能力受限而具有有限性，这就是"有限理性"问题。行为体通过不断地"干中学"和"试错"以克服"有限理性"并提升能力，这就使制度变迁的学习过程成为一个知识积累过程：知识学习的速度决定了制度变迁的速度，制度变迁的方向取决于不同知识的预期报酬率，对社会环境的适应能力取决于个人及种族的学习能力。② 这一制度变迁的知识积累过程一方面在时间维度上具有继承性，是一个逐步沉淀累积的过程；另一方面，这种知识累积过程还由于行为体认知中所持有的意识形态及其他因素的影响，表现出较强的过滤作用。在这种沉积和过滤的双重作用下，制度变迁形成了自我强化机制（self-reinforcing mechanisms）。诺思指出阿瑟技术变迁中的四个"自我强化机制"在制度变迁中都成立，体现了制度变迁的渐进特征和连续特征，呈现出更强的规律性。

第二节　制度变迁研究分析构架

"制度将过去、现在与未来连接在一起，从而历史在很大程度上就是

---

① 〔美〕道格拉斯·C. 诺思：《理解经济变迁过程》，钟正生等译，中国人民大学出版社，2008，第 49 页。

② 卢现祥：《西方新制度经济学》，中国发展出版社，1996，第 98～107 页。

一个渐进的制度演化过程。"① 本书以制度变迁理论分析框架为基础，并结合城市治理这一中层理论进行进一步精细化，以制度、制度变迁为主轴，构建以治理体系、治理模式、治理经验为主要框架的中国古代城市治理制度研究框架。

一　制度与制度变迁的内涵

"制度安排、运作及其变迁，城市空间、城墙、标识性建筑或地理事物的象征意义，特别是其蕴含的文化权力及其在城市社区构建中所发挥的作用，应当是中国古代城市形态与空间结构研究的两个新切入点。"② 这段话同样适用于当前的中国古代城市治理研究。制度是理解城市治理有关问题的关键，在本书中"制度"首先是正式制度，即"用来建立生产、交换与分配基础的基本的政治、社会和法律的基本规则"③，更具体地说是政治制度（或外在制度），即政治的科层结构，包括其基本的决策结构、日常程序控制的外部特征。④ 并且，这种制度是自上而下地强加和执行的。⑤ 特别需要强调的是，本书里的"制度"与制度经济学等广义的制度最大的不同在于，它不是作为环境的制度，而是一项具体的制度安排。与此相对应，本书中的"制度变迁"虽然仍是指制度的替代、转换等演变过程，但更强调的是政府治理行政制度的替代和转化，是直接具体的政府城市治理行为方式和作用机理的演变及逻辑。

二　制度变迁的基本逻辑框架

在社会科学研究中，一种研究范式的方法论属性即研究方法的选择取决于研究者的研究议题，而研究议题又往往和研究者所处的情境密切

---

① 〔美〕道格拉斯·C. 诺思：《制度、制度变迁与经济绩效》，杭行译，格致出版社、上海人民出版社，2016，第140页。
② 鲁西奇：《中国历史的空间结构》，广西师范大学出版社，2014，第342页。
③ 〔美〕R. 科斯、A. 阿尔钦、D. 诺斯：《财产权利与制度变迁》，刘守英等译，上海三联书店、上海人民出版社，1994，第270页。
④ 〔美〕道格拉斯·C. 诺思：《制度、制度变迁与经济绩效》，杭行译，格致出版社、上海人民出版社，2016，第56页。
⑤ 〔德〕柯武刚、史漫飞：《制度经济学：社会秩序与公共政策》，韩朝华译，商务印书馆，2000，第37页。

相关。① 与制度经济学中的制度变迁关注微观视角的实证分析不同，本书以制度变迁框架进行描述性历史研究为主，并辅以实证性案例分析。制度变迁以城市治理体系为具体载体，分为三个层次：在微观直接具体的制度变迁层次，以时间和制度为基本向量，沿着制度变迁范式中"环境刺激—制度应对"的逻辑，研究在外部政府维度强制性的国家治理结构约束和内部社会维度诱发性的城市发展变革趋势的"内外环境刺激"下，城市治理主体在城市治理结构、城市行政体制和城市治理机制等三个具体构成上表现出的制度应对形式内涵的演变；以此为基础，在中观的制度变迁层次，引入特征向量，沿着制度变迁范式中"观念—路径"的逻辑，研究在"情境认识—观念嵌入—路径选择"的传导机制作用下，所形成的与不同时段情境相对应的城市治理模式变迁；在前二者的基础上，在宏观的制度变迁层次，引入方向向量，沿着制度变迁范式的"知识积累—自我强化"的逻辑，城市治理知识积累的渐进沉积性和路径依赖特征，使城市治理制度选择在治理理念、治理政策、治理工具等选择上体现出自我强化的趋势，从而凝练出具有整体方向性的古代城市治理中国经验。

三　制度变迁的历史分期

本书结合历史发展特点和城市变迁的特点，将中国古代城市治理体系的发展分为六个时期。

第一个时期　周代"宗法—军令"型城市治理体系

周代（包括春秋战国）处于中国古代城市治理体系的生成期，也就是说古代城市治理体系中的很多要素在这一时期基本都出现了。这一城市治理体系主要有两大核心要素。一是宗法制的"礼"为周代城市治理提供了基础框架，并在后来的城市治理中以各种不同的方式发挥着作用，成为中国古代城市治理体系的核心价值取向和灵魂。因此，周代的城市治理体系可被称为"宗法制"的城市治理模式。二是军事组织管理体制的层层分隔管理是周代的基本城市治理的基本实现途径，奠定了后续中国古代城市治理的基调。州闾编制与军队编制一一对应，

---

① 杨光斌：《中国政治学的研究议程与研究方法问题》，《教学与研究》2008 年第 7 期。

二者存在同构性。① 起源于军事管理的各种制度，如首长负责制、层级分割制、分区管理制等都成为中国古代城市治理体系的主要制度形式。

第二个时期　秦汉"行政—礼法"型城市治理体系

秦汉是中国古代城市治理体系的确立期，中国古代城市治理体系在这一时期开始了体系化的进程。大一统国家君主中央集权制与郡县分级制的确立构成了秦汉时期城市治理的"行政"语境，秦汉时期利用城市建构政治统治权威，在国家中央集权体制的前提下进一步明晰了城市的行政治所本质，在政治中心优先发展的规律惯性推动下使城市成了国家治理结构的主干依托，形成了城市治理体系的"行政"语境；在秦代"以法为教""以吏为师"的基础上，汉代结合儒家重"人"、法家重"事"的特点，基于"霸王道杂之"的"以经术润饰吏事"的指导思想，形成了城市治理中以礼治为主、法治为辅的基本治理路径，在秦为法吏，在汉为循吏，设定了中国古代城市治理体系礼法并用的基本路径方向。

第三个时期　魏晋南北朝"正统—模仿"型城市治理体系

魏晋南北朝是中国古代城市治理体系的夯实期。这一时期政权分立和人口流动的特点，形成了南北方之间的军事竞争和正统竞争。本时期的军事竞争强调了城市控制人口的工具职能，促使城市治理体系更加丰富，出现了新的内涵；同时，各分立政权的正统竞争重心在"正"，带动了相互之间尤其是对魏晋等前代城市治理制度机制的模仿学习，推动了城市治理制度体系在全国范围内的趋同化。二者的共同作用进一步凝聚成本时期城市治理体系更侧重于集中控制、等级鲜明、严密有效的实用主义特性。

第四个时期　隋唐"权力—制度"城市治理体系

隋唐是中国古代城市治理体系的规范期。作为秦汉以后的第二个大一统时期，隋唐也十分强调中央集权，在继承宏大的威严内涵的基础上更着重微观、更趋细致，形成严整划一的权力等级，体现在城市治理体系上就是严格等级划分思路下的"上行下效"制度化路径，治理制度进一步完备、规范严格，分工更为具体、职责更为明晰，隋代奠定了中国

---

① 阎步克：《波峰与波谷——秦汉魏晋南北朝的政治文明》，北京大学出版社，2017，第5页。

古代都城治安管理制度的基本框架。都城集中封闭分隔的重城空间结构和严谨完善的治理结构为地方树立了模仿的样板，在结构趋同、规模不一的表象下，推动这一时期形成了以大城市管理制度与城市基层治理制度为特色的城市独立特征更趋明显的城市治理体系。唐代在礼法之间找到了一个比较好的平衡点，礼法结合、交相为用的治安思想是中国治安史的一个进步。①

第五个时期 两宋"集权—专门化"型城市治理体系

两宋是中国古代城市治理体系的变革期，各种结构要素进一步确定下来。宋代集权的国家治理语境，寓示着政府权力是各层面秩序的规定性主体。面对商业活动全面发展形成的开放性城市格局，政府形成了专业化的城市治理体系。一方面，在城市空间布局上灵活性地留出较大余地"任百姓营造"，还为了城市景观的壮丽允许沿街百姓越制建楼阁；另一方面，在体制上开创性地构建了巡检制、户牌制、分厢管理体制与防隅巡警和消防队等制度机制。当然，这些都不妨碍宋代城市治理体系中深刻的权力等级本性，不仅在城市体系中存在都城百万家、路治十万家、州军与重要县城万家、一般县城数千家的严格差序格局，还在城市内部产生了厢、坊、街、巷的周密管理制度，制度的治理工具意义得到空前重视，坊楼、表木、户牌等各种标识系统越来越严密，既可以作为治理城市不法行为的依据，又可为行人提供公共服务。

第六个时期 元明清"专制—同一"型城市治理体系

元明清是中国古代城市治理体系的定型期。专制使权力渗透到城市治理体系的方方面面，各种要素的设计安排进一步细化、深化，各个层面的同一化特征更加明显。从具体体现来看，无论是都城还是地方重要城市，在形制上都更加符合以《考工记》为代表的礼制特征，城墙和城门及城中的主要建筑都更加壮丽；城市内部结构基本都是由主干街道和与主干街道相连通的街巷所构成的开放型街区构成，从内地到沿海乃至边陲的城市形成了一个等级分明的城市体系；城市治理体制的分工更加细致，特别是形成了信息完备、动态更新的街巷门牌监管制度和与城市

---

① 袁芳馨：《唐代长安城治安管理制度研究》，硕士学位论文，首都师范大学，2009，第43页。

政府管理体制无缝对接的半行政性质的基层保甲组织，更使制度因素在城市治理体系中所起的制约控制作用达到顶峰。

第三节　操作层次城市治理体系变迁分析框架

一　城市治理体系的构成

城市治理体系是城市治理这一具体领域的制度综合，也是一个组织规则系统。具体来说，按主体的特征不同其可以分为都城治理体系和地方城市治理体系两类，主要由宏观视野上的城市治理结构、中观视野上的城市治理体制和微观视野上的城市治理机制三个部分构成。

（一）　城市治理结构

"结构"，指"构成整体的各个部分及其结合方式"，是一种框架。本书以"城市治理结构"这个概念将"央地关系"与城市的"空间结构"、行政组织结构统合为一个有机整体，从宏观整体上描述中国古代城市治理体系的构成情况，它可以具体分为内部结构和外部结构两个部分。对外的城市治理结构，是指在国家结构体系中以央地行政关系界定形成的城市行政等级体系，中国古代的城市是各级政府的行政治所，所驻地方政府的行政层级决定了它的等级层次。一般来说，行政等级越高的城市规模越大，城市治理事务越复杂，城市治理体系也就越复杂。对内的城市治理结构，又包括城市空间结构和城市行政组织结构两个方面。城市空间结构主要是指城市内部的空间分割，一般以各种墙体等物理隔离设施作为主要标志，层层的物理空间分割在很长的历史时期内是中国古代城市治理结构上的一个显著特征，以城墙为特征的城市治理结构就先后出现过三重制、两重制和单重制。城市行政组织结构，主要指城市治理行政组织机构的层级构成，主要由国家的地方行政组织管理体系（特别是县级行政组织管理体系）和城市基层治理体系结合而成。城市空间结构和城市行政组织结构有一定的叠加性，这一特征在城市的基层治理层级上表现得更为突出。

（二）　城市治理体制

按照《辞海》的解释，"体制"是指"国家机关、企业事业单位在机构设置、领导隶属关系和管理权限划分等方面的体系、制度、方法、形式等的总称"①。体制是一种具体制度的表现和实施形式，包括特定社会活动的组织结构、权责划分、运行方式和管理规定等。② 本书中的城市治理体制是城市治理体系中观层次的形式体现，"是指城市的组织形式、管理制度和管理方法的总称，是整个国家管理体制的重要组成部分"。具体地说，"是一种由城市管理机构的设置、管理权限的划分、管理方式的确定以及管理机制的运用等综合起来的一种比较稳定的体系"③。其核心是城市治理各机构间的职、权、责的配置问题。中国古代城市治理体制主要由城市治理领导体制、城市治理组织体制和城市治理运行体制三部分组成。其中城市治理运行体制又具体包括作息制度、夜禁制度、交通管理、坊里行政制度等。

（三）城市治理机制

《现代汉语词典》把"机制"定义为"泛指一个工作系统的组织或部分之间相互作用的过程和方式"④，英国学者杰林斯基（Janusz G. Zielinski）给经济管理机制下的定义很有参考意义：管理机制是一个由相互关联的政策工具、举措组成的系统，其目的在于引导与指挥各种具有所有权且从属于某一经济结构的经济体的行为与活动。⑤ 本书中的"机制"属于城市治理体系的运行实施层次，因此，其更准确的内涵是实施机制或执行机制，是城市治理体系构成要素运作的过程及其相互作用的动态关系，具体包括实施城市治理的主体、手段、程序及其相互关系。它一方面直接体现了各个城市治理行为体的权力、责任，简化了复杂的制度，使之更易理解和执行；另一方面以专门组织机构有效防范实施中的机会主义行为。另外，还通过各种具体的机制实现各种分散治理资源的有效运用，因此，城市治理机制直接反映了城市治理体系的效

---

① 《辞海》（第7版缩印本），上海辞书出版社，2022，第2215页。
② 赵理文：《制度、体制、机制的区分及其对改革开放的方法论意义》，《中共中央党校学报》2009年第5期，第18页。
③ 周执前：《国家与社会：清代城市管理机构与法律制度变迁研究》，巴蜀书社，2009，第13页。
④ 《现代汉语词典》第7版，商务印书馆，2016，第600页。
⑤ Janusz G. Zielinski, "The Role of Economic Experiments in Improving the Economic Management Mechanism," *Soviet Studies* 1 (1), 1973, pp. 88 – 101.

率。不仅如此，城市治理机制与城市治理结构和城市治理体制还有着千丝万缕的联系，从一定意义上讲，它是城市治理结构和治理体制所体现出来的特征。

二　城市治理体系的内外环境影响因素

在应对城市治理问题建立城市治理秩序的过程中，城市治理体系的变化一般受到两个方面环境需求刺激的影响，一是来自外部政治方面的国家权威指令的组织秩序需求及组织结构的边界限定，二是来自内部经济社会方面的城市自身发展需要的自发秩序需求。这两个环境因素既有各自的发展规律，又相互影响。

（一）外部环境因素——国家治理形势与结构

城市是镶嵌于国家治理体系中的地方政府的承载体，这一基本性质决定了国家治理体系是城市治理体系的外部边界限定因素，这种边界限定主要表现在以下三个方面。首先，国家治理的任务决定了城市治理体系的任务。城市治理体系服务于国家治理任务，是国家治理任务的具体承接者。国家治理任务框定了城市治理的目标，国家治理任务产生的需求成为城市治理体系变迁的主要动力，国家治理理念为城市治理体系框定了方向。其次，国家治理体系结构也规定了城市治理体系的结构。城市的行政治所性质，使它成为各级政府的具体载体和标志，形成了城市体系与国家政区体系高度一致的"同构"特征。最后，国家治理体系的内容直接影响着城市治理体系的内容。国家治理变迁首先在都城等主要城市身上得到体现，国家的中央集权性质决定了城市治理的行政主官负责制，国家治理的分工方式决定了城市治理的分工形式。

（二）内部环境因素——城市发展动力

除了要适应国家治理形势发展的要求，城市自身也在发展变革，这是推动城市治理体系变迁的内部因素。城市经济社会发展有其自身发展规律，城市的集聚功能吸引了大量的人口和资源，推动了城市规模的扩大和商业的繁荣，进一步提升了城市秩序水平，良好的城市秩序又进一步吸引了人口和资源的集聚。首先，城市人口流动性越来越强，人口的规模越来越大，人口的组成更加多元化，城市空间规模也越来越大，增强了城市系统的复杂性。其次，随着城市经济社会的发展，各种城市要素相互渗透、相互融合，也促进了城市系统开放性的增强，冲击了原有的城市社会结构和空间结构，从而打破了既有城市秩序的稳定。最后，城市经济社会的发展，使城市在原有的政治军事功能之上，逐步增加了经济功能和文化功能，推动了城市功能的复合化，城市治理的综合性进一步提升。这些层面结合在一起，不断催生城市治理体系的新需求。

三 城市治理体系变迁的"环境刺激—行为选择"分析框架

诺思曾解释说，"理解制度以及制度变迁之困境的关键，就在于人们能认识到，他们生活中的那些行事准则和规则体系是在长时期中逐渐演化而成的。制度分析从根本上来说并不是研究博弈规则，而是研究个人对这些规则的反应"[①]。任何制度都是对特定环境的反应，并会随着所在内外部环境的改变而相应做出改变。城市治理体系的变迁在本质上也是一种"环境刺激—行为反应"的过程。在外部环境因素上主要体现在国家治理的形势变化和结构约束两个方面，朝代更替和统治者更换会引起治理目标、治理理念等基本因素的变化，国家治理体系的行政结构和组织结构等也会相应发生变化，这些作为由上而下的强制性权力影响因素的变革直接引起城市治理目标、结构、体系、机制等进行相应调整。在内部环境因素上主要体现在城市人口规模和商业发展两个方面，人口和商业存在一个互为因果、相互强化的关系，在二者推动下城市复杂性的提升，增强了降低城市环境不确定性的需求，促使城市治理体系在城市治理结构、城市治理体制和城市治理机制上做出选择和调整。另外，内外部环境因素的作用不是割裂的，经常交织在一起发生作用。中央集权制度的建立和强化，一方面增强了国家治理的控制功能，直接规定了城市治理体系强化控制的任务目标，另一方面造成人口在各级政治中心的不断聚集，强化了城市规模和结构的复杂性，人口增加又进一步刺激了消费需求，实现了商业繁荣，推动了城市自身强化治理的需求。二者叠加在一起，形成了合力，推动了城市治理体系的变迁。

---

① Douglass C. North，"Institutions，Transaction Costs and Economic Growth，" *Economic Inquiry* 25（3），1987，p. 422.

第四节　特征层次城市治理模式变迁分析框架

从城市制度史的角度研究中国古代城市治理体系，不仅要研究古代城市治理体系具体内涵上的变迁，还要研究古代城市治理体系作为一种制度执行过程的特征。

一　城市治理模式的内涵

模式（model），是指"经验资料的理论再现，旨在凸显重要的关系和互动，从而增进对事物的理解"[①]。因此，"模式"作为分析工具的重要意义，在于它能够赋予所收集资料更深层的含义。也就是说，是否存在一种模式，不应看其是否可以被复制和效仿，而主要看其是否有自己的特点。[②] 本书中的"城市治理模式"就是突出城市治理的特征向量，特别强调城市治理体系中的思想体系和思维方式层次上的特征，也就是说，"城市治理模式"是指各个历史时期城市治理体系中形成的具有本时期一般性特征的行为逻辑形式，突出具体时代特点的情境与模式之间的对应关系。

二　城市治理模式的要素

城市治理模式是不同历史时期的外部情境、主体认知和行为路径三个要素共同作用的结果。

（一）情境

安德鲁·斯考特认为，制度是"带有某种规律性的东西，这种规律性具体表现在各种特定的往复的情境之中"[③]。从行为主义的角度来看，情境是具体行为所发生的外部客观环境，是研究对象所受到的各种刺激的重要载体，是对特定的时间和空间两个维度上具体情形的抽象。罗格

---

① 〔英〕安德鲁·海伍德：《政治学》，张立鹏译，中国人民大学出版社，2006，第 23 页。

② 刘爱武、肖贵清：《中外不同语境中的"中国模式"概念辨析》，《山东社会科学》2011 年第 9 期，第 44 页。

③ Andrew Schotter, *The Economic Theory of Social Institutions*, New York：Cambridge University Press，1980，p. 11.

夫认为,"情境既是问题的物理结构与概念结构,也是活动的意向与问题嵌入其中的社会环境"①。具体来说,情境是与特定研究相关联的有形和无形环境,既包括宏观层次上的政治、经济、社会、文化等环境,也包括微观层次上的组织环境。情境之所以重要,就在于它与身处其中对象的行为选择有着很强的关联性,不同情境下的行为具有相应的特殊性,这种特殊性来自该情境引发的行为体的"独特思维"。具体的城市治理体系内容都是与时代背景紧密相连的,通过"还原"具有时代个性的具体情境,才能反映其真正的内在规定性。古代城市治理体系变迁研究中的主要情境元素是国家层次上的中央政权性质、央地关系结构、治理理念、官僚组织特征及城市层次上的城市性质、城市空间社会结构、城市发展水平等。

(二) 认知

制度在情境中的变迁机制是通过行为主体的认知来实现的。认知理论的基本原理是,人不是被动的刺激物接受者,认识来自人脑中积极的、对所接受的信息进行加工的过程。这个加工过程就是认知过程。② 这一过程被用于"理解人们怎样感知他们周围的世界并对之作出反应,以及人们怎么塑造世界以及被世界塑造"③。特别需要注意的是,认知过程突出了情境的特性和联系,尤其是揭示了情境对行为体的意义和作用。因此,认知过程还是一个行为主体运用知识对环境形势在观察的基础上进行问题识别、评价和判断的过程。也就是说,认知一方面具备情境性,情境不同,所产生的认知也不同;另一方面,认知也是在行为体与环境相互作用的情境中互动产生的,具有明显的意向性,即作为主观行为体对环境进行认知的过程受到主观观念因素的影响,主观行为体的个人特点、知识经验、世界观等构成了认知过滤器,在对情境进行主观认知的基础上形成了决策行为。

(三) 路径

虽然在学术研究中"路径"是一个常用的词,但是很难给其下一个

---

① 转引自高文编著《教学模式论》,上海教育出版社,2002,第299页。
② 孟昭兰主编《普通心理学》,北京大学出版社,1994,第26页。
③ Valerie M. Hudson, "Foreign Policy Analysis: Actor-Specific Theory and the Ground of International Relations," *Foreign Policy Analysis* 1 (1), 2005, p.1.

专业的定义。《现代汉语词典》对"路径"的解释是"道路（指如何到达目的地说）"①，因此，路径可以理解为行动轨道、到达目标的途径。与制度变迁相关的路径概念更准确地说是"路径选择"，它是情境认知过程的直接结果，也是不同时期城市治理模式的具体表现形式，还是制度变迁在不同时期特点的体现。在不同的情境下，主体的"认知图"不同，从而选择的具体路径也不尽相同，从而显示出不同的特色。在路径选择过程中有一个有意思的现象，就是行为主体在思维上具有喜欢回避不确定性的本性，更愿意选择早期经历过的熟悉路径。这样，路径选择就随着时间的推移逐步出现了固定化的趋势，并进一步锁定其他可能的选择形成了选择惰性，更倾向于坚持不变的固定轨迹或路径，或仅进行边际的微调，用稳定的制度降低各种不确定性带来的执行成本，这就是"路径依赖"。

三　城市治理模式变迁的"情境—认知—路径"分析框架

在研究中国古代城市治理体系的过程中，"制度必须与人事配合，死的制度是随着活的人事而变化，没有历久不变的制度，而那些曾长期延续的制度，一定是与当时的人事相配合的"②。这就需要在"刺激—反应模式"基础上，进一步对内外部环境因素进行"情境化"，通过对特定情境下制度调整路径选择的研究，来解释更深层次的城市治理体系变迁特征。城市治理体系变迁的实质，就是制度在某个情境下如何恰当执行以实现有效的治理。城市治理体系变迁是"政府—情境"互动过程的产物，政府与情境互动所形成的情境认知构成了城市治理体系调整路径的基础，即伴随着政府情境认知嬗变不断调整制度路径，这样就形成了城市治理体系变迁特征的传递机制，同时也显现出城市治理模式本身所具有的很强的情境性。同时，城市治理主体受到"有限理性"的限制，嵌入认知和行动背后的结构性惰性和价值偏好得到不断强化，从而使路径轨迹呈现出某种基于时间序列的渐进分布特征，促使一定时期内出现了路径依赖或路径锁定。

---

① 《现代汉语词典》第7版，商务印书馆，2016，第850页。
② 钱穆：《中国历代政治得失》，生活·读书·新知三联书店，2005，第3页。

第五节　逻辑层次城市治理经验分析框架

城市治理经验是贯穿于中国古代城市治理体系变迁中的向量，也是中国古代城市治理体系能够长期呈现稳定性和持续性的源泉，它是从各个历史时期中国城市治理模式中抽象解读出的中国城市治理基因组合。

一　城市治理经验的要素

城市治理制度的长期演变路径就是城市治理的逻辑，城市治理逻辑体现着具有阶段性和连续性的城市治理经验和规律，体现在城市治理制度的观念、政策和工具三个要素之中。

（一）观念

观念是个人所持的信念，① 它体现了具有个性特征的主观价值偏好，受到其所属群体的共有价值观、逻辑思维等文化内容的影响。观念在制度、政策等领域中的作用已经引起广泛的关注。制度经济学认为，行为人的观念在制度中所发挥的作用，要比其在技术变迁中所发挥的作用更为重要，因为意识形态信念影响着决定选择的主观构念模型。② 建构主义理论也认为，观念是行为表现的深层结构，规定并制约外在的行为表现和模式。③ 正如韦伯所说，观念在政策中起"扳道工"的作用。观念内化为人的逻辑思维模式，"嵌入"人的行为模式中，起着"路线图"的作用。观念所体现出的原则化或因果性的信念为行为者提供了路线图，使其对目标或目的—手段关系认识更加清晰；在不存在单一均衡的战略形势下，观念影响战略形势的结果；观念能够嵌入政治制度中。④ 在中国古代城市治理体系中最基本的观念是秩序观，它深深嵌入制度中，在客观上规范和制约着历代王朝的治理过程并决定其基本走向。

---

① 〔美〕朱迪斯·戈尔茨坦、罗伯特·O. 基欧汉：《观念与外交政策——信念、制度与政治变迁》，刘东国、于军译，北京大学出版社，2005，第 3 页。
② 〔美〕道格拉斯·C. 诺思：《制度、制度变迁与经济绩效》，杭行译，格致出版社、上海人民出版社，2016，第 122 页。
③ 秦亚青：《观念、制度与政策——欧盟软权力研究》，世界知识出版社，2008，第 73 页。
④ 〔美〕朱迪斯·戈尔茨坦、罗伯特·O. 基欧汉：《观念与外交政策——信念、制度与政治变迁》，刘东国、于军译，北京大学出版社，2005，第 3 页。

（二）政策

"政策"是指"国家或政党为实现一定历史时期的路线而制定的行动准则"①。西方公共管理理论认为，公共政策是各级政府依据国家法律规定的"行动准则"或者是"行政决策活动过程"，主要解决政府"必须做什么、不做什么、禁止社会做什么"等问题。② 具体来说，"关于城市政策的主流理解是它反映并影响了人们体验城市生活的方式；城市政策有助于界定城市问题或者城市危机。它们不仅仅是对这些问题的回应，而且也是这些问题的诱因"③。在城市治理过程中，采取政策干预的主要目的就是直接促进城市治理预期目标的实现。在本书中，"政策"更多指的是城市治理过程中所采取的具体政策行为。这些政策行为是以实现某些治理目标为目的对各种治理手段的综合应用，它一般是既定的制度的具体反映，但有时政策行动也可以推动制度的调整。

（三）工具

所谓"工具"有两层含义，一是"泛指从事劳动、生产所使用的器具"，二是"比喻被用来达到某种目的的人或事"④。本书中"工具"的准确含义是"政策工具"（policy tools）。B. 盖伊·彼得斯、弗兰斯·K. M. 冯尼斯潘认为"政策工具"是指政府可以用来实现某种政治目标的手段⑤；欧文·E. 休斯认为"政策工具"是指"政府的行为方式，以及通过某种途径用以调节政府行为的机制"⑥；张成福、党秀云认为"政策工具"是"政府将其实质目标转化为具体行动的路径和机制"⑦；陈振明将"政策工具"定义为"人们为解决某一社会问题或达成一定的政策目标而采用的具体手段和方式"⑧。本书的"工具"与陈振明的定义相

① 《现代汉语词典》第 7 版，商务印书馆，2016，第 1674 页。
② 托马斯·R. 戴伊：《理解公共政策》，彭勃等译，华夏出版社，2004，第 3 页。
③ 〔英〕加里·布里奇、索菲·沃森：《城市概论》，陈剑峰、袁胜育等译，漓江出版社，2015，第 568 页。
④ 《辞海》（第 7 版缩印本），上海辞书出版社，2022，第 700 页。
⑤ B. 盖伊·彼得斯、弗兰斯·K. M. 冯尼斯潘：《公共政策工具：对公共管理工具的评价》，顾建光译，中国人民大学出版社，2007，第 163 页。
⑥ 〔澳〕欧文·E. 休斯：《公共管理导论》，中国人民大学出版社，2001，第 99 页。
⑦ 张成福、党秀云：《公共管理学》，中国人民大学出版社，2001，第 62 页。
⑧ 陈振明：《公共政策分析》，中国人民大学出版社，2003，第 147 页。

似，更多地强调具体工具层次上的"手段"含义。

二　城市治理经验影响因素

城市治理体系变迁还是一个学习的过程，学习所形成的知识积累和自我强化使城市治理发展的方向性更加明确。

（一）知识积累

人类行为体认知活动的"有限理性"性质决定了知识的渐进积累特性，因此，知识积累是在时间进程中学习的结果。马克思主义认为，学习和知识存量部分引致了技术变迁，进而推动生产力进步，最终实现了制度变迁。哈耶克将知识积累归于演进理性。诺思发现了制度变迁过程与知识存量增加相伴相生的特点，并指出："知识存量的积累对政治和经济制度的长期变迁起了潜移默化的作用。"[1] 制度安排选择集合受到社会科学知识储备的束缚，制度变迁本身是知识积累的过程，因为制度结构反映了时间进程中积累的社会信念。也就是说，制度变迁是人类认知积累和认知过程的一部分。[2] 同时，知识积累反过来又影响了制度变迁。由于知识积累拓展了对制度相关问题认知的深度和广度，因此其又为制度变迁提供了动力。另外，知识积累的结果往往是试图保持经过实践检验的熟悉制度，从而又将路径依赖与知识积累联系起来。这样，知识积累又慢慢使制度变迁中的方向性越来越清晰。

（二）自我强化

人类行为体认知活动的"有限理性"性质，一方面使制度变迁在过程上也表现为一种"干中学"的学习过程，另一方面进一步放大了个人偏好在制度变迁中的作用，这些结构特征容易使环境反馈被同一个心智模式反复认可，从而在制度变迁过程中形成一个不断自我强化的稳定的"过滤器"。制度变迁的自我强化机制有四种表现。（1）设计一种全新的制度会消耗大量的启动成本，而一旦该制度正常运行，相应的投入就会下

---

① 〔美〕道格拉斯·C. 诺思：《经济史中的结构与变迁》，陈郁、罗华平等译，上海三联书店、上海人民出版社，1994，第232页。

② 王健、杨小成：《制度变迁理论研究新进展》，《经济学新动态》2006年第7期，第77页。

降，这使治理主体更偏向这种制度变迁路径。（2）学习效应。学习是与制度变迁紧密相连的，学习的速度以及知识存量与制度变迁的相符程度，是制度变迁实现自我强化的另一个影响因素。（3）协调效应。制度变迁与行为体、其他领域的制度之间在不断磨合中会产生协调效应，从而进一步实现制度变迁的自我强化。（4）适应性预期。制度变迁与预期目标的相符程度，可以提升对制度变迁的认同，而这种认同越强，制度变迁的自我强化就越强。制度变迁的自我强化机制进一步明确了制度变迁的方向性。

（三）变迁方向

秩序是一套关于行为和事件的模式，具有系统性、非随机性。制度的关键功能是增进秩序，[①] 这就是制度变迁的根本目标和方向指向。城市治理主体通过制度变迁中的学习和有目的的活动，使被反复认可的制度所构成的模式稳定下来，这些固定下来的模式就会形成信念性因素。从长期来看，在人们的基本价值观和制度之间存在一种复杂的相互关系：如果制度能促进城市治理秩序的实现，就可能形成体验这种经验的意愿，从而增进对这一制度的信任，并进一步产生路径依赖。"路径依赖在概念上缩小了选择的范围，并且将不同时期的决策联结在了一起。"[②] 这些作用结合在一起，降低了制度变迁的随机性，形塑了制度变迁的方向，即"经过长期的演变其系统中带有很深的历史烙印"[③]。

三　城市治理经验的"知识积累—自我强化—变迁方向"分析框架

城市治理体系的目标是降低城市治理环境中的不确定性，使人们的行为更有可预见性，有效地实现秩序目标。因此，城市治理体系的制度变迁在本质上是一个不断追求秩序过程的持续"轨迹"。同时，制度变迁也是搜索、交换、反馈信息的动态学习过程，这一学习过程作为一个

---

① 〔澳〕柯武刚、〔德〕史漫飞、〔美〕贝彼得：《制度经济学：财产、竞争和政策》，柏克、韩朝华译，商务印书馆，2018，第37页。

② 〔美〕道格拉斯·C. 诺思：《制度、制度变迁与经济绩效》，杭行译，格致出版社、上海人民出版社，2016，第116页。

③ K. J. Arrow, "Path Dependence and Competitive Equilibrium," in W. A. Sundstrom, T. W. Guinnane and W. C. Whatley, eds., *History Matters: Essays on Economic Growth, Technology, and Demographic Change*, Stanford: Stanford University Press, 2003.

经过特定社会文化形成的强烈偏好进行过滤的累积过程，反映在城市治理体系在理念、政策、工具等要素中知识积累的不断强化之中，并通过制度框架与变迁的持续互动和自我强化，将这种知识积累和自我强化不断叠加、沉积在一起。在这种叠加和沉积中，对早期经历的偏好和思维上回避不确定性形成的"路径依赖"仍然发挥着重要的作用，使对情境的认知越来越接近确立一个明确的变迁方向，最终形成了城市治理逻辑。

小　结

制度变迁理论为中国古代城市治理体系提供了一个颇为合理的研究框架。在制度变迁理论的基础上，本书以操作层次上的"刺激反应模式"为基础构建了"内外部环境刺激—体系反应"模型，来考察不同时期古代城市治理体系具体内涵的变迁；在认知理论的基础上，构建了"情境—认知—路径"模型，对特征层次上不同时期城市治理体系变迁特征的城市治理模式进行研究；在学习理论的基础上，构建起"知识积累—自我强化—变迁方向"模型，从城市治理体系变迁的方向出发，归纳逻辑层次上的中国古代城市治理经验。这三个层次的模型构成了中国古代城市治理体系变迁的整体性研究框架体系。

第三章 周代"宗法—军令"型
城市治理体系

在中国古代城市发展的历史中，商周时期属于古代城市的第一个成型期。虽然早期城市的产生可能早于商代，但中国古代城市在形态和功能上的典型特征基本上是在商周时代形成的①。周代是中国古代城市治理体系的生成期，这一时期是一个逐步构建起国家治理基础制度和治理网络的"建章立制"的时期，即所谓"体国经野"。与其作为生成期的时代特点相对应，与西周城市治理相关的直接记载有限，内容不够周详。到春秋战国时期，城市治理的相关资料才比较详细、准确，但春秋战国的各种制度大多是在西周制度基础之上的发展完善和变革，具有很强的延续性，从中也可窥见西周城市治理的概貌。"国之大事，在祀与戎"，以及周代的典型城市国都所必备的两大特征，即建都必立宗庙②、建都必驻大军（这也是国都被称为"京师"的原因③），都说明了周代城市治理体系的基本逻辑是将血缘伦理秩序理念与军事组织形式有机结合。这一思路下产生的以高度严密的等级制为核心的周代城市治理体系，为中国古代城市治理体系确立了社会心理结构的基础和话语标杆。

第一节 周代宗法制"血缘"国家治理体系

作为中国历史上第一个具有全域性意义的征服性朝代，周代是中国

---

① 李鑫：《商周城市形态的演变》，中国社会科学出版社，2012，第 3 页。
② 《诗·大雅·绵》曰："乃召司空，乃召司徒，俾立室家。其绳则直，缩版以载，作庙翼翼。"
③ 《诗·大雅·公刘》曰："笃公刘，逝彼百泉，瞻彼溥原；乃陟南冈，乃觏于京。京师之野，于时处处，于时庐旅，于时言言，于时语语。""京"就是大块的向阳高地，适宜修建许多宫室的地方。"师"就是指军队的驻屯地。"京师"连称，因为此地驻屯有重兵。后来国都称为"京"或"京师"，就是起源于此。见杨宽《中国古代都城制度史研究》，上海人民出版社，2016，第 40 页。

地方行政组织体系形成确立的时期。一般来说，城市构造是由一个时代的技术力量、经济和政治形态、社会构造和社会思想、文化形态的合力所决定的。① 周代在政治上形成了一套较前代更加完善的国家基本制度，有了里程碑式的显著发展，奠定了后续相关制度的基础。

一　征服性宗族城市国家本质——"天下"的形成

中国自殷商以来形成的以自我为中心的天子受天命而统治"天下"的"天下观"在周代得到了极大的发展，"周王的统治权力是达于四方的"，即达于"除周邦以外的东南西北各方之邦，也就是天下庶邦"②。西周是一个征服王朝，③ 这是由于战车和分封制度为周部族突破以往都邑国家提供了技术和制度条件，为将周部族作为统治力量派遣到更远的地方进行有效统治提供了可能。宗法与礼制的结合，建构起国即家的理念，确立了至高无上的中央集中王权，以及天子在政治上对诸侯的君臣关系。周代继承发展了商人的宗法分封政体。一方面，严密了"大宗""小宗"的组织，确立了嫡长子的继统之制，强化了宗法制中周天子"周之宗盟"的诸侯盟长地位；另一方面，周王在政治上自称"天子"，通过分封，将国家的土地、人民、财富、军队控制在手中，在国的领域内确立了权力更为集中的天子的尊贵地位，使整个国家成为以姬姓大家族为核心的统治体系。西周统治者自称"天子"，在全国推行宗法分封制、国野制、井田制、版籍制等，使每一个社会成员从一出生就有"命定的生活空间、命定的社会政治法律地位"，处于"超稳定"状态之中。王室和诸侯邦国都配置了相应的职官，负责对社会成员的政治监控与秩序管理，培养社会成员的服从意识和守法意识，形成了一种适于统治者实施管理的社会结构和心理结构。④ 当然，周代虽较之前朝代在维系政权上有很大程度的加强，但周天子不是专制君主，是共主或盟主，国家结构比较松散，"天下"一定程度上只是一种世界观，是一种处理相互关

---

① 陈力：《东周秦汉时期城市发展研究》，三秦出版社，2010，第 69 页。
② 赵伯雄：《周代国家形态研究》，湖南教育出版社，1990，第 15~16 页。
③ 许倬云：《从历史看管理》，新星出版社，2017，第 55 页。
④ 陈鸿彝：《对古代治安的理论思考》，《中国人民公安大学学报》（社会科学版）2000 年第 2 期，第 86 页。

系的思维模式。

二　宗法制国家治理理念——礼制

宗法社会的基本制度结构是礼法并举。① 为了维系周王对空前庞大的疆域的有效统治，在吸取夏、商两代统治失败教训的基础上，提出"明德慎罚"的治国理念。在宗法社会国即家的逻辑框架下，依据"宗法"以血统、嫡庶区分主从的原则对以往的国家制度、社会秩序、人民生活方式、行为标准等进行了叠加融合，并使其进一步制度化和体系化，最终将家族秩序与国家秩序统一在一套制度和标准——"礼"之下。周礼是对混乱的殷礼的完备化、系统化、规范化，确立了以血缘宗族为纽带的"祭祀—社会—政治"的组织体制。② 并通过"礼有等差"的具体手段以礼达治，建立起了严谨的统治秩序，树立了周天子的政治权威，由此形成了家国一体的政治体制——礼制。分封制与礼制一定程度上改变了国家的松散状况，使周朝从早期宗法制走向更发达的地域国家制，礼制实际上成为周王朝赖以立国的基础性建国制度。

周礼最早源于小型原生社会的各种礼俗，这些礼俗"将其群体组织起来、团结起来，按着一定的社会秩序和规范来进行生产和生活，以维系整个社会的生存和活动"③。周礼"一般认为，它是周初确定的一整套的典章、制度、规矩、仪节"④，周礼的本质在于"别贵贱尊卑"，其基本原则是"尊尊、亲亲、贤贤"，它把政治、血缘和道德深度融合在一起，是周人的统治秩序，也是一种制度载体。"礼是社会公认合式的行为规范，合于礼的就是说这些行为是做得对的。"⑤ 这使得当时的"礼"成为一条红线，成为衡量国家制度、社会秩序、人民生活方式、行为的具体标准，有着极强的政治和社会实用功能，使人意识到他作为个体的位置、价值和意义，因此具有极大的强制性和约束力。在政治圈子之内，衣食住行无不规定以宗法礼教，从而显示尊卑秩序，即统治秩序。⑥ 由

---

① 胡健、董春诗：《宗法社会与市民社会的比较》，《人文杂志》2007 年第 3 期，第 171 页。
② 李泽厚：《中国古代思想史论》，生活·读书·新知三联书店，2008，第 87 页。
③ 李泽厚：《中国古代思想史论》，生活·读书·新知三联书店，2008，第 3 页。
④ 李泽厚：《中国古代思想史论》，生活·读书·新知三联书店，2008，第 2 页。
⑤ 费孝通：《乡土中国》，江苏文艺出版社，2007，第 54 页。
⑥ 李孝聪：《历史城市地理》，山东教育出版社，2007，第 66 页。

于礼制的约束,"尊尊"进一步强调了君的本位地位,借此以确保"王者至尊","以血缘父家长制为基础(亲亲)的等级制度是这套法规的骨脊,分封、世袭、井田、宗法等政治经济体制则是它的延伸扩展"①。礼制使周王与诸侯之间不再是松散的联盟关系,而是名副其实的君臣关系和天下大宗与小宗的关系,周王最高统治者的地位得到承认,周代政权也实现了前所未有的集中。

礼制是一切国家制度的基础,自然也就成为城市管理的基础,"西周时代的城市作为行政权力的基地和体现,礼法色彩不能不浓,等级观念不能不重"②,以礼制为基本逻辑的城市管理制度——营国制度成为周王朝国家制度的一项重要内容,并具体体现为"以大为贵""以多为贵""以高为贵"(《礼记·礼器》)等一系列礼制等级的营建措施。城市治理观念中的等级观念是不能违背的,如宫廷区是全城的主体,配置在城的中部或地势高亢处,以重要的位置来凸显尊贵之意。再如齐景公询问晏子为何姜太公在营建都城临淄之初使城池偏西。晏子对他说:"而以今之夕者,周之建国,国之西方,以尊周也。"城之所以偏西是因为周代都城在西方,为示尊周。③ 更为重要的是,儒家继承和发展了周礼,在历史上形成了一种对中国民族影响很大的文化—心理结构。④

三 国家治理结构体制——分封制

周在商朝是国家西部的一个小国,在人口规模上是当时国家中的少数部族,周灭商属于以小邦灭大国,因此如何在政权上强化对广大新征服地区的控制,成为周朝建立后面临的重大战略问题。为此,西周在充分继承商人宗法分封政体的基础上,将从氏族组织演变而来的血缘宗族关系进一步发展成为以嫡长子为中心、以血缘关系为纽带的更加严密的宗法国家组织管理制度。具体来说,所谓"分封制",就是按照血缘宗法制"宗子维城"的政治原则,实行"封建亲戚,以藩屏周","这

---

① 李泽厚:《中国古代思想史论》,生活·读书·新知三联书店,2008,第4页。
② 李孝聪:《历史城市地理》,山东教育出版社,2007,第66页。
③ 郭璐:《从〈晏子春秋〉谈对中国古代城市轴线的认识》,《北京规划建设》2012年第2期,第38页。
④ 李泽厚:《中国古代思想史论》,生活·读书·新知三联书店,2008,第1页。

种宗法分封体制所体现的政治思想，实质上也是'天人合一'意识的反映①。实行的途径是由周王的宗室子弟或亲姻，承王命"受土受民"②，到封地上去"作邑作邦"建立统治据点，来形成周王朝的地方统治屏障，使周王室的统治深入新征服的各个旧部族中。这个体系由一组组环环相扣的大小宗主关系构成：在全国与王畿内，作为"天子"，周王是最大的宗主，周王与其分封的诸侯是一对大宗和小宗的关系；在封国内，则诸侯与被其分封的卿大夫是一对大宗和小宗的关系；在采邑内，又变成卿大夫与其所封的士是一对大宗和小宗的关系。这样构成天子—诸侯—卿大夫—士的等级体系。传说武王、周公、成王先后建置 71 国（西周主要城邑分布见图 3－1）。但是，"周天子只是个仪式性的共主"③，周天子与诸侯国之间是一种极为松散的中央与地方关系，与后世行政隶属上的中央地方关系有着本质上的不同。周王及其内服百官对诸侯属地无法进行实质的有效管理，而由诸侯全权决定自己领地的内政和外交。卿大夫受封，拥有权力与统治区域，这种权力形态也被称为"家"。各个诸侯国的卿大夫在其族内部也有分封的权力，即所谓"卿置侧室，大夫有贰宗"，因此，卿大夫在"家"中也设有处理卿族政事的朝。这样，春秋时期诸侯国的这种政治形态使以往仅以"国"称国家政权的方式逐渐变更为以"国家"称之。④

　　到春秋战国时期，郡县制开始萌芽。这一时期大规模战争的最根本目的是通过占据城市消灭敌国政权，而不是争夺财富。因此，在春秋初期秦、晋、楚等诸侯国纷纷将新兼并的小国改设为具有军事重镇性质的县。"克敌者上大夫受县，下大夫受郡。"（《左传·哀公二年》）与固有的城邑不同，这些县不再实行分封制，而是国君的直接领地，其行政长官也由国君直接任免，不再是世袭贵族，这有利于国君对边远地区的统治管理，加强中央集权。随着后来设县的诸侯国越来越多，县的设置逐渐向诸侯国内部区域扩展，县开始成为一种地方行政组织。春秋末期，

---

① 贺业钜：《中国古代城市规划史》，中国建筑工业出版社，1996，第 123 页。
② 周王分封诸侯要授土授民，即从周王的大社社坛取相关方位的土，用茅草包好授予受封者，象征着将这块土地授予他。
③ 许倬云：《从历史看管理》，新星出版社，2017，第 19 页。
④ 李明丽：《〈左传〉国野叙事研究》，博士学位论文，吉林大学，2018，第 50 页。

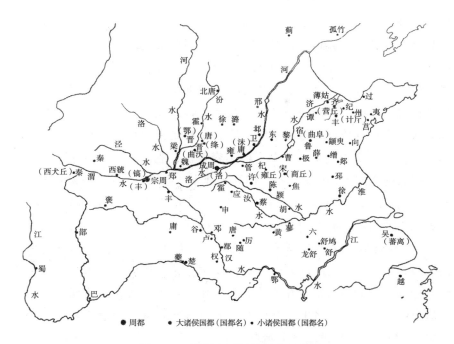

●周都　　●大诸侯国都（国都名）•小诸侯国都（国都名）

图 3 - 1　西周主要都邑分布示意图

资料来源：贺业钜《中国古代城市规划史》，中国建筑工业出版社，
1996，第 137 页。

一些诸侯国又在新征服的边远地区设置了郡。这一时期的郡地域面积比
县大，但由于地理位置偏僻而且地广人稀，所以往往行政地位要低于县。
到了战国时期，随着郡所辖的地区得到发展，人口也不断增多，县开始
成为郡下的行政单位，最终以郡统县的两级地方行政体系取代采邑制。
周代分封制的核心内容是"授民授疆土"，这是中国古代国家治理制度
上的一次大变革，而对土地和人口占有的最佳形式就是建城立邑，这不
仅造就了春秋战国几百年的城市分布格局，也为后世的城市总体格局奠
定了基础。

四　国家基本治理模式——国野体制

国野分治是西周时期国家的基本治理模式，有国有野成为周代城邑
治理的特殊体制。国野体制也叫都鄙体制。西周人观念上的国和野简单
粗略，具体来说，国指国都是周人的普遍观点，城垣之内谓之"国"；

城垣之外谓之"野",《左传》《周礼》等先秦文献中对"野"都没有明
确具体的范围界定,也就是说"野"只能算是一个模糊的空间地域范
围。《周礼》每篇都以"惟王建国,辨方正位,体国经野,设官分职,
以为民极"开篇,"国是指与乡野相对的都城,辨方正位是确立城市的
地理位置,体国经野是规划城市、统治乡野的政治模式,设官分职是建
立以城市为据点的行政管理系统,以为民极是突出城市的核心地位。虽
然《周礼》不免有想象的成分,但不容否认,它为后人提供了一个以城
邑为据点的空间治理模式"①。《周礼·地官·泉府》云:"国人郊人从其
有司。"国中居民包括君主、君子与小人②,但国人并不包括君子(指卿
大夫),而是以士为主,包括农、工、商等小人,周厉王时期参加暴动的
"国人"就是指的这些人。野人即庶人,一般非本族人,或是新征服来
的人口,主要是农民。国人通常是一国主要武装力量的来源,野人不能
作为士兵,只能参与粮食补给等后勤工作。这种治理体制体现了"政治
上城市统治农村,经济上农村供养城市的国野关系"③,从某种意义上说
"国野制是一种典型的城乡分治制度"④,这种国野体制具有了后世城乡
体制的雏形。直到周襄王七年(前645),晋国"作爰田""作州兵"
开了"野人"当兵的先河,鲁、郑、楚等诸侯国纷纷效仿,征兵、征
赋的"丘役之制"及于野鄙的状况渐次在各诸侯国出现。同时,随着
统治宗族内部矛盾激烈和各诸侯国间战争的影响,除了少数新贵族,
大部分旧宗族逐渐衰落。为了谋生,国人和野人开始出现大规模的迁
徙,最终彻底打破了国野的界限。

　　西周初年建立的诸侯封国具有武装统治的特征,有力地推动了其特
有的"国—野"分治体系向全国范围内推广。诸侯的政府结构直接来自
周,是对周都洛邑的复制。⑤卿大夫受封的采邑是诸侯本国国都的复制,
形成第二级国野形式即都鄙。国野制在封地内将诸侯及所率部众与当地

---

① 吴良镛:《中国人居史》,中国建筑工业出版社,2014,第34页。
② 小人介于贵族的士和平民的庶人之间,他们与贵族同宗同姓,只不过在血缘上与宗主
　　相对疏远,这一阶层是"国人"的基本组成部分,居住在城邑里,有参政和参军的权
　　利义务,平时主要从事农业劳动。
③ 贺业钜:《中国古代城市规划史》,中国建筑工业出版社,1996,第125页。
④ 侯外庐:《中国古代社会史》,生活·读书·新知联合发行所,1949,第151页。
⑤ 李明丽:《〈左传〉国野叙事研究》,博士学位论文,吉林大学,2018,第47页。

的世居民众分而治之：国中居住的是由诸侯及职官构成的贵族、所率民众构成的国人，周边地区即为野，那里的居民即为野人。从国家点面的空间结构角度看，所谓国，事实上就是指少数先进的中心，[①] 主要指周天子现居国都以及旧都、诸侯国都等，已发展成为控制野或面的据点和基地，这表明国野体制"也是治理天下的基本方法"[②]。因此，人们也习惯用国都来代替国家，《左传》中就有很多在外交中谦称本国为"敝邑"的记载。由于最初形成的县多由被灭的一些小国直接转置而成，并没有进行根本性质上的改动，因此，"它的主要特征就是从'国'或'都'的制度转化而来"[③]，这就使国野制又对其后郡县制的基层治理体制产生了直接的影响。

第二节　周代城市的发展

周代是中国古代城市全面空前发展的第一个阶段，无论从城市的区域分布还是个体规模，无论是总体数量还是质量内涵，古代城市都在这一时期初步形成了颇具层次性的整体体系，为后续城市的发展提供了一个良好的开端。

一　周代的两次城市发展高潮

从数量和布局上看，西周初年的大分封与春秋战国之际郡县制的确立，是古代城市成长两大决定性的推动因素。[④]

（一）周初分封列国引发的中国古代第一次城市发展高潮

周建立后巩固统治的一个重要措施就是分封诸侯，所谓"分封"，即本着"宗子维城"的政治原则，"封建亲戚，以藩屏周"。处于统治地位但人数较少的周人，为了有效地控制被征服的殷人及其他部落，派出各宗室子弟或姻亲率领的族人（包括军人和农民），模仿王室正在营建的新都成周，到周天子指定"受土受民"的区域选择一个条件优良的居

①　赵世超：《西周的国和野》，《史学月刊》1988 年第 2 期，第 11 页。
②　吴良镛：《中国人居史》，中国建筑工业出版社，2014，第 34 页。
③　杨宽：《古史新探》，上海人民出版社，2016，第 73 页。
④　包伟民：《宋代城市研究》，中华书局，2014，第 51 页。

住点，"作邑作邦"来保卫统治者的自身安全，镇压当地民众的反抗。由于周王室推崇"大聚"，所以各国诸侯纷纷兴筑大城，并延续了外郭内城的制度，① "内为征服者的周人族人居住，外为被征服者居住，这就形成了以城郭为界的国野之分"②。这在古代文献中叫作"城"，也叫作"国"。这种统治据点的大建设推动了周代甚至中国历史上的第一次筑城高潮。据《荀子·儒效》记载，周公"兼制天下，立七十一国，姬姓独居五十三人"，周初有 145 邦（每邦以一城计，也有大小城镇 145 座）。③由于受到营国制度城邑等级的严格限制，西周的城市在规模上普遍较小，同时功能也比较简单，具有政治功能突出、经济功能不发达的特征。到了宣王在位时期，为了抵抗戎蛮，又出现过一次小的筑城高潮，南筑申谢、北建韩城、西城朔方、东起齐城。据估计，西周 300 余年间，诸侯国的统治中心——约 1200 个首邑城市得到了普遍的发展。④

（二）　春秋战国时期诸侯争雄引发的第二次城市发展高潮

春秋战国时期，修筑城池是各诸侯国保卫疆土和政权的一项重要措施，城市承担着巩固国防、统一政令、维护治安、改善生活和繁荣经济等多种功能。春秋初年的城市规模一般较小，超过百雉就是大城市了，据记载，"人虽众，无过三千家者"（《战国策·赵策三》）。随着王室衰落、诸侯势力兴起，以及大规模战争的不断加剧，春秋时期都邑不断逾越礼制扩张，再加上战国时期郡县制在列国的推广，出现了自周初分封以来持续时间较长的城市发展高潮。这次城市发展高潮的一个重要表现就是各诸侯国旧城扩大和新城建置蔚然成风（春秋战国时期城址分布见图 3-2）。据《左传》记载，春秋战国时期新筑城池 63 座，重修 5 座。根据张鸿雁的统计，春秋战国时期 35 个诸侯国的城邑共 600 个，其中晋 91 个，楚 88 个，鲁 69 个，郑 61 个，周 50 个，齐 46 个，卫 30 个，宋 35 个，莒 16 个，秦 14 个，吴 10 个，等等。再加上其他未统计的，其时

---

① 张晓虹：《匠人营国：中国历史上的古都》，江苏人民出版社，2020，第 2 页。
② 肖建乐：《唐代城市经济研究》，人民出版社，2009，第 16 页。
③ 赵伯雄：《周代国家形态研究》，湖南教育出版社，1990，第 203 页。
④ "平王东迁时尚有 1200 余国"，见吴松弟《中国古代都城》，中国国际广播出版社，2009，第 13 页。

城邑当在千个以上。① 春秋时期的小国鲁国，先后修筑了郎、祝丘、郿、诸、防、鄪、小穀、郓、平阳、中城、费、成郛、西郛、武城、莒父、霄、毗、邾瑕等 24 城。春秋中期诸侯国旧城扩建和新城建造又掀起了一个高潮。兴建于这一时期的韩国都城新郑、秦国都城雍城、鲁国都城奄，都超过了东周王城的规模。秦国新筑城较少，但到战国时，有记载的新建城市有河旁、庞戏城、南郑、河濒、庞、籍姑、重泉、洛、栎阳、上枳、安陵、山氏、商塞、咸阳、武城、上郡、武遂、殷等 18 城。春秋时期，卿大夫分封采邑对这轮城市发展起到了推动作用。到春秋后期，部分卿大夫修筑的采邑城市也突破了原来的城邑等级制，卿大夫采邑筑城已成了普遍现象。"一个以国都为中心、以城邑为网络而统治着广大乡野的城邑文明系统已经形成。"② 战国时期，以各国都城为代表的大城市的发展引人注目。

"繁荣而自由的城邑文明恰恰是春秋精神的根本所在，不从城邑文明的高度来理解春秋精神，就不能把握其精神实质。"③ 新城建置大抵有三种情况："一是出于经济发展要求，二是根据战备需要，三是由于实现某项政治目的。这三种情况中，第一种实为主流，其余两种都属特别情况下的建设活动。"④ 春秋时期城市里的"工商食官"制度被打破，商业和手工业开始快速发展，大批商人和手工业者聚集到城市中，商品集市出现，不少城市在原来的政治、军事功能基础上不仅扩大了规模，还新增了经济功能，甚至出现了新兴的经济性城市，"中国古代比较完整意义上的城市在此一时期完全形成"⑤。

战国时期郡县制的发展，使每一郡县治所都具备了构成都邑的条件，城市的数量大大增加。随着越来越多的邑筑起城墙，城与邑的区别变得模糊起来，出现城邑不分、城邑并称的情况。在城邑形制上，这个时期都城最大的特点是"两城制"⑥，"筑城以卫君，造郭以守民"成了各诸

---

① 张鸿雁：《春秋战国城市经济发展史论》，辽宁大学出版社，1988，第 121 页。

② 吴良镛：《中国人居史》，中国建筑工业出版社，2014，第 40 页。

③ 傅道彬：《春秋：城邦社会与城邦气象》，《北方论丛》2001 年第 3 期。

④ 贺业钜：《中国古代城市规划史》，中国建筑工业出版社，1996，第 251 页。

⑤ 何一民：《中国城市史》，武汉大学出版社，2012，第 91 页。

⑥ 徐苹芳：《中国古代城市考古与古史研究》，载《中国城市考古学论集》，上海古籍出版社，2015，第 2 页。

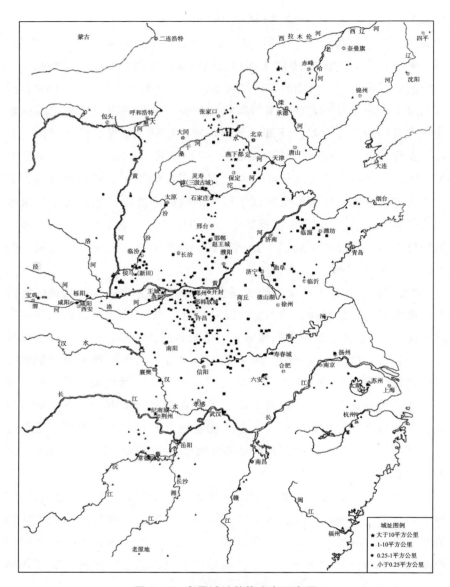

图 3 - 2　东周城址整体分布示意图

资料来源：李鑫《商周城市形态的演变》，中国社会科学出版社，2012，第 80 页。

侯国普遍的做法。同时，战国时期的城市规模也有显著扩张，百雉之城已经成为无足轻重的小城市，上万"家"的城市开始不断增多，所谓"千丈之城，万家之邑相望也"（《战国策·赵策三》）。赵都邯郸、齐都临淄、楚都寿春、秦都咸阳、燕下都的规模更比这些城市要大。据学者推算，齐都临淄总人口达 35 万人之多，是当时世界第一大城，[①] 楚国郢都高峰人口则有 30 万人，堪称当时世界上一流大城市。[②] 在齐临淄城中发现了九条大的道路遗迹，沿着这些道路遗迹还发现了当时的排水系统。临淄周围还有几个卫星城市，这些城市增强了齐都临淄的人口收容功能和经济功能。[③]

二 周代城市以宗法、政治、军事为主的内涵

周代各诸侯在封地内，筑邦造城，驻兵镇戍，形成一大批都邑，城市发展在数量上呈现出爆发式的增长，这是中国古代城市形成过程中的一个重要阶段。这些最初以政治、军事功能为主的城市，在不断增加的政治与军事需求推动下叠加经济、文化功能，比较完整意义的综合性城市逐步形成，开始出现维护城市秩序的城市治理含义。春秋战国时期发展起来的城市，大多成为秦朝的郡县治所，"开始出现与国都和采邑不同性质的新的城市类型——地方行政建制城市"。[④]

春秋战国之前被称为城市国家时期，推行的是"城国一体同构"模式。以周公营建洛邑为代表，各受封诸侯国纷纷营建诸侯国及都城，西周时期的城市在数量上有了大规模的增加，但大部分城邑规模较小、结构简单，这是由当时城市内涵是以"卫君"的政治中心和军事据点来定义决定的，其时"城即是国，国即是城"[⑤]。《礼记·礼运》说"城郭沟池以为固"，史籍一般把这时的城市称为"都"、"邑"或者"都邑"，都城则被称为"京""京师"，均是这一内涵的写照。这一时期的大部分时间里，城市主要还是由同一个大的血缘组织构成，城内居住的主要是王公贵族及为其服务的军队和仆役，也有平民，由小人、庶人、工商等构成，城市建筑物以宫室等为主。郭是在城外形成的新的聚居区，居民一般是手工业者和商人，出现了"城主郭从"的形式，推动了城市

---

① 胡焕庸、张善余：《中国人口地理》上册，华东师范大学出版社，1984，第 17 页。
② 马世之：《略论楚郢都城市人口问题》，《江汉考古》1988 年第 1 期，第 61 页。
③ 陈力：《东周秦汉时期城市发展研究》，三秦出版社，2010，第 27 页。
④ 何一民：《中国城市史》，武汉大学出版社，2012，第 97 页。
⑤ 庞骏：《东晋建康城市权力空间——兼对儒家三朝五门观念史的考察》，东南大学出版社，2012，第 39 页。

功能的分区。这些贵族、平民居民比较分散，保持着聚族而居的形式。族与宗庙在城市治理中有着重要的作用。中国古代城市的精神起源，可以说就是宗庙。①《左传·庄公二十八年》记载：凡邑有宗庙先君之主曰都，无曰邑。"周人朝出暮入，本为农夫，而非市人"②，有学者指出，"战国以前的城市，实际上都是些有围墙的农村"③。另外，从西周开始，城与市逐渐融为一体。"工商食官"④ 制度已经确立，西周城邑出现了固定的市场，初期主要是为统治者服务的宫市，即"日中为集"的集市。这种集市市罢即散，城市工商业的发展受到限制。到西周末期，王室衰微，各诸侯国的城邑数量急剧增多，城中已出现专门的市。

到春秋战国时，各诸侯国之间频繁的战争促进了对城市人口的重视，人口与土地同样被视为诸侯国实力的象征。《孟子·尽心下》中有"诸侯之宝三：土地、人民、政事"，《吕氏春秋·先识览》曰："地从于城，城从于民，民从于贤。故贤主得贤者而民得，民得而城得，城得而地得。"城市的内涵中"筑城以卫君，造郭以守民"的认识更加丰富深化，"城者，所以盛民"的内涵逐步显现。变革、战争等导致的人才流动与民众迁徙现象增多，也使城市原有的族居形式受到很大冲击。列国在攻占别国城市之后，经常迁来本国居民并驱逐原有居民。如秦惠文王就于公元前325年在新占领的陕（今河南省陕县）"出其人与魏"（《史记·秦本纪》），在公元前316年灭蜀后一次迁万户人口。另外，韩、魏、赵、秦、楚五国先后迁都达15次之多。在此背景下，杂姓共居一里的现象越

---

① 陈力：《东周秦汉时期城市发展研究》，三秦出版社，2010，第20页。
② 参见许倬云《周代都市的发展与商业的发达》，载《许倬云自选集》，上海教育出版社，2002，第69~99页。
③ 傅筑夫：《战国经济史论丛》上册，生活·读书·新知三联书店，1980，第345页。
④ 所谓食官之工，乃是指官府所属的各种手工业者。《左传·定公四年》记载周初曾俘虏了许多以职业为氏的商王朝手工业者，其曰："昔武王克商……分鲁公……殷民六族：条氏、徐氏、萧氏、索氏、长勺氏、尾勺氏……分康叔……殷民七族：陶氏、施氏、繁氏、锜氏、樊氏、饥氏、终葵氏。"有人认为，索氏为绳工氏族，长勺氏和尾勺氏为酒器工氏族，陶氏为陶工氏族，施氏为旗工氏族，繁氏为马缨工氏族，锜氏为锉刀或釜工氏族，樊氏为篱笆工氏族，终葵氏为锥工氏族。见郭宝钧《中国青铜时代》，生活·读书·新知三联书店，1963，第45页。古代以事名官、以氏名官，这些手工业者以职名氏，表明在商代不仅手工业有分工，而且有些家族已世代从事某一职业。见张国硕《夏商时代都城制度研究》，河南人民出版社，2001，第182页。

来越多地出现。① 从对古代城址的发掘中亦可看出，西周时期居民区尚散处城壁内外，东周以后则趋于向城内集中，② 不少民众依城而居，形成了新的聚居群落，城郭结构更加普及，城市与农村在人口结构上的差异性也日趋明显。战国、秦汉之际，城外居民向城内集中的趋势仍在继续。

春秋时期城市商业和手工业快速发展，"工商食官"制度被打破。战国更是一个转折期，市成为城的主要组成部分，不少城市在政治功能基础上又叠加了新的经济功能，甚至出现了经济性城市，在内涵上出现了质的飞跃，"城市"一词在这一时期正式出现，《韩非子》就有"大臣之禄虽大，不得借威城市；党羽虽众，不得臣士卒"③。列国的竞争促使城市中对民间手工业和商业的管制放松，手工业作坊数量增多、规模扩大，手工业区不断膨胀，城郭中陆续出现专门交易商品的集中地——市，如临淄的"中市""右市"等，还出现了商业区，有政府直接委派官吏管理市场、征收税金。城郭增辟了闾里、扩大了居住区，按功能分区建设、居民按身份居住已经成为一个普遍现象，《管子·大匡》记载："凡仕者近公，不仕与耕者近门，工贾近市。"《管子·小匡》也记载："士农工商四民者，国之石民也。不可使杂处，杂处则其言咙，其事乱。是故圣王之处士必于闲燕，处农必就田野，处工必就官府，处商必就市井。"春秋战国时期筑城越多，市也越多，城和市已日渐融合。④ 比较完整意义上的城市开始形成，城在政治堡垒的基础上开始兼具经济功能，当时著名的经济中心有平阳、邯郸、蓟、周王城、临淄、江陵、陈、姑苏、咸阳等；甚至出现了经济性城市，如陶、临淄、邯郸、下都、濮阳、郑、荥阳、睢阳、彭城、陈、寿春、蓟、温、轵；洛阳、阳翟、宛、郢、雍、栎阳、姑苏、成都等都成为"富冠海内"的天下名都。不仅如此，春秋战国时期百家争鸣，游士周游列国，城市还成为知识交流的重要场所。

三　周代的城市初级阶段基本特征

周代城市有了很大的发展，出现了明显的时代特征。

---

① 周长山：《汉代的里》，《大同职业技术学院学报》2001 年第 2 期，第 30 页。

② 俞伟超：《中国古代都城发展的阶段性》，《文物》1982 年第 2 期。

③ 陈奇猷：《韩非子集释》，上海人民出版社，1974，第 60 页。

④ 马正林：《论中国的城墙与城市》，载《历史地理》编辑委员会编《历史地理》第 13 辑，上海人民出版社，1996。

（一） 城市发展初期所特有的农业社会血缘宗族聚居点特征

周代城市规模都相对较小，盛行宗法制，诸子各建聚落闾里，贵族、平民保持着"聚氏而居"的方式，因此都、邑居民一般是同宗。族长时间是城市的主要管理组织，各族"仍然是一种通过共同的宗族、经济、政治活动，保持着宗族关系的有机的血缘共同体"①，这些宗族按照血缘关系进行管理，居民以从事农业居多。西周初年分封分散的周人、殷人也以宗、族为单位："使帅其宗氏，辑其分族"，分鲁公"殷民六族"，分康叔"殷民七族"（《左传·定公四年》）。"周天子分封诸侯的标准，完全出于政治需要，无论是地点的选择，还是封地的大小，都取决于受封者与周天子关系的亲疏，或是否有利于西周的统治。"② 这种血缘型居住方式造成"同里者大率同氏"③，城市中的闾里、主要街道都是使用"氏"来命名的，如"崔氏之门""华臣氏之门"这类的地名在当时比较普遍。因为春秋以后开始出现军制变动，步兵逐步由车兵的附属发展为独立的兵种建制，同时变革、战争等导致的人才流动与民众迁徙现象增多，家族共同体逐渐解体，出现了以"邑"为单位进行封赐的情况。④到战国时期进一步加强了向以家庭为基本单位的地缘性共同体的转变。

（二） 由以君为本位的单一政治军事城市向多功能综合性城市转变的过渡性特征

"筑城以卫君"，是这一时期城市发展的根本推动因素。"君"是城的本位，城是为君而筑、为君服务的。在这样的理念下，城邑的性质实不过是君主的政治城堡。⑤ 城市与国家政权紧密地结合在一起，是国家各级行政权力的象征，早期的城市无不是一个国家或一个区域的政权统治中心，即"城与国的关系实可称之为'城国一体同构'模式，城即是国，国即是城"⑥。以周公营建洛邑为代表，各受封诸侯国纷纷营建都

---

① 朱凤瀚：《商周家族形态研究》，天津古籍出版社，2004，第211页。
② 吴刚：《中国古代城市的生活》，商务印书馆国际有限公司，1997，第7页。
③ 李学勤：《战国题铭概述（上）》，《文物》1959年第7期。
④ 王彦辉：《秦汉户籍管理与赋役制度研究》，中华书局，2016，第7页。
⑤ 贺业钜：《考工记营国制度研究》，中国建筑工业出版社，1985，第138页。
⑥ 庞骏：《东晋建康城市权力空间——兼对儒家三朝五门观念史的考察》，东南大学出版社，2012，第39页。

城，形成了一系列大小有序的三级"王公营垒"统治据点，突出表现为城邑经济不发达的特征。当然，"筑城以卫君"的另一层是它的军事含义，战国时代大城市的发展"更主要的似乎还在于有其军事上的目的。尽可能使较多的民众集中居住在以国都为首的具有战略意义的大城市中，便于统治者于情况紧急时就近征调兵役，提高战力"①。《史记·苏秦列传》中的一段话也论证了这一点："临淄之中七万户，臣窃度之，不下户三男子，三七二十一万，不待发于远县，而临淄之卒固已二十一万矣。"万家之邑的"三里之城，七里之郭"布局，同样是出于战争经验的总结。当然，随着列国的竞争不断加剧，城市中对民间手工业和商业的管制放松，手工业作坊数量增多、规模扩大。城市作为国家控制地方政治据点的特征进一步强化了这一趋势。"正由于这种作为控制地方政治据点的城市之占据要津，并具有聚集经济要素的权力，城市之政治功能与经济功能大多合二为一。"② 城郭增辟了闾里、扩大了居住区，按功能分区建设、居民按身份居住已经成为一个普遍现象。在不断增加的政治与军事需求推动下，城市进一步叠加经济、文化功能，比较完整意义上的综合性城市逐步形成。

《易·系辞》中有这样的表述："包牺氏没，神农氏作，列廛于国，日中为市，致天下之民，聚天下之货，交易而退，各得其所，盖取诸噬嗑。"国即为国都，廛则是市场。城和市首次在这里合二为一。③ 在夏商时期的王朝都城中，市场作为一种重要的经济场所，已经是城市建设必不可少的部分了。到周代，市场开始扩展到各诸侯国都城中，并且在一般性城址中也已经得到普及。④ 周代城市中由上层统治者设立的市场存在一个共同的特征，即"集中市制"⑤，城市中的市场通常以封闭式的形态存在。⑥ "春秋城邑已逐渐由纯政治与军事的功能转变为兼具经济功能了，而战国时代的都邑已是十分符合多种功能的都市性

① 周长山：《汉代城市研究》，人民出版社，2001，第37～38页。
② 包伟民：《宋代城市研究》，中华书局，2014，第51页。
③ 张晓虹：《匠人营国：中国历史上的古都》，江苏人民出版社，2020，第6页。
④ 李鑫：《商周城市形态的演变》，中国社会科学出版社，2012，第268页。
⑤ 宋镇豪：《中国古代"集中市制"及有关方面的考察》，《文物》1990年第1期，第40～41页。
⑥ 李鑫：《商周城市形态的演变》，中国社会科学出版社，2012，第283页。

格了。"① 城墙所具有的防御功能有效地降低了进行经济交换所花费的成本，而使战争掠夺所花费的成本增加。② 先秦城市主要有两种功能，即集聚整合功能和制度变革功能。③ 许多城市虽然逐渐消失，但形成这些城市的制度依然在新的城市中发挥着作用。④

（三） 中国古代城市的外部地理结构与内部结构形态初步形成

周人尊崇"择中论"，因为在观念上，"中央"这个方位最尊贵，被看作最高统治权威的一种象征。按照这一思路，这一时期的城市在地理位置上处于某个区域的中心。如"择中立国"，即在天下的地理中心建设国都，因为这既便于四方贡赋，更有利于控制四方，⑤《逸周书·作雒》云"作大邑成周于土中"，这也是周代立国之初就在成周建设新都的原因。这种择中观念一直为后世所继承，《荀子·大略》曰："王者必居天下之中，礼也。"《吕氏春秋·慎势》曰："择天下之中而立国，择国之中而立宫。"古代城市的选址往往是地理上的中心。这些位于军事和政治战略要地的城市，即使在战乱中一毁再毁，也要一建再建。西周以前的城市在构造上还缺乏明显的规律性，西周推行分封制，礼制下的城市形制比较规整，从天子到诸侯的领地都有定制，根据以大制小、以主制从的基本原则，逐渐形成了"内为之城，外为之郭"的"城主郭从"的基本结构模式，到战国时期"筑城以卫君，造郭以守民"的两城制更是普遍。西周时期国都的布局还出现了非常明确的分区结构特征，"既有贵族的宫殿区，又有'国人'的居住区，更有军队的驻屯地"⑥，在宫室区与普通居民区之间人为设置障碍进行分隔，这种制度在东周以后得到更严格的遵守。城郭分离、分区管理的结构，"对于春秋战国时代中原各诸侯国的都城，特别是战国时代齐、魏、韩、赵、秦等大国的都城，都产生很大的影响，甚至还一直影响到西汉都城长安的布局"⑦。

---

① 许倬云：《周代都市的发展与商业的发达》，载《许倬云自选集》，上海教育出版社，2002，转引自李鑫《商周城市形态的演变》，中国社会科学出版社，2012，第13页。
② 李鑫：《商周城市形态的演变》，中国社会科学出版社，2012，第18页。
③ 李鑫：《商周城市形态的演变》，中国社会科学出版社，2012，第18页。
④ 李鑫：《商周城市形态的演变》，中国社会科学出版社，2012，第18页。
⑤ 参见《史记》卷四《周本纪》，中华书局，1959。
⑥ 杨宽：《中国古代都城制度史研究》，上海人民出版社，2016，第40页。
⑦ 杨宽：《中国古代都城制度史研究》，上海人民出版社，2016，第50页。

（四）以重视名分、崇尚秩序为核心的城市治理理念逐渐萌芽

周人继承和发展了夏、商以来的等级制度，按照血缘的亲疏和职业的类属"礼有等差"对等级进行划分，也就是界定名分，并进一步要求按照自己的名分规范言谈举止，这就是周人所谓的"礼"。"他们心目中的'礼'已被提到'上下之纪，天地之经纬'（《左传·昭公二十五年》）的高度，作为'经国家，定社稷，序人民'（《左传·隐公十一年》）的重要统治手段。"① 孔子曾说："必也，正名乎！名不正则言不顺，言不顺则事不成。"（《论语·子路》）《左传·庄公十八年》里说："名位不同，礼亦异数。"这种名分等级的礼在城市治理理念中也有很深的影响。"在城市布局上表现为宫室建筑以宗庙为先，占据中心地位，强调国野分界，依贵族名分决定都城级别。"② 在城市居住制度上体现为不使杂居的分区居住制度。《管子》曰："士农工商四民者，国之石民也。不可使杂处，杂处则其言咙，其事乱。"这种分区制度管理的目的在于，"少而习焉，其心安焉，不见异物而迁焉。是故其父兄之教，不肃而敬，其子弟之学，不劳而能"（《国语·齐语》）。同种职业的人居住在一起，所见所闻都是谈职业的言行而不至于出现见异思迁之事，如此一来四民都会各守本分，各安其业，社会秩序即会有所改善，③ 从而达到"定民之居，成民之事"的目的。

四 中国古代第一个理想城市模型——"营国体制"

周代分封制以"封建亲戚"的方式，推动了国家统治由松散向集中的强化，"随着政权的集中，都邑建设管理也较前代严格"④。在归纳总结前代积累的一些城市发展规律性知识的基础上，西周制定了一套制度来指导各国的城市建设活动。这一制度的具体内容以《周礼·考工记·匠人营国》的记载为代表，所以也被称为"营国体制"（匠人营国制度）。《左传·隐公元年》中提到的"先王之制"就是其具体体现，因为

① 贺业钜：《考工记营国制度研究》，中国建筑工业出版社，1985，第58页。
② 申言：《中国古代城市研究概说》，《中国史研究动态》1989年第2期，第12页。
③ 于云瀚：《〈管子〉一书所反映的春秋战国时代的城市居民管理》，《管子学刊》1998年第3期，第12页。
④ 贺业钜：《中国古代城市规划史》，中国建筑工业出版社，1996，第136页。

出现在周代，后世也称其为"周法"或"周制"。《匠人营国》中记载的内容被公认为是战国以前城市治理思想的反映，是西周王朝礼制向城市治理领域的自然延伸，体现了西周礼制等级制度的具体内容。这套制度涵盖了都邑建设理论、建设体制、礼制营建制度、都邑规划制度和井田方格网系统规划方法，"实系周王朝的一项重要建国制度"①，起到现代意义上城市行政管理法律、法规的作用。

　　周代营国制度之所以重要是因为其深刻的政治内涵，它以西周宗法政治观念的礼制为基础，将宗族关系转变为城市内部空间关系和城邑相互间的等级关系。它从不同层级城邑的区分标志和城市内部空间布局的角度出发，依据主从地位排定名分，根据以大制小、以主制从的基本原则，通过规定城市的形制进一步深化了社会的宗法与政治统属关系。正如《国语·楚语上》所说："且夫制城邑若体性焉，有首领股肱，至于手拇毛脉，大能掉小，故变而不勤。地有高下，天有晦明，民有君臣，国有都鄙，古之制也。"其中，主要包含两个层面。一是以王城为基准确定了当时及后世城市布局必须参照的标准。"从西周以来，'周王城图'便成为历代建城与规划的一个蓝本。"②《匠人营国》记载："匠人营国，方九里，旁三门，国中九经九纬，经涂九轨，左祖右社，面朝后市，市朝一夫。"（见图3-3）这段文字以城门、城墙、道路、主要公共建筑为例，描述了城市的具体形貌，为其他城市设定了参照物。二是城市等级制度，即以城市等级序列标识其城主的身份和政治地位高低，将封建宗法的礼制等级原则详细地划定为城门高低、城墙高矮、道路宽窄等。《匠人营国》的记载很明确："门阿之制，以为都城之制；宫隅之制，以为诸侯之城制；环涂以为诸侯经涂，野涂以为都经涂。"周代的城邑分为三个等级。王城为周天子居住之城，是规格最高的城市，天子之城高九仞，方九里，旁三门，长五百四十雉。诸侯为周天子所封，其都城规模要低于周天子的王城，根据诸侯的不同等级，其城池大小也各不相同：公侯之城高七仞，方七里，长四百二十雉；侯伯城方五里，长三百雉，高为五仞；子男之城方三里，长一百八十雉，高为三仞。卿大夫为诸侯分封，

　　① 贺业钜：《中国古代城市规划史》，中国建筑工业出版社，1996，第22页。

　　② 张驭寰：《中国城池史》，中国友谊出版公司，2015，第225页。

同样要秉承诸侯之命，其所建城池规模更小。各等级的诸侯和卿大夫的都邑如果不严格遵照这些规定，就会被认为是"僭越"，受到严厉制裁和非议。《左传·隐公元年》就提到"都，城过百雉，国之害也。先王之制，大都不过参国之一，中五之一，小九之一。今京不度，非制也"。

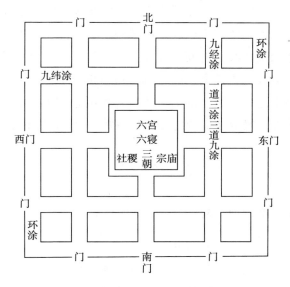

图 3-3　戴震《考工记图》王城

资料来源：牛世山《〈考工记匠人营国〉与周代的城市规划》，《中原文物》2014 年第 6 期，第 27 页。

中国古代虽然没有像西方一样有过理想城市的设想，但《周礼·考工记》中所记载的王城营建模式对中国古代的城市建设有着重大的影响。某种意义上，《考工记》中的王城营建模式可作为中国古代早期的理想城市模式。[①] 匠人营国制度作为中国第一座理想化的城市模型，是对周之前城市发展经验的抽象化结果。《考工记》中所说的形制不排除有某些理想的因素，但根据文献复原的战国时期鲁国都城、燕国都城、宋国都城等，在很大程度上都与《考工记》所记相符。[②] 也就是说，"匠人营国"并不完全等同于西方建筑师、规划师、设计师等所构想的"理想

---

① 庞骏：《东晋建康城市权力空间——兼对儒家三朝五门观念史的考察》，东南大学出版社，2012，第 250 页。

② 曲英杰：《先秦都城复原研究》，黑龙江人民出版社，1991。

城"，其中最显著的差别就在于"匠人营国"有着深刻的文化背景，如宇宙观念、礼制思想等。① "尽管迄今为止，我们还没有看到任何先秦以至秦汉的都城具备《考工记》所描述的全部特征，但大量历史文献显示，当时人们曾极其认真地进行城市制度的讨论，并假定规章，载之经典。这些讨论虽然缺乏'实事求是'和'因地制宜'的精神，但却充分说明了当时城市在统治阶层人士的思想中应该是怎样的一类东西，即当时的城市概念是什么。"② 更为重要的是，营国体制从诞生之日起就成为一种思想框架和文化模式，成为后来城市发展的圭臬和典范，并逐渐衍化出一套城市建设与治理的话语体系。"历代运用营国制度传统经验，都是从实际出发，吸取他们所需要的精华来为他们的建设服务的。"③

第三节　"宗法—军令"型城市治理结构

一　城市外部治理结构——城邑分级体系

需要强调的一点是，城邑分级虽然也很严格，一度具有很强的约束作用，但不同于后世的行政等级那样具有明确的上下级从属关系，更多的是一种身份尊严的标志或符号，所以从治理本质上看这一时期的城市治理体系属于只有"行政政权 + 基层治理"的单层级体系，这是其与后世相比最大的不同。

西周时期，王都作为王朝的统治中心在观念上与事实上不断强化。另外，互相呼应的中小城市亦广泛分布，形成了中国历史上第一套分布广阔的地域城市体系。④ 作为分封制的重要组成部分，城邑等级制度也是周王朝控制诸侯的一种手段。分封制，即封邦建国，所谓封邦其实质为"封城"，反过来"封城"就是"封地""封人"。周代统治者无论是周天子还是各国诸侯都将城市作为国家统治的工具，以之作为统御国家的支点，"王者之封建也，弥近弥大，弥远弥小，海上有十里之诸侯。以

---

① 武廷海、戴吾三：《"匠人营国"的基本精神与形成背景初探》，《城市规划》2005 年第 2 期，第 57 页。
② 李孝聪：《历史城市地理》，山东教育出版社，2007，第 65 页。
③ 贺业钜：《考工记营国制度研究》，中国建筑工业出版社，1985，第 23 页。
④ 李孝聪：《历史城市地理》，山东教育出版社，2007，第 62 页。

大使小，以重使轻，以众使寡，此王者之所以家以完也"（《吕氏春秋·慎势》）。同时，作为一种政治行为，西周王朝宗法分封政体还以城市大小来体现其城主的身份和政治地位高低，具体化为城门高低、城墙高矮、道路宽窄，《匠人营国》中记载很明确："门阿之制，以为都城之制；宫隅之制，以为诸侯之城制；环涂以为诸侯经涂，野涂以为都经涂。"这样将封建宗法的礼制等级原则与城市等级序列联系起来，即通过确定城市的等级规模，构成一个自上而下等级鲜明的、与周代国家结构相统一的城市等级体系，这一城市等级制度也成为营国制度的一个基本内容。在这样的思路基础上，周代初步构建起了城市治理系统网络的雏形，这一城市分级方式也为其后按国家政体决定城市分级的体制奠定了基础。周代的分封制是层层分封制，即周王分封诸侯，诸侯在其封国内再将大部分土地分给卿大夫，卿大夫也在封地里按等级建城邑。这样，先秦时期，城分三级。第一级王城，即王国都城；第二级诸侯城，即诸侯封国都城；第三级"都"，即宗室和卿大夫的采邑，[①] 分封制度的"天子—诸侯—卿大夫—士"统治体系，对应"王城—诸侯城—卿大夫都（采邑城）"的城市体系，这一城邑网络体系形成了复合王国治理体系的基础治理结构，即"天下"格局下的城市治理体系（见图 3-4）。自春秋初期开始又产生县鄙、关邑制及县（郡）制的萌芽。[②] 在这一城市等级体系中，王城为周天子所在，属于等级最高的城市，规模最大，高度最高。诸侯为周天子所封，诸侯城属于第二层级，是周天子在某个区域统治的大据点。卿大夫所在封地的都（采邑城）为第三级，规模更小，是基层据点，都和采邑一般以是否有宗庙作为区分。[③] 三级城邑尊卑有序，大小

----

① 刘庆柱：《中国古代都城遗址布局形制的考古发现所反映的社会形态变化研究》，《考古学报》2006 年第 3 期。

② 范学辉、吕仁祥：《西周、春秋地方行政制度略论》，《山东工业大学学报》（社会科学版）1996 年第 3 期，第 18 页。

③ 《左传·庄公二十八年》记载，"凡邑有宗庙先君之主曰都"。清代学者金鹗在《求古录礼说·邑考》中阐释得更为详细："先君之庙有二，公卿大夫之采邑得立太祖庙，采邑若不废，庙亦不毁；士无太祖，是无先君之庙矣。亲王子弟采邑，有赐之得立出王庙者，是亦先君之庙也。侯国如鲁三家立桓公庙，惟卿有此，大夫则无之也。故王国公卿采邑称大都，大夫采邑称小都，士则称邑而已。侯国卿之采邑得称都，大夫士则称邑而已。"［（清）金鹗：《求古录礼说》卷九，道光三十年木犀香馆刻本，第 32 页 b～33 页 a。］其余的普通小城为邑。

有制，等级分明，不容僭越，数量和布局得到控制。这就是中国最早的城邑等级制度和全国性的城邑网络结构，这一体系一直延续下来，成为后世行政体系的结构底本，对后世城市发展产生了深刻影响。当然，这一体系具有较多的原始色彩，一个重要的表现就是"三者的统辖关系不够严格明晰，没有形成自上而下严密的地方行政系统"①，在春秋之后也受到越来越多的挑战。

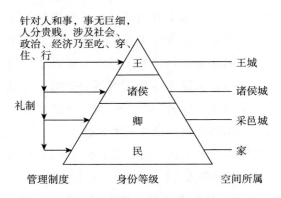

图 3 - 4　《周礼》体现的管理层级

资料来源：李进《宋元明清时期城市设计礼制思想研究》，人民日报出版社，2017，第 41 页。

二　城市内部空间结构——城郭结构

城郭之制也作内外城制，还有学者将之称为"两城制"，② 春秋时期的城郭形态已经发展到相当成熟的程度。到春秋战国时期，城郭结构大致分为内城外郭、城郭毗连、城郭分离、有城无郭四类。③ 早期城市的内外城结构，"一般而言，外城是整个核心即集体贵族的驻地；内城是核

---

① 范学辉、吕仁祥：《西周、春秋地方行政制度略论》，《山东工业大学学报》（社会科学版）1996 年第 3 期，第 19 页。

② 徐苹芳先生用"两城制"来概括东周列国都城的城郭结构，见徐苹芳《关于中国古代城市考古的几个问题》，载《文化的馈赠——汉学研究国际会议论文集（考古卷）》，北京大学出版社，2000，第 36 页。并且其认为，"'两城制'的城市规划是商和西周向秦汉城市过渡的一种形式"，见徐苹芳《中国古代城市考古与古史研究》，载《中国城市考古学论集》，上海古籍出版社，2015，第 4 页。

③ 王维坤：《试论中国古代都城的构造与里坊制的起源》，《中国历史地理论丛》1999 年第 1 期，第 82~87 页。

心族体的驻地"①。城郭的形成主要是考虑都城和城市有效抵抗内部叛乱和异族入侵时作为军事防御屏障。城郭之制的形成、完善是在夏商时代。② 由于经济发展水平的限制，最初的城市只有君主居住的核心城区有墙防护，平民的居住区、手工业作坊区却没有城墙保护，早期的郭"利用原有山川加以连结用作屏障"③，以作为抵御强敌进攻的可靠屏障。在河南郑州商城和偃师商城等商代都城遗址中，开始出现城郭之制，表现为内城居中、外城居边的"回"字形。这可能是由于最高统治者与一般贵族之间的矛盾开始激化，用城墙将他们隔离开是为了保障最高统治者的人身安全；同时，普通平民和奴隶为了自身安全也居住在外城之内。郭的设置或者郭的普及与国野制度的建立密切相关，因为国的布局在保证军事防御的需求外，还要考虑贵族与国人乃至军队的安置需求。④ 到了西周和春秋时期形成了"内为之城，外为之郭"的"内城外郭"的基本结构模式，在宫室区与普通居民区之间人为设置障碍进行分离，这种分离制度在东周以后得到更严格的遵守。到战国时期"筑城以卫君，造郭以守民"的"两城制"更是普遍，快速"城郭化"成为这一时期重要的特点。

　　西周以前的城市在构造上还缺乏一定的规律性，中国古代城市的城郭制在周代逐步形成了"城主郭从"的形式。西周时期国都的布局出现了非常明确的分区结构特征，"既有贵族的宫殿区，又有'国人'的居住区，更有军队的驻屯地"⑤。同时，为了加强对商朝旧地中原及四方地区的控制，尤其是防止商的贵族再次叛乱，周公按照武王的遗愿在中原营建洛邑和成周二城。从现有史料来看，都城设置小"城"和大"郭"，是成周新创的制度。⑥ 洛邑作为镐京之辅，称为王城。成周作为大"郭"，一是为了驻屯控制中原和四方地区的大军"成周八师"，二是用于安置和监控被迁来的殷商贵族。在平定管叔、蔡叔和武庚的叛乱后，

① 裴安平：《中国的家庭、私有制、文明、国家和城市起源》，上海古籍出版社，2019，第 682 页。
② 张国硕：《夏商时代都城制度研究》，河南人民出版社，2001，第 131 页。
③ 杨宽：《中国古代都城制度史研究》，上海人民出版社，2016，第 3 页。
④ 李明丽：《〈左传〉国野叙事研究》，博士学位论文，吉林大学，2018，第 64 页。
⑤ 杨宽：《中国古代都城制度史研究》，上海人民出版社，2016，第 40 页。
⑥ 杨宽：《中国古代都城制度史研究》，上海人民出版社，2016，第 45 页。

一改周初武王设置"三监"就地监管商代王畿贵族的政策，采用分散迁移的办法，除了将殷贵族分批分封给诸侯如伯禽等人带往封国外，周公营建成周的主要人力就是这些被强迫迁来的殷商贵族。《尚书·多士》序曰："成周既成，迁殷顽民，周公以王命诰，作《多士》。"这种城郭分离的结构标志着城市居住区的分化，"对于春秋战国时代中原各诸侯国的都城，特别是战国时代齐、魏、韩、赵、秦等大国的都城，都产生很大的影响，甚至还一直影响到西汉都城长安的布局"①。

　　"就整个东周时期城址的形态来看，典型的内城外郭型形态在一些都城址中还是占据主流的。除此之外，相当数量的一般性城址只有一重城垣，属于非城郭制形态。由此可见，城郭制作为先秦城市防御体系的最高级形态是与城市所属政权的大小紧密相连的。"② 春秋战国时期，诸侯国之间攻城略地战争经常发生，"筑城以卫君，造郭以守民"成为当时最主要的一种战略理念，"郭的明确出现并与宫庙所在之城相区别，是这一时期城市形态的最重要特点"③。内城和外郭在功能上的分离与在防御上的一体性促进了春秋战国时期城郭形态的发展。④《左传》中明确记载的有郭之城有：莒、渠丘、郓、临淄、陈、宋、卫、巢、卷、郈、高唐、鲁等。"大国守城，小国入保"，因此小城也叫作保，统治者一般住在大城、保之内；春秋战国时期手工业和商业的发展，吸引大量人口依附城保聚集居住，要求城市加建外郭来作为手工业区、商业区和居民区，"在扩建城市时，诸侯贵族的居住区当然保留，增加的其余人口需要另行安排，于是在列国城市中出现了明确的'城'、'郭'两个部分"⑤。这样在大城外围形成了"郭"，小保旁边形成了"障"，并形成内城重在政治活动、外郭重在经济活动的分工；此外，郭和障还在军事上承担了城的首道防线功能。从总体特征上看，"城"一般规模相对小而严整，"郭"则大而散乱。同时，这一时期"郭"已经不再单纯是"国人"的居住区域，而转变为官僚、地主、商人、手工业者的居住区。手工业作坊和商

　　① 杨宽：《中国古代都城制度史研究》，上海人民出版社，2016，第50页。
　　② 李鑫：《商周城市形态的演变》，中国社会科学出版社，2012，第151页。
　　③ 李孝聪：《历史城市地理》，山东教育出版社，2007，第72页。
　　④ 李鑫：《商周城市形态的演变》，中国社会科学出版社，2012，第151页。
　　⑤ 李孝聪：《历史城市地理》，山东教育出版社，2007，第72页。

铺集中的市区初具规模，市区筑有围墙和市门，并设有市官管理，市门每天按照规定时间开闭。以齐国临淄为例，城市因河设防，由小城和大城构成，小城在西南角，是统治者居住的"王城"，一些手工作坊在宫殿附近。"王城"地势比较高，便于监督官吏及百姓的日常活动，一旦发生军事入侵也便于进行防御指挥。大城作为平民和各级官吏居住区，道路笔直交错直通城门，有冶铁、冶钢作坊和一些手工作坊，还有集中的工商业区——"市"。

三 城市内部行政组织结构——"乡—闾（里）"结构

周代"国野"分治的具体体现就是系统的"乡—遂"制组织体系，也就是在"国内"（即城市及城郊区域）实行乡制，在"野外"（即郊外的区域）实行遂制。同时，按照国野分治的原则，将"闾""里"分置于国、野之中。《史记·孔子世家》中记载："孔子生鲁昌平乡陬邑。"唐司马贞索隐曰："陬是邑名，昌平，乡号。孔子居鲁之邹邑昌平乡之阙里也。"① 这也可说明周代城市中已经逐步形成了"国—乡—闾（里）"的分级结构。

乡是由"国野"分治细化成的"乡—遂"制中的城市组织层级。虽然对于西周是否存在严格的乡遂制度学界有一定分歧，但从《周礼》《春秋》《左传》等文献来看，大多数学者认为其基本反映了西周春秋时期地方行政组织制度的特点。② 典型的乡遂组织体系起源于西周的国都宗周，分封的诸侯国仿照周王的国都建设国都和划分乡遂，到后来诸侯分封的卿大夫采邑也仿照国都筑城和划分乡遂，使乡遂制度在大部分城市中得到普及。同时，周代城市中的乡还经历了一个由早期血缘组织形式到地方行政组织的演变过程。"'乡'由族人相向进食之意，演变为抽象的亲族组织名称，又发展为地方行政组织。"③ 随着春秋战国之际社会经济的发展，"乡"这个原本国中的地方组织突破了国野的限制，在鄙

① 《史记》卷四七《孔子世家》，中华书局，1959，第1905页。
② 杨宽明确指出，乡邑组织是西周、春秋间"国人"所居的组织，见杨宽《论西周金文中"六"、"八"和乡遂制度的关系》，《考古》1964年第8期；童书业也认为"乡"是国中的基层组织，见童书业《春秋史》，山东大学出版社，1987，第71页。
③ 董巧霞：《〈周礼〉所见地方行政组织考察》，博士学位论文，东北师范大学，2009，第29页。

野之中也普遍确立了起来。① 在乡一级建置中，则设有"乡士"，其职责为"各掌其乡之民数而纠戒之"②。也就是说，乡作为城市居民管理组织发挥着教化、互助、疏导等重要作用，不容忽视。乡对居民教化的功能体现在乡师要"劝教化，趋孝弟，以时顺修，使百姓顺命，安乐处乡"③。为了更好地实施教化功能，城市的一些乡还设有乡校。乡的疏导邻里关系作用表现为乡师"顺州里，定廛宅"④。

里则不仅是乡内的基层单位，更是城市中的区域单位和城内居民的聚居单位。⑤ 闾里的形成脱胎于农业井田制自然经济男耕女织社会的基本组织"邑里"。移用于都市，则成为对城市居民区实行监管、宵禁、征役的基本单位，只是以手工业、商业以及其他成分市民取代农业居民，"室居栉比，门巷修直"，修筑得更为整齐壮观。⑥ 闾里制度是中国古代城市最早实行的基层组织管理制度。对于周代城市基层组织是闾还是里，学界有不同说法。一说是《周礼》按照国野分治的原则，将"闾""里"分置于国、野之中；也有学者认为里是基本固定在城市之中的一个基层组织，⑦ 闾只是里门。"里"逐步演变为"闾里""里坊"，成为后世最基层的居住组织单位之一。从本质上看，闾和里是同一级的基层行政组织单位。不论是殷商后裔聚居的成周，还是西周王族聚居的宗周，都设有"里"这一级组织。据记载，在平定"三监"叛乱后，周公除在洛水北岸筑新都洛邑，还在洛邑东面修筑了成周城，并将成周八师和殷商

① 董巧霞：《〈周礼〉所见地方行政组织考察》，博士学位论文，东北师范大学，2009，第 28 页。

② 《周礼·秋官·司民》，转引自于云瀚《春秋战国时期的城市居民组织及其管理》，《安徽史学》2000 年第 4 期，第 20 页。

③ 《荀子·王制》，转引自于云瀚《春秋战国时期的城市居民组织及其管理》，《安徽史学》2000 年第 4 期，第 19 页。

④ 《荀子·王制》，转引自于云瀚《春秋战国时期的城市居民组织及其管理》，《安徽史学》2000 年第 4 期，第 20 页。

⑤ 于云瀚：《〈管子〉一书所反映的春秋战国时代的城市居民管理》，《管子学刊》1998 年第 3 期，第 10 页。

⑥ 郭湖生：《中华古都》，中国建筑工业出版社、中国城市出版社，2021，第 3 页。

⑦ "西周的国家结构分为国野两部分而以国为主，二者在行政机构的设置和户口编制管理方面是有所不同的，国中的行政区划是里"，"一里就是一个居民区"，里是"仅行于国"的，见田昌五、臧知非《周秦社会结构研究》，西北大学出版社，1996。"从西周到秦汉，城邑中居民聚居的基本单位叫做'里'"，见杨宽《中国古代都城制度史研究》，上海人民出版社，2016，第 249 页。

"顽民"一起迁移于此以便监控。相传城内修有闾里，里为方形小城墙，闾为里门，是一种带围墙的封闭性街坊。西周时期里的规模没有明文记载，可参照"四井之邑"之制而定，①"邑（里）筑有里垣，里门直接对'五涂'可通车辆之道路。里内辟巷道，二十五户沿巷布置。这便是一'闾'之邑的布置梗概。较大之邑，实不过若干小邑的组合体。例如一'族'之邑，为四'闾'组成。邑内中部设有公用设施，如治所、社、市等。邑内辟十字形道路，直对四面邑垣之垣门"②。

第四节　"宗法—军令"型城市治理体制

城市治理同样是当时强化统治的重要手段，"是以圣王域民，筑城郭以居之，制庐井以均之，开市肆以通之，设庠序以教之；士农工商，四民有业"③。西周时期的营国制度可以说是最早的成熟城市管理体系，实行以宗法制为原则的贵族行政管理体制。

一　宗法贵族治理体制

周代城市治理实行的是贵族管理体制，具体内容如下。一是作为王公政治军事营垒，周代城市的居民在很长时间内主要是贵族、族人，贵族与族人保持着聚族而居的形式，城市治理尤其都城治理是以管理宗室贵族为重点的模式。二是作为以宗法制为基础原则的贵族行政管理体系，管理的规则与逻辑是基于贵族思维。城市的等级结构是由城市最高统治者的贵族身份决定的，乡里的管理原则也都遵守宗法制度。特别是在对待庶人的态度上，庶民在战国以前是平民中的第二等，多数是被征服的异姓异族人，"三后之姓，于今为庶"（《左传·昭公三十一年》），即虞夏商的后人在周代都属于庶人这一阶层。周人认为"非我族类，其心必异"，就形成了"天下有道，则庶人不议"（《论语·季氏》），所以庶人不参军打仗，主要是农业劳动者。封地的世居民众也是庶人的主要组成部分。三是主要管理主体是贵族。城市的最高统治者一般是君主与各级

---

① 贺业钜：《中国古代城市规划史》，中国建筑工业出版社，1996，第195页。
② 贺业钜：《中国古代城市规划史》，中国建筑工业出版社，1996，第191页。
③ 《汉书》卷二四上《食货志》，中华书局，1962，第1117页。

贵族，国中乡里两级的管理者也都是贵族，乡士由卿大夫担任，"里君"是负责基层闾里管理的低级贵族，宗的管理者是宗工即大夫，族的管理者是族长即士。①

二　城市治理体制——乡间体制

"国人由于按乡里编制，也称为乡人。"② 周代城市行政管理体制由两个层次构成，即中层的乡和基层的闾（里）。这种城市组织体制直接源自西周实行的与临时征集族兵的军队组织制度紧密结合的国野体制。与统治者同族的"国人"是士兵的唯一来源，兵源来自乡，粮食补给取于遂，一乡一遂可建一军。国中的居民按"五家为比，五比为闾，四闾为族，五族为党，五党为州，五州为乡"的"乡制"组织起来；野外居民按"五家为邻，五邻为里，四里为酂，五酂为鄙，五鄙为县，五县为遂"的"遂制"组织起来。这样便"使都鄙有章，上下有服；田有封洫，庐井有伍"（《左传·襄公三十年》）。从西周到春秋之初，按照国野制度的规定，各诸侯国乡的数目是有具体规定的，大概在国中周属六乡，诸侯属三乡，宋国实行殷制为四乡。春秋时期，管子进一步完善城市治理体制，形成了"三国五鄙"制度。管仲将"国"分为二十一个乡，其中"工商之乡六"，"士乡十五"，其具体编制是："五家为轨，轨有长；十轨为里，里有司；四里为连，连有长；十连为乡，乡有良人。"（《管子·小匡》）十五个士乡又平分为三，五个乡由国君亲自统率，五个乡由上卿国子统率，五个乡由上卿高子统率，这就叫"参（三）其国"。所谓"五鄙"，是将"鄙"划分为五个区域，分别由五个大夫为行政长官，其具体编制是："三十家为邑，邑有司；十邑为卒，卒有卒帅；十卒为乡，乡有乡帅；三乡为县，县有县帅；十县为属，属有大夫。"（《国语·齐语》）当然由于历史原因，从先秦文献中可以看到，周代的不同时期不同诸侯国各级城市组织单位的构成居民编制递进户数并不统一（见表 3-1），同时在西周长时间内这些组织内部宗、族等组织而非户仍

①　张荣明：《西周地方行政制度辨析》，《烟台师范学院学报》（哲学社会科学版）1987 年第 2 期，第 48~50 页。

②　田昌五：《古代社会断代新论》，人民出版社，1982，第 111 页。

是最基层的生产、组织和管理单位。① 但是，这种行政组织体制逐渐形成制度化的城市居民组织，使国家的强制性社会组织形式——乡里体制深入统治的各个角落，并在中国古代城市治理中延续了数千年。

表 3 - 1　先秦文献所见居民组织一览

类别							出处
乡	五家为比	五比为闾	四闾为族	五族为党	五党为州	五州为乡	《周礼·地官· 大司徒》
	5 家	25 家	100 家	500 家	2500 家	12500 家	
遂	五家为邻	五邻为里	四里为酂	五酂为鄙	五鄙为县	五县为遂	《周礼·地官· 遂人》
	5 家	25 家	100 家	500 家	2500 家	12500 家	
	九夫为井	四井为邑	四邑为丘	四丘为甸	四甸为县	四县为都	《周礼·地官· 小司徒》
制国	五家为轨	十轨为里	四里为连	十连为乡			《国语·齐语》
	5 家	50 家	200 家	2000 家			
制鄙	三十家为邑	十邑为卒	十卒为乡	三乡为县	十县为属		《国语·齐语》
	30 家	300 家	3000 家	9000 家	90000 家		
	十游为里	十里为州	五州为乡	五乡为国			《管子·立政》
国	五家为轨	十轨为里	十连为乡	三乡一帅			《管子·小匡》
	5 家	50 家	500 家	1500 家			
鄙	五家为轨	六轨为邑	十邑为率	十率为乡	三乡为属		《管子·小匡》
	5 家	30 家	300 家	3000 家	9000 家		
	百家为里	十里为术	术十为州	州十为都			《管子·度地》
	100 家	1000 家	10000 家	100000 家			
	五家为里	十里为州	十州为乡				《银雀山汉墓竹简》
	5 家	50 家	500 家				

资料来源：张鸿雁《春秋战国城市经济发展史论》，辽宁大学出版社，1988，第 301 页。

城市的乡闾（里）各级均有主管长官，分级负责本辖区的行政工

---

① "西周时期，作为地域组织的里刚刚出现，尽管已浸浸然凌乎家族之上，但它能够给予家族的影响却很有限，国中真正的政治经济实体仍然是族，而不是里。所以，王公发布诰命，便不单纯针对作为地区首长的里君，而常常里君、百姓并提，甚至只面向家族长，而不及里君……国家的各项举措在很大程度上仍要通过'大家'来落实。"见赵世超《西周政治关系、地缘关系与血缘关系并存现象剖析》，《河南大学学报》1988 年第 4 期，第 27 页。

作。"乡"是城市组织管理的中间层级，在"乡"这一级，乡大夫是其最高行政长官，由卿担任，"各掌其乡之政教禁令"。乡大夫一般有以下职责：向下属官员传达国家政令，进行区域内居民的户口登记，审定免役、免赋的名籍等。另外，乡大夫在紧急情况下还负责维持区域内各闾的治安秩序，"国有大故，则令民各守其闾，以待政令。以旌节辅令，则达之"①。此外，还设有"乡士掌国中，各掌其乡之民数而纠戒之"（《周礼·秋官·司民》），负责国都及近畿六乡的治安与刑事案件的预审。"闾（里）"这一基层组织在西周时期已经普遍设立，其与宗族组织共同承担了城市基层行政组织和管理工作。不同时期以及不同的诸侯国对于里的长官称谓有所不同。《周礼·地官》记载"里"的行政长官为"里宰"，史颂簋铭文中则称为"里君"，《逸周书·尝麦》篇亦记为"里君"，《国语·周语》和《鲁语》中又记为"司里"或"里人"，而《左传·昭公三年》则记载为"里旅"。里长之下还设有一些掾属。《周礼·地官·里宰》载，里宰"掌比其邑之众寡，与其六畜兵器，治其政令"。里巷管理是中国古代城市管理体制中最有特色的。里门和城门一样按规定的时间朝开夕闭，里门有专人看守，即里监门，里监门负责察看、记录一里居民及外乡人的出入情况，并汇报给里尉、里典。② 目的在于达到"民无流亡之意，吏无被追之忧"，"主政可往于民，民心可系于主"（《管子·禁藏》），张耳、陈余都在战国末年做过陈国的"里监门"。另外，闾里制与军事制度相配合，是先秦时期城市基层管理制度的最大特点。③ 修闾氏的职责就是"邦有故，则令守其闾互，唯执节者不几"。卿大夫对采邑的管理体制主要涉及都邑的职官与卿大夫的家臣，包括大夫、宰、宗祝、宗老或宗人等，就像诸侯派遣大夫去管理公邑，卿大夫的采邑也是派家臣去管理。

三　城市治安、市场、人口、市政管理体制

周代城市治理体制包含治安管理、市场管理、人口管理、市政建设

---

① （清）孙诒让：《周礼正义》卷二一《地官》"乡大夫"，王文锦、陈玉霞点校，中华书局，2000，第859页。

② 臧知非：《战国秦汉行政、兵制与边防》，苏州大学出版社，2017，第31页。

③ 萧斌主编《中国城市的历史发展与政府体制》，中国政法大学出版社，1993，第141页。

管理等领域，以维持城市的日常运行。

（一）强力威慑与社会监控相结合的城市治安管理体制

周代时中国式治安管理的一些理念就开始出现，"形成了一种治安模式：以保卫王权、保卫私有制为目标，以城市管理为中心，以人口地著为原则，以血缘关系为纽带，融神权、政权、族权为一体，编织覆盖整个社会的行政网络，管理到户、管理到人"①。周代寓兵于民、兵民合一的制度将军队的防卫职能与治安融为一体，治理更加便利。"周与夏、商一样，以军队为维护都城及边境治安的主要力量，兼有武装警察与治安警察的职能。"② 西六师主要维护都城及京畿地区的治安，成周八师监督商遗民和东部地区治安。地方与卿大夫的家兵主要用于地方与封地的治安管理。士师是具体负责司法及治安行政的机构，"掌国之五禁之法，以左右刑罚"。由司暴负责律令，由司稽负责巡查"不法者"，还有胥师佐助司稽负责"禁庶民之乱"。城门里门实行晨开暮闭、专人管理的门禁制度。战国时，"昏鼓鼓十，诸门亭皆闭之……晨见，掌文鼓，纵行者。诸城门吏各入请籥，开门已，辄复上籥"（《墨子·号令》）。门尹、司门、监门掌控城门启闭，城门关闭后，城门守卒抱关击柝。里是维护地方治安最基层的组织单位，里巷管理是中国古代城市管理中最有特色的。里门和城门一样按规定的时间启闭。"各国设有'里尉'、'里正'等，管理里门开闭和监视出入的人，对于维持治安十分重要。"③ 西周末期的"国人暴动"，是统治集团内部的武装冲突，对城市治理体制的转变有着不可忽视的影响，即除了对外防御，也开始增强对内的监控。《吕氏春秋·贵生》记载"颜阖守闾"，即上文所述里监门。《墨子·公输》也记载："子墨子归，过宋……守闾者不内也。"墨子往楚国游说，阻止楚国攻宋，回来时路过宋国，正赶上下雨，想要避雨，守闾门的人，不让他进门避雨。春秋战国时期，还普遍地出现了连坐制度，用于防奸。《管子·立政》提到"凡过党，其在家属，及于长家；其在长家，及于什伍

---

① 陈鸿彝：《对古代治安的理论思考》，《中国人民公安大学学报》（社会科学版）2000 年第 2 期，第 86 页。

② 朱绍侯主编《中国古代治安制度史》，河南大学出版社，1994，第 10 页。

③ 袁芳馨：《唐代长安城治安管理制度研究》，硕士学位论文，首都师范大学，2009，第 7 页。

之长；其在什伍之长，及于游宗；其在游宗，及于里尉；其在里尉，及于州长"。商鞅在秦国，"令民为什伍，而相牧司连坐"（《史记·商君列传》）。

（二）时序管理与秩序管理相结合的城市市场管理制度

西周时，城中不仅已经出现市场，而且还有大市、小市、早市、晚市、定期市和不定期市等不同的种类，这时的"市"更多是专为奴隶主贵族而设的"宫市"，战国时市为居民服务的功能增强。《周礼》中记载了一套较为完备的市场组织管理制度，分朝、大、夕三市，市有市垣，市门管理极严。《周礼·地官·司市》记载："大市，日昃而市，百族为主；朝市，朝时而市，商贾为主；夕市，夕时而市，贩夫贩妇为主。"①市里面分设用于市场管理职官办事场所的次和用于同类商品摆放交易的肆，叙则指肆的行列。《周礼·天官·内宰》记载："设其次，置其叙，正其肆。"市中的具体管理是这样的："司市，掌市之治、教、政、刑、量度、禁令。以次叙分地而经市，以陈肆辨物而平市，以政令禁物靡而均市，以商贾阜货而行市。以量度成贾而征儥，以质剂结信而止讼，以贾民禁伪而除诈，以刑罚禁虣而去盗；以泉府同货而敛赊。大市，日昃而市，百族为主；朝市，朝时而市，商贾为主；夕市，夕时而市，贩夫贩妇为主。凡市入，则胥执鞭度守门，市之群吏，平肆展成奠贾，上旌于思次以令市。市师莅焉，而听大治大讼；胥师、贾师莅于介次，而听小治小讼。凡万民之期于市者，辟布者、量度者、刑戮者各于其地之叙。凡得货贿六畜者亦如之，三日而举之。凡治市之货贿、六畜、珍异，亡者使有，利者使阜，害者使亡，靡者使微。凡通货贿，以玺节出入之，国凶荒札丧，则市无征，而作布。凡市伪饰之禁，在民者十有二，在商者十有二，在贾者十有二，在工者十有二。市刑，小刑宪罚，中刑徇罚，大刑扑罚，其附于刑者，归于士。国君过市，则刑人赦；夫人过市，罚一幕；世子过市，罚一帟；命夫过市，罚一盖；命妇过市，罚一帷。凡会同师役，市司帅贾师而从，治其市政，掌其卖儥之事。"② 这些说明，

---

① （清）孙诒让撰《周礼正义》卷二七《地官》"司市"，王文锦、陈玉霞点校，中华书局，1987，第 1059～1060 页。

② （清）孙诒让撰《周礼正义》卷二七《地官》"司市"，王文锦、陈玉霞点校，中华书局，1987，第 1054～1075 页。

西周末年已经形成规范成体系的市场管理制度，对市里的管理人员、职责等做了专门的管理规定。同时，《礼记·王制》中还有关于市场管理的禁令记载："有圭璧、金璋，不粥于市；命服、命车，不粥于市；宗庙之器，不粥于市；牺牲，不粥于市；戎器，不粥于市；用器不中度，不粥于市；兵车不中度，不粥于市；布帛精粗不中数，幅广狭不中量，不粥于市；奸色乱正色，不粥于市；锦文、珠玉成器，不粥于市；衣服、饮食，不粥于市；五谷不时，果实未孰，不粥于市；木不中伐，不粥于市；禽兽、鱼鳖不中杀，不粥于市。"其目的在于"一以维当时之所谓法纪，一以防商人之欺诈也"①。另外，"上市卖的货物受到较严格的管制，必须有图章或产地标记"②。城市市场管理，各国略有不同：秦国有"官府市"；有的国家市场管理机构叫市亭，设在市门楼上；有的叫"旗亭"。市门闭启一般用旗号指挥。

（三）以宗族为单位的军事化城市人口管理体制

虽然西周时期已经出现了乡、里等地方组织，但"远没有达到对民众个体的控制程度，更不会产生户籍管理制度"③。西周主要是聚族而居，"同里者大率同氏"④。都、邑一般是同宗，国中分为宗和族，宗是同宗人的基本管理单位。宗的管理者是宗工即大夫，族的管理者是族长即士。⑤"邑"中的居民在春秋之前基本是以"族"为单位，以"族"为基本单位为王室或公室提供各种劳役和军役。"所以这一时期因犯罪或因战争而迁徙人口时，往往都是整族迁徙。"⑥ 西周初年分封时分散殷人也主要以宗、族为单位："使帅其宗氏，辑其分族"，"分鲁公……殷民六族：条氏、徐氏、萧氏、索氏、长勺氏、尾勺氏。……分康叔……殷民七族：陶氏、施氏、繁氏、锜氏、樊氏、饥氏、终葵氏"（《左传·定公四年》）。从金文记载来看，周王向地方发布诰令，不仅要召集地方行政

---

① 吕振羽：《殷周时代的中国社会》，生活·读书·新知三联书店，1983，第 59 页。
② 张鸿雁：《春秋战国城市经济发展史论》，辽宁大学出版社，1988，第 295 页。
③ 董巧霞：《〈周礼〉所见地方行政组织考察》，博士学位论文，东北师范大学，2009，第 80 页。
④ 李学勤：《战国题铭概述（上）》，《文物》1959 年第 7 期。
⑤ 张荣明：《西周地方行政制度辨析》，《烟台师范学院学报》（哲学社会科学版）1987 年第 2 期，第 49 页。
⑥ 杜文玉：《长安吏治》，西安出版社，2002，第 49 页。

组织官员如邑长、里宰，而且还要召集"百姓"这样的宗族组织首领。①
里被赋予户口编制单位的含义，起始于春秋的里社制度，成型于战国的什
伍制度。《管子》《晏子春秋》《商君书》《吕氏春秋》等文献中的记载都
说明，在春秋时期，无论是地处中原的齐鲁之地还是位于边陲的秦楚之国，
都普遍实行了书社制度。通常认为书社源于春秋时期才出现的建制步兵编
制，"聚氏而居"的方式被以职业聚居的方式所打破，城市居民的基本单
位转换成核心家庭，针对人口流动的齐民编户制度于是发端。编户齐民标
志着城市不再按血缘关系而是按居住地域组织。书社承担基层户籍管理的
任务，使"闾里"作为基层组织的行政职能进一步加强，标志着国家对于
基层户籍的控制进一步完善，国家行政管理真正渗透到基层。

（四）重在礼制规则的城市市政管理制度

周代也出现了市政建设与管理的相关制度，如《礼记·王制》郑
玄注曰"道有三涂"，中央一涂为车道，左、右为人行道。同时，《周
礼·秋官·野庐氏》记载以"凡道路之舟车鼗互者，叙而行之"为内
容的交通安全管理规则，《礼记·王制》则进一步做了展开："男子由
右，妇人由左，车从中央。父之齿随行，兄之齿雁行，朋友不相逾。"战
国时，有司要"易道路，谨盗贼，平室律，以时修顺，使宾旅安而货
财通"（《荀子·王制》），也就是平整道路，严禁盗贼，整顿店铺及摊
贩秩序，定时修整旅舍，使商旅的安全和旅行顺畅。战国齐故城的城
内有了全城性的排水系统，小城和大城均发现排水道。周代明确立法
不准随地乱扔垃圾，《韩非子》记载"弃灰于公道者断其手"（《韩非
子·内储说上七术》），而且这还可以追溯到"殷之法"。商鞅变法的秦
律中规定"步过六尺者有罚，弃灰于道者被刑"②，《史记·李斯列传》
也印证了这一点："故商君之法，刑弃灰于道也。"春秋战国的城市还
对厕所的修造高度重视，公共厕所要修在道路之外，民用厕所的围墙
更必须高于 2.7 米，厕所的排粪池更挖得极深，方便回收施肥③。根据

---

① 赵世超：《西周政治关系、地缘关系与血缘关系并存现象剖析》，《河南大学学报》（社
　会科学版）1988 年第 4 期。
② 《史记》卷六八《商君列传》裴骃《集解》引《新序》论，中华书局，1959，第 2238 页。
③ 《中国古代城市是怎样处理垃圾秽物的?》，搜狐网，https://www.sohu.com/a/201763
　656_439623。

《墨子·备城门》，城墙上每隔五十步都设计了一个厕所。

第五节 "宗法—军令"型城市治理机制

一 以宗族血缘自然关系为基础的等级分区管理机制

宗法社会的基本社会单位是由拥有血缘关系的人组成的宗族，这些宗族聚居在相对独立的社区。在西周时期分封时都会进行"赐氏"和"命氏"的仪式，这就造成了西周到春秋乃至之后的时期同一个氏的人们一般都居住在同一地区甚至是同一城市，基本上采用了"聚氏而居"的居住方式。很多城市中的大街、闾里都是使用"氏"来命名的。[1] 在此基础上城市按照等级和职业实行分区管理，形成了里中的等级之别、职业之分，不容杂处的分区结构。这就是中国古代城市治理所严格遵守的核心逻辑，体现的是以方位尊卑进行分区的礼制思想，并利用礼制从居住方位上体现职业的尊卑等级。城市管理实行严格的等级管理制度，各阶层都有自己规定的居住区域，并逐渐形成了"前朝后市"的格局。[2] 以王城分区秩序看，宫城区居首，其他依次是宗庙社稷、官署、宗室卿大夫府第、宫市，最后是居民闾里。这样，达官贵族的闾里——国宅区，在宫殿区的正南、正东和正西，一般官宦处于更卑微的方位，在离宫殿区较远靠近东、西城门的区域。城北近市和城的四角则是工商业者和一般居民的居住区。

《周礼·载师》云"以廛里任国中之地"，"廛"指的是一般居民的闾里，"里"则指贵族官僚聚居的地方。[3] 《逸周书·作雒》记载王城里制"凡工贾胥市臣仆州里俾无交为"，《逸周书·程典》也说"士大夫不杂于工商"，体现的正是贵贱之别。管子进一步完善城市治理体制，形成了"三国五鄙"制度。具体来看就是，贵族卿大夫集中的国宅区靠近城

---

[1] "（1）在春秋时期'氏'大约是城市居民居住的基本单位。（2）根据'崔氏之门'、'华臣氏之门'等记载可知，'氏'所居住的地区外有墙。氏人从大门出入居住区，围墙内有大道，所以史料中有类似'孟氏之衢'的记录……很多里中大约只收容一个氏族。"见陈力《东周秦汉时期城市发展研究》，三秦出版社，2010，第 134 页。

[2] 张鸿雁：《论中国古代城市的形成》，《辽宁大学学报》1985 年第 1 期，第 45~49 页。

[3] 贺业钜：《考工记营国制度研究》，中国建筑工业出版社，1985，第 117~118 页。

中心的宫殿区，工商业者的闾里（廛）靠近市场，一般平民居住的闾里分别处于城市的四角。里中这种分区居住制度，还在一定程度上具有职业聚居的特点，各就职业之便，同时也便于管理，以达到"定民之居，成民之事"的目的。《周礼·大司徒》云："以世事教能，则民不失职。""世事"指的是职业世袭化，各业不杂居可以方便父兄教子弟，使职业成为家传世业。《管子·小匡》云："士农工商四民者，国之石民也。不可使杂处，杂处则其言哤，其事乱。"不使杂处，便于子承父业的职业世袭化。这种四民分居的优点在于，"少而习焉，其心安焉，不见异物而迁焉。是故其父兄之教，不肃而敬，其子弟之学，不劳而能"（《国语·齐语》）。即由于同种职业的人居住在一起，所见所闻都是同职业的言行而不至于出现见异思迁之事，如此一来四民都会各守本分，各安其业，社会秩序即会有所改善。①

二　以时序控制为主的城市秩序管理机制

《周礼·夏官·挈壶氏》载："凡军事，县（悬）壶以序聚桥；凡丧，县壶以代哭者。皆以水火守之，分以日夜。及冬，则以火爨鼎水而沸之，而沃之。"郑玄注云："县壶以为漏，以序聚桥，以次更聚击桥备守也。"②《周礼》中已经有了与日常计时、报时紧密相关的鸡人、挈壶氏等一系列官职的记载。《周礼·春官·鸡人》载："鸡人掌共鸡牲，辨其物。大祭祀，夜呼旦以叫百官。凡国之大宾客、会同、军旅、丧纪，亦如之。凡国事为期，则告之时。"其中，"鸡人"，取雄鸡报晓之意，负责祭祀的事务，供鸡牲，在进行祭祀、宴会、军旅等重要活动的时候，由鸡人按照时间，提醒百官，展开相应程序，使整个活动有序进行。郑玄注曰："夜，夜漏未尽，鸡鸣时也。呼旦，以警起百官，使夙兴……象鸡知时也。告其有司主事者……告时者，至此旦明而告之。"③

按照时间序列安排城市秩序管理，形成了一套协同有序的城市秩序管理机制。平时城门、里门按规定的时间朝开夕闭，派专人管理。《墨子·

① 于云瀚：《〈管子〉一书所反映的春秋战国时代的城市居民管理》，《管子学刊》1998 年第 3 期，第 12 页。
② （汉）郑玄注，（唐）贾公彦疏《周礼注疏》，北京大学出版社，1999，第 802 页。
③ （汉）郑玄注，（唐）贾公彦疏《周礼注疏》，北京大学出版社，1999，第 515 页。

号令》载:"昏鼓鼓十,诸门亭皆闭之……晨见,掌文鼓,纵行者。诸城门吏各入请籥,开门已,辄复上籥。"还制定了相关的辅助律令法规制度,中国古代很早就严禁"人有夜寐忽觉而漫出门",至少从西周时期开始派遣官吏实施宵禁,禁止百姓夜间出行。《周礼·秋官》载:"司寤氏掌夜时。以星分夜,以诏夜士夜禁。御晨行者,禁宵行者、夜游者。"① 春秋战国时期,"禁夜乐,蚤闭晏开,以索奸人"②。战国时期各国都重视都城的警卫,城门已有早晚定时开闭的规定,法律有严禁越城的条文。③ 西周时,城中不仅已经出现市场,而且还有大市、小市、早市、晚市、定期市和不定期市等不同的种类。《周礼·地官·司市》载:"大市,日昃而市,百族为主;朝市,朝时而市,商贾为主;夕市,夕时而市,贩夫贩妇为主。"④ 战国时期的市已有早晚定时开闭市门的规定,当时有人为了能买到自己心仪的商品,明旦就赶来等待市门开启。⑤

三 以门墙等人设障碍构成的层层分隔管理机制

"围墙作为保护屏障和政治需要的意义,在西周等级制中又得到加强,统治阶级修建城墙,一是为了得到保护;二是为了保证和维护尊严。"⑥ 周代的城市基本都有城垣、郭垣、宫城垣、里垣⑦,即使是小邑也筑有卫墙,称为"保",闾内不可以横通,闾巷内家家又有院墙,居民几乎在一个层层封闭的以墙切割成条块的城市里生活。并且周代制定了相关法令禁止翻越破坏城墙的行为:"越城,一人则诛,自十人以上夷

---

① (清)孙诒让:《周礼正义》卷七十《秋官》"司寤氏",王文锦、陈玉霞点校,中华书局,1987,第 2907~2908 页。
② 《淮南子》卷五《时则》,顾迁译注,中华书局,2012,第 84 页。
③ 杨宽:《中国古代都城制度史研究》,上海人民出版社,2016,第 276 页。
④ (清)孙诒让撰《周礼正义》卷二七《地官》"司市",王文锦、陈玉霞点校,中华书局,1987,第 1059~1060 页。
⑤ 孟尝君的食客冯谖说:"明旦,侧肩争门而入;日暮之后,过市朝者掉臂而不顾。"见《史记·孟尝君列传》。
⑥ 张鸿雁:《春秋战国城市经济发展史论》,辽宁大学出版社,1988,第 55~56 页。
⑦ 里四周的里墙按照等级礼制规定,比王宫门阿低二雉、高三雉(丈)。里墙最早的记载见《诗经·郑风·将仲子》:"将仲子兮,无逾我里,无折我树杞。岂敢爱之,畏我父母。仲可怀也,父母之言,亦可畏也。将仲子兮,无逾我墙,无折我树桑。……将仲子兮,无逾我园,无折我树檀。"

其乡及族。"① 各类院墙上按规定开有门：城门、宫门、里门。周代的闾里一般都有里垣和里门，春秋时里的样子，可以从《诗经·郑风·将仲子》中窥见大概，里是由土墙围起来的，沿着里墙种有树木。内部又是由以各种墙垣围起来的家宅和园地组成的。② 《说文解字》载，閈即闾，指里门。闾閈有"阓"，就是设门监管。"里域不可以横通"，里内只能有一条直通的路，路两头设门，"置闾有司，以时开闭，闾有司观出入者，以复于里尉"③。通道中间设有中门，叫作"閈"。城门既是城内居民出入的必经之地，又是城市的重要防御设施之一，派有专人防守。门卫房又称作"塾"，《尔雅·释宫》云："门侧之堂谓之塾。"一般包括左塾、右塾或东塾、西塾。塾既可成为守城士卒的居所，又可用于军事防御。④ 里门外还设有闾互，"谓国中闾里之门亦各有障互"⑤，障互，即谓里门之前以迦互之类相隔，⑥ 以备不虞。高垣耸峙，壁垒森严，对居民而言，可以防范奸宄侵扰，对统治者论，却可以防民，尤其城防战中又有利于防守。⑦ 《易·系辞》中记载先王"重门击柝，以待暴客"，即设置两道门并击柝示警，以此作为应急措施。《周礼·地官·乡大夫》载："国有大故，则令民各守其闾，以待政令。""里""巷"隔墙规整与否，在时人眼中反映着社会的安定与否。"入州里"，如果看到"州里不鬲，闾閈不设。出入毋时，早晏不禁"（《管子·八观》），就认为必然会出现州里不安定的状况。隔墙设施的完备程度成为衡量一个城市治理状况的直接标准。

四　旌表闾门的城市社会教化机制

社会教化是周代非常重视的一项城市治理内容。一是把举行礼仪活动作为各级管理机构的重要职能，《礼记》《仪礼》等文献都记载有官方

---

① 转引自朱绍侯主编《中国古代治安制度史》，河南大学出版社，1994，第56页。
② 张继海：《汉代城市社会》，社会科学文献出版社，2006，第135页。
③ 黎翔凤：《管子校注》卷一《立证第四》，梁运华整理，中华书局，2004，第65页。
④ 张国硕：《夏商时代都城制度研究》，河南人民出版社，2001，第144页。
⑤ （清）孙诒让：《周礼正义》卷六五《秋官》"修闾氏"，王文锦、陈玉霞点校，中华书局，1987，第2922页。
⑥ 李明丽：《〈左传〉国野叙事研究》，博士学位论文，吉林大学，2018，第96页。
⑦ 贺业钜：《中国古代城市规划史》，中国建筑工业出版社，1996，第260页。

主持的乡饮酒礼、乡射礼等活动，以此来实现以礼教民，兴贤宾能。二是地方管理者也负有社会教化之职。《周礼》有以吏为师、官师不分的思想。《管子·度地》载："故吏者所以教顺也，三老、里有司、伍长者，所以为率也。"《周礼·地官·闾胥》记载闾胥之职："书其敬敏任恤者。"《周礼·地官·族长》也记载族长之职："书其孝弟睦姻有学者。"里正的选择标准也颇为严格，必须是"国之贤可者"（《墨子·尚同上》），《管子·小匡》也说："择其贤民，使为里君。"周代出现了利用闾门建立标志或更改闾里名字来对城市居民"彰善瘅恶，树之风声"的社会教化机制，其目的在于通过树立"善"的榜样，进行意识形态层面的改造，后世的旌表制度基本都继承了"彰善瘅恶，树之风声"这一核心功能。西周初期武王"表商容之闾"①，在历史上开了城市旌表教化的先河。《尚书·毕命》记载，周康王意图利用"旌别淑慝，表厥宅里"的方式，使殷商遗民成为周的顺民，这一政治行为"已经完全符合旌表制度成熟时期功能及作用机制"②，对旌表制度的发展有着特殊的意义。《管子·轻重丁》则记载，春秋时期齐桓公用"垩白其门而高其闾"的方式表彰急国家之急的"义民"。

第六节 "宗法—军令"型城市治理 体系的总体特征

应该说，中国是较早出现并形成完整城市管理政策体系的国家。

一 以等级尊卑规定秩序的城市治理体系

为了维系周王对空前庞大的疆域的有效统治，在宗法社会国即家的逻辑框架下，周人依据"宗法"以血统、嫡庶区分主从的原则，形成了"礼有等差"以"别贵贱尊卑"的思维，在"他们心目中的'礼'已被

---

① 《荀子·大略》记载："武王始入殷，表商容之闾，释箕子之囚，哭比干之墓，天下乡（向）善矣。"韩兆琦将"表商容之闾"解释为："在商容所住过的里巷口上立表以彰显之。表：标也，如碑碣匾额之类，用以彰显善行者也。"见韩兆琦《史记选注集说》，江西人民出版社，1982，第112页。
② 陈志菲：《中国古代门类旌表建筑制度研究》，博士学位论文，天津大学，2017，第34页。

提到'上下之纪，天地之经纬'（《左传·昭公二十五年》）的高度，作为'经国家，定社稷，序人民'（《左传·隐公十一年》）的重要统治手段"①。尤为值得关注的是，周人"天下有道，则庶人不议"（《论语·季氏》）中所体现的"非我族类，其心必异"思维，更是使别尊卑的礼具有了区分我与非我的话语高度，"造就了一种适于统治者实施管理的社会结构和心理结构"②。同时，这一思维把政治、血缘和道德深度融合在一起，能够使人意识到每个个体的位置、价值和意义，具有极大的强制性和约束力，"礼是社会公认合式的行为规范，合于礼的就是说这些行为是做得对的"③。这一逻辑贯穿在周代城市治理体系之中，城市治理观念中的等级观念是不能违背的。营国制度的基本精神在于用礼制约束城市管理者及其成员，用城邑规模等级关系来强化其宗法政治的统属关系不容僭越，以方位尊卑进行分区，《周礼·地官·载师》云"以廛里任国中之地"，"廛"指的是一般居民的闾里，"里"则指贵族官僚聚居的地方。④《周礼·地官·司市》记载："国君过市，则刑人赦；夫人过市，罚一幂；世子过市，罚一帟；命夫过市，罚一盖；命妇过市，罚一帷。"对君主贵族等尊贵阶层到市这种低贱之处要进行处罚，甚至城市道路和建筑物等都随城市等级不同而不同。这表明等级理念已经深入周代城市治理体系中的不同层次，成为具有根本性指导意义的治理思维，也为后来的城市治理奠定了基础。

二　政治身份与地理空间相结合的军事组织层级化治理路径

周代城市治理体系实行按照等级和职业进行分类分区的聚居管理制度，即"实行以职业、姓氏分别聚居的管理制度"⑤。一方面，城市管理实行严格的等级管理制度，利用礼制从居住方位上体现政治身份的尊卑等级，不容杂处；另一方面，各阶层依据所从事的职业聚居，出现了"前朝后市"的结构。古代城邦"国人"与"野人"的界限分明，不仅

①　贺业钜：《考工记营国制度研究》，中国建筑工业出版社，1985，第 57~58 页。
②　陈鸿彝：《对古代治安的理论思考》，《中国人民公安大学学报》（社会科学版）2000 年第 2 期，第 86 页。
③　费孝通：《乡土中国》，江苏文艺出版社，2007，第 54 页。
④　贺业钜：《考工记营国制度研究》，中国建筑工业出版社，1985，第 117~118 页。
⑤　李孝聪：《历史城市地理》，山东教育出版社，2007，第 90 页。

是有形的居住地区划分，更重要的还是无形的身份差别。① 住在城内和郊的人可以自由迁徙，郊以外则不行。贵族卿大夫多居住在宫城附近，一般官员贵族处于离宫殿区更远一些的间里，工匠和商人住在城北"市"的旁边，一般居民靠近城门和城的四角的一带。这种不使杂处的分区居住制度，"少而习焉，其心安焉，不见异物而迁焉"（《国语·齐语》），更有利于进行管理，以达到"定民之居，成民之事"的目的。另外，战争的目的之一就是夺取人口，城市中大量聚集人口，强化了战争与城市的联系。周代城市治理结构中，乡遂制度与军制紧密相关，兵源出自乡，粮食补给取于遂，一乡一遂可建一军；编户组织则建立在十进位井田制和以战车为基础的军制基础之上，每户一人，一间编户正好组成一个车战单位——辆，间正好构成一个生产和战斗组织单位。春秋时步兵成为独立的兵种建制，军制开始出现由五个士兵组成的基本作战单位，编户随之开始有五家为伍制度。因此，春秋战国时期，很多涉及城市问题的著述都会有一定的军事考量，管仲也曾建议齐桓公"作内政而寓军令"，以里管理城市百姓使"通于军事"。这种将军事化组织原则转化并通用于城市治理的思路，既有利于城市治理制度的简洁便利化，也有利于国家治理体系的严密对接及标准化，成为后代城市治理体系的一个基本准则。

三 制度与设施相结合的治理落实手段

周代城市治理体系的基本做法就是将制度落实到具体的设施和专职管理人员身上。在国家制度层次上，则是将规定周王与诸侯、诸侯与卿大夫之间主从关系的分封制，落实到营国制度中具体的城墙、城门、街道等设施规模和布局上，"围墙作为保护屏障和政治需要的意义，在西周等级制中又得到加强，统治阶级修建城墙，一是为了得到保护；二是为了保证和维护尊严"②；城市秩序管理制度体现在城郭的布局和内部各种设施的建设上，如管仲就提出："大城不可以不完，郭周不可以外通，里域不可以横通，间闸不可以毋阖，宫垣关闭不可以不修。……明君者，闭其门，塞其涂，弇其迹，使民毋由接于淫非之地，

---

① 王瑞成：《中国城市史论稿》，四川大学出版社，2000，第43页。
② 张鸿雁：《春秋战国城市经济发展史论》，辽宁大学出版社，1988，第55~56页。

是以民之道正行善也若性然，故罪罚寡而民以治矣。"① 另外，这一时期各国皆有由依托于城门、里门的门禁制度进一步发展而来的夜禁制度和日间的"闾有司"监管制度组成的城市治安管理机制，利用闾门公布法律禁令的信息公开机制，② 对城市居民"彰善瘅恶，树之风声"的社会教化机制，以及利用城墙和城门、里墙和里门及闾互形成应对"国有大故"时的应急机制。

四　教化预防与禁令制裁相结合的治理理念初现雏形

周代已经注意到基层日常教化在城市治理体系中的事前预防作用，形成了成体系的做法。一是发挥各级城市管理者的表率作用，"故吏者所以教顺也，三老、里有司、伍长者，所以为率也"（《管子·度地》）。二是通过官方主持的乡饮酒礼、乡射礼等礼仪活动实现以礼教民。三是把社会教化作为城市管理者的职责。《周礼·地官·闾胥》记载闾胥之职："书其敬敏任恤者。"《周礼·地官·族长》也记载族长之职："书其孝弟睦姻有学者。" 四是建立了利用闾门建立标志或更改闾里名字，来对城市居民"彰善瘅恶，树之风声"的社会教化机制。同时，还设计了一套包含了法、禁、令的对不法行为的制裁体系。如国之五禁之法，市场管理的十四"不粥"禁令（《礼记·王制》），用来"一以维当时之所谓法纪，一以防商人之欺诈也"③；还对越城等行为做了明确处罚规定，"越城，一人则诛，自十人以上夷其乡及族"④，《尚书大传》则记载"决关梁、逾城郭而略盗者，其刑膑"等，不一而足。

第七节　案例：周公营洛邑

一　周公营洛的背景

武王伐纣取得胜利后建立的周朝，统治疆域大大超越了前面的夏、

---

① 黎翔凤：《管子校注》卷五《八观第十三》，梁运华整理，中华书局，2004，第256页。
② 士师是具体负责司法及治安行政的官员，"掌国之五禁之法，以左右刑罚。一曰宫禁，二曰官禁，三曰国禁，四曰野禁，五曰军禁，皆以木铎徇之于朝，书而悬于门闾"（《周礼·秋官·士师》）。
③ 吕振羽：《殷周时代的中国社会》，生活·读书·新知三联书店，1983，第59页。
④ 转引自朱绍侯主编《中国古代治安制度史》，河南大学出版社，1994，第56页。

商两代，形成了一个领土空前广阔而复杂的"大国"。但是，由于西周的传统势力范围偏处西隅，从当时的统治中心镐京，要对新征服的殷地实行有效控制，在当时的交通和技术条件下，确实显得有些力所难及。为了解决国家治理的这个难题，周初两代统治者经过对当时国家整体布局的反复斟酌和应对"三监"之乱善后之策的思考，决定采取进一步强化分封制与营建成周这两项重要的制度性措施，以实现中原和国家的长治久安。这两项措施都带来了中国古代城市的发展高潮，尤其是周公营洛形成了中国古代第一座大规模移民城市，并采取了一系列系统化的治理措施，对后来的中国城市治理发展产生了重要影响。

二 周公营洛的过程

周公营洛是周王朝对商代移民进行分而治之国策的重要构成部分。商朝的灭亡，并不代表商王室的巨大影响力就此消失，尤其是作为商王朝统治根基的"登名民三百六十夫"，也就是其留下的三百六十个强有力的氏族（被周朝统治者称为"殷遗多士""殷多士"的众多商遗民）仍然实力不俗，使得刚刚获得统治权的周武王等统治者夜不能寐，决定采取"定天保"以"迁殷顽民"的治理战略，即修建大城堡用以监控这些人。

按照《史记·周本纪》的记载，这些措施在武王灭商的归途中就着手实施，经过总体权衡和慎重考察，武王初步确定了地理位置后，迁九鼎于此，"营周居于雒邑而后去"。其后不久，武王去世、"三监"叛乱，这更加坚定了周统治者营建洛邑的政治决心。周公在平定"三监"之乱后，按照成王的指令，在不断完善成周规划部署的基础上，按照"天下之中"的理论择定地址，完成了武王营建洛邑的遗愿，"成周既成，迁殷顽民，令居此邑"。然后，成王亲临举行了隆重的定鼎仪式，洛邑由此正式成为周的东都。

周初迁往洛邑的殷遗民，基本都是商代的贵族，而且大多数还是与商王有血缘关系的同姓贵族。其中"王士"是与商王有直接血缘关系的人，"殷多士"则包含了与商王室有血缘关系的同姓贵族。此外，也有一部分地位较高而与商王室关系密切的"多生"族。这些人是商王朝社会影响力得以继续存在的中坚力量，被称为"殷顽民"，"三监"之乱中被俘获的殷遗民还被迫参与了修筑成周的劳动。成周居民除了这些贵族，还有他们带去的从事手工业制作的百工，以及调防驻扎用以控制成周安全和进行东部、南部征伐的精锐部队"成周八师"（也叫"殷八师"），洛邑成为中国历史上较早的移民城市。同时，为了使洛邑执行东都的都城功能，还在成周以西建成了供周王及其附属政府机构办公及居住的王城。这样周公营洛就形成了在空间上相互分离的两座城市——王城和成周，建成周以处殷人，在成周以西建王城来监视成周。

三　周公营洛所形成的城市治理体系

（一）周公营洛首次把城市明确为国家治理的政策工具

周王朝利用商朝内部力量不团结的机会，联合其他力量打败了比自己强大得多的商朝，这为周初统治者创新国家治理模式提供了根本的推动力。经过武王、成王两代的努力和周公的精心设计，在吸取就地安置监控政策失败教训的基础上，终于形成了建造新城市、分割并异地迁置核心殷商贵族力量的方略。在这一方略中，营建成周这个新城市作为关键一环，发挥了政策工具的重要作用，也为后世大一统国家开创了以建设巨大的移民城市作为都城以巩固和提升国家治理能力的崭新思路。

（二）周公营洛构建了以"天下之中"理念为核心的国家城市治理体系

在规划营建洛邑的过程中，周公总结了夏、商二代建都经验和文化传统，结合新的形势，提出并阐发了以"此天下之中，四方入贡道里均"为核心的"天下之中"的建都理论，不仅解决了对新形成的大国进行有效控制的问题，还赋予了中国城市治理特有的宏观层次对外辐射、凝聚区域认同的统率功能，并因之形成了在地理上以都城为中心的王城—国—邑的城市空间控制体系。在政治上王城—国—邑的城市等级控制体系确定了城市与国家治理之间的宏观结构关系体系，奠定了后世城市外部治理体系的基础，即尊崇中心城市，层次越高的中心城市凝聚的尊崇力越强。

（三）周公营洛提出了聚分结合、辨证施治的城市治理基本思路

周公营洛所实行的一系列城市内部治理措施，反映了当时统治者对治理有效性的特别关注。一方面，在城市的整体布局上，出于便于管控

的需要，将最具威胁性的管控对象"殷顽民"集中在最高统治者的眼皮底下，因此，为了安全起见，形成了对管控区成周与政务区王城实行在空间上完全隔离的分城管理；另一方面，为了进一步强化和便于对"殷顽民"的管控，还对"殷顽民"所居住的成周东北部区域进行了进一步的细分，形成了不同的闾里。这样，就实现了城市的集聚性与分化性的平衡与协调，形成了中国古代城市治理的基本逻辑。

四 周公营洛对中国古代城市治理的重要意义

周公营建洛邑所创造的城市治理体系，既为后来的古代城市治理奠定了思想理论基础，又提供了便利可行的方法论。从理论体系上看，周公营洛创建的"天下之中"理论是中国古代第一个系统的建都理论，[1]从思想和制度两个方面延续了下来，[2]构建了国家治理体系中理想都城、理想城市的标准体系，也首次清晰成体系地从统一国家的整体布局高度确认了城市治理在国家治理体系中发挥作用的角色、任务、形式等框架。从方法论上看，"天下之中"易于形成向心力本身从管理上讲就具有相当的合理性，周公营洛将国家的权威性和合法性等抽象的治理内涵付诸实践，并进一步细化为非常便于实施的有效城市治理措施，开了中国古代里坊制度的先河。从话语体系上看，由"天下之中"引申出的"中""中和"，与周公、周制相联系的德政、王道一道，建构了精神上文化观念的尊崇认同，形成了一种实质上的"国家政治认同"。《左传·昭公三十二年》中"昔成王合诸侯，城成周以为东都，崇文德焉"，就是很好的例证。城市治理承载的国家或区域认同话语由此更加明晰，并引申出都城与国家政权统治法统、正统性的联系，其后汉唐以降历代都洛都是对这些理念价值取向的认同和尊崇。

小　结

作为中国古代城市治理的早期形态，先秦以来，随着城市行政等级

---

① 李久昌：《两京与两京之间历史地理研究》，科学出版社，2020，第17页。

② 李久昌：《两京与两京之间历史地理研究》，科学出版社，2020，第12页。

体系的构建，城市在国家治理体系中所起的作用越来越重要。周代城市及城市治理体系的重要性是最明显的，构成了当时国家治理体系的基干。这一城市治理体系主要有两大核心要素。一是"家国同构"在周代表现得最明显、最纯粹、最彻底，尤其在城市治理中以血缘宗法关系的贵族治理特征最为明显，并在此基础上生发出了特色明显的中国古代城市治理底色——"城国同构"话语。宗法制的"礼"为周代城市治理提供了基础框架，并在后来的城市治理中以各种不同的方式发挥着重要作用，成为中国古代城市治理体系的核心价值取向和灵魂。因此，周代的城市治理体系被称为"宗法制"的城市治理模式。二是源于军事组织管理体制的层层分隔管理是周代城市治理的基本实现途径，奠定了后续中国古代城市治理的基调。在西周，城市及其周边地区由内及外存在城郭、乡遂、国野三套体制结构；此外，起源于军事管理的各种制度，如首长负责制、层级分割制、分区管理制等都成为中国古代城市治理体系的主要制度形式。更为深层次的意义在于，周代是中国古代城市治理话语的生成时期，形成了话语的要素、形式、功能等体系的基本边界，奠定了"城国同构"的话语基调，在其立国过程中潜在形成的这种话语，不知不觉中第一次把城市、城市治理体系上升到区分是或非我族类的标志的高度。

第四章　秦汉"行政—礼法"型城市治理体系

"秦朝虽短，但其为中国历史发展奠定的制度基础影响非常深远。秦朝以后中国 2000 多年的封建社会，在具体制度设计上有了不少改变，但一些核心内容始终保持不变。这是中国封建社会长期延续在制度层面的重要原因。"① 秦汉时期利用城市建构政治统治权威，在国家中央集权体制的前提下，进一步明晰了城市的行政治所本质，形成了城市治理体系的行政语境；并在城市治理体系的行为话语上出现了新的官吏话语，在秦为法吏，在汉为循吏，设定了中国古代城市治理体系礼法并用的基本路径方向。

第一节　秦汉中央集权制"地缘"国家治理体系

从中国古代制度史的角度来看，东周秦汉时期是诸种制度的创立期。② 徐苹芳指出，秦汉城市在中国城市发展史上以新的面貌出现，它直接反映了从东周到秦汉社会历史的剧变，更为强调秦汉都城的"划时代的变革"③。

一　国家治理性质——"大一统"的中央集权制

秦始皇先后灭掉六国，终于实现了地域上的"大一统"，建立起一个"东至海暨朝鲜，西到临洮羌中，南至北向户，北据河为塞，并阴山至辽东"的庞大帝国，这一版图基本为汉代所继承并有所扩展。秦汉

---

① 张海鹏：《深化制度史研究正逢其时》，《人民日报》2020 年 3 月 23 日，第 9 版。
② 陈力：《东周秦汉时期城市发展研究》，三秦出版社，2010，第 200 页。
③ 转引自许宏《大都无城：中国古都的动态解读》，生活·读书·新知三联书店，2016，第 13 页。

"大一统"帝国政治体制的核心，是中央集权的"皇帝制度"，即治理国家的权力集中于皇帝，这种权力至高无上、涵盖一切。正如《史记·秦始皇本纪》所言："天下之事无小大皆决于上"，"丞相诸大臣皆受成事，倚辨于上"，"皇帝临位，作制明法，臣下修饬……治道运行，诸产得宜，皆有法式"①。无论中央还是地方的主要官吏，都由皇帝直接任免、调派，并随着六国的灭亡剥夺了各级宗主对民众和封域的所有权，消灭了以血缘关系为基础的世袭贵族官员。同时，通过以郡县城邑为核心的严密乡里亭体系，还控制了城郭之外的松散聚落组织，地缘行政系统在秦汉真正延伸到基层。秦汉的中央集权相当强大，朝廷直接号令百余郡国，没有中间层次，可称简洁高效。② 在"汉承秦制"的基础上，汉武帝进一步完成了制度与思想层次上的"大一统"任务，按照儒家的"以道德为城，以仁义为郭"③ 的理论思想，构建起"三纲五常"的国家政治秩序。于是，"国家不仅借助于乡里组织和法律的严防牢笼了社会成员的躯体，而且通过所谓道德的'城郭'控制了人们的心理"④。另外，秦汉时期构建起了中华民族"大一统"的国家心理结构。

二　国家地方行政制度——郡县制与郡国制

为了对急剧扩大的国土实行有效统治，秦始皇决定"尺土不封"，于是"海内为郡县，法令由一统"，郡县制被确立为基本的行政制度。郡县制源于西周以来的领地和采邑制，采用"以军政方式对地方实行集中化的控制"⑤。郡县制不同于分封制，"它不是世袭的领地，而是作为国家政权的延伸，必须接受中央政府的考核、检查和监督，地方的行政区划分和官员的任免均控制在中央而集权于君主"⑥。秦汉郡县制的本质

① 《史记》卷六《秦始皇本纪》，中华书局，1959，第258、243页。
② 阎步克：《波峰与波谷——秦汉魏晋南北朝的政治文明》，北京大学出版社，2017，第137页。
③ 马非百：《盐铁论简注》，中华书局，1984，第368页。
④ 王彦辉：《早期国家理论与秦汉聚落形态研究——兼议宫崎市定的"中国都市国家论"》，《中国社会科学》2014年第6期，第187页。
⑤ 阎步克：《波峰与波谷——秦汉魏晋南北朝的政治文明》，北京大学出版社，2017，第4页。
⑥ 周振超：《当代中国政府"条块关系"研究》，天津人民出版社，2009，第154~155页。

特点是临民而治却又无土无民，郡县管理者仅食有俸禄，人口和赋税直接归于皇帝。这种等级式的郡县制，适于分级、分区，还有利于区别不同情况进行管理。汉初实行既有直接受中央政府控制的郡县又有分封的诸侯王国的郡国并行制，这是一种具有由分封制向郡县制过渡特点的形式。西汉中期之后，改为诸侯王"不得复治国，天子为置吏"①，"诸侯惟得衣食税租，不与政事"②，确立起以郡县制为主、以分封制为辅的模式，"这套制度延续了整个中国封建社会"③。西汉中后期的典籍标识籍贯一般用"某郡某县某乡某里人"④，证实了郡县作为国家基本单位的事实。秦汉行政制度在同一时期的世界范围内首屈一指，为境内居民提供了较多的秩序和安定。为加强中央对郡国的控制，从西汉中期开始在郡之上设置监察机构并为东汉所延续⑤，东汉末的灵帝中平五年（188），正式确定"州"为中央与郡国之间的一级行政单位，开始由郡县两级地方行政管理体制向州、郡、县三级地方行政管理体制转变，彻底改西周实行的分土而治的分封制为分民而治的郡县制。

三 国家治理理念——从"为治唯法"到"儒表法里"

"正如秦汉在事功、疆域和物质文明上为统一国家和中华民族奠定了稳固基础一样，秦汉思想在构成中国的文化心理结构方面起了几乎同样的作用。"⑥ 与完成大一统专制帝国适应，各家学说逐渐合流，儒、道、法、阴阳为主干。⑦ 这一时期国家治理的核心指导思想，经历了从秦代"为治唯法"到汉代"儒表法里"的转变，形成了中国古代治国之道的

---

① 《汉书》卷十九上《百官公卿表上》，中华书局，1962，第741页。

② 《汉书》卷十四《诸侯王表》，中华书局，1962，第395页。

③ 吴刚：《中国古代的城市生活》，商务印书馆国际有限公司，1997，第18页。

④ "高祖，沛丰邑中阳里人。"《史记》卷八《高祖本纪》，中华书局，1959，第341页，孟康曰："后沛为郡，丰为县。"

⑤ 武帝元封五年（前106），分全国13个区域为十三部，征和四年（前89）又增设司隶校尉部，各设刺史一人，"奉使典州，督察郡国"。东汉大体继承了这一措施，省并为13个监察区，俗称十三州。与西汉不同的是，这时州部已有固定的治所。司隶治洛阳、幽州治蓟、凉州治陇、兖州治昌邑、荆州治汉寿、益州治雒、冀州治高邑、并州治晋阳、徐州治郯、青州治临淄、扬州治历阳、豫州治谯、交州治龙编。

⑥ 李泽厚：《中国古代思想史论》，生活·读书·新知三联书店，2008，第139页。

⑦ 李泽厚：《中国古代思想史论》，生活·读书·新知三联书店，2008，第140页。

基调。为了适应大一统的中央集权体制，秦始皇提出"大圣作治，建定法度"的建国方略，国家治理举措"一断于法"，并通过"以吏为师，以法为教"以求"皆有法式"，来"矫正民心，去其邪辟，除其恶俗"，最终实现"除疑定法，咸知所避""治道运行，诸产得宜""举措必当，莫不如画"。在秦代，地方官吏要在规定时间到都城学习中央的最新法令以便严格执行，重要法令要在市里乡亭等重要地点进行张贴以便百姓了解。这样在秦代基本建立起了"律令秩序"，开创了中国"百代多行秦政法"的局面。经历了汉初在周法、秦制之间的徘徊后，汉武帝选择了董仲舒提出的一套治国理论，认为人事政治与自然规律有类同的同形和序列的同构，在冷静理智分析的利害关系上树立起君主专制的绝对权威，从根本上解决了汉代统治者因出身寒微的草根阶层，缺乏血统合法性带来的根本问题。以血缘宗法为基础的小农家庭社会为以心理情感和伦理义务为原则的儒家思想提供了延续和保存的基础。孙、老、韩那种生活智慧和细致思维的特点，则因与儒家的实用理性精神相符合，在不失儒家上述原则的基础上被吸收同化，[1] 构成了中国国家治理理念的本质特征。"以经术润饰吏事"的礼法并用，建构起"汉家自有制度，本以霸王道杂之"的治国基本方略。并在东汉廓清了"外儒内法"的基本特征，"在显示、标榜的层面上，或说在意识形态层面上尊崇儒术；同时在实用层面，用法律保障专制集权，让日常行政建立在合理化的法律故事基础之上"[2]。秦汉的治国理念正式将实用理性定义为中国性格。在这一性格结构中，兵家、道家、法家皆"冷静慎重，周密的计算估量，注重实际的可行性和现实的逻辑，不冲动，不狂热，重功能，重效果"[3]。礼及由礼生发出的儒家有一个共同特征，就是重视现实功能性、经世致用的"实用理性"的价值取向，突出了"道在伦常日用之中"，"它构成儒学甚至中国整个文化心理的一个重要的民族特征"[4]。

① 李泽厚：《中国古代思想史论》，生活·读书·新知三联书店，2008，第105页。
② 阎步克：《波峰与波谷——秦汉魏晋南北朝的政治文明》，北京大学出版社，2017，第67页。
③ 李泽厚：《中国古代思想史论》，生活·读书·新知三联书店，2008，第105页。
④ 李泽厚：《中国古代思想史论》，生活·读书·新知三联书店，2008，第25页。

四　国家治理组织体制——官僚制

秦汉的国家治理体系可以概括为皇帝专制、中央集权和官僚制。在大局初定后，"效率提上了统一帝国的行政议程，而稳定和有效的控制尤为国家所重视"①。国家治理的集权化是官僚制出现的前提，因为"皇权的合法性和神圣性是官僚政治的权威来源和观念支柱"②。秦代确立了由中央的三公九卿制和地方的郡县长官负责制构成的官僚制。官僚制是一种有关身份、分配权力的制度安排，是国家行政管理制度的精细化和专业化，体现了理性行政的精神，秦汉两代产生并初步完善的官僚制度具有现代意义上所说的科层制的性质。这种管理体制的核心是规则，有强烈的效率取向，通过对法律和现实等级制精神上的认同和人身赏罚，强制实现对统治者的服从。秦与汉初都采取了"以法治天下"的政策，根据"以吏治天下"的指导原则选任官僚，带有明显的君主专制下专家治国的特征。秦汉官僚制的运行方式是遵循和援引文书档案中的法规故事，组织架构十分系统科学，被认为超过了同期的罗马帝国。③ "文法吏与皇帝的结合，很容易导致一个刚性的专制皇权；儒生士大夫与皇帝的结合，则将促成一个弹性的皇权。"④ 董仲舒协助汉武帝建立起一个完全不同于西方的中国早熟型的"士—官僚"文官政教体系，将重"人"的儒家与重"事"的法家深度地融合在一起，"它使上下之间即民（农）、士（文官）、皇帝之间有确定的统治规范和信息通道，并把春秋以来由于氏族余制的彻底崩溃、解除公社约束而'横议''乱法'的个体游士，又重新纳入组织中，从制度上重新落实了儒家'学而优则仕'的理想，这就从多方面大有利于维护统一帝国的稳定"⑤，推动了儒生"文吏化"和文吏"儒生化"的出现，使"奉法循理"的循吏政治一度盛行。

---

① 王瑞成：《中国城市史论稿》，四川大学出版社，2000，第167页。

② 阎步克：《波峰与波谷——秦汉魏晋南北朝的政治文明》，北京大学出版社，2017，第127页。

③ 阎步克：《波峰与波谷——秦汉魏晋南北朝的政治文明》，北京大学出版社，2017，第6页。

④ 阎步克：《波峰与波谷——秦汉魏晋南北朝的政治文明》，北京大学出版社，2017，第4页。

⑤ 李泽厚：《中国古代思想史论》，生活·读书·新知三联书店，2008，第160页。

第二节　秦汉时期城市的发展

一　秦汉时期城市的有序稳定发展

统一的中央集权制政权的建立，使内地城邑的主要功能由战争的防御功能转化为行政管理中心，城市的体系性、制度性更加严整。在统一六国的过程中，为了消除列国名城大都作为分裂势力据点给推行中央集权政治制度带来的潜在威胁，秦始皇采取了"堕坏城郭"并将关东豪强迁往关中的政策，以从根本上削弱地方对抗中央的实力。秦统一后进一步在全国推行郡县制，初设36郡，后发展到42郡（见表4-1、表4-2），县900个左右，城市成为各级行政机构治所所在地，初步形成了以都城为中心，以郡治、县治城市为网络节点的都城—郡治—县治城市等级体系，建立了为其后历代王朝所继承的全国城市基本网络。郡县制下城市规模基本上与城市的政治行政地位相匹配，规模最大的城市是当时的都城咸阳，汉代先后被长安、洛阳代替，然后依次是数十个郡级城市、上千个县级城市。有学者依据汉代城址资料，计算出一般县城可容纳625户，郡治所在的县城为2500户。① 另外，由于县与郡共治一城，郡治增设往往由县治升格而来，原县治同城仍在，这就使"县城成为中国古代城市最基本的单位城市"②。秦汉时期的郡县城基本上继承了春秋战国时期的邑城，并保留了邑的名称，如安邑、粟邑、枸邑、阳邑、临邑、襄邑、昌邑、石邑、堂邑、马邑、平邑、武邑等。大规模郡、县城的修筑，以及道路及其他设施的建设实现于汉代。按照现有研究，秦汉时期的中国是所谓的"都市国家"，很多县、乡、亭都修筑有城墙，大多数人口生活在有墙的城市中，③ 包括大部分农民也生活在城郭的闾里。为了恢复被秦始皇"堕坏城郭"政策与秦末战争破坏的各级治所城市，汉高祖

① 侯旭东：《汉魏六朝的自然聚落——兼论"邨""村"关系与"村"的通称化》，载黄宽重主编《中国史新论》（基层社会分册），台北：联经出版事业股份有限公司，2009，第137页。
② 何一民：《中国城市史》，武汉大学出版社，2012，第148页。
③ 成一农：《空间与形态——三至七世纪中国历史城市地理研究》，兰州大学出版社，2012，第57页。

刘邦于"六年（前201）冬十月，令天下县邑城"①，掀起了汉代的筑城高潮。从考古城址资料来看，实际上应该是以修补旧城为主，一些新城市也随之兴起。在30座郡国城中，明确为继承前代者25座，占比高达约83%，其中主要是继承战国的旧城。② 在250座县邑城中，初步断定秦汉继承前代者120座，占48%，仅注明为秦汉的130座，占52%。③根据现有研究，在汉末，北方地区的地方城市基本都修筑有城墙，而南方地区则不如北方那么普遍。④

表4-1　秦代郡治一览

郡名	治所	治所今所在地区
内史直管	咸阳	今陕西西安市、咸阳市之间
陇西郡	狄道	今甘肃临洮县南
北地郡	义渠	今甘肃宁县西北
蜀郡	成都	今四川成都市
巴郡	江州	今重庆市
汉中郡	南郑	今陕西汉中市南郑区东
南郡	江陵	今湖北江陵县
洞庭郡（前身为黔中郡）	临沅	今湖南常德市西
南阳郡	宛县	今河南南阳市
苍梧郡（前身为长沙郡）	湘县	今湖南长沙市
淮阳郡	陈县	今河南周口市淮阳区
九江郡	寿春	今安徽寿县
四川郡	相县	今安徽淮北市
薛郡	鲁县	今山东曲阜市
东海郡	郯县	今山东郯城县西南
会稽郡	吴县	今江苏苏州市吴中区和相城区
邯郸郡	邯郸	今河北邯郸市西南
钜鹿郡	钜鹿	今河北平乡县

① 《汉书》卷一下《高帝纪下》，中华书局，1962，第59页。
② 徐龙国：《秦汉城邑考古学研究》，中国社会科学出版社，2013，第117页。
③ 徐龙国：《秦汉城邑考古学研究》，中国社会科学出版社，2013，第117页。
④ 成一农：《空间与形态——三至七世纪中国历史城市地理研究》，兰州大学出版社，2012，第59页。

续表

郡名	治所	治所今所在地区
太原郡	晋阳	今山西太原市西南
上党郡	长子	今山西长子县
雁门郡	善无	今山西右玉县
代郡	代县	今河北蔚县西南
云中郡	云中	今内蒙古托克托县东北
河东郡	安邑	今山西夏县北
东郡	濮阳	今河南濮阳县西南
砀郡	砀县	今安徽砀山县南
上郡	肤施	今陕西榆林市东南
三川郡	雒阳	今河南洛阳市东北
颍川郡	阳翟	今河南禹州市
临淄郡	临淄	今山东淄博市东北
琅琊郡	东武	今山东诸城市
渔阳郡	渔阳	今北京密云区西南
上谷郡	沮阳	今河北怀来县东南
右北平郡	无终	今天津蓟州区
广阳郡	蓟县	今北京市
辽西郡	阳乐	今辽宁锦州市西
辽东郡	襄平	今辽宁辽阳市
九原郡	九原	今内蒙古包头市西南
南海郡	番禺	今广东广州市
桂林郡	桂林	今广西贵港市境内
闽中郡	闽中	今福建福州市
象郡	临尘	今广西崇左市江州区境内

资料来源：根据何一民《中国城市史》，武汉大学出版社，2012，第130～132页整理。

表4-2 秦朝南、北方各区域郡治城市分布一览

单位：个

北方	陕西	山西	河南	河北	北京	山东	甘肃	内蒙古	辽宁	合计
	3	4	5	5	2	4	2	2	2	29
南方	四川	重庆	安徽	广东	广西	福建	湖南	湖北	江苏	合计
	1	1	3	1	2	1	2	1	1	13

资料来源：何一民《中国城市史》，武汉大学出版社，2012，第133页。

大一统国家的稳定局面使秦汉城市与周代相比，政治性增强、军事性减弱，区域中心的经济优势日渐显露。秦汉城市多位于交通要道而且吸引很多人口居住，因此一般建城即立市，有城即有市。"大抵郡（国）治所都是地区都会，县治所则多属地方商品聚散点。"① 以前分别单称的城、市、邑现在逐渐被合称为城市。② 同时，一般经济较发达的区域县城建制较多，城市分布较密，规模也较小。尤其是西汉时期，社会稳定促进了经济繁荣，出现了许多名都大城。秦统一后，划全国为四大经济区，西汉时期基本承袭了四大经济区的格局：山西经济区（即太行山以西地区，也叫"关中"地区，以其在函谷关之中）、山东经济区（即太行山以东地区，又称"关东"，因其属于函谷关以东地区）、江南经济区（即长江以南的广大地区）和龙门碣石以北经济区（包括赵之北部、燕及中山全境）。最大的经济都会有6个（见图4-1），除了关中地区的都城长安以外，分散在全国范围的还有5个经济都会，当时称作五都：齐鲁地区的东都临淄、三河地区的中都洛阳、燕赵地区的北都邯郸、巴蜀地区的西都成都、颍川南阳地区的南都宛。司马迁则指出："洛阳东贾齐、鲁，南贾梁、楚"；"齐带山海，膏壤千里，宜桑麻，人民多文彩布帛鱼盐。临菑亦海岱之间一都会也"；"南阳西通武关、郧关，东南受汉、江、淮。宛亦一都会也。俗杂好事，业多贾"；"郢之后徙寿春，亦一都会也，而合肥受南北潮，皮革、鲍、木输会也"；吴"东有海盐之饶，章山之铜，三江、五湖之利"（西汉大城市分布情况见表4-3）③。依据汉制，大县置令，小县置长，而"荆扬江南七郡，唯有临湘、南昌、吴三令尔。及南阳穰中，土沃民稠，四五万户而为长"④。此外，城市内的市场也有较大发展。长安城内有9个市场，"各方二百六十六步，六市

①　贺业钜：《中国古代城市规划史》，中国建筑工业出版社，1996，第305～306页。
②　《后汉书·法雄传》载："凡虎狼之在山林，犹人民之居城市。"《后汉书》卷三八，中华书局，1965，第1278页；《后汉书·方术列传》载，廖扶"常居先人冢侧，未曾入城市"，《后汉书》卷八二上，第2720页；《后汉书·西羌传》载："东犯赵、魏之郊，南入汉、蜀之鄙，塞湟中，断陇道，烧陵园，剽城市，伤败踵系，羽书日闻。"《后汉书》卷八七，第2900页。
③　《史记》卷一二九《货殖列传》，中华书局，1959，第3265～3269页。
④　（汉）应劭：《汉官仪》，见（清）孙星衍校辑《汉官六种》，周天游点校，中华书局，1990，第153页。

在道西，三市在道东。凡四里为一市，致九州之人……市楼皆重屋"①。

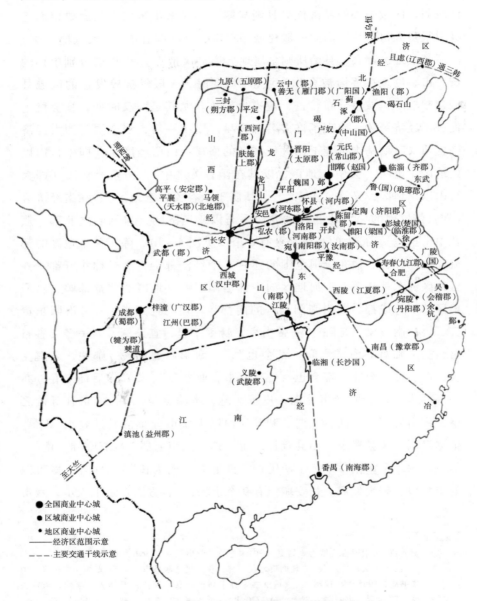

图 4 - 1　汉代各经济区重要商业城市分布概况

资料来源：贺业钜《中国古代城市规划史》，中国建筑工业出版社，1996，第308页。

---

①　陈直校证《三辅黄图校证》卷二，陕西人民出版社，1980，第29页。

其他城市市场有洛阳市、宛市、成都市、临淄市、吴市、平阳市、邯郸市、会稽市、临邛市、淮阳市、淮南市、莲白市、陕市、谯市、槐市、荥阳市、小市、直市等。长安还有专门为驻军服务的"军市"。汉代的城市主要是指郡县治所所在的城市,如果以一县范围内有一城计算,那么西汉的城市数量就有千余个。其中,具有一定规模的城市有 670 多个,比秦代增加了一倍多。①

表 4-3 西汉大城市分布

地区(今地名)		数量(个)	城市名称
秦岭—淮河线北	河南	7	温、轵、洛阳、颍川、宛、陈、睢阳
	河北	2	邯郸、燕(蓟)
	山东	2	临淄、陶
	山西	2	杨、平阳
	陕西	1	长安
秦岭—淮河线南	安徽	2	寿春、合肥
	湖北	1	江陵
	江苏	1	吴
	广东	1	番禺
	四川	1	成都

资料来源:何一民《中国城市史》,武汉大学出版社,2012,第 152~153 页。

秦代全国共设置"县政"约 1000 个,西汉时期县、道、国加起来共 1587 个,这个数字在历代变化不大,清代府厅州县也只有 1700 多个。② 据杨守敬《嬴秦郡县图序》的估计,秦县当八九百矣。③ 这一数据与战国时期的城市数量接近,但较春秋时期的城市又成倍增加。汉代是我国古代城市高度发展时期,城市规模和人口数量都超过前代。周振鹤推断西汉初年城市数量当在 1000 个左右。④ 西汉建立后,社会稳定,经济发展,为城市的发展奠定了基础。西汉城市数量的大规模增长始自武帝,

① 何一民主编《中国城市通史(绪论 先秦卷)》,四川大学出版社,2020,第 18 页。
② 吴良镛:《中国人居史》,中国建筑工业出版社,2014,第 123 页。
③ 周长山:《汉代城市研究》,人民出版社,2001,第 6 页。
④ 周振鹤:《西汉政区地理》,人民出版社,1987,第 237 页。

经过昭宣时代的发展，汉平帝时，有郡国 130 个，县邑 1314 个，道 32
个，侯国 241 个，《汉书·地理志》载："本秦京师为内史，分天下作三
十六郡。汉兴，以其郡〔太〕大，稍复开置，又立诸侯王国。武帝开广
三边。故自高祖增二十六，文、景各六，武帝二十八，昭帝一，迄于孝
平，凡郡国一百三，县邑一千三百一十四，道三十二，侯国二百四十
一。"① （见表 4 - 4）到西汉末年，县邑城市达到 1587 个（另一说为
1690 座②），比秦和汉初增长了二分之一，因此，西汉城市的总数量比前
代有一个大规模的增长。东汉时期基本上没有超过西汉，此后城市数目
基本确定。③ 但在东汉初年光武帝对县进行了一次大裁并，县城数量骤
减 400 多个，还剩 1100 多个。《后汉书·郡国志》记载，顺帝永和五年
有县、邑、道、侯国 1180 个。东汉中后期，政治混乱，自然灾害频繁，
经济总量远不及西汉，特别是自足自给的庄园经济大大减缓了城邑的发
展进程。④ 这个数字在东汉得到保持。战国秦汉是城市国家，人们一般
围着城市居住。汉代城市人口占总人口的 40% 左右。⑤ 周长山根据城邑
面积和户均占地面积推算，西汉城邑人口占总人口的比例为 27.7%，东
汉为 27.5%⑥ （见表 4 - 5）。

表 4 - 4　西汉新增郡国及治所一览

郡、国名	治所（今地名）	郡、国名	治所（今地名）
庐江郡	安徽庐江县	济南郡	山东济南市章丘区北
河间国	河北交河县北	京兆尹、左冯翊、右扶风	陕西西安市
胶东国	山东莱阳县西	城阳国	山东吉县西
丹阳郡	江苏宣城北	广陵郡	江苏扬州市北
河内郡	河南温县东北	常山郡	河北元氏县北
汝南郡	河南上蔡县	魏郡	河南临漳县
清河郡	河北清河县东	豫章郡	江西南昌市

① 《汉书》卷二八下《地理志下》，中华书局，1962，第 1639～1640 页。
② 徐龙国：《秦汉城邑考古学研究》，中国社会科学出版社，2013，第 296 页。
③ 张南、周伊：《秦汉城市发展论》，《安徽史学》1989 年第 4 期，第 6～12 页。
④ 徐龙国：《秦汉城邑考古学研究》，中国社会科学出版社，2013，第 119 页。
⑤ 何兹全：《中国古代社会形态演变过程中三个关键性时代》，《历史研究》2000 年第
　2 期。
⑥ 周长山：《汉代城市人口试析》，《河北大学学报》（哲学社会科学版）2001 年第 2 期，
　第 31 页。

续表

郡、国名	治所（今地名）	郡、国名	治所（今地名）
广汉郡	四川广汉市	中山郡	河北定县
高密国	山东高密市西	淄川国	山东昌乐县西
沛郡	河南永城市东	济东郡	山东汶上县
北海郡	山东安丘市东北	桂阳郡	湖南郴州市苏仙区
涿郡	河北涿州市	渤海郡	河北沧州市
平原郡	山东平原县	陈留郡	河南开封市南
广平国	河北曲周县北	信都国	河北冀州市
山阳郡	山东巨野县南	济阴郡	山东定陶区
江夏郡	湖北武汉市东北	定襄郡	内蒙古和林格尔县
泰山郡	山东泰安市泰山区东	弘农郡	河北灵宝市北
临淮郡	江苏泗洪县	零陵郡	广西零陵县
武都郡	甘肃武威东	酒泉郡	甘肃酒泉市
张掖郡	甘肃张掖市	安定郡	宁夏原州区
西河郡	陕西府谷县西	真定郡	河北石家庄市东
犍为郡	四川宜宾市西南	越巂郡	四川西昌市东
益州郡	云南昆明市南	牂柯郡	四川黄平县西南
朔方郡	内蒙古包头市西	玄菟郡	辽宁新宾市西
乐浪郡	朝鲜平壤市	苍梧郡	广西梧州市
交趾郡	越南河内市	合浦郡	广西合浦县北
九真郡	越南清化省东山县北	泗水国	江苏泗阳县北
金城郡	青海民和回族土族自治县东	千乘郡	山东高苑县北
东莱郡	山东莱州市	西域都护府	新疆轮台县东北

资料来源：根据何一民《中国城市史》，武汉大学出版社，2012，第149～150页整理。

表4-5　两汉时期城市人口分析

时代	郡城数（包括王国都城）（个）	县城数（包括道、侯、邑城）（个）	城内户均占地面积（平方米）	全国户口数（户）	城市户口所占比例（%）
西汉	103	1484	70	12233062	27.7
东汉	105	1075	70	9698630	27.5

资料来源：周长山《汉代城市人口试析》，《河北大学学报》（哲学社会科学版）2001年第2期，第31页。

二　秦汉时期城市的行政治所内涵

统一的中央集权国家的建立，使郡县制取代分封制成为秦汉建国的根本性制度，虽然地方建制城市体制仍沿袭分级制的基本思想，但具体内容却是中央集权之下的三级体系。"三级制"是与秦汉帝国中央集权及郡县行政体制相对应的城邑制度，城市作为基层统治中心更为直接地受中央权力的控制，① 城市的中央统治地方政治据点的工具性属性更加明确，其最基本的内涵转变为中央集权政体下地方建制的治所。权力与城市的深度结合，使政治性成为中国古代城市的基本特征，具体体现为作为政治性建筑而存在的政府权力机构建筑在各城中均占据重要位置。政治中心城市优先发展成为之后中国城市发展的一个重要规律，具体体现为在中央集权加强和地方实力削减的双重影响下，形成了规模差异与政权等级相对应的城市体系。作为郡城、都城等更高层级治所城市的承载者，县城是秦汉以后城市群的基干，而都城不仅政治等级最高，而且往往规模最大，这一现象再也没有变化。据学者估计，秦朝咸阳的人口为 70 万～80 万人，如果加上军队的人数，城市人口可能突破百万人，即使不足百万人，也是当时世界上规模最大的。② 据《汉书·地理志》记载，汉平帝元始二年（2）统计长安"户八万八百，口二十四万六千二百"。③ 与此相对应，郡县治所开始筑城，作为政治中心的秦汉城市，在形态上还与城墙紧密联系在一起，城郭自身成为"大一统"政权下法律与秩序的象征。虽然春秋战国时期城郭防御外敌的功能，在秦汉被位于边境沿线的长城所取代，但城郭的功能已逐渐由强调对外防御转为对内控制。"皇帝奋威，德并诸侯，初一泰平。堕坏城郭，决通川防，夷去险阻"作为秦始皇的功绩刻于碣石上，④ 汉高祖"六年冬十月，令天下县邑城"⑤，这一堕城后再筑的反复，进一步加重了"城"的含义，形成设郡县之处必有城，城市之邑多为县，故史书上往往"城"与"县"互

① 肖爱玲：《西汉城市体系的空间演化》，商务印书馆，2012，第 177 页。
② 何一民主编《中国城市通史（绪论 先秦卷）》，四川大学出版社，2020，第 5 页。
③ 《汉书》卷二八上《地理志上》，中华书局，1962，第 1543 页。
④ 《史记》卷六《秦始皇本纪》，中华书局，1959，第 252 页。
⑤ 《汉书》卷一下《高帝纪下》，中华书局，1962，第 59 页。

称。其中，有相当部分的郡县级城市，是一些小国都邑为大国吞并后直接改建为郡、县治所，"开始出现与国都和采邑不同性质的新的城市类型——地方行政建制城市"①。在新的中央集权制的封建政体下，建城不再意味着"建国"，而是建立一级地方建制的治所，如郡城、县城等。换言之，即按封建制国家政体，以郡县制的城市建设体制代替奴隶制国家以宗法分封政体为基础的三级城邑建设体制。② 据杨守敬《嬴秦郡县图序》估计，秦代全国有县城八九百个，但实际可能比这个还多。③ 其中规模较大的城市有 250 个左右，而最重要的城市大多为都城和郡治。④

三 秦汉时期城市的特征

（一）秦汉时期城市由血缘共同体向地缘共同体的行政中心转变

"安土重迁，黎民之性"，随着社会安定的出现，秦汉时期城市里就会重现聚族而居的情况，到东汉末年这种聚族而居的里，依然占据了主导地位。但是，郡县制作为国家根本制度的确立和全国城邑体系的形成，使地方城市与郡县制紧密地结合在一起，表明城市转变为中央集权政体下地方建制的治所，成为中央政府控制地方政权的行政中心，最终结束了商周以来以血缘政治为主体、王朝依靠宗法分封制而间接控制各地的社会格局，确立了以地缘政治为主体、中央集权政府依靠一元化的郡县城邑网络直接统治全国的社会结构。⑤ 在这种体制下，"里共同体之民是受郡县城内官府的政治支配，以及城县都市中商人的经济支配"⑥。城市基层基本单位由血缘的族共同体向地缘的里共同体转变，这在中国城市发展史上和中国历史发展阶段上都属于本质性的变化。⑦

（二）城市的区域政治经济中心双重性质更加明显

秦汉两代作为政治中心的城市一般都"择中而立"，多位于交通要

---

① 何一民：《中国城市史》，武汉大学出版社，2012，第 97 页。
② 顾朝林等：《中国城市地理》，商务印书馆，1999，第 32 页。
③ 周长山：《汉代城市研究》，人民出版社，2001，第 6 页。
④ 何一民主编《中国城市通史（绪论 先秦卷）》，四川大学出版社，2020，第 6 页。
⑤ 许宏：《先秦城市考古学研究》，北京燕山出版社，2000，第 130 页。
⑥ 夏炎主编《中古中国的都市与社会》，中西书局，2019，第 16 页。
⑦ 李孝聪：《历史城市地理》，山东教育出版社，2007，第 101 页。

道，人口密集，市井生活繁华，出现建城即立市，有城即有市的现象，"大抵郡（国）治所都是地区都会，县治所则多属地方商品聚散点"①。因此，秦汉时期特别是汉代城市的经济功能，尤其是商业功能逐渐加强。一般地说，作为区域政治中心的城市也附有经济中心的功能，出现经济开发水平越高的地方，县城建制越多、城市分布密度越大的现象。秦汉时期还在全国形成了四大经济区——山西经济区、山东经济区、江南经济区和龙门碣石以北经济区，并出现了6个大的经济都会，除了关中地区的都城长安以外，形成齐鲁地区的东都临淄、三河地区的中都洛阳、燕赵地区的北都邯郸、巴蜀地区的西都成都、颍川南阳地区的南都宛"五都"长期并存的经济格局。在汉代，人们普遍居住在城郭里，这成为汉文化的重要特征。城内分为官署区、里区和市区，各有封闭的围墙。由于城内不同的里门管理严格，居民不能随意到别的里中游荡，这就使城市中的市不仅是一个繁荣的商业场所，还成为城中居民的主要休闲场所。

（三）秦汉城市布局趋同，封闭性不断强化

中央集权制使城市形制的政治性建筑属性更加突出，在郡县制与普遍筑城的推动下，秦汉建立起与郡县行政体制相对应的类型简单划一的、布局趋同的"三级制"城邑体系。汉初，为了巩固统治，在修建长安城的同时，刘邦"令天下县邑城"，汉代的许多地方官也都把整治城郭作为必须履行的职责之一。汉代的筑城工作都有领导者和专门的规划者，处于最高等级的都城所进行的规划和布局，无疑在其中发挥着示范的作用，这使汉代城市的布局更加趋向一致。郡治、县治城市的普遍模式一般包括官署、街道、里坊和商市，并且政府权力机构处于各自城中的重要位置。同时，从加强城邑安全和便于行政管理的角度出发，秦汉继承和强化了城市的封闭模式，宫殿、宗庙、官署、闾里、市场、手工业作坊等各自围成一个个封闭的单元。秦汉与战国的经济结构大致相同，城内的居民构成也按照职业被分为士、农、工、商四民，分别居住在城内不同的区域和闾里内，特别是工商业者一般居住在市场周围的手工业区域内。

---

① 贺业钜：《中国古代城市规划史》，中国建筑工业出版社，1996，第 305～306 页。

（四）秦汉城市规模差异性加大，特别是出现了超大型都城

秦推行的"小邑并大城"，"集中了人力物力，增强了防御能力，也便利了政治和经济上的管理"①，是中央集权制在城市发展中的一个重要体现。随着统一的全国性中央集权政权的建立和不断加强，在多种因素的共同作用下，秦汉出现了规模差异与三级行政等级大致对应的城市秩序化体系。就已调查和发掘的秦汉时期城址来看，除秦都咸阳及汉都长安、洛阳以外，一般城邑规模较小。② 这是由以下因素综合决定的。一是中央政府的最高权威性不允许地方城邑超越其都城的规模，那些面积巨大的战国城市不得不缩小规模。二是不同层级政府的需要和资源动员能力决定了这种规模的差异，"因为政治级别越高的城邑，城内人口较多，机构复杂，需要修筑较大的城邑。另外，筑城是一项巨大的工程，修筑城墙需要花费大量的人力物力，城邑的政治等级越低，财力也就有限，修筑大城既无必要，也无力量，故城邑的政治级别高低与城邑的规模大小基本吻合"③。三是随着社会逐渐稳定，豪门大户聚族而居于乡村风气的恢复也分散了城市的居民。四是秦汉两代推行强干弱枝的政策，关东豪富多被集中到都城所在的关中地区，仅秦始皇就曾徙天下豪富 12 万户（以每户 4 口计算，仅所徙移之富豪就多达 48 万人）于咸阳，这造成了司马迁所说的天下财富有十分之六在关中的现象。同时，中央集权制下强大国家力量占据主导地位，也使物资调运集中更为现实和有效。在这一体系下，秦汉时期再未出现与都城相匹敌的大城市，不但树立起天子高高在上、无与伦比的权威形象，也形成了汉长安地小人众、里内建筑密度高的格局。此后，中国古代都城最大的城市体系再也没有变化。

四　中国古代的第二个理想城市模型——"秦制"

如果说周代血缘宗法国家语境下的第一个理想城市模型"营国体制"（"周法"）透露的话语是"尊"——通过城市形制显示统治者身份的"尊贵"，那么秦汉地缘中央集权国家语境下的第二个理想城市模型

---

① 张继海：《汉代城市社会》，社会科学文献出版社，2006，第 67 页。
② 曲英杰：《古代城市》，文物出版社，2003，第 137 页。
③ 徐龙国：《秦汉城邑考古学研究》，中国社会科学出版社，2013，第 358 页。

"秦制"透露的话语则是"威"——通过城市形制来显示统治者地位的"权威"至高无上。这种本质区别决定了"秦制"有别于"周法"的主题和特征。所谓"秦制",主要是秦代在总结春秋时期中国第二次城市建设高潮发展经验的基础上,探索大一统帝国理想城市体制的尝试,后由汉代继承和发展,具体体现在秦都咸阳、汉都长安和洛阳上。"秦制"的指导思想以春秋战国时期的法家为主,重实用,在"宏伟"的主题中强调其前无古人的"新颖"特色。"宏伟"具体化为"高""大""多","在于表达大一统帝国的气质和皇权至高无上的威严","潜伏了另一种新的理论性倾向"①。将高城峻垒视为皇权政治的象征,具有威慑庶民百姓、壮大统治威仪、强化思想控制的功能。②"大壮"成为都城建筑和官方建筑的特点,彰显了皇权,统治机构建筑占了城市一半以上的空间。同时,这种倾向体现在秦汉都城自由分散、不规整的巨型帝都模式之中,城市分区不明,宫殿与一般建筑杂处,都是"法天"及实用派的实践者。③秦都咸阳与后世的集中式都城有别,秦始皇将咸阳神圣化的意图,展现了当时秦朝的精神文化特征,"山、河、池、城、宫、庙共同构成一个自由分散的巨型帝都"④。汉长安延续了咸阳自由分散的特征,体现了"非壮丽无以重威"⑤的营造理念,是当时世界上规模最宏大的城市,比同期的西方城市罗马城大三倍以上。西汉长安城内,宫室、宗庙和官署占全城面积的三分之二以上。即使是郡县一级城市,在其统治中心,也都建有比城市别处高得多的建筑,且依级而上,显得庄严肃穆,气势恢宏,以显示统治者的极高尊严和威仪。⑥秦汉都城所体现的"秦制",一方面带有无拘无束的特色,蕴含着象天法地、顺应自

① 贺业钜:《中国古代城市规划史》,中国建筑工业出版社,1996,第249页。
② 庞骏:《东晋建康城市权力空间——兼对儒家三朝五门观念史的考察》,东南大学出版社,2012,第54页。
③ 庞骏:《东晋建康城市权力空间——兼对儒家三朝五门观念史的考察》,东南大学出版社,2012,第170页。
④ 吴良镛:《中国人居史》,中国建筑工业出版社,2014,第93页。
⑤ 《史记·高祖本纪》载:"萧丞相营作未央宫,立东阙、北阙、前殿、武库、太仓。高祖还,见宫阙壮甚,怒,谓萧何曰:'天下匈匈苦战数岁,成败未可知,是何治宫室过度也?'萧何曰:'天下方未定,故可因遂就宫室。且夫天子四海为家,非壮丽无以重威,且无令后世有以加也。'高祖乃说(悦)。"
⑥ 陈昌文:《汉代城市规划及城市内部结构》,《史学月刊》1999年第3期,第99页。

然的重要思想，另一方面也包含着很大的随意性，反映出秦制草创期系统性不强的不成熟特征。大多数城市在结构上因地制宜，因陋就简。秦咸阳、汉长安和洛阳更多显示出的是一些设计理念，而没有完整的规划，体系性不够完整。"其实中国古代都城的规划经验是逐代积累，许多措施形制因地变易，绝不是由一个先验的模式所规定。古人是很讲求实际的，主要就是以君权至高无上的政治统治的需要为原则。"[1] 秦代对城市治理只是奠定了制度基础，而没有充分展开，汉代得以继续发展，逐步完善。长安城市布局多从实用的角度出发，"汉代长安没有事先的完整规划，没有明确的分区和整齐醒目的城市构图"，仍处于不正规、不完整的阶段。[2] 这可以看出汉代人注重实际而不拘形式对称的特点。[3] 长安代表西汉对秦代的继承，特别是对大一统的"秦制"的承袭，东汉的洛阳则强调了与周代的联系和继承关系，这是一种话语或者说价值观念的变化。与秦咸阳和西汉长安的分散式布局模式不同，东汉都城洛阳开始了集中式都城营建的探索，是帝都由自由分散式向集中式的过渡。尽管两汉都还来不及将儒家的礼制完全贯彻到都城规划与都城建设中，但这一理念却从此深入人心，对魏晋隋唐的宫殿布局产生了较深的影响。因此无论是六朝建康，还是曹魏邺都，都力图在城市建设中体现出儒家礼制，把国家意识形态具体化。[4]

第三节　"行政—礼法"型城市治理结构

一　城市外部等级结构——三级"治所型"分级体系

"秦汉时代的全国各地形成的由大到小的城的建筑群，实际上是秦汉帝国郡县制政治架构的反映。"[5] 秦汉新的城邑制度，"是秦汉中央集权

---

① 郭湖生：《中华古都》，中国建筑工业出版社、中国城市出版社，2021，第273~274页。
② 郭湖生：《中华古都》，中国建筑工业出版社、中国城市出版社，2021，第7页。
③ 郭湖生：《中华古都》，中国建筑工业出版社、中国城市出版社，2021，第3页。
④ 张晓虹：《匠人营国：中国历史上的古都》，江苏人民出版社，2020，第3页。
⑤ 刘庆柱：《中国古代都城遗址布局形制的考古发现所反映的社会形态变化研究》，《考古学报》2006年第3期。

巩固和加强的表现，中央集权制是城邑制度的核心"①，"中国古代城市
进入了按王朝行政等级体制规定的阶段"②。沿着分封制体制下形成的国
家政体决定城市分级体制的逻辑，秦汉将承袭自周代特别是春秋战国时
期分封制基础上的"王城—诸侯城—卿大夫都（采邑城）"三级城邑网
络体系，转变为中央集权政体郡县制下地方建制的三级治所城市体系，
确立起与国家行政系统"并行同构"的以都城为中心、以郡县治城市为
网络节点的城市等级体系（见图4-2），单重县治城邑是这一体系的基
本单位，多重行政层级叠加的城市性质普遍起来。两汉时期，京师管理
治安的官员地位比较特殊，不仅秩级高、属吏多，而且经常参与国家层
面的政务。③ 在这一城市等级体系中，不同级别的城市有着不同的行政
权力和职责，开辟了中央集权政府通过郡县城市网络直接控制全国的路
径，"城邑分布密集的地区，正是中央统治最牢固的地区，相反，城邑分
布稀疏的地区，是中央统治比较薄弱的地区"④。

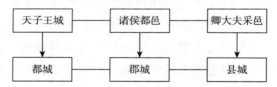

图4-2 周代与秦汉城市等级体系对照

资料来源：林立平《封闭结构的终结》，广西人民出版社，1989，第35页。

同时，由于县与郡共治一城，增设郡治一般由县治升格，所以行政
城市的变化就主要表现为县城的增减，这使县城成为秦汉及以后封建社
会城市等级体系的基本单位。⑤ 另外，为了树立天子的权威，统一集权
的中央政府不再允许地方城邑超越都城的规模，秦汉初期采取迁徙关东
豪强这一在人口和财富等方面的釜底抽薪政策，不但使原来面积巨大的
战国城市不得不缩小规模，还从根本上切断了原来名都大邑发展的路径，

① 徐龙国：《秦汉城邑考古学研究》，中国社会科学出版社，2013，第297页。
② 李孝聪：《历史城市地理》，山东教育出版社，2007，第87页。
③ 谢彦明：《秦汉京师治安制度研究》，博士学位论文，首都师范大学，2008。
④ 徐龙国：《秦汉城邑考古学研究》，中国社会科学出版社，2013，第297页。
⑤ 时人常用"城"作为县的代称。《续汉书·郡国志》在各郡下直接注明辖多少"城"。
《史记》中某诸侯王多少城及《汉书》中某诸侯王多少县，"城"和"县"是同一个概念。

使中国古代的这种城市体系再也没有大的变化。秦汉的都城及其周围区域作为特区，秦称为内史郡，汉代称为"三辅"，都具有直辖于中央的"直辖市"地位。西汉文景时期所封诸侯国都、郡治和一般县邑城明确了相互间的等差，武帝时期城邑等级制度更加完善，一直保持到汉末。秦汉以后的历代封建王朝基本都继承了秦汉的做法，所以无论在制度上还是在地理位置上，这一由帝国都城、100座郡国城市和1000多座县城组成，等级有序、层级分明、逐层集中的体系继续得到维持和发展。

二　城市内部空间结构——"城—郭"结构继承中有弱化

在统一六国过程中，秦始皇采取了"堕坏城郭"的措施，而汉高祖为了强化统治又采取了"令天下县邑城"的政策，在汉代整治城郭更是成为地方官上任后必须履行的职责之一。[①] 在汉代的文献中，"城郭"与百姓的居住地几乎是同义词，百姓与城郭密不可分。[②] 先秦两汉把外城叫郭城，唐宋至明叫罗城。两城制在都城中普遍存在，在郡国城和边城中也十分常见，而在一般县邑城中则发现较少。[③] 这种情况的出现出于以下原因，郡国和边地两城制城郭比较多见，一是汉初郡国多是沿用或改造的本身就存在两城制的春秋战国的列国都城，二是汉初诸侯国都"制同京师"仿照帝国都城两城制建造。汉代其他大部分城市均是城郭合一了。边城中较多地采用两城制，大概与汉文帝时晁错"复为一城其内"的建议有关，主要是为了军事防御。[④] 秦汉城郭结构的这种变化与统治者的认识转变有关。战国时期之所以形成大量的城郭两城制城市，是由于统治者希望尽可能多地集中民众在几个大城市中，以便紧急时就近征调兵役。而秦汉大一统的中央集权国家统治者则重视城郭对内控制的作用，同时中央政府的最高权威性也要求地方城郭不得逾越都城，那些面积巨大的战国城郭逐渐开始进行改造。同时，秦汉时期仍有

---

① 《后汉书·陆康传》载："长吏新到，辄发民缮修城郭。"《后汉书》卷三一《陆康传》，中华书局，1965，第1113页。《汉书·韩延寿传》载，韩延寿为地方太守时，"治城郭，收赋租。先明布告其日，以期会为大事，吏民敬畏趋乡（向）之"。《汉书》卷七六《韩延寿传》，中华书局，1962，第3211页。
② 张继海：《汉代城市社会》，社会科学文献出版社，2006，第28页。
③ 徐龙国：《秦汉城邑考古学研究》，中国社会科学出版社，2013，第359页。
④ 徐龙国：《秦汉城邑考古学研究》，中国社会科学出版社，2013，第359~360页。

大批农民聚居于城墙以内，也是春秋战国时期的较多大城得以保留的原因，随着魏晋以后大量农人散居于周围的乡村，则转为使用小城。

三　城市内部行政组织结构——"县—乡—里"

自秦代实行郡县制以后，所有城市均设为县，[①]　正是因为县制这一基层上传下达的行政机构体制的确立，县与城市合二为一，无法分离。《史记》中某诸侯王多少城及《汉书》中某诸侯王多少县，即"城"和"县"是同一个概念的例证。在秦代，乡由城内的分区管理扩展到城外。秦汉国家对社会的控制，是通过严密的乡里体制来实现的。秦汉时期城市里也设有乡，称为"都乡"[②]（见图 4 - 3）。从《史记》中的《高祖本纪》《萧相国世家》《淮阴侯列传》《樊郦滕灌列传》等文献的记载来看，秦时郡县任命低级吏员一般先由乡里推荐，然后通过郡府县廷之"择"而"试补"为吏，为吏后如果表现突出再根据功次逐渐升迁。[③]　这说明城内的里也应有其对应的乡部。秦汉继承了西周以来的里居制度，将城邑居民集中在高墙围绕起来的里中。当时不仅都城中有里的建制，在一般的县城也有这种建制。[④]　张衡《西京赋》云"秦里其朔，寔为咸

图 4 - 3　汉代县治城市行政结构情况

资料来源：〔日〕宫崎市定《关于中国聚落形体的变迁》，载刘俊文主编《日本学者研究中国史论著选译》第 3 卷，中华书局，1993，第 21 页。

---

① 李纯：《中国古代城市制度变迁与城市文化生活的发展》，《美与时代》（城市版）2015年第 5 期，第 5 页。
② 高敏：《秦汉史探讨》，中州古籍出版社，1998，第 235 页。
③ 李迎春：《试论秦汉郡县长官任免升迁属吏权的变化》，《浙江学刊》2014 年第 3 期，第 41 页。
④ 徐卫民：《秦汉都城研究》，三秦出版社，2012，第 179 页。

阳",从考古出土的陶文可以确定咸阳城内的大约 34 个里的名称①。汉高祖刘邦在关中新置新丰县时,城建内容有"筑城、寺(官署)、街、里"(《汉书·地理志》颜注引应劭语)。长安城内分为宣明、建阳、昌阴、尚冠、修成、黄棘、北焕、南平、大昌、陵里、戚里、函里等 160 个闾里,街道形成简单的棋盘式格局。洛阳也仿照长安在宫殿外划分了 140 多个闾里。"里"更多地被作为以户口为基准的基层行政单位而使用。② 里的社会功用如下:生产的组织与协调;管理户籍与征派赋役;维护社会治安;教化民众。③ 典型的基层居住模式,是数十家乃至数百户聚集起来的闾里,编户为里是为了更好地管理人口并征收赋役。秦汉时仍沿用春秋战国以来里居的基本制度,身份或职业相同者,多聚居于一里之内。里为居民区,不能设手工业作坊和商店,另设专门的市。里内有一条大道,开二门称为闾,"一般人都生活在里垣之中,出入须通过里门"④。设"里监门"看管,每天定时开闭门,居民的生活和行动受到严格的时间限制。"这种形制对居民而言,可以防范奸宄侵扰。对统治者而论,却可以防民,尤其在城防战中又有利于防守。"⑤ 里内"室居栉比,门巷修直",井然有序,使得言某里某门即可知其详细住所。汉代的里是确认一个人身份的关键,⑥ 不同的簿籍登记中对百姓籍贯的标记或郡、县、乡、里或县、里,但里是不可或缺的,如《汉书·宣帝纪》载,宣帝地节四年(前 66)"令郡国岁上系囚以掠笞若瘐死者所坐名、县、爵、里";⑦ 同时,里中还设置中门称为阁,闾内的住址标注也更为详尽(见图 4-4),居延汉简记载:"觻得富里张公子所,舍在里中二门东入。"⑧ 另外,里

---

① 如屈里、完里、沙寿里、直里、高里、芮柳里、当柳里、闾里、右里、泾里、东里、商里、卜里、重成里、蒲里、阳安里、隧阳里、戎里、白里、反里、广里等,而此数仅为制陶作坊的闾里数。见徐龙国《秦汉城邑考古学研究》,中国社会科学出版社,2013,第 32 页。

② 万晋:《"变动"与"延续"视角下的唐代两京研究》,商务印书馆,2018,第 42 页。

③ 周长山:《汉代城市研究》,人民出版社,2001,第 157 页。

④ 徐龙国:《秦汉城邑考古学研究》,中国社会科学出版社,2013,第 300 页。

⑤ 徐卫民:《秦汉都城研究》,三秦出版社,2012,第 18 页。

⑥ 许倬云:《从历史看管理》,新星出版社,2017,第 24 页。

⑦ 《汉书》卷八《宣帝纪》,中华书局,1962,第 253 页。

⑧ 中国社会科学院考古研究所编《居延汉简甲乙编》下册"二八二·五",中华书局,1980,第 201 页。

分左、右，居左者为一般贫民，称"闾左"，居右者为贵族或豪富，称"豪右"或"闾右"。《史记·陈涉世家》载："二世元年（前209）七月，发闾左谪戍渔阳。"《汉书·晁错传》颜师古注曰："闾，里门也，言居闾之左者，一切皆发之。"

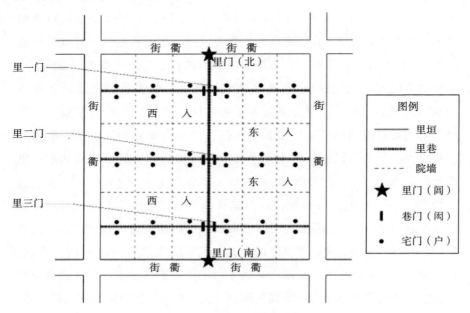

图 4－4　秦汉间里示意图

资料来源：王谷、王准《论东周秦汉时期的里门》，《中国社会经济史研究》2016 年第 2 期，第 5 页。

第四节　"行政—礼法"型城市治理体制

秦王朝将郡县制推行到全国，把郡县治所均设在城市之中，都、郡、县治所城市均由县或附郭县管理。

一　城市的县级行政首长负责制体制建立

分级的郡县制决定了"所有城市均设为县"①。郡县制最主要的特征

---

① 李纯：《中国古代城市制度变迁与城市文化生活的发展》，《美与时代》（城市版）2015年第 5 期，第 5 页。

就是根据行政级别确定城市级别，郡城和县城都没有自主权，它们的建设和管理只能根据郡、县的政府职能来进行。秦汉郡县制往往采用"一人主一方"的简单办法，中央集权体制实现了由中央派遣的地方长官直接控制县城，城市由分封制对抗中央的分离势力，演变成中央统御地方的据点。虽然"天高皇帝远"，其实是"天威不违颜咫尺"，郡县首长对境内事务无所不管，具有较大的自主权。这种情形，正是县城本质的体现。① 县城也就成为君主专制下的中央政令施行于地方的基干节点与媒介，县令就是这个节点上皇帝的代言人，秦汉在"明主治吏不治民"的原则指导下，通过控制官吏实现了社会统治，达到了柳宗元《封建论》中所描述的秦代"有叛人而无叛吏"的效果。这样，城市治理体制也由周代的贵族治理体制，转变为秦汉的行政首长负责制体制。《后汉书·百官志》注县令职掌云："皆掌治民，显善劝义，禁奸罚恶，理讼平贼，恤民时务，秋冬集课，上计于所属郡国。"县令作为承上启下的总负责人，县丞与县尉作为主要辅助人员，分工独立承担城市治理相关职责。城市治安由县尉负责，对于特别大的城市，比如西汉都城长安和东汉都城洛阳，则设有四个尉分别管理城市的一部分。另外，县令的具体治理工作则由相应的曹掾直接办理，县曹又与郡曹按口对接，块块听命于县令，条条业务受命于上级，实现了城市事务的治理和朝廷政令的畅通。西汉京师长安属，其一般行政事务皆由长安县令管理。②

二　城市治理体制——"县—乡—里"

随着国家治理体系的制度化、规范化，秦汉的城市管理体制也逐渐定型，形成了县—乡—里的分层管理体制。秦汉以后，古代地方行政区划由分封制转变为郡县制，郡县治所城市均由县或附郭县管理。③《汉书·王尊传》记载王尊为安定太守，"到官，出教告属县曰：'令长丞

---

① 王瑞成：《中国城市史论稿》，四川大学出版社，2000，第 51 页。
② （汉）卫宏：《汉官旧仪》卷下，四库本，转引自王社教《古都西安·汉长安城》，西安出版社，2009，第 103 页。
③ 韩光辉、魏丹、王亚男：《中国北方城市行政管理制度的演变——兼论金代的地方行政区划》，《城市发展研究》2012 年第 7 期，第 103 页。

尉，奉法守城，为民父母……'"①，由此不难看出，城市所在的属县成为直接治理城市的主要管理者。同时，《汉书·百官公卿表》记载："县令、长，皆秦官，掌治其县。万户以上为令，秩千石至六百石。减万户为长，秩五百石至三百石。皆有丞、尉，秩四百石至二百石，是为长吏。百石以下有斗食、佐史之秩，是为少吏。"② 从文本上看，形成了县令（长）为主，县丞、县尉分工负责的集体负责制。县丞一般设一人，京县特设2~3人，主要辅佐县令（长）治理县中各种事务。县尉除京县外，则有两尉、一尉、不设尉等情形，"设有左、右二尉的县，其尉别有治所，每尉部一区域，分部而治。还有的县只一尉，也与县令别为治所"，"体现出县尉具有相对独立性"③。汉代的县均设有县尉，主要任务是缉捕"盗贼"。凡发生案情，县尉都有责任追查破案，弄清案件的始末。④ 在秦代，乡由城内的分区管理扩展到城外。"县吏"和"乡吏"均居住于城镇，任职于城镇。⑤ 秦汉时期县官不直接管乡，乡设三老、啬夫、游徼，三老掌教化，啬夫负责听讼、征税，游徼负责缉拿贼盗。⑥ 值得重视的是，游徼是流动巡行搜索追捕盗贼。城内各条大街上，都设有警戒监察用的"亭"，设有亭长等官，监视来往出入的群众，搜捕盗贼，以维护城内外的治安。⑦ 这种亭都具有警察的岗亭的性质。亭设有亭长，有固定治所，主要负责在其管辖区域内收捕奸盗。"里是城市中最重要的基层行政组织。"⑧ 里有里墙和里门，并设置里正、父老、里监门等里吏，作为行政管理人员，负责城市居民的日常管理。里正是里的首要负责人，秦代为避秦始皇嬴政之讳改为"里典"，也被称为"里长"。里正具有官、民二重身份，"比庶人在官吏"（《春秋公羊传·宣公十五年》何休注），《孟子·万章下》云："下士与庶人在官者同禄，禄足以代其耕

① 《汉书》卷七六《王尊传》，中华书局，1962，第3228页。
② 《汉书》卷一九上《百官公卿表上》，中华书局，1962，第742页。
③ 邹水杰：《秦汉县丞尉设置考》，《南都学坛》2002年第6期，第17页。
④ 萧斌主编《中国城市的历史发展与政府体制》，中国政法大学出版社，1993，第149页。
⑤ 王子今：《走马楼简牍所见"吏"在城乡联系中的特殊作用》，《浙江社会科学》2005年第5期，第158页。
⑥ 参见《汉书》卷一九上《百官公卿表上》，中华书局，1962，第742页。
⑦ 杨宽：《中国古代都城制度史研究》，上海人民出版社，2016，第277页。
⑧ 周长山：《汉代城市研究》，人民出版社，2001，第134页。

也。"根据云梦出土的《秦律》，"里"的长官称为"里典"，里典的职司范围很广，如监督居民登记户口，通知居民于何时服何役，居民财产被官府抄没封存时要在场做证，居民有患"疠"的，要带同病人上报并请官方医师诊断。因为按照《秦律》，麻风患者必须送到政府所设的"疠迁所"实行隔离。① 父老负责劝农与教化里内子弟，里监门负责管理里门。里内设有"街弹之室"②，用于里正办公和弹压平民。从汉代长安城治理的相关文献中也可以看出，当时的城市治理体制确实由县、乡、里组成。"长安行政长官为长安令，既负责行政、司法，也直接掌管治安工作，不过汉初规定，除县令以外，长安所在地区的内史，也有权直接管理该城治安。汉武帝时，长安周围地区由京兆尹、右扶风、左冯翊三辅共同辅佐治理京师。因长安位于京兆尹辖境内，所以长安的社会治安主要由京兆尹负责。"③

三 治安、市场、人口、市政管理体制

作为巩固中央集权的措施，汉代形成了一整套城市管理制度。

(一) 由封闭设施和严密制度组成的治安管理体制

秦汉时期尤其是汉代进一步利用城郭、闾里、市场等封闭性防御设施，与治安管理制度相互配合，城市治安管理进一步完善。大城市人口众多，需要加强治安管理，都城的治安管理是其中体系最为严密的。汉代长安由长安令全面负责治安工作，其有权组织各级行政官员开展治安管理。《汉书·酷吏传》就记载长安令尹赏率户曹掾史，发动乡吏、亭长、里正、父老、伍人进行治安治理的活动。除县令以外，"因长安位于京兆尹辖境内，所以长安的社会治安主要由京兆尹负责"④。汉代都城还划分了治安专区，"汉氏长安有四尉，分为左、右部：城东、南置广部尉，是为左部；城西、北置明部尉，是为右部"，"后汉洛阳置四尉，皆孝廉作，有东部、南部、西部、北部尉"⑤。同时，秦汉的都城还利用警

① 杨宽：《中国古代都城制度史研究》，上海人民出版社，2016，第252页。
② 周长山：《汉代城市研究》，人民出版社，2001，第151页。
③ 萧斌主编《中国城市的历史发展与政府体制》，中国政法大学出版社，1993，第147页。
④ 萧斌主编《中国城市的历史发展与政府体制》，中国政法大学出版社，1993，第147页。
⑤ （唐）李林甫等：《唐六典》卷三〇《京县畿县天下诸县官吏》，陈仲夫点校，中华书局，1992，第750~751页。

卫部队强化治安管理。按照《汉书·百官公卿表》的记载，秦制设有中尉，"掌缴循京师"，汉武帝太初元年（前104）后称作执金吾，负责巡逻城内（包括城门）、搜捕罪犯工作，东汉还增加了救助水灾和火灾等工作。汉代都城城门管理也是治安管理的重要组成部分。《汉书·百官公卿表》记载："城门校尉掌京师城门屯兵，有司马、十二城门候。"《三辅黄图》载："汉城门皆有候，门候主候时，谨启闭也。"① 城门校尉有时甚至由皇室亲信或皇亲国戚充任。此外，汉代长安还有应急的流民管理措施。《汉书·平帝纪》中记载长安城中专门有五个里用于安置贫民，"为荒年防止流入京师的灾民骚乱的一种临时性举措"②。

在地方城市，秦汉时一般在地方长官下都设有专门官吏管理治安，郡设都尉、县设县尉，作为副职兼管一方治安，此外属吏中也有专管逮捕"盗贼"的职位，夜里城内一般也有"击柝、击刁斗、传五夜"的报更者和士兵巡逻。较大城市城内主要街道设置街亭，由亭长负责管理本街的治安。亭的原意是"用于监视、警戒的高楼"，"乡里系统和亭系统的差异在于，乡里是以民户为根本建构、组织起来的，而亭是以管理领域和面积为基础，依靠行政的、人为的手段创设的"③。"亭的管理以及人员任命等等都取决于县的指令。"④ "县城、郡城被称为'都'，据此可以推测，附设于县城、郡城的亭就是'都亭'。"⑤ 城市中一般都有都亭，"凡言都亭者，并城内亭也"⑥。根据高敏的研究，都亭都是位于城市中的亭。都亭与其他作为邮传机构和"司奸盗"机构结合体的亭并无两样，只不过是在城市中，故云"都亭"，地位更为重要。两汉皆有都亭之制。都亭置有建鼓，为"召集号令"之所；又有亭舍，可供往来官吏及其家属

---

① 陈直校证《三辅黄图校证》卷一，陕西人民出版社，1980，第27页。
② 周长山：《汉代城市研究》，人民出版社，2001，第144页。
③ 〔日〕富谷至：《文书行政的汉帝国》，刘恒武、孔李波译，江苏人民出版社，2013，第214页。
④ 〔日〕富谷至：《文书行政的汉帝国》，刘恒武、孔李波译，江苏人民出版社，2013，第215页。
⑤ 〔日〕富谷至：《文书行政的汉帝国》，刘恒武、孔李波译，江苏人民出版社，2013，第196页。
⑥ 《后汉书·皇后纪》注，转引自朱绍侯主编《中国古代治安制度史》，河南大学出版社，1994，第195页。

住宿之用；其建筑比较牢固，可以驻军，多者甚至可达数千人。①

在汉高祖六年（前201）以前，绝大多数的县都是有城墙的，甚至很多邑也有城墙。② 汉代《户律》还利用城门、里门监管居民日常活动以加强治安："田典更挟里门篷（钥），以时开；伏闭门，止行及作田者。……募民欲守县邑门者，令以时开闭门，及止畜产放出者。"③ 也就是，间里田典负责利用里门启闭，"居处相察，出入相司"，督促田作者按时工作、监控居民的日常出行及里的安全，严禁攀越里垣。里或坊内还设有专门弹压平民的"弹室"。汉代为维护夜间治安"禁民夜作"，一般也禁止捕吏夜间进入私舍："捕律：禁吏毋夜入人庐舍捕人，犯者，其室殴伤之，以毋故入人室律从事。"④

（二）以时间、空间、规则为主的市场组织管理制度

随着城市中商业的日益发展，这一时期的市场管理制度也进一步完善。秦都咸阳城分布着咸阳市、直市、奴市等各种市场，还有专门的市场管理机构。到了西汉，城市中的市与居民区的里是各自独立的，政府有计划地划定范围进行封闭式市场建设。县城以上的城区，在一个略呈方形的地域设立市。⑤ 秦汉时期的市场实为一封闭的坊，坊开东、西、南、北四个市门，分别连着四条街，交会处为市亭，形成市场的中心（见图4-5）。⑥ 市场规划整齐，按照行业安排摊铺，市门严格按照规定的交易时间启闭，具体规定与周代一样仍以日中为市。市里中心处的市楼（亭）既是市场管理机构的办公场所，也是控制市场交易时间的建筑，因为交易时间以这里的旗子为准，所以也被称为"旗亭"。《三辅黄图》记载："当市楼有令署，以察商贾货财买卖贸易之事，三辅都尉掌

① 高敏：《秦汉史探讨》，中州古籍出版社，1998，第225～233页。
② 张继海：《汉代城市社会》，社会科学文献出版社，2006，第162页。
③ 张家山二四七号汉墓竹简整理小组编著《张家山汉墓竹简（二四七号墓）》（释文修订本），文物出版社，2006，第51页。《汉书·食货志》载："在野曰庐，在邑曰里……春令民毕出在野，冬则毕入于邑。"
④ 陈昌文：《汉代城市的治安与组织管理》，《安徽师大学报》（哲学社会科学版）1998年第3期，第370页。
⑤ 张南、周伊：《秦汉城市发展论》，《安徽史学》1989年第4期，第6～12页。
⑥ 吴良镛：《中国人居史》，中国建筑工业出版社，2014，第125页。

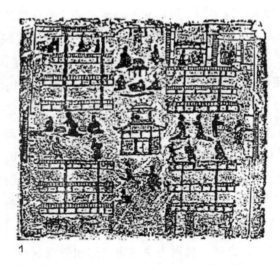

图 4-5　市肆——四川出土东汉市井画像砖

资料来源：四川省博物馆编《中国博物馆丛书·四川省博物馆》，文物出版社，1992。

之。"① 秦汉城市的市场都由专职官员管理，职位与城市的行政级别一致，都城长安"市"的最高管理人员叫作"市令"，在其他城市称为"市长"，在他们下面还有"市吏""市掾""市啬夫"等属员。这些市场管理官员负责市场的治教、政刑、度量衡、禁令等事务，具体包括登记商人"市籍"，在较大宗生意的契约上加盖官印，检查市场交易行为的合法性、度量衡的公平性、商品的质量，防止出现物价波动以及征收租税等。秦汉两代的商人都必须是"市籍"，市籍一方面是政府的缴税标志，另一方面还意味着身份低贱。东汉的市场管理制度和机构基本上沿袭西汉，没有太大变革。"汉以后历代的市政管理皆因汉制，除都城市场设有市令市长及众多的属官外，所有郡府州县亦都设有市令或市长。"② 市内的商品分类陈列，称为"列肆"或"市列"。

（三）以地域限制为主的人口管理体制

战国秦汉是城市国家，人们一般围着城市居住。汉代城市人口占总

---

① 陈直校证《三辅黄图校证》卷二，陕西人民出版社，1980，第 30 页。
② 傅筑夫：《中国古代城市在国民经济中的地位与作用》，《南开学报》（哲学社会科学版）1978 年第 4 期，第 45 页。

人口的 40% 左右。① 秦在战国时就建立了户籍制度，商鞅做了进一步完善。这一制度将人口管理由周代的氏族制转变为秦汉时期的家庭制。小型的以家庭为基础的户制，更有利于实行严格的户籍登记制度，以便将百姓集中于主要的中心城市，"使民无得擅徙"（《商君书·垦令》）。里作为秦汉城市中最重要的基层行政组织，也"是最基本的民户编制单位"②，并"更多地被作为以户口为基准的基层行政单位而使用"③。汉代人的籍贯一般使用"名县爵里"的形式，《汉书·宣帝纪》提到地节四年（前 66）的诏书："其令郡国岁上系囚以掠笞若瘐死者所坐名、县、爵、里。"颜师古注曰："名，其人名也；县，所属县也；爵，其身之官爵也；里，所居邑里也。"编户为里，有利于更方便地进行人口和赋役等日常管理。通过编户为里这一手段，老百姓被切割进不同的"里"内，这样的"分而治之"同时实现了将民众划分在不同地域范围内的目的。④汉代人口居住一般与功能分区有关。城市内部大致可以分为官寺、市和里三部分，但是市内原则上不住人，城市人口主要住在官寺和里中，并且主要是在里中。在任高级官员多数住在官寺中或其附近，并且可以带家属，其居住之地一般叫"官舍"。囚徒和刑徒住在监狱中。学校的学生，一部分住在校舍，一部分住在里中。驻军有专门的屯驻之地。其他各类人一般都住在里中。实际上有不少官员及其家属也住在里中。至于退休官员或豪门贵戚，一般都是住在里中，但是可能靠近宫殿或官寺。⑤秦代实行了中国历史上首次具有全国意义的人口统计，汉代把户籍调查安排在每年的八月，这一以里为单位进行的人口统计制度因此被称为"八月案比"。案比具体由层层上计制度完成，即里正做好统计后上报乡部汇总，再由乡上报县的户曹，县户曹掾史汇总后再上报郡户曹史，郡户曹史汇总后上报中央。户口是考察地方政府政绩的重要内容。这一体制将居民牢牢地限定在户籍所在的闾里，无法进行自由迁徙，哪怕是临时外出，也必须经由里、乡逐级向县去申请一种叫作"过所"的凭证，

---

① 何兹全：《中国古代社会形态演变过程中三个关键性时代》，《历史研究》2000 年第 2 期。
② 周长山：《汉代城市研究》，人民出版社，2001，第 134 页。
③ 万晋：《"变动"与"延续"视角下的唐代两京研究》，商务印书馆，2018，第 42 页。
④ 万晋：《"变动"与"延续"视角下的唐代两京研究》，商务印书馆，2018，第 42~43 页。
⑤ 张继海：《汉代城市社会》，社会科学文献出版社，2006，第 199 页。

作为通行证。

（四）城市市政管理体制进一步细化

秦汉时期尤其是汉代城市市政建设与管理也有了一定的发展。都城的市政建设越来越体系化、制度化。秦统一后，在全国实行毁坏郡城、县城及统一规定城制，为汉代实现郡、县城的修筑，以及道路及其他设施的建设奠定了基础。西汉长安城利用的昆明池等池苑、城壕、排水明渠、暗渠与长安附近的天然河流串联，构建起较为完善的给排水网络体系。城内排水则由街道两侧的路沟完成，这些路沟与大型排水渠连通，路沟和水渠经过城墙上的涵道进入城壕再流入附近的河流。宫殿、官署等大型公用建筑也有渗水井和排水管道等设施。在城内排水量较大的地方还科学地放置了双排管道。城门交通管理十分严格，洛阳“城内大道三，中央御道，两边筑土墙，高四尺，公卿尚书章服从中道；凡人行左、右道，左入右出，不得相逢”①。路的两旁主要栽种槐、柳等景观树木。汉代还强行规定城市居民宅旁种树：“城郭中宅不树艺者为不毛，出三夫之布。”② 在东汉的洛阳城还出现了洒水润路的制度。灵帝时宦官张让令掖庭令毕岚在洛阳城南的正门平城门外桥之西建造了翻车、渴乌，“用洒南北郊路，以省百姓洒道之费”③。汉代还对破坏闾、市里墙及城、里中道路等市政设施的行为做了处罚规定。张家山汉简《杂律》记载：“越邑里、官市院垣，若故坏决道出入，及盗启门户，皆赎黥。其垣坏高不盈五尺者，除。”④ 《二年律令·田律》载：“盗侵巷术、谷巷、树巷及垦食之，罚金二两。”⑤《说文》载：“䢼（巷），里中道，从𨛜从共，皆在邑中所共也。”“术，邑中道也。”里内的公用道路称为“巷”，里与里之间的道路称为“术”⑥。里门若有毁损，里的官员

① （清）徐松辑《河南志·晋城阙宫殿古迹》“晋都城亦在成周，门十二”下引陆机《洛阳记》，中华书局，1988，第67页。
② 《汉书》卷二四下《食货志》，中华书局，1962，第1180页。
③ 《后汉书》卷六八《宦者列传》，中华书局，1965，第2537页。
④ 张家山二四七号汉墓竹简整理小组编《张家山汉墓竹简（二四七号墓）》，文物出版社，2001，第157页。
⑤ 张家山二四七号汉墓竹简整理小组编著《张家山汉墓竹简（二四七号墓）》（释文修订本），文物出版社，2006，第42页。
⑥ 臧知非：《战国秦汉行政、兵制与边防》，苏州大学出版社，2017，第39页。

还要负责加以修缮。《汉书·于定国传》记载："始定国父于公，其闾门坏，父老方共治之。"①

第五节 "行政—礼法"型城市治理机制

一 以等级、职业关系为基础的复合分区管理机制

秦汉时仍沿用春秋战国以来城市的基本原则，按照管理职能、身份等级、职业需要进行分区治理。秦汉都城的分区还不够规范，尤其是城郭分区不如主要沿用战国旧城的郡城、县城那样普遍、明显，但在汉代新建的都城长安、洛阳都出现了以治安管理为主的部尉分区。同时，这一时期的都城、郡城、县城一般都存在市里分区、街（都）亭分区、里内的贵贱居住分区等一系列相互叠加的复合分区治理体系。其一，在郡城和较大的县城等沿用战国诸侯国都旧城的城市，一般都保存着城郭分区，小城一般为政府官署等政治建筑的集中区域，大城为以居民为主的居住区域；其二，在各类城市一般都、里、市分置，里为居民区，里内不能开设手工业作坊和商店，政府另设专门的市用于商业活动；其三，在都城等较大城市的主干街道都设有固定的街亭负责本区治安，街道也以这种治安街亭名之；其四，秦朝和西汉前期是一个严格按照二十级军功爵划分尊卑的等级社会，城市里内不同等级的人也分区居住。里墙对开二门，连接二门的一条大道将里分为左、右，居住在左边的是被叫作"闾左"的一般贫民，居住在右边的是被叫作"闾右"或"豪右"的贵族或豪富。秦汉里坊制度雏形的出现使得封建统治者能够管理更多的人口，或者说是城市人口的增多、管理的复杂，促进了秦汉里坊制度雏形的进一步发展、成熟。里坊制将社会属性类似的居民分类，进行由门墙构成的网格化管理，对于汉代城市中的一般居民来说，他们至少生活在三重墙垣中：最外面是城墙，其次是里墙，然后是各家的院墙。官寺及其他官设机构一般也都有墙垣包围。即使城市中最活跃的地方——市，其外面也有墙。由墙垣围起来的区域，其外部由街道分割开，分别承担

① 《汉书》卷七一《于定国传》，中华书局，1962。

着不同的社会功能。简言之，这就是汉代城市的基本框架。这种封闭的城市结构对于社会管理有重要意义。

二　时间管理与设施区隔紧密配合的日常秩序管理机制

秦汉时期，城市比较大众的报时机制确立起来，一般城市的报时机构多设在谯楼之处，"重屋曰楼，门上为楼曰谯。自秦、汉间郡有谯门，今邑治亦皆有之，或呼为敕书楼，上置鼓以警夜漏"①。东汉都城洛阳宫廷设立了报时之钟，崔寔《政论》载："钟鸣漏尽，洛阳城中不得有行者。"② 这是现存文献中较早的宫廷钟声报时服务城市的记录。蔡邕《独断》中的记录更加具体，"鼓以动众，钟以止众。夜漏尽，鼓鸣即起；昼漏尽，钟鸣则息也"③，详细说明了依据昼漏、夜漏钟鼓声音传达的时间来管理洛阳城居民秩序的情况。同时，汉代城市逐步形成了严密的城墙和里墙封闭结构，城门、里门是城内外和里内外出入的少数通道。汉代城市治理中非常重视对城郭、里垣等设施的建设与保护和利用。首先，地方官把整治城郭当作上任后必须履行的职责之一；其次，都城、郡城、县城的城门都设置有专职人员进行管理与守卫，按照接收到的统一报时定时朝启暮闭。这就为时间管理与市里分区和垣门控制相互补充、相互配合的城市日常秩序管理提供了有利的条件。城门、里市门按时关闭的严格限制加上专人巡查，强化了汉代的夜禁制度。汉代的将军李广就有过这样的经历，"尝夜从一骑出，从人田间饮，还至霸陵亭，霸陵尉醉，呵止广，广骑曰：'故李将军。'尉曰：'今将军尚不得夜行，何乃故也！'止广宿亭下"④。另外，汉代还利用里门监督居民的日常行为。《张家山汉墓竹简·二年律令·户律》载："自五大夫以下，比地为伍，以辨□为信，居处相察，出入相司。有为盗贼及亡者，辄谒吏、典。田典更挟里门籥，以时开；伏闭门，止行及作田者；其献酒及乘置乘传，以节使，救水火，追盗贼，皆得行，不从

---

① 谈钥：《盐官县重修鼓楼记》，载曾枣庄、刘琳主编《全宋文》第 284 册，上海辞书出版社、安徽教育出版社，2006，第 415 页。

② （汉）崔寔撰，孙启治校注《政论校注》，中华书局，2012，第 238 页。

③ （汉）蔡邕：《独断》卷下，上海古籍出版社，1990，第 16 页。

④ 《汉书》卷五四《李广传》，中华书局，1962，第 2443 页。

律，罚金二两。"①

三 内"连（坐）"外"防"衔接的内外防控治理机制

秦汉时期的城市一方面细分户籍管理制度，通过以连坐为核心的相互监控制度把监控落实到每个人；另一方面通过各级边界通道的严密监控，防止城市内部和外部的不确定因素，形成了城市治理的联防联控系统。秦在战国时就实行了以户为基本单位的户籍登记制度，商鞅又提出"令民为什伍，而相牧司连坐"②，这样就实现了户籍与什伍连坐制度的结合。秦简《法律答问》记载："户为同居"，"同居所当坐"。也就是说，一旦家庭成员实施了违法行为，家长"不先告"，也将依法受到惩罚。不但如此，秦汉时期城市还实行五家为伍相互监视的组织制度。相邻居住的同伍五户人家相互监督，如果有家庭的成员违法而没被揭发，五户都要被治罪。市场也实行同样的制度。里吏如果执行里内治安犯罪行为不力也要被制裁。"贼入甲室，贼伤甲，甲号寇，其四邻、典、老皆出不存，不闻号寇，问当论不当？审不存，不当论；典、老虽不存，当论。"③ 由此可以看出，闾里在维护城市社会秩序中的基础性作用，使里典和父老在治安方面都有连带责任。连坐制不仅用于防奸，还用于征役的谎报行为，一旦谎报同伍之人都要受罚并被流放，连坐制度已成为政府征发兵役与徭役时的法律保障。

城市还实行了由"守在四边"政策演变而成的严控边界内外的防范制度。秦汉时期大多数城市的不同构成单位都有层层高墙围绕，这些高墙的所有出入口——城门、里门、市门都有官吏掌管，按时启闭，夜间禁行。里正、里监门一方面监视里内的居民出入的情况，另一方面阻止外部没有合法手续的闲杂人等进入里内。因此，里的管理比较严，一个人除非有要紧事，一般不会经常到别的里去。这样，城内居民在劳动之余，如果想有一些休闲娱乐活动，就只有到市中去，那里出入基本不受

① 张家山二四七号汉墓竹简整理小组编《张家山汉墓竹简（二四七号墓）》，文物出版社，2001，第175页。
② 《史记》卷六八《商君列传》，中华书局，1959，第2230页。
③ 《睡虎地云梦秦简》，第160页，转引自朱绍侯主编《中国古代治安制度史》，河南大学出版社，1994，第114页。

限制，还有可以满足人们不同需求的服务行业。这使市中各色人都有，也比较难于治理。《汉书·张敞传》载："偷长以赭污其（小偷）衣裾，吏坐里间阅出者，污赭辄收缚之，一日捕得数百人。"① 说的就是这种机制的现实治理有效性。在城门内、里门外的城市主要街道则由都（街）亭的亭长对城内的人流进行警戒监视，从而使城内的各种防控制度构成相辅相成、不留空白的系统化机制。

四　居民自管与小吏监管相结合的基层社会治理机制

间里在城市治理体制中发挥着基础性作用，受到秦汉地方政府的重视，并形成了较为完善的制度机制。一方面，用连坐制度推动居民家庭及邻里之间的自我管理。如前所述，秦汉的法律明确规定了家庭、邻里在约束内部成员违法犯罪行为上的责任及后果。另一方面，里是城市中最重要的基层行政组织，② 秦汉间里的基层行政官员也被赋予了监管间里内部秩序的职责，并负有连带责任。间里由"里正"、父老、里监门等里吏负责居民的日常管理。秦汉时期就已经注意到了在政治体制中发挥早期"乡绅"在社会管理中的作用，出现了政治传统上专制集权与社会管理上分散权力相配合的萌芽形式。③ 汉代城市管理分为民间自治性管理和政府管理，政府管理居于主导地位，城市中的退休官员和豪族对城市管理有很大影响。④ 里正是里的主要负责人，具有官、民二重身份。里正一般有一定的俸禄，但很低。⑤ 根据云梦出土的《秦律》，"里"的长官称为"里典"，里典的职司范围很广，除了户口、赋役管理之外，他的一个主要职责就是保管里门的钥匙，监督里门准时开闭。里监门负责管理里门，实时监督居民出入，如有异常向里典及时汇报。同时，里典和父老还对里内发生的违法行为有制止和督促居民制止的义务，并须及时向上级部门报告。这是中国古代城市最有特色也相当有效的基层治理机制。一旦发生治安事件，县派官吏坐于里门之旁，监督搜捕。

① 《汉书》卷七六《张敞传》，中华书局，1962，第3221页。
② 周长山：《汉代城市研究》，人民出版社，2001，第134页。
③ 刘文瑞：《中国古代政治制度》，中国书籍出版社，2018，第42页。
④ 何一民主编《中国城市通史（秦汉魏晋南北朝卷）》，四川大学出版社，2020，第21～22页。
⑤ 何一民主编《中国城市通史（秦汉魏晋南北朝卷）》，四川大学出版社，2020，第164页。

第六节 "行政—礼法"型城市治理
体系的总体特征

以汉长安和洛阳为代表的城市在总体布局上是比较灵活自由的，更多体现的是战国时期城市的特色。这一时期的基本特征被魏晋南朝继承。

一 以行政权力定义秩序的城市治理体系

权威来源从血缘向行政力量的转变，使大一统国家治理体系下的城市治理体系发生了由军制向行政管理的转变。秦汉"大一统"帝国政治体制的核心是"天下之事无大小皆决于上"的君主中央集权制，中央集权制的精髓是强调刚性层级控制的行政权力从属关系，这构成了本时期一切国家治理行为的基本语境。在这一语境中形成的主要治理话语是行政权威性话语，这一话语的核心语义强调"威"。权威性的行政话语规定了秦汉时期城市治理的秩序观和各种治理行为，成为城市治理体系中无处不在的主要行为逻辑。首先，城市的"权威性"话语最直观的体现是城市形态。秦都咸阳城、汉都长安城以宫殿为主体，无不体现并强化着"非壮丽无以重威"的以"高""大""多"为贵的"大壮"理念；即使是郡县一级城市，在其统治中心也都建有比城市别处气派得多的建筑，以显示统治者的极高尊严和威仪。① 其次，城市的"权威性"话语塑造了权力中心这一治所城市的根本内涵。秦汉建立起了权力与城市深度结合的"三级制"城国"并行同构"城市等级体系，使政治性地方建制治所成为中国古代城市的基本特征，帝都和县城在其后的两千年中为历代王朝所继承，政治中心城市优先发展成为中国城市发展的一个重要规律。汉代建起了当时世界上规模最宏大的城市——长安，据《汉书·地理志》记载，平帝刘衎元始二年（2），有"户八万八百，口二十四万六千二百"，比同期的西方城市罗马城大三倍以上，被称为城市神话。最后，秦汉城市的主要功能也由对外防御转为对内控制。城郭自身成为

① 陈昌文：《汉代城市规划及城市内部结构》，《史学月刊》1999 年第 3 期，第 99 页。

"大一统"政权下法律与秩序的象征,① 在此基础上形成了明确分层和分级的县乡里城市治理体制,国家行政权力第一次直接渗透到城市基层的每个家庭、每个个人。

二　道德礼教和刑罚禁奸相融的礼法结合治理路径

秦汉时期行政权威性话语下的城市治理体系具体体现为以礼治为主、法治为辅的基本治理路径。秦代"以法为教""以吏为师",还规定地方官吏要定期到中央听候颁布新法令并严格执行,市里乡亭等人流往来之处都悬挂重要法令供民众阅读。不仅如此,"越来越多的材料,尤其是出土简牍材料证明,秦代不但不反对礼治,而且将'礼'的内容纳入'法'的制度框架之内"②,睡虎地秦简《语书》中说:"凡法律令者,以教导民,去其淫僻,除其恶俗,而使之之于为善也。"也就是说,所有的法律令最终都是为了实现百姓向善、移风易俗。在此基础上,汉代结合儒家重"人"、法家重"事"的特点,基于"霸王道杂之"的指导思想,形成了城市治理中"以经术润饰吏事"的基本思路。这种礼与法相结合的治理思路其实在秦代城市就有了苗头,"作为县治驻地的县城,为一方治所,守一方平安,乃宣化理政之地"③。《史记·循吏列传》进一步将之解释为:"法令所以导民也,刑罚所以禁奸也。文武不备,良民惧然身修者,官未曾乱也。奉职循理,亦可以为治。"④《后汉书》也将之概括为"导德齐礼""明发奸伏,吏端禁止"⑤。这样在社会治理中,汉代"通过礼义道德教化、发展地方教育、整顿社会风俗等方式将'以教为治'的观念付诸实践,这对于稳定乡里秩序和促进蛮夷边地对华夏的认同有着重要意义"⑥。在社会治理中,凡事从便民、利民、恤民出发,综合运用礼教、政教对社会的指引作用及刑罚对犯罪的禁止功能,综合治理,

---

① 周长山:《汉代的城郭》,《考古与文物》2003年第2期,第45页。
② 齐继伟:《由出土秦律令重审"以法为教"》,《光明日报》2022年3月19日,第11版。
③ 吴良镛:《中国人居史》,中国建筑工业出版社,2014,第123页。
④ 《史记》卷一一九《循吏列传》,中华书局,1959,第3099页。
⑤ 《后汉书》卷七六《循吏列传》,中华书局,1965,第2458页。
⑥ 李雅雯:《亦师亦吏:汉代社会治理的循吏作用》,《北京日报》2020年3月23日,第11版。

以达到最大限度地解决社会冲突、化解社会矛盾、实现社会和谐的目的。[①]
同时，这一治理路径还延伸到乡、里等城市基层治理官吏们的职责中。
乡设三老、啬夫、游徼，三老掌教化，啬夫负责听讼、征税，游徼负责
缉拿贼盗。[②] 里的社会功用则包括：生产的组织与协调，管理户籍与征
派赋役，维护社会治安，教化民众。[③] 东郡太守韩延寿治城郭，"又置
正、伍长，相率以孝弟，不得舍奸人。闾里阡陌有非常，吏辄闻知，奸人
莫敢入界。其始若烦，后吏无追捕之苦，民无箠楚之忧"[④]。这就是一则
外儒内法的治安实例。

三　以条块结合为主的城市治理体系落实手段

秦汉时期城市治理体系在运作机制上充分体现了行政话语的两大特
征：一是权威上的绝对领导，二是组织上的实用有效。秦汉中央集权郡
县制下的地方政府实行郡县长官负责制，"秦汉的郡仍是单元式的地方行
政单位，郡守就是一郡之主，集财政、司法、监察、军政及选官权力于
一身。历史早期的地方控制，往往采用'一人主一方'的简单办法"[⑤]。
这些决定了在秦汉城市治理体系中的顶层是郡守、县令总体负责的块块
管理，其佐官郡丞郡尉、县丞县尉又通过分工有所制约，以避免主官独
大对中央权威造成削弱。同时又贯彻专业治理的原则，在具体的操作管
理层次实行曹吏分工制，提高具体管理工作的实效，以熟悉律令的属官
文法吏为主。《后汉书·百官志》注明了县令的职责："掌治民，显善劝
义，禁奸罚恶，理讼平贼，恤民时务，秋冬集课，上计于所属郡国。"县
令的这些具体工作归为八大类，由二十多个曹掾直接办理。县曹在块块
上必须严格服从县令的指令，在条条业务上又与上级郡曹按口对接，形
成条块结构的双重领导，实现了城市事务的治理和朝廷政令的畅通。如作
为中央考察县令政绩最重要内容的城市人口管理"案比"工作，就是由里

---

① 胡仁智：《中国古代地方治理的儒家化及其历史启示》，《河南社会科学》2007 年第 4
　　期，第 86 页。
② 参见《汉书》卷一九上《百官公卿表上》，中华书局，1962，第 742 页。
③ 周长山：《汉代城市研究》，人民出版社，2001，第 157～161 页。
④ 《资治通鉴》卷二六"宣帝神爵三年"，中华书局，1956，第 862 页。
⑤ 阎步克：《波峰与波谷——秦汉魏晋南北朝的政治文明》，北京大学出版社，2017，第
　　10 页。

正清查统计后上报乡部汇总，再由乡上报县的户曹，县户曹掾史汇总后再上报郡户曹史，郡户曹史汇总后上报中央，这样层层上报完成。

四　行政治所性质定义的城市治理隐性特征

作为中央集权制国家治理体系的创立阶段，秦汉时期的行政权威话语限定了城市行政治所的根本性质，这种性质一方面顺着政治中心优先发展的规律惯性，推动城市成了国家治理结构的主干依托，另一方面也决定了中央集权下的城市治理体系只能隐藏在国家治理体系下。秦汉时期城市的管理者实际上也就是同一个行政区域的行政长官，城市管理机制大多数情况下也是该行政区划的行政管理机制。[①] 因此中国城市治理体系的隐性本质从其正式发端即已确定。这种隐性特征的首要表现就是城市治理体系的独立性不明显。秦汉城市都是各级治所，在体制上依附于国家行政体系。在秦朝郡县制的官僚体系内，中央政府基本上掌握县城以上的城市，县城以下中央力量一时还不易渗透。[②] 这种现实造成了城市治理体系由中央政治任命的外来行政官员与本地的固定的基层小吏组成，也就是说，中央集权的国家治理体系的底层构成了城市治理体系的头并与城市的基层治理体系拼接起来，组成了秦汉城市治理体系这个整体，与周代城市治理由血缘氏族体系一贯到底的整体性独立特征相比，有着明显的拼凑性。这种隐性特征的另一个重要表现，就是秦汉时期的城市治理体系更多的是国家治理体系及其逻辑的细致化。秦汉时期仍然延续着战国的城市国家特点，国家的人口包括农民也大多居住在城市，尤其是在农闲时节。国家治理体系在内容上更多的是宏观层次的粗线条的框架，对于规模较小、较为分散的农村地区或许无所谓，但对人口密集、规模较大、情况复杂的城市来说则明显过于粗略，这就要求城市治理体系在与社会联系更直接的基层治理上有所发展，事实上这也正是秦汉城市治理体系的特征，将行政话语中层层分级的基本治理逻辑发挥到了极致。秦汉城市治理体制在空间上用封闭的墙分为城郭、闾里、院落，在组织上分为乡部、闾里，特别是闾里内部细分为什伍，通过连坐和闾

---

① 何一民主编《中国城市通史（秦汉魏晋南北朝卷）》，四川大学出版社，2020，第145 页。

② 王瑞成：《中国城市史论稿》，四川大学出版社，2000，第51 页。

里小吏相结合，将行政管理控制落实到了最细微的具体家庭和个人，这种制度在当时的世界范围内都是绝无仅有的。

第七节 案例：能吏治长安

一 背景

西汉中期，国家经过长期的战乱和恢复后迎来了较长的稳定发展时期，也为城市的快速发展创造了良好的外部条件。但是，由于当时作为国家根本制度的君主专制中央集权制还属于确立期，各项制度还在逐步完善，国家治理体系建设的重点是对顶层设计结构的合理化调整，主要精力还无法关注到中间层次的城市治理，致使城市治理体系相对粗疏，从而造成了城市治理情况的日益复杂化与治理能力不足之间的矛盾。特别是西汉的都城长安，一方面作为国家的政治中枢，其治理被作为国家的头等大事，另一方面作为一座由秦的乡急剧扩张而成的典型新生移民大城市，规模庞大、成分繁杂，"号为难治"，尤其是治安成为主要的城市治理问题，考验着当时城市管理者的治理能力和智慧。

二 长安城市治理发展过程

汉代继续了秦始皇"徙天下豪富于咸阳"的做法，并进一步将其发展充实为"内实京师、外销奸猾"的"强干弱枝"政策，在整个西汉时期多次大规模迁徙人口到长安城地区。到西汉中后期，长安不仅成为当时国家的政治、经济、文化中心和国际贸易都会，也成为中国历史上第一座空间规模庞大、经济繁荣的世界级大城市。但是，汉长安城是个城郭合一的城池，① 规模庞大与构成复杂的城市人口造成了长安社会治安极为混乱的严重局面，具体表现为斗殴、偷盗、绑架、抢劫、杀人等犯罪活动频发。这些犯罪活动不仅多为团伙作案，有一定组织性，甚至还与贵戚、豪侠勾结，而且分布范围较广，一方面难于治理，另一方面治安效果难以持久。很多京兆尹没干多久就丢掉官职

---

① 王社教：《古都西安·汉长安城》，西安出版社，2009，第102页。

甚至性命。

　　针对这些社会乱象，西汉朝廷也采取了一系列应急措施，如汉武帝于天汉元年（前100）、二年和征和元年（前92）三次关闭长安城门，实施"大搜"逮捕奸人，但并未实现治安的彻底好转。面对长安治安积重难返的严峻情况，西汉皇帝只好改变策略，选派治理才干出众的官员担任长安主要治理官员，取得了一定成效，其中京兆尹赵广汉和张敞、长安令尹赏等较为突出。赵广汉是天生的治理高手，据说他精力过人，善于推理，并知人善任。担任京兆尹期间，他很快就查到京城内盗贼、游侠及其巢穴的踪迹，以及贪官污吏受贿违法的信息，提升了治安属吏的俸禄待遇，并强化了相应的治安措施，有力地震慑了长安的不法势力，由此长安社会安定，"吏民称之不容口，长老传以为自汉兴以来，治京兆者莫能及"①。另一位京兆尹张敞则善于进行社会调查，先通过察访长安父老，掌握不法团伙头目的信息，然后利用这些头目摆设酒筵把手下灌醉，并在其衣服上涂上赭色标记，再派官兵按标记抓捕归案。② 经过几次这样的整治，长安的治安出现了极大的好转。长安令尹赏则采取的是重拳威慑方式。当时的长安恶霸嚣张到随便刺杀朝廷官员取乐，尹赏先召集长安的所有基层管理人员——乡吏、亭长、里正、伍人等，把可能危害治安的嫌疑人员悉数登记在册，然后迅速派兵分头将这些人统统抓捕审讯，把经过甄别后的大多数人扔进一个叫作"虎穴"的大地窖活活闷死。还利用放出去的那批人熟悉不法分子情况的优势，提高了办案效率。这些措施产生了极大的威慑作用，仅仅数月后，长安的盗劫杀人事件就绝迹了，其他地方的不法分子也吓得不敢到长安来。③

三　能吏治长安对古代城市治理体系的影响

（一）能吏治长安彰显了古代城市治理体系显著的人治特征

　　秦汉时期的国家治理体系总体上呈"国密城疏"的结构特征，也就

① 《汉书》卷七六《赵广汉传》，中华书局，1962，第3203页。
② 《汉书》卷七六《张敞传》，中华书局，1962，第3221页。
③ 《汉书》卷九〇《尹赏传》，中华书局，1962，第3673～3674页。

是说宏观层面的中央集权制、郡县制、官僚制等国家治理制度都日臻完善，但是城市层次的治理制度还处于粗线条的城乡合治阶段，一个行政区划的行政长官就是其治所城市的实际直接管理者，该行政区划的行政管理机制也就是其治所城市的城市管理机制，这造成城市的国家机器控制能力明显不足；而中央集权制下的郡县制是一种授权制，即地方行政长官被赋予了该区域内的最高管理权，具有充分的自主性。在这种治理结构下，制度的不完善为城市管理者提供的较大制度空间与最高管理授权产生的充分自主权叠加在一起，形成了城市直接管理者个人在实现城市治理高效能中所占据的决定性地位，所以"这一时期的城市管理，人治色彩浓厚"①。

（二）能吏治长安揭示了古代城市治理者较强专业能力的重要性

无论是中央集权制还是郡县制，其基本逻辑都是首长负责制，城市治理也是如此，这样就使城市的直接最高管理者担负起了城市治理的全部责任，尤其是政治地位重要的大城市最核心的治安管理更是如此，在城市治理中具有攸关成败的决定性作用。同时，这一时期的中央集权制国家治理体系也使人口、财富向行政等级较高的大城市加速集中，使这些大城市的贫富更加悬殊，人口变得多且杂，大城市的治安问题更为突出，豪强和盗贼成为大城市治安中的两大重要问题，致使大城市治理更具挑战性。另外，当时政治统治在社会管理上比较薄弱，基层管理力量比较松散，更多承担赋税、劳役等事务，在社会治安上无法提供有力的支撑。这三种力量综合作用在一起，使"城市管理者的个人能力和素质对城市的治理具有至关重要的作用"②。

（三）能吏治长安揭示了综合素质是城市管理者能力的核心要素

能吏治长安所反映的城市治理者能力重要性，说到底是京兆尹、长安令等城市治理者适应超大城市治理所独有的交叉性、复杂性问题所需的综合专业素质高低问题，能否敏感地把握大城市治理的运行逻辑，尽快发现其中的关键环节，并充分发挥乡、里等基层组织体系作为政府触角的职能，及时准确地把握动态信息。在此基础上，还要敢于突破常规、

---

① 何一民主编《中国城市通史（秦汉魏晋南北朝卷）》，四川大学出版社，2020，第218页。
② 何一民主编《中国城市通史（秦汉魏晋南北朝卷）》，四川大学出版社，2020，第183页。

果断抓住时机采取专项行动，并采用严厉手段加大震慑力度，这些层面环环相扣，缺一环都会影响治理的最终效果。另外，能吏的个人素质还与其政治命运紧密相关，不少能吏因没能适应城市治理的复杂宏观政治环境，而人去政消甚至人亡政消。最后，秦汉时期官吏的奖惩黜陟的制度化，为选拔能吏提供了较好的制度基础。

四　能吏治长安对中国古代城市治理的重要意义

能吏治长安是古代城市治理体系确定期的典型特征，对于古代城市治理体系具有三个层面的重要意义。一是在宏观层次上，它折射出城市治理效能是与城市政治地位相关的，中国的城市治理体系背后还存在一个与政治等级相对应的深层次的治理示范体系。汉代特别重视都城"示四远"的"样板"作用，"其科条制度所宜施行，在事者备为之禁，先京师而后诸夏"①，这既是能吏治长安得以产生的背景，也是其能够持续的动力。二是在中观层次上，地方行政首长在古代城市治理体系中具有核心统率地位，"城市管理体系是官僚制度的核心部分之一"②，体现出较强的人治性质，这一性质贯穿古代城市治理体系发展的始终。三是在微观层次上，基层治理组织作为政府"腿"的行政工具性作用，是古代中央集权制国家治理体制的基础，它在古代城市治理中有着极大的潜力，对于城市治理效能具有不可忽视的影响。

小　结

大一统国家君主中央集权制与郡县分级制的确立构成了秦汉时期城市治理的行政语境，行政语境确定了权威话语作为基本行为选择。这种行政权威话语定义了秦汉城市行政治所的根本性质，确定了其后古代城市体系中县治城市的基本单位性质，这一性质在政治中心优先发展的规律惯性推动下，使城市成了国家治理结构的主干依托，形成了刚性等级权力从属关系的基本逻辑，"城国同构"的话语进一步规范和深入。一

---

① 《后汉书》卷三《肃宗孝章帝纪》，中华书局，1965，第135页。
② 何一民主编《中国城市通史（秦汉魏晋南北朝卷）》，四川大学出版社，2020，第144页。

方面形成了秦汉时期都城—郡城—县城的城市治理结构体系，另一方面也建立了这一时期行政首长负责制下的县—乡—里的城市治理组织体制，西汉后期史家表示籍贯时用"某郡某县某乡某里人"就是这一事实的写照。而且这些层级的管理者都具有行政官员身份，强化了这一时期城市治理体系的行政话语色彩。在秦代"以法为教""以吏为师"的基础上，汉代结合儒家重"人"、法家重"事"的特点，基于"霸王道杂之"的"以经术润饰吏事"的指导思想，形成了城市治理中以礼治为主、法治为辅的基本治理路径，出现了儒生"文吏化"和文吏"儒生化"的趋势。具体在城市治理中，体现为凡事从便民、利民、恤民出发，综合运用礼教、政教对社会的指引作用及刑罚对犯罪的禁止功能。

第五章 魏晋南北朝"正统—模仿"型
城市治理体系

"纵观中国历史，每当处于分裂之时，总是酝酿着一次社会发展的质的变化"①，魏晋南北朝时期大分裂大动荡的局面，决定了这一时期南北方之间关系的主线是政权生存的军事竞争和政权合法化的正统竞争，二者结合在一起决定了魏晋南北朝的城市治理逻辑是以治理理念的正统化建构统治的合法化，这种对正统思想重视的结果，客观上带来了城市治理体系在南北范围内整体对前代的模仿，在模仿中实现了规范化、趋同化，城市治理的秩序增强。

第一节 魏晋南北朝时期军事割据格局下的
国家治理体系

一 分裂政权以"正统"强化国家治理能力

魏晋南北朝是统一王朝短暂、朝代更迭频繁的时代，社稷改姓易号成为常事，同时，为了更好地使自己的统治名正言顺，魏晋南北朝继承并发展了已有的"正统"观，以此强化政权更替的合法性。正统也叫"正朔"，萌芽于春秋战国，到两汉初步形成了以邹衍五德终始和《春秋》"大一统"观念相结合的正统观念。这种观念认为评判一个政权是否具有正统的首要标准是"天命"，并将政权治理的好坏与自然界的祥瑞灾害联系起来，使正统观具有一定的模糊性和包容性。魏晋时期，正统观已经成为华夏社会的主流政治意识，并在周边少数民族社会得到传播。正统观最原始的含义是以"天命"和"华夷之辨"的民族之别为主

---

① 吴刚：《中国古代的城市生活》，商务印书馆国际有限公司，1997，第 21 页。

的华夏正统观,在十六国"胡化"和"汉化"的交替中又逐渐出现了中原正统观和华夏礼乐文明正统观,成为实现正统观嬗变的重要理论基础。[1]"在当时人们的普遍观念中,某个政权能否得到人们的爱戴,成为正统,首先看它是否能争得在中原的生存权和对中原的主宰权,得到中原文化的认同。"[2] 大多数"胡人"统治者在建立政权前后都附会或制造种种祥瑞现象,将据有中原作为评定王权正统的唯一实质性标准,称周边其他政权为"僭伪",接受儒学的主体地位,标榜自己是华夏礼乐文明的继承者。南方汉人政权则同时坚持华夏正统观与中原正统观,并把华夏正统观置于首要位置。而对于大多数老百姓来说,朝代更替与其切身相关的影响是朝廷设置的州郡县名号或封国,亦即新政权所规划的地方行政体系。[3] 三国延续东汉的地方行政制度,东晋、南朝政权设置侨州郡县,都具有这种宣示正统的深层次含义。

二 混乱的地方行政体系

三国以降,州—郡—县三级政区已成为正式制度。[4] 从西晋前期的情况来看,全国分为19个州、181个郡、1232个县,[5] 平均下来每个州统辖八九个郡,每郡又统辖七八个县,各个层级之间的管理层次与幅度比例适宜,可以有效发挥治理功能。西晋末年开始了长约270年的南北分裂对峙局面,也带来了地方政区泛滥的乱象。这主要表现在三个方面。一是为了给战争立功的武将和敌方投降的将领安排更多的刺史、郡守等职位,只能把现有的州郡数量增多。二是北方人口大批南渡,在北方700余万人口中大概每七八人里就有一人南迁,南方约540万人口中有六分之一来自南迁移民。为了稳定社会秩序、安抚南迁人口,当时侨州郡县成为东晋十六国南北朝时代尤其是东晋、南朝较为普遍设置的一种特殊制度。三是南北朝政权在相互竞争中,还通过尽量多置州郡县扩大己

---

① 彭丰文:《试论十六国时期胡人正统观的嬗变》,《民族研究》2010年第6期,第73页。

② 庞骏:《东晋建康城市权力空间——兼对儒家三朝五门观念史的考察》,东南大学出版社,2012,第65页。

③ 王安泰:《天命有归——三国时期的地方行政体系与正统观》,《华东师范大学学报》(哲学社会科学版)2018年第4期,第51页。

④ 周振鹤:《中国地方行政制度史》,上海人民出版社,2014,第62页。

⑤ 周振鹤:《中国地方行政制度史》,上海人民出版社,2014,第94~95页。

方声势,"百室之邑,便立州名,三户之民,空张郡目"①,另外,在北方甚至连豪强外戚也可自立州郡。这样,到梁中大同元年(546),南朝有 104 州、586 郡,北朝东、西魏共有 116 州、413 郡,共计 220 州、999 郡,② 比西晋膨胀了 10 多倍。"滥置州郡"造成地方行政区划极端混乱的状态,在南朝梁州领一至三郡者有 30 余个,不领郡之州 10 多个,郡领 1 县者比比皆是,甚至不领县的郡也不少。这种乱象导致了南北朝中央政府权力的衰落,也使分裂的国家长期无法实现统一,促使南北朝转而采取地方行政建制军事化的办法来加强对地方的控制。

表 5 - 1　东晋、宋、齐侨州郡县与州郡县的数量比较

年份	侨州数:州数(占比)	侨郡数:郡数(占比)	侨县数:县数(占比)
东晋义熙十四年(418)	9:23(39%)	93:252(37%)	321:1236(26%)
宋大明八年(464)	7:21(33%)	97:251(39%)	386:1283(30%)
齐建武四年(497)	10:22(45%)	106:373(28%)	413:1444(29%)

资料来源:胡阿祥《六朝政区增置滥置述论》,《中国历史地理论丛》1993 年第 3 期,第 164 页。

三　儒家礼制实用主义化

魏晋南北朝时期,玄学、佛、道的社会影响力不断扩大,削弱了但并未代替两汉以来儒家的正统地位。儒家的历史是人们不断地赋予儒家经典意义的过程,同时也是人们给自己所生活的世界赋予意义的过程,这些被人们赋予的意义反过来又深刻影响人们自身,这是经学史宗教性的一面。③ 儒家政治秩序理论侧重于维护君主政治秩序、诛暴利民等现实层面,其天命观、伦理纲常、礼乐教化等,在分裂动乱的背景下更有利于稳定统治秩序的实用功能进一步放大,以致政治势力只要取得统治权,一般都迫不及待地打出"尊儒"这面旗帜来证明自己的合法性。魏晋时代儒学是治国之本,晋武帝司马炎强调"以孝治天下"。"南朝的经

---

① 《北齐书》卷四《文宣帝纪》,中华书局,1972,第 63 页。
② 周振鹤:《中国地方行政制度史》,上海人民出版社,2014,第 63 页。
③ 庞骏:《东晋建康城市权力空间——兼对儒家三朝五门观念史的考察》,东南大学出版社,2012,第 23 页。

学，主要是门第为自身服务。而在北朝，经学与现实政治就联系得更为紧密"，"北朝的经学，主要是门第为国家政治服务"①。也就是说，少数民族政权在实行"汉化"，"自证"其为中华正统的过程中，尤其需要以周制为政治规范和精神文化凝聚力量，而且其崇周的程度往往超过了汉族政权。② 北魏孝文帝拓跋宏时期，将忠孝之道作为社会行为规范，还有意识地遵照儒家崇奉的"营国制度"修建了新都洛阳。不仅如此，这一时期儒学思想还开始全面法律化，准五服以制罪、重罪十条（即"十恶不赦"的来源）、八议等纷纷入律，同时佛教将儒家的伦理道德吸收进教规和教义，道教不但吸收了儒家的伦理思想，还强调儒道兼修。

四　行政官僚体制的军事化与士族化

魏晋南北朝时期，政权的发展出现了一个相反的趋势：南方的东晋继续曹魏和西晋皇权低弱的趋势，而北方的十六国则由于拥有强大的军事专制权威而出现了皇权趋强的逆转。因此，南北朝的历史就是文化士族与军功贵族的竞争史。③ "分裂割据时代的魏晋南北朝四百年中，地方行政体制上下都呈现出军事化的倾向，军事化的行政管理建制是割据战乱的产物，又使分裂割据得以长期难平、久久难息。"④ 所谓地方政权军事化，指的是"地方政治严重地向军政倾斜，并且产生了一系列与此相关的官僚制度和政治现象"⑤。这一时期，北朝官僚体制实行"胡汉一体化"，具有很强的"军事化"特征。军事化的组织体制强调"命令"和"服从"，其层级结构、军法军纪和功绩制度等和君主专制的官僚体制异曲同工。虽然南朝得以重振也是靠被称为"次等士族"的军人势力，但他们在文化士族的压制下没有成为一支新兴政治力量，以东晋"王与马共天下"为代表的皇族与门阀士族共享权力的局面历百年之久。在九品

---

① 吴先宁：《南北朝经学异同与社会政治》，《中国社会科学院研究生院学报》1991 年第 4 期，第 69 页。
② 庞骏：《东晋建康城市权力空间——兼对儒家三朝五门观念史的考察》，东南大学出版社，2012，第 345 页。
③ 阎步克：《波峰与波谷——秦汉魏晋南北朝的政治文明》，北京大学出版社，2017，第 203 页。
④ 袁刚：《魏晋南北朝地方行政的军事化》，《地方政府管理》1997 年第 9 期，第 24 页。
⑤ 陶新华：《论魏晋南朝地方政权的军事化》，《史学月刊》2002 年第 4 期，第 35 页。

官人法制度下，世家大族"平流进取，坐至公卿"，魏晋南北朝世族对国家权力中心的控制作用，主要是通过控制皇位更替、控制议政决策、控制行政权等方式实现的。士族的出现，特别是其文化偏好使秦汉以来的"律令秩序"大为松弛，与北朝相比显得更加散漫宽松，"最终没有一支生气勃勃的新兴政治力量从中崛起，进而带动全面的政治复兴"①。

第二节　魏晋南北朝时期城市的发展

一　城市在动荡起伏中畸形发展

魏晋南北朝时期是中国历史上战争最频繁和动乱最剧烈的时期之一，大规模频繁的人口流动成为其显著特征。战争和动乱进一步强化了城市的防御据点和居住堡垒功能，各级地方统治者纷纷"敛民保城郭"，城墙被普遍修筑和加强，都城、州治、郡治等城市普遍建有城郭和两层甚至三层城墙，县治一般也有坚固的城墙。具有高墙峻垒的城市安全防护据点的原始功能凸显出来，一方面老百姓为了寻求安全保护自发流向城市，另一方面统治者为了最大限度地保障人口和赋役的安全，也驱赶百姓向城市集中，这样魏晋南北朝时期出现了一个特有的历史现象，就是整个国家人口居住主要以城市为中心，出现了南北一致的普遍城居状态。魏晋南北朝国家总人口能够在战乱动荡的大环境下稳定并有所增加，城市的作用功不可没。原本的乡居人口奔向城市，小城人口向大城集中，当然这种集中也有征服被迫迁徙造成的，这种现象使魏晋南北朝的城市出现了畸形繁荣，在春秋战国以来形成的多数城市开始衰落的同时，少数都城得到迅速膨胀。同时，也开启了自南北朝到隋唐的士族向城市的迁徙。据文献记载，曹操三次大规模向邺都移民，第一次是并州刺史梁习徙送入居的匈奴人数万，第二次是曹操征服汉中后"徙民诣邺"，第三次是曹操部下多举家居邺。北魏也曾经大规模往都城平城迁移凉州三万余家，平城还有大量迁来的"降民"和"百工"。萧梁都城建康人口多达"二十八万户"，也得益于孙吴时迁来的荆襄人口、东晋时南渡的

---

① 阎步克：《波峰与波谷——秦汉魏晋南北朝的政治文明》，北京大学出版社，2017，第125页。

近百支世家大族和大批流亡的老百姓。

　　"在中国历史上，越是战争或分裂时期，商业活动就越是频繁，这是春秋以来的'老传统'。因为战争期间，依靠农业生产来增加经济积累，要比通过商业行为来得慢。"① 这一时期，一方面由于城市居民务农的较多，生活对市场的依赖性不高，促使市、里的相互独立性增强；另一方面，急剧增加的城市人口集中安置的需要和维护城内交通顺畅的要求，彻底改变了汉至魏晋所沿袭的"前朝后市"城市布局，三国时期曹魏将城市中的"市"从后宫附近的内城移到了靠近居民区的地方，从而开始了"市场"与民间的结合。② 而南方的六朝出现了上至皇室公侯，下至"州郡吏民及诸营兵"竞相经商的社会风尚，都城建康的商业发达程度尤为突出。据史籍记载，建康"淮水北有大市，自余小市十余所"③，出现了大市和鱼市、草市、盐市、花市、纱市等专业小市场。竞相经商的社会环境加速了建康市场突破传统城市规制约束，很多市场与居民区混杂一处，也有市场出现在寺庙前面，城的南部为居住、商业区，约占全城面积的五分之三。从《洛阳伽蓝记》中可以发现，北魏洛阳城不仅有官方专门划定的"三市"，里坊内也有商品交易现象，而且商品种类丰富，经营有一定的规模。洛阳城商业的发达还推动了市场附近大规模专门性手工业区的出现，东面是工匠、屠夫、小贩集中的"通商里""达货里"，南面是乐匠及歌姬聚集的"调音里""乐律里"，西面是酿酒作坊为主的"延酤里""治觞里"，北面是经营棺木、从事送丧车马之业的"慈孝里""奉终里"。

　　魏晋南北朝时期，战乱引发的移民迁徙浪潮造成城市大量流民的产生，形成了城市不分贫贱的混居状态，六朝建康市坊界线已被突破，市里建设无章可循，还出现了私自向大街开门的现象，对城市的安全稳定造成很大冲击，引发了这一时期城市基层治理结构的新变化。为了解决大量迁入人口的集中居住问题，曹魏邺城首次将平民里坊大量引入内城，

---

① 吴刚：《中国古代的城市生活》，商务印书馆国际有限公司，1997，第23页。
② 吴刚：《中国古代的城市生活》，商务印书馆国际有限公司，1997，第21页。
③ 《隋书》卷二四《食货志》，转引自〔日〕盐泽裕仁《六朝建康的都市空间》，冯慧译，载张学锋编《"都城圈"与"都城圈社会"研究文集——以六朝建康为中心》，南京大学出版社，2021，第133页。

对"君""臣""民"三个层次分区域进行通盘考虑，特别是将市移到居民区所在城区。"为配合徙民政策移入的大量人口，邺城采用坊里制度区隔不同阶级的人，即按照不同的社会阶级划分不同的区域。……在宫城之南的郭城，筑坊开巷，以备奸巧，这种坊里制度，有中国古代邑居的色彩，对后来北魏洛阳的坊里制度有直接影响。"① 北魏洛阳城继承并深化了这种按阶级、分职业的分区管理机制，既便于防范奸盗又有利于管理居民。魏晋南北朝时期，社会动乱还形成了城市闾里大家族"同居共财"的情况。这是由于宗族内部及大族之间"通财共计，合为一家"，可以在复杂严峻的形势下强化宗族的集体团结观念，维系宗族的生存和发展。

二　城市作为权力与人口相结合的政权行政中心内涵

魏晋南北朝时期大分裂、大动荡的时代特点，加之少数民族政权入主传统中心地带中原和汉族政权迁往南部非核心地带，这一时期的城市继承秦汉时期政权行政中心、春秋战国的人口保护中心等内涵的基础上，又被赋予了政权正统话语符号的内涵，表现出更丰富的含义。一是城市延续了秦汉以来的政权行政中心内涵。各级城市仍然是行政治所城市，是各级政权的载体，建立政权并有效施行行政统治都依托在稳定地占有城市上。同时，城市还成为政府封赏在战争中立功的武人以及对方来降将领的常规做法，变成一种权力是否得到正式认可以及认可程度的标志。二是重新唤起了周代特别是春秋战国时城市为政权集中保护人口的含义。城市的城墙和驻军使其具有强有力的安全保障，因此，只有城市才是老百姓生命和财产的保护地，只有城市能够保护人口以延续政权的存在，从而逆转了东汉以来乡村分散的趋势，魏晋南北朝时期的城市重新变为老百姓生产和生息的中心。三是新添了政治身份话语的含义，一方面通过宏大的城市及城市制度达到强化政治权威的效果，另一方面城市及城市制度也具有了强调统治地位合法性的话语意义。北魏建都平城之始，就决定"将模邺、洛、长安之制"②，迁都洛阳更是"借以显示以洛阳为

① 吴良镛：《中国人居史》，中国建筑工业出版社，2014，第149页。
② 《魏书》卷二三《莫含传》，中华书局，1974，第604页。

国都的北魏王朝继承了华夏正统的政权"①，并以选取反映儒家文化所倡导道德准则的褒义词作为里坊命名的基本原则；东晋中期战乱后重建的建康城布局，"乃是邺城模式或洛阳旧都在江南的重现"②。"魏晋南北朝时期政权虽处于分裂状态，但因儒风渐盛，都城如建康、邺城和洛阳城等在遵循商周礼制方面具有明显的趋同性，一改秦及西汉时期都城建造上的随意性"③，就是城市这种话语内涵的具体体现。

三 魏晋南北朝时期城市的特征

（一）城市空间布局和城市制度军政化特色明显

城市一般都处于交通要道和战略要地，建有城墙驻有军队，既便于有效管理，也可以实施有力防御，进一步强化了战时政治中心的作用。因此，十六国中后期，在许多地方，城市逐渐取代了郡县而成为地方政权行政中心。④ 而南方政权能够长期据有江北地区也与其善于利用城市设施防守重要中心城市有关，只要几个关键中心城市不失，一旦敌军撤退，就又可以恢复对周边地区的有效统治。作为政治中心的城市经常成为战争的直接目标，"使这一时期的城市形态突出了军事防御的需要"⑤，留下了明显的时代烙印，主要有两个表现。一是在城市结构形态上，无论是都城还是一般城市都具有浓重的军事化特征。为了满足保护地方政权安全的需要，内外套城的城市结构逐渐取代并排的城郭结构在各等级城市中普遍出现，在地方城市中出现子城现象。在都城的空间布局上，都城外郭城墙的正式出现，整齐划一的街坊与道路，在偏北部的较高位置建设一宫制的宫殿，都是从更有利于防御甚至危急时刻出逃的角度考虑的。甚至有时军事功能改变了一个城市的命运，战争使富庶的广陵城褪去了经济、文化中心的光环，却强化了南朝江北防区的军事重镇的地

---

① 〔韩〕金大珍：《北魏洛阳城市风貌研究——以〈洛阳伽蓝记〉为中心》，中国社会科学出版社，2016，第 51 页。
② 张学锋：《所谓"中世纪都城"——以东晋南朝建康城为中心》，《社会科学战线》2015 年第 8 期，第 77 页。
③ 曲英杰：《古代城市》，文物出版社，2003，第 162 页。
④ 任重：《十六国城市史二题》，《福建论坛》（人文社会科学版）2002 年第 6 期，第91 页。
⑤ 李孝聪：《历史城市地理》，山东教育出版社，2007，第 113 页。

位；而悬瓠城也因处于军事要地而由一个蕞尔小城成为一方重镇。二是城市体制也呈现军事化趋势。南北朝地方制度受军事化影响，文职官员普遍都加有武职称号，尤其州级政府，一般都军政合一。[①] 州刺史兼置军、政二府，有两套庞大的行政机构，一般由都督或将军管理周围的城市。

（二）大城市作为战乱时代人口的生息中心比秦汉有较大发展

魏晋南北朝时期是我国历史上的大分裂、大动荡时期，持续战乱造成了大规模人口流动。魏晋南北朝筑城越来越大，是为了容纳更多的人口，便于战时将城外居民更多地移入城内。因为城市拥有城墙和军队，能够提供强有力且唯一可行的有效安全保障，城市成为人们生命和财产的保护地，大量人口从村郭向城市、从小城向重要城市频繁迁徙，城市居民高度集中、规模迅速膨胀，大量流民不分贫贱呈现一种混居状态，这样受到动乱威胁的地区最终"形成城居状态"[②]，城市成为人民生产和生息的中心。应该说这一时期总人口能够稳定并有所增加，城市的作用功不可没，而"这些被城市保护下来，免遭屠戮的人口又以贡献赋役的方式支持着政权的延续"[③]，这确实是一个有趣的现象。这一时期人口向大城市的集中往往是由被迫的征服和迁徙造成的。南朝萧梁时建康的人口一度多达"二十八万户"，成为公元 6 世纪长江下游出现的第一大城市，也是当时全国具有活力的第一大城市。这逾百万的庞大人口规模是由两次大规模的迁徙累积而成的，第一次是孙吴时从荆襄强制迁来的人口，第二次是东晋时随同南渡的琅琊王氏、临沂颜氏等近百支世家大族以及大批流亡而来的老百姓。建康城一方面显示出其拥有高度发达的文化，另一方面因商业旺盛，奢绮繁荣，同时也是一个人物杂沓、治安混乱的都市。[④]"（建康）京邑二县，号为难治"，每多盗贼，不能禁遏。北魏也曾经大规模往都城平城迁移凉州三万余家，平城还有大量迁来的"降民"和"百工"。即使处于南北战争激烈争夺地带的江北，许多城市内外仍有一部分居民在战争夹缝中求生存，许多在战乱中被夷为平地的

---

① 周振鹤：《中国地方行政制度史》，上海人民出版社，2014，第 152 页。
② 鲁西奇：《汉宋间长江中游地区的乡村聚落形态及其演变》，载《历史地理》编辑委员会编《历史地理》第 23 辑，上海人民出版社，2008，第 138 页。
③ 任重、陈仪：《魏晋南北朝城市管理研究》，中国社会科学出版社，2003，第 158 页。
④ 刘淑芬：《六朝的城市与社会》（增订本），南京大学出版社，2021，第 165 页。

城市的恢复与发展也异常迅速，这些都与战乱造成的人口流动密切相关。

（三）城市南北地理布局更加均衡化

"如果没有自东汉末年以来来自亚洲内陆的各个民族的渗入、扰动，那么中国古代城市分布的地理格局很有可能会按照东汉的模式发展下去。"[①] 西晋之后进入了长达130余年的十六国混战时期，北方的居民因战乱死亡和出逃的不在少数，《晋书·王导传》称："俄而洛京倾覆，中州士女避乱江左者十六七。"从都城到一般城市大多沦为废墟，春秋战国以来的重要大城市邯郸、临淄、曲阜、陶、睢阳、彭城等都一蹶不振，北方城市因而衰落，而南方城市得到新的发展。"伴随着六朝政治中心的南渐和社会经济区域的大变动，南方出现了第一次大规模的、普遍性的城市兴起与城市繁荣的局面。"[②] 梁朝都城建康"是世界上第一个有据可查的人口超过百万的特大城市"[③]，标志着南方城市的发展后来居上。到南朝最后一个朝代陈时，已有大小县514个，其中，有263个县是秦汉至西晋所设，251个县是东晋至陈所设。岭南广西的东部地区和广东共有大小县城232个，占当时整个南方县城的45.1%。在这些县城中，2.2%是西晋所建，11.6%是东晋所建，22.4%是南朝宋所建，25.9%是南朝梁所建。西晋在南方共建31个县城，岭南只占16.1%；东晋建44个，岭南却占了61.4%；宋建县城57个，岭南占91.1%；齐建34个，岭南占94.2%；梁为63.2%；陈为58.8%。[④] 魏晋南北朝时期新建、迁建城市数量最多的省份依次为：四川、陕西、山西、湖北、河南、甘肃、广东。南方稳定，经济发展迅速，也使城市发展迅速。据不完全统计，这一时期中国共新设县城220个，其中四川、湖北、广东三省分列前三名。而地处黄河中下游的河北、河南、山东三省合计仅及广东省之一半。[⑤]

（四）城市形制更加规整，内部结构更加趋同

南北朝时期城市内部结构越来越趋同。一是追求正统的共同需求，

---

① 成一农：《空间与形态——三至七世纪中国历史城市地理研究》，兰州大学出版社，2012，第55页。

② 傅兆君：《论春秋战国时期城乡对立运动的发展与经济制度的创新》，《中国史研究》1999年第4期，第43页。

③ 何一民：《中国城市史》，武汉大学出版社，2012，第207页。

④ 吴刚：《中国古代的城市生活》，商务印书馆国际有限公司，1997，第26～27页。

⑤ 何一民：《中国城市史》，武汉大学出版社，2012，第205页。

使南北朝都城更加规整和趋同。魏晋南北朝时期政权虽处于分裂状态，但因儒风渐盛，都城如建康、邺城和洛阳城等在遵循商周礼制方面具有明显的趋同性，一改秦及西汉时期都城建造上的随意性。[①] 南朝都城建康在布局上"乃是邺城模式或洛阳旧都在江南的重现"[②]，北魏都城平城是"模邺、洛、长安之制"[③] 的产物，新都洛阳建设之前更曾派相关人员蒋少游赴建康实地学习。在遵从营国制度的礼制秩序最基本要素的基础上，分区明确、主从明晰，更加方正、规整、格式化和棋盘化。这一时期的都城宫殿更加集中于宫城内，出现了明确的中轴线，官署集中在御道两旁，按身份等级严格划分坊市。二是多重城制的出现和封闭整齐的坊墙制。由于魏晋南北朝长期战乱，原来汉代实行于边境的子城、罗城结构被都城和内地一般城市大量采用，形成内城外郭的套城结构；另外，更加注重封闭坊墙在分割不同阶层、不同民族，确保城市秩序方面的作用。三是北方少数民族政权接受汉族的城市文化，保持了北方城市的主要特征，而随着汉族统治中心转移到江南，南方的城市在建设和管理上得以规范，使更多的城市在形制和内部结构上向原来的中原城市看齐，从而在分裂的形势下出现了南北趋同的局面。

四　中国古代第三个理想城市模型——邺城体系

魏晋南北朝的大动荡与大分裂特征，使本时期出现了城市在不断破坏和重建中发展的总体特征。在这一发展过程中，出现了融合前两个时期营国制度和秦制理念并加入北方游牧民族思想的第三个理想城市模型，这一模型被称为"邺城体系"或"中世纪都城"模式，以曹魏邺城、六朝建康、北魏洛阳等新建都城为代表。总体来说，这一模式更加注重对《考工记》"匠人营国"思想的实践，严格落实别贵贱的多层次等级分区指导原则，在形制上更加方正严整，形成了一种按中轴线对称平衡的多重制城市体制，同时不断强化都城在城市形制中的政权正统性意涵。魏晋南北朝出现的第三个城市模式是营国制度理想观念与北方草原民族居住形式逐步结合的发展过程，体

---

① 曲英杰：《古代城市》，文物出版社，2003，第 162 页。
② 张学锋：《所谓"中世纪都城"——以东晋南朝建康城为中心》，《社会科学战线》2015 年第 8 期，第 77 页。
③ 《魏书》卷二三《莫含传》，中华书局，1974，第 604 页。

现了当时政治上不同政权并立、社会上多民族融合的现实，"其实是在接受匈奴、鲜卑等草原文化基础上的发展，是中国中世纪都城特有的形制"①。

作为一座新建的战乱割据城市，曹魏邺城（见图5-1）"是一个新的质变的起点"②。邺城与之前具有都城意义的城市明显的不同有以下四点。一是出现了明确的全城对称的城市中轴线，"学术界取得的大体共识是，拥有南北向长距离的都城大中轴线、城郭里坊齐备的古都布局，可以上溯到北魏洛阳城和曹魏都城邺城"③。二是战乱时期城市人口多且复杂，出于便于防御和出逃的考虑，宫殿区在城中地势较高的偏北方位与城墙相邻。三是仿效梁习与鲜卑人"往与会空城中交市"的思路，④ 将"市"从靠近宫城的北部迁入城南与居民间里放在一起，"既保证了宫城的安全，又便于管理与警戒，同时也不影响交易的进行"⑤。四是为了应对城内人口众多且征服人口数量较大的复杂形势，邺城比前代更严格以职业分区，居民区在城中的面积也明显增大。

东晋与南朝虽然地处江南，但东晋成帝时代重建的都城建康在布局上乃是邺城模式或洛阳旧都在江南的重现，就连宫城和都城城门都沿用魏晋洛阳城的名字，以此体现其政权为华夏正统的地位，并对北魏洛阳的建设产生了重要影响。东晋成帝咸和五年（330）重建因苏峻之乱毁坏的建康城，主要对宫城和都城两部分进行营建，为后面南朝四代的都城奠定规模基础。成帝改建的建康城完全摆脱了以东吴都城为基础的秦汉多宫制，改为集中的单一宫城制，政府机构集中于宫城南的御道两侧，在都城周边用56个篱门隔出外郭城的边界。同时，这一时期的建康城是

---

① 张学锋：《所谓"中世纪都城"——以东晋南朝建康城为中心》，《社会科学战线》2015年第8期，第78页。
② 吴刚：《中国城市发展的质变：曹魏的邺城和南朝城市群》，《史林》1995年第1期，第27页。
③ 许宏：《大都无城：中国古都的动态解读》，生活·读书·新知三联书店，2016，第3～4页。
④ 《魏书·梁习传》记载了参与邺城修建的主要官员梁习，"鲜卑大人育延，常为州所畏，而一旦其部落五千余骑诣（梁）习，求互市。习念不听则恐其怨，若听到州下，又恐为所略，于是乃许之往与会空城中交市。遂敕郡县，自将治中以下军往就之"。
⑤ 吴刚：《中国城市发展的质变：曹魏的邺城和南朝城市群》，《史林》1995年第1期，第31页。

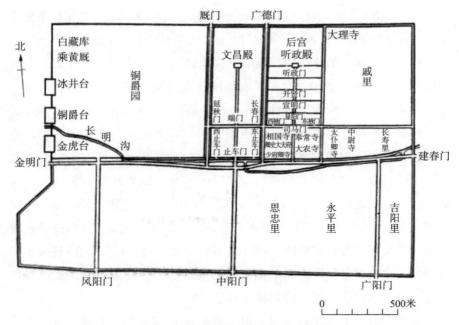

图 5 - 1　曹魏邺城平面复原示意图

注：指北针指磁北，图廊纵线为真子午线。

资料来源：徐光冀《曹魏邺城的平面复原研究》，载中国社会科学院考古研究所编著《中国考古学论丛——中国社会科学院考古研究所建所 40 年纪念》，科学出版社，1995，第 424 页。

东汉以后第一个违反周礼之制的都城，[①] 是这种轴心制由蒙昧源起到清楚确立的关键。[②] 洛阳和建康有一些微小的差异，建康城里坊的规划受到先前已有的屋舍影响，不如洛阳的整齐划一，道路更加迂曲。成帝重修建康城，对宫城到外郭篱门外所植树木都有严格规定，自宫门向外分别是石榴、槐树、垂杨、橘树，篱门外是桐柏。这次重修后的建康城仍然没有改变街巷迂曲的特点。除了都城的意义外，还要凸显皇都巍峨的意象。谢安在孝武帝年间改建建康宫时提出："宫室不壮，后世谓人无能。"[③] 六朝时期阶层分明，贵族在政治、社会上居于支配地位，他们和平民百姓之间有相当大的差距，在建康城内外同一阶层的人有聚居在某

---

① 刘淑芬：《六朝的城市与社会》（增订本），南京大学出版社，2021，第 210 页。
② 刘淑芬：《六朝的城市与社会》（增订本），南京大学出版社，2021，第 211 页。
③ 《晋书》卷七六《王稜传》，中华书局，1974，第 2012 页。

些地区的趋势,① "御道左右,莫非富室"②, "市廛民居,并在南路"③。这些主要特点基本与本时期的都城架构相一致。

北魏都城平城和洛阳的体制虽然直接继承自魏晋南朝的制度,但非常重视运用西周以来的都城经验,借以显示以洛阳为国都的北魏王朝继承了华夏正统的政权,④ 形成了宫城、内城、外郭城三部分的严格分区。首先,北魏洛阳改变先秦以来都城多宫并存的状况,正式形成了单一宫制,这种以宫城为中心的格局强调君权至高无上的政治地位,也凸显了北魏统治者追求华夏正统的政治意图。其次,北魏洛阳继承了平城开创的都城内、外城结构,外郭城墙的建设有利于加强都城的管理和防御,使都城的城与郭真正成为一个整体。最后,在北魏平城严格执行"分别士庶"的四民异居政策、首创"悉筑为坊"的基础上,北魏于景明元年(500)一次性建成洛阳 320 个坊。这是中国古代都城建设史上第一次有计划地把居民的"坊"整个建成,做出了整齐的布局,规定了统一的规格。⑤ 严整的里坊划分是为了使"奸盗永止",众多的里坊构成了都城的外郭城。为了不影响外郭城的军事防御功能,里坊分布的战略原则是:在战略要地不设里坊,亦不居住特殊人群,如皇家子弟。⑥

第三节 "正统—模仿"型城市治理结构

一 城市外部等级结构——四级城市等级体系

东汉末年为了应对黄巾起义造成的紧张局面,灵帝中平五年(188)正式确定"州"为中央与郡、县之间的一级行政单位,州任之重,自此而始,地方行政管理体制由秦及西汉以来的郡、县两级制过渡到州、郡、

---

① 刘淑芬:《六朝的城市与社会》(增订本),南京大学出版社,2021,第 123 页。

② 《梁书》卷九《曹景宗传》,中华书局,1973,第 179 页。

③ 《陈书》卷一二《徐度传》,中华书局,1972,第 189 页。

④ 〔韩〕金大珍:《北魏洛阳城市风貌研究——以〈洛阳伽蓝记〉为中心》,中国社会科学出版社,2016,第 51 页。

⑤ 杨宽:《中国古代都城制度史研究》,上海人民出版社,2016,第 257 页。

⑥ 〔韩〕金大珍:《北魏洛阳城市风貌研究——以〈洛阳伽蓝记〉为中心》,中国社会科学出版社,2016,第 48 页。

县三级制。三国以降，州—郡—县三级政区已成为正式制度，[1] 到西晋前期时全国共有 19 个州、172 个郡、1232 个县。对应这一体制，这一阶段也形成了由都城—州城—郡城—县城构成的四级城市等级体系。在南北分裂对峙的竞争过程中，老百姓和统治者都把继承东汉中原州郡与封国地方行政制度作为宣示皇权正统的方式之一，三国两晋十六国南北朝无不如此，并将其向边缘及新开发区域推广，进一步推动了这一四级城市等级体系趋向一致化和规范化。但是，长期的战争动荡，使拥有城墙和军队等安全保障的城市成为人们生产和生息的中心。大量人口逃奔城市，特别是拥有高墙峻垒的大城市或处于频繁交战区之外的大城市。战争使富庶的广陵城褪去了经济、文化中心的光环，变成了南朝江北防区的军事重镇，也使悬瓠城因处于军事要地而由一个蕞尔小城成为一方重镇。另外，南方约 540 万人口中有六分之一来自北方的南迁移民，为了稳定社会秩序，设置侨州郡县成为一个普遍现象，南北朝政权在相互竞争中也通过尽量多置州郡县扩大己方声势，这些导致州郡的滥置。在这些因素的共同作用下，这一时期地方城市的规模不可能再严格遵守地方行政级别的约束。

二　城市内部空间结构——"城—郭"套城

魏晋南北朝时期可谓中国古代史上的"城居时代"。[2] 由于长期持续的战乱，这一时期的城市城墙得到普遍兴建或重建，并且在营建过程中更多地考虑据险以守的军事防御功能，城墙高大敦厚，形成了一次大规模的"筑城运动"。[3] 春秋战国时期形成的套在一起的内外城结构，由于有利于战争的防守，汉代多修建于边境城市，魏晋南北朝分裂割据时期，为了自保，比较多地出现在长江以北地区。由套在一起的内外城构成的"城中之城"，被称为"套城"或"复城"，成为魏晋南北朝时期城市最为重要以及最具有时代特色的特征，据朱大渭统计，魏晋南北朝的复城共有 33 座。[4] 这种套城因两层城墙的内外位置和规模大小，分别有内城

① 周振鹤：《中国地方行政制度史》，上海人民出版社，2014，第 62 页。
② 鲁西奇：《中国历史的空间结构》，广西师范大学出版社，2014，第 352 页。
③ 李孝聪：《历史城市地理》，山东教育出版社，2007，第 135 页。
④ 朱大渭：《魏晋南北朝时期的套城》，《齐鲁学刊》1987 年第 4 期。

和外城、小城和大城、子城（或中城）和罗城等不同称呼。在大多数城市中，宫城、衙署置于小的内城之中，外城高大空荡。魏晋南北朝时期，中央权力衰落、地方势力崛起，凸显了地方城市中保护政权机构和统治阶层所在内城的重要性，作为防守的重点，内城数量在改造旧城的过程中不断增多。东晋南朝的内城主要用于以世族为主的地方官员强化自我保护；十六国和北朝的内城还被用于分隔北方城市中聚居的不同民族，居于统治地位的民族一般在内城，外城则用于安置其他民族。这种隔离，有时是为了加强对统治民族的保护，有时则是防止其他民族发生叛乱。①

　　这一时期，在都城的城郭结构上南北方也有不同的特点。东晋的都城建康城小郭大，虽然也有明显的城郭区分，但作为建康城郊分界线的外郭墙非土非砖，而是用竹篱笆围成，共有篱门56个，篱门之外称为郭外。② 有大批侨置移民分布在郭区、远郊区，人口构成复杂。应该说，地方势重、强干弱枝政策在建康实施不力，是影响城市内部空间结构的深层次原因之一。③ 北魏平城开创了内、外城共同构成中国都城的先例。道武帝天赐三年（406）"规立外城"，建成于明元帝泰常七年（422），"筑平城外郭，周回三十二里"④。这样，"鳞次栉比的里坊或胡同，以及将它们圈围起来的高大城郭，构成了中古以后帝国都城最鲜明的物化特征"⑤。

三　城市内部行政组织结构——"（府）—县—乡（党）—里（坊）"

　　魏晋南北朝的城市内部组织管理结构与地方政府行政管理制度密不可分。虽然魏晋南北朝时期地方政府的管理层级由郡县两级变成了州郡县三级，但县直接治民且具有独立行政系统的根本性质没变，因此，与秦汉一样，魏晋南北朝的县与城是不可分的，⑥ 县仍然是城市的最高直接管理机构。县之下一般由相应的乡官构成。南朝仍然沿用汉魏的相关

---

① 成一农：《空间与形态——三至七世纪中国历史城市地理研究》，兰州大学出版社，2012，第90页。
② 卢海鸣：《六朝都城》，南京出版社，2002，第86页。
③ 庞骏：《东晋建康城市权力空间——兼对儒家三朝五门观念史的考察》，东南大学出版社，2012，第87~88页。
④ 《魏书》卷三《太宗纪》，中华书局，1974，第62页。
⑤ 许宏：《大都无城：中国古都的动态解读》，生活·读书·新知三联书店，2016，第3页。
⑥ 任重、陈仪：《魏晋南北朝城市管理研究》，中国社会科学出版社，2003，第16页。

体制，有乡佐、三老、秩啬夫、游徼各 1 人，居民同伍同里以符（责任状）相保，有罪连坐。北方十六国及北朝大多数实行"胡汉分治"的政策，即对汉族也仍然采用原来魏晋的管理制度，对不同少数民族则采取原来各自传统的管理制度。北魏进行了改革，先后实行宗主督护制和三长制，五家立一邻长，五邻立一里长，五里立一党长。党长（正）与原来的乡正职责类似。里坊制由于满足了政府治安和城市居民管理的双重需要，成为魏晋南北朝政府安排城市居民的首要选择。相对来讲，东晋南朝的里坊制，由于受南方城市地理特征和魏晋传统制度上的限制，不够严格完善，而北朝城市外郭城中里坊各部落居民聚居的复杂特点，加上游牧民族军事化管理的传统，实行的里坊制度比较严整规范。尤其是"里""坊"之别，在北魏洛阳城开始发生微妙的变化，"坊依然是空间单位，而里则是管理上的行政单位"①。

　　文献上所见，最早在城郭内大规模地规划、修筑城坊的都城是北魏的平城。② 北魏曾在都城平城附近的王畿和"三部"广大的区域实施整齐的区划，以便于管理。《魏书·公孙表附公孙邃传》："高祖与文明太后引见王公以下，高祖曰：'比年方割畿内及京城三部，于百姓颇有益否？'邃对曰：'先者人民离散，主司猥多，至于督察，实难齐整。自方割以来，众赋易办，实有大益。'"③ 方割是为了便于管理，将平城及其附近的王畿地带，以及北魏建国之初的势力范围划分为整齐的小区域。这些方割的地区除了在平城、新平城的城郭内规划筑坊之外，其余的地区大约仅作为区划的界线而已。孝文帝迁都洛阳之后，迄宣武帝景明二年（501），广阳王元嘉才表请在"京四面筑坊"，"各周一千二百步"，这个建议是孝文帝"方割畿内及京城三部"的管理方法更进一步的强化控制。④ 就平城的规筑城坊而言，其目的是要控制、管理城坊内的居民，而其创始的背景则和游牧民族的徙民政策有关。⑤ 徙民政策是十六国的君主将新征服的人口迁至都城以便就近监视的政策。徙民的结果是都城

---

①　成一农：《里坊制及相关问题研究》，《中国史研究》2015 年第 3 期，第 116 页。

②　刘淑芬：《六朝的城市与社会》（增订本），南京大学出版社，2021，第 420 页。

③　《魏书》卷三三《公孙表附公孙邃传》，中华书局，1974，第 786 页。

④　刘淑芬：《六朝的城市与社会》（增订本），南京大学出版社，2021，第 427 页。

⑤　刘淑芬：《六朝的城市与社会》（增订本），南京大学出版社，2021，第 430 页。

里的居民从种族到身份都很复杂，这是规划城坊的原因。因此，坊有监禁、控制的作用。带有墙垣比较严格的里坊标志着城市管理秩序进一步加强，北魏明令坊民："悉令坊内行止，不听毁坊开门，以妨里内通巷。"① 总体来看，魏晋南北朝大多基本沿袭了秦汉的县乡里三级结构。

由于本时期出现了大城市由不同县分区治理的体制，南北朝时期出现了双附郭县，北周明帝二年（558）析长安、霸城、山北三县置万年县，与长安县同治都城，由此开我国数县同治一城之先河②；北齐河清四年（565），太原郡晋阳县又析置出龙山县，太原郡城由附郭之晋阳、龙山二县管理③；南朝都城建康事实上由建康和秣陵二县管辖，称为"京邑二县"，并以秦淮河为界，"北岸""南岸"分别作为建康县和秣陵县的代称；南朝陈由山阴析出会稽，分为二县，同城而治。④ 郡级政府在城市管理中实质统辖的重要性凸显出来，使以前一般只在都城存在的郡—县—乡—里体制的适用范围进一步扩大。

第四节　"正统—模仿"型城市治理体制

一　以县为主的城市治理体制

县作为国家地方政权的基层行政单位，形成了与城市直接相关的独立行政系统。魏晋南北朝守宰皆有护城之责，城市管理者首先必须是城市的守护者，守郡（县）即守城，当时法令规定，只有城破百日后才可离开城市，这些制度规定更加强了县与城市治理体制的紧密性。城市的基层治理机构与县级机构构成一个内部分工严密且能自我正常运转的独立行政体系，因此，不管州郡如何动荡、变化，以县为主的城市大多数能够保持相对稳定，这也是城市在魏晋南北朝这个动荡的年代成为国家

---

① 《魏书》卷一一四《释老志》，中华书局，1974，第3046页。
② 冯春生：《我国历史上数县同治一城现象之探讨》，《浙江师大学报》1995年第6期，第43页。
③ 韩光辉、林玉军、魏丹：《论中国古代城市管理制度的演变和建制城市的形成》，《清华大学学报》（哲学社会科学版）2011年第4期，第59页。
④ 冯春生：《我国历史上数县同治一城现象之探讨》，《浙江师大学报》1995年第6期，第44页。

政权中流砥柱的主要原因。

具体来看，南朝都城的地方行政组织由州、郡、县三级构成，其长官分别是扬州刺史、丹阳尹、建康令，但扬州刺史、丹阳尹一般都是宰辅的兼职，真正管理京师的官员是秩千石、官七品的建康令。① 朝廷在建康下设东、西、南、北、左、右"六部尉"，以增强建康令的治安管理职能。② 北方十六国及北朝大多数实行"胡汉分治"的政策，北魏诸州置三刺史、郡置三太守、县置三令长，每级均有两位汉人，实行"对治"即共同治理，其中一人从中央选派，二人相互监督，第三位是鲜卑人，起监察作用。这一时期中央政府对城市治理官员的选派也很重视，郡县划分为剧、中、平三等，号称难治的剧县必须选派有魄力干练的官员，不准擅离职守，并根据工作表现予以奖励和处罚。北魏规定："县令能静一县劫盗者，兼治二县，即食其禄；能静二县者，兼治三县，三年迁为郡守。"③ 而对治理不力的官员轻则免官，重则处死。

二　城市治理体制——"（府）—县—乡—里"体制

由于本时期正式出现了重要城市由不同县分区治理的行政区划，故在秦汉城市治理体制基础上出现两种城市治理组织体制。一是都城由于人口众多、情况复杂一般多由上级政府参与管理，曹魏都城洛阳的地方长官河南尹及其下属丞和掾曹史多职共同管理京城治安。东晋南朝的都城建康，"天下殷实，四方辐辏，京邑二县，号为难治"④，由宰辅兼任都城所在的扬州刺史和丹阳尹。北周正式划分长安县、万年县两县同治都城，南朝陈由山阴、会稽二县共治山阴城，北齐太原郡城由附郭之晋阳、龙山二县管理，这种行政区划的变迁，使二县共治的城市中的府或郡长官更多地涉入城市治理体制。据《魏书·甄琛传》记载，北魏宣武帝末年的河南尹甄琛曾就洛阳里坊的管理问题向朝廷上表。⑤ 但一般情况下，县是直接治民的政权，县的长官县令或县长全面负责城市治理。

① 刘淑芬：《六朝的城市与社会》（增订本），南京大学出版社，2021，第160~161页。
② 权玉峰、张磊：《南朝都城行政官员研究——以建康令为例》，载柴冰、董劭伟主编《中华历史与传统文化论丛》第4辑，中国社会科学出版社，2018，第227页。
③ 《北史》卷三《魏本纪》，中华书局，1974，第89页。
④ 《宋书》卷六〇《自序》，中华书局，1974，第2462页。
⑤ 《魏书》卷六八《甄琛传》，中华书局，1974，第1514~1515页。

县令的职责涵盖了治安、司法、财政、民政等方面。县尉"主盗贼,案察奸宄",县丞"兼主刑狱囚徒"。县以下还有乡里组织,它们与县级机构共同构成一个独立运转的严密行政体系。三国两晋沿袭汉代,县下设乡、里,还有亭专职治安。城中普遍设置都亭,大城市每街设一亭,县城最少设一都亭,县城中的都亭长是县尉的属官。① 都亭长的主要任务是监视行人,禁备盗贼,维持城市街区治安。从魏晋时代起,中国古代城市终于形成相当完整的作为基层地域管理单位的里坊制度,② 自北魏以来,坊制在城市中得到了普遍的设立,"其郭城绕宫城南,悉筑为坊,坊开巷,坊大者容四五百家,小者六七十家,每南(闭)坊搜检,以备奸巧"③。《洛阳伽蓝记》卷五载:"里开四门,门置里正二人,吏四人,门士八人。"④ 即每里有里正 8 人,吏 16 人,门士 32 人,共 56 人。这是至北魏孝明帝末年一个里的最基本的管理人员。⑤ 坊及坊正的出现,意味着中国城市管理中形成新的严格的官僚结构。⑥ 北齐邺城里、坊间的差异与北魏类似,如《北齐书·元孝友传》载"京邑诸坊,或七八百家唯一里正、二史"⑦。洛阳里坊的管理权明确属于北魏都城地方官。一般而言,城市里坊的治安管理是县尉的职责。为了强化里坊的作用,北魏宣武帝还专门下诏改善里正的待遇:"里正可进至勋品,经途从九品、六部尉正九品,诸职中简取,不必武人。"⑧ 南朝城市实行里巷制,如王志家居建康禁中里马粪巷,南朝记载的"坊吏""里司"等都是管理里坊的官吏。

三 治安、市场、人口、市政管理体制

(一) 有司监控与时空禁制相结合的治安管理制度

东汉末年以来持续而剧烈的社会动荡,造成空前规模和范围的人口

---

① 朱绍侯主编《中国古代治安制度史》,河南大学出版社,1994,第 270 页。

② 包伟民:《宋代城市研究》,中华书局,2014,第 105 页。

③ 《南齐书》卷五七《魏虏传》,中华书局,1974,第 985 页。

④ (北魏)杨衒之撰,范祥雍校注《洛阳伽蓝记校注》卷五《城北》,上海古籍出版社,1978,第 349 页。

⑤ 李昕泽:《里坊制度研究》,博士学位论文,天津大学,2010,第 61 页。

⑥ 姚尚建:《在城市革命之前——中国古代城市的制度巩固》,《晋阳学刊》2017 年第 5 期,第 80 页。

⑦ 《北齐书》卷二八《元孝友传》,中华书局,1972,第 385 页。

⑧ 张金龙:《北魏洛阳里坊制度探微》,《历史研究》1999 年第 6 期,第 63~64 页。

流动，使社会失去秩序，也给城市的治安造成前所未有的冲击，使这一时期城市治安管理更侧重于监管城郭人口。魏晋南朝城市治安一般由所在县尉和县府中的贼曹进行管理。城中设置都亭，大的都邑每街一亭，小的县邑最少一都亭。晋代县都有都亭长一职。都亭长的任务是监视行人，禁备盗贼，处理治安事件，维护街区秩序的安宁。十六国北朝的政权按照"胡汉分治"的原则有两套治安机构，对汉族和少数民族实行分治。魏晋南朝的城市居民实行分割封闭的里巷制，里门控制出入、昼启夜闭，由里的里司来监控里内的治安情况，还在居民中实行有罪同坐的办法，即同伍同里以符（责任状）相保。

城坊制通过对坊内居民有效地控制和巡查，对治安的巡护发挥很大的作用。宿白认为，洛阳兴建众多规整里坊，目的在于便于控制坊内的居民，另一主要的原因则是安置、管理大批自平城迁洛的羽林虎贲，他们在组织上还有相当一部分保留着之前部落性质的军事编制。① 这个说法多少暗示洛阳城坊规划受到鲜卑组织的影响。② 安置大量迁徙至都城的人民和军队，以及加强控制都城内的居民，是中古城市出现大规模城坊规划的主要原因。③ 北朝特别是北魏洛阳采取了最为严格的里坊管理措施，四周筑有围墙的封闭型区域称为坊（其本义即"防"也④），使坊变成了一座座城中之城。北魏要求居民，"悉令坊内行止，不听毁坊开门，以妨里内通巷"⑤。"里开四门，门置里正二人，吏四人，门士八人"，⑥ 坊正等对坊内居民"以司督察"。坊门严格按时启闭厉行宵禁。

城市还实行由门禁、夜禁、武器管制与禁盗贼构成的治安管理制度。城市治安的一个重要制度就是城门之禁。城门夜闭昼开，城门各有其管钥，得城先收管钥。魏晋南北朝时期各级城市都有专门官吏和

---

① 宿白：《盛乐、平城一带的拓跋鲜卑——北魏遗迹——鲜卑遗迹辑录之二》，《文物》1977 年第 11 期，第 38~46 页。
② 刘淑芬：《六朝的城市与社会》（增订本），南京大学出版社，2021，第 439 页。
③ 刘淑芬：《六朝的城市与社会》（增订本），南京大学出版社，2021，第 440 页。
④ 包伟民：《宋代城市研究》，中华书局，2014，第 107 页。
⑤ 《魏书》卷一一四《释老志》，中华书局，1974，第 3046 页。
⑥ （北魏）杨衒之撰，范祥雍校注《洛阳伽蓝记校注》卷五《城北》，上海古籍出版社，1978，第 349 页。

兵士具体负责出入之禁。在非常时期还可以实行戒严，中国古代作为
治安制度的戒严，应是从魏晋开始实行的。① 城市管理者就曾利用突然
改变城门关闭时间的方式，抓捕"奸人亡命"大获成功，《魏书·高宗
纪》记载，兴光元年（454）九月"闭都城门，大索三日，获奸人亡命
数百人"②。城市还普遍实行夜禁制度，城中夜晚禁行，治安官员和"徼
者"进行巡逻，如"有犯夜者，为吏所拘"，就以奸人论处。西晋末年
司马睿在从邺城乘夜南逃时，就因"禁卫严警，无由得去"，后雷雨暴
至才得脱身。为了应对非常情况，相关衙署都设有值夜者，清晨值班人
员要把过去一夜的具体情况向主管逐一汇报。南北朝时还出现了武器管
制制度，"设禁奸之制，有带刃行者，罪与劫同，轻重品格，各有条
掌"③。魏晋南北朝重法制裁盗贼行为，南朝宋规定："凡劫身斩刑，家
人弃市"④，"同籍期亲补兵"⑤。北朝有制，"经为盗者，注其籍"，"盗
贼及谋反、大逆降、叛、恶逆罪当流者，皆甄一房配为杂户，其为盗贼
事发逃亡者，悬名注配。若再犯徒、三犯鞭者，一身永配下役"⑥，北魏
甚至规定，"注籍盗门，同籍合门不仕"⑦。后赵为了治理都城邺"盗贼
互起，每夜攻劫，晨昏断行"的失控局面，决定"设奇禁"，通过鼓励
告发捕杀了贼首才得以控制局面。

（二）定时定点定人的规范市场管理制度

秦汉以来，一般每座城市都存在几个大小不同的市场。市与里的严
格分割，也是为了便于对市场的管理，以减少治安案件的出现。《晋令》
规定：坐垆肆者，皆不得宿肆上。⑧ 北魏出现了将市上各类商品的制造
者分列在市周围的里中的现象，这种"市"和周围的"里"相结合的

---

① 朱绍侯主编《中国古代治安制度史》，河南大学出版社，1994，第231页。
② 《魏书》卷五《高宗纪》，中华书局，1974，第113页。
③ 《魏书》卷八九《李洪之传》，中华书局，1974，第1919页。
④ 《南史》卷三〇《何尚之传》，中华书局，1975，第781页。
⑤ 《南史》卷三三《何承天传》，中华书局，1975，第868页。
⑥ 《隋书·刑法志》，转引自朱绍侯主编《中国古代治安制度史》，河南大学出版社，1994，
　第323页。
⑦ 《魏书》卷四六《杨椿传》，中华书局，1974，第1287页。
⑧ （宋）李昉等：《太平御览》，转引自郑卫、饶晓晓《唐代市的变化与古代城市规划制
　度变迁》，《城市规划》2012年第8期，第21页。

"大市"制度是北魏的创举。① 魏晋南北朝在市内仍沿用秦汉的列肆制度。据《洛阳伽蓝记》记载，西晋洛阳的市令署，"上有二层楼，悬鼓击之以罢市，有钟一口，撞之闻五十里"，② 说明不迟于西晋已经按照市亭击鼓声音来指挥市门启闭，市门开放时间与城门开启时间基本相同，罢市时间则依据市亭的鼓声，遇到寇乱等紧急情况就马上关门罢市。曹魏仍沿用东汉的市场管理制度。北魏设置"京邑市令"③ 管理市场事宜。南朝市场管理形成了一支控制严密的市场管理队伍。市令是古代管理市场的官员，南朝梁的官制中市令有南北之分。市丞职位仅次于市令，《景定建康志》卷一六《疆域志二·镇市》记载："梁有太市、南市、北市令，太、南、北三市丞。"市魁和市吏则属于六朝具体管理市场的役吏，他们执行管理市场、维持秩序、处理纠纷、征收市税等具体任务，其中主要任务是征收市税。梁代的市场周围还设有固定的巡逻人员。另外，按照规定入市从事市场交易活动的人，必须列身专门的市籍。晋代政府甚至规定，市场中的"侩卖者"（即商贾），必须头戴帽子，帽额上还要缝块白布，上面写清自己的姓名和卖何种物品。并且规定必须一只脚穿白鞋，一只脚穿黑鞋。④

（三）分类禁亡的属地人口控制制度

魏晋南北朝基本继承了秦汉以户籍为主的人口管理制度。按照居民的身份把户籍分为宦籍、吏籍、市籍等进行分类登记，并首次分列用于军人及其家属的军籍。政府依据户籍征发赋役，户籍也被个人用于证明法律身份，一经登记在册无故不得修改。从中央到地方有严密的户籍管理组织体系，县级机构设有户曹、簿曹等官员，县之下乡啬夫和里吏的任务更是主要与户籍相关。针对东汉末年以来长期战乱造成的大量人口逃亡现象，三国时要求各级政府严惩脱籍"亡命"，充实在籍人口。晋代采取了更加严格的措施，一旦有人脱籍逃亡，"辄令其家及同伍课捕"，如无法捉回逃亡者，其家人和同伍邻人就要承担逃亡者应负的兵

① 杨宽：《中国古代都城制度史研究》，上海人民出版社，2016，第268页。
② （北魏）杨衒之、（宋）释祖秀：《洛阳伽蓝记 华阳宫记事》，中华书局，1991，第61页。
③ 《魏书》卷一一三《官氏志》，中华书局，1974，第2985页。
④ 吴刚：《中国古代的城市生活》，商务印书馆国际有限公司，1997，第31页。

役、徭役等义务。人口是财富和军事实力的基础，长期的战争使南北朝统治者进一步认识到劳动力对国家的重要性，纷纷利用户籍清查的手段来检查逃亡及脱漏人口。北魏把"诸州户口、籍贯不实，包藏隐漏，废公罔私"列为地方政府的重大管理失误。南朝士族不服役的特权，导致庶族纷纷想尽办法在户籍籍注上做手脚，造成了户籍混乱无法收拾的局面。

（四）以等级为主的市政管理制度

这一时期的市政管理制度主要与道路交通等有关。《太平御览》卷一九五引陆机《洛阳记》："宫门及城中大道皆分作三，中央御道，两旁筑土墙，高四尺余，外分之。唯公卿、尚书、章服，道从中道，凡人皆行左右，左入右出。夹道种榆槐树。"①可见西晋按照身份等级严格划分了贵族官僚与老百姓道路交通规则。东吴建业城的道路交通则主要是区分男女，开大道，使男女分行。在中间道路上官员的行车分道规则，"既体现封建等级，也是其职责大小之反映。官员行车分道体现的是等级和回避制度，从都城道路看，也避免了行路冲突，反映了道路不够宽敞，狭路相逢，谁的官大，或者说谁管的事重要谁就有优先行路权，以避免交通堵塞"②。魏晋南北朝还出现了与市政环卫相关的一些记载。《南史·吕僧珍传》载，吕僧珍"常以私车辇水洒御路"；《南史·王敬则传》载，王敬则"令偷身长扫街路"。③市场设有专门清扫市场者，以保持城市的整洁。④

第五节　"正统—模仿"型城市治理机制

城市作为社会极为重要的组成部分，在宏观管理方面，不由某一特定的机构，而常常是由各部门联合与协作，共同行使城市的管理权。

一　以等级与职业为基础的空间分区管理机制

魏晋时期，城市实行住宅区和商业区分设的制度，特别是生活和生

---

① （宋）李昉等：《太平御览》，中华书局，1960。
② 庞骏：《东晋建康城市权力空间——兼对儒家三朝五门观念史的考察》，东南大学出版社，2012，第116页。
③ 《南史》卷五六《吕僧珍传》，中华书局，1975，第1396页；《南史》卷四五《王敬则传》，中华书局，1975，第1129页。
④ 任重、陈仪：《魏晋南北朝城市管理研究》，中国社会科学出版社，2003，第22页。

意分离的大市制度。《晋令》规定：坐垆肆者，皆不得宿肆上。①之后虽然南方汉族统治区出现了对严格分区机制有所松弛的现象，但由于整个魏晋南北朝时期长时间的战乱与动荡，一方面自然经济的发展使市里的相互独立性成为可能，另一方面大量流民的存在给城市的管理造成了极大困难，因此总体上魏晋南北朝大体都强化了城市的分区管理机制，"无不积极整饬里坊，严加控制"②。曹魏邺城按"君""臣""民"三个等级，将城市分为各自独立、互不掺杂的区域。这一时期城市空间分区管理机制的发展，以北魏都城洛阳最为典型。北魏早期的都城平城就"以不同身份、职业分别城坊内的居民"③，到新都洛阳的营建进一步结合魏晋洛阳的制度，在平城的基础上进一步严格执行"四民异居"的基本原则，具体化为三条操作标准，一是官位相从，二是族类相依，三是行业相聚，真正实现了"分别士庶，不令杂居，伎作屠沽，各有攸处"④。从文献和考古发掘来看，城内的 9 个里全部为皇室贵族居住，其他居民都住在城外郭中；在外郭部分，西郭聚居的主要是鲜卑系官僚，东郭则主要分布的是汉族达官贵人，南郭则是商人和外国使者居住的地方。与之前一个主要的不同是，大多数手工业作坊也由内城迁往外郭，改变了西汉以来在都城北部设市的所谓"前朝后市"城市布局。这种城市空间分区更加等级化、形制更加整齐方正的变化，不仅体现了机制组织上的严密性，更体现了机制对居民控制能力的强化。

二　隔墙和时间紧密配合的军事化城市秩序管理机制

为了应对这一时期战乱频繁与人口的大规模流动，城市普遍建筑了坚固而且多重的城墙以增强战争防御能力。不仅如此，北魏都城平城和洛阳的郭城"悉筑为坊"。从"坊"字的渊源来看，《礼记》的《坊记》篇中，"坊"读作"防"，"防"本身的意思就是指四周有围墙的区域。北魏将都城居民组织单位"里"改名为"坊"，更强调了其中坊墙的作

① （宋）李昉等：《太平御览》，转引自郑卫、饶晓晓《唐代市的变化与古代城市规划制度变迁》，《城市规划》2012 年第 8 期，第 21 页。
② 任重、陈仪：《魏晋南北朝城市管理研究》，中国社会科学出版社，2003，第 109 页。
③ 刘淑芬：《六朝的城市与社会》，台北：台湾学生书局，1992，第 427 页。
④ 《魏书》卷六〇《韩麒麟传》，中华书局，1974，第 1341 页。

用。在周和秦汉这两个时期，里墙的修筑，首先是弥补城墙不够完善的缺陷承担防卫功能，其次才是监督管理功能，而这一时期则将坊墙控制、隔离的管理功能放在了首位，"悉令坊内行止，不听毁坊开门，以妨里内通巷"①。魏晋南北朝时期城市里已经建立了各级报时机构。据《洛阳伽蓝记》记载，西晋洛阳建春门外建春里的市令署"上有二层楼，悬鼓击之以罢市，有钟一口，撞之闻五十里"。②这说明西晋的市中已有以钟鼓传递时间的管理机构。南北朝时，宫殿内已固定设钟楼。《建康实录》引《修宫苑记》记载，东晋咸和七年（332）建康宫建成，"第三重宫墙南面端门，夹门两大鼓，在两垫之南，并三丈八尺围，用开闭城门。日中、晡时及晓，并击以为节，夜又击之持更"。《南齐书·武穆裴皇后传》也有类似记载："（齐武帝）以宫内深隐，不闻端门鼓漏声，置钟于景阳楼上，宫人闻钟声，早起妆饰，至今此钟唯应五鼓及三鼓也。"③《通典》载："南齐宫城诸却敌楼上本施鼓，持夜者以应更唱。"④由此可知，宫城南面的正门端门上设有正式的计时装置，并设鼓报时，称为鼓漏。北朝也有类似的设施，北魏神瑞三年（416）"又建白楼，楼甚高竦，加观榭于其上，表里饰以石粉，皭曜建素，赭白绮分，故世谓之白楼也。后置大鼓于其上，晨昏伐以千椎，为城里诸门启闭之候，谓之戒晨鼓也"⑤。其他地方城市的城门是各地主要的报时建筑。内外城城门、宫城门、市门、里门都要根据鼓声指示的时间信号按时启闭，不得有误。隔墙管理制度和报时制度紧密配合机制体现的就是本时期更加严格的夜禁制度。东晋建元初年（343）的扬州刺史殷浩以严格执法远近闻名，有人不解为何傍晚行经扬州的路人都早早投宿，得到这样的解释："刺史严，不敢夜行。"⑥东晋荆州城有夜间巡逻者，遇人问而不答，即以刀击

---

① 《魏书》卷一一四《释老志》，中华书局，1974，第3046页。

② （北魏）杨衒之、（宋）释祖秀：《洛阳伽蓝记 华阳宫记事》，中华书局，1991，第61页。

③ 《南齐书》卷二〇《武穆裴皇后传》，中华书局，1972，第391页。

④ （唐）杜佑：《通典》卷二五《职官七》，中华书局，1984，第589页。

⑤ （北魏）郦道元：《水经注》卷一三《㶟水》，陈桥驿译注、王东补注，中华书局，2012，第87页。

⑥ 见（南朝宋）刘义庆《世说新语·政事第三》，鄢先觉、赵振铎注译，岳麓书社，2022，第88页。

之。① 即使是贵为皇帝的南齐武帝在晚上与人出行时也不禁惴惴不安："今夜行，无使为尉司所呵也。"②

三　日常监控与应急措施相结合的城市治安管理机制

魏晋南北朝城市治理的关注点主要放在监管城郭人口上。尤其是北魏在城市中较多地设立坊制，平城"其郭城绕宫城南，悉筑为坊，坊开巷，坊大者容四五百家，小者六七十家，每南（闭）坊搜检，以备奸巧"③。应该说北魏筑坊的主要目的就是密切控制被虏迁的民族和防备"奸巧"。北魏洛阳的里坊管理之严密使之成了一座座"城中之城"，"里开四门，门置里正二人，吏四人，门士八人"④，加强了对里坊居民的监控与管理。除了这些常规监控制度和措施，魏晋南北朝动荡的时代特点，还催生了较为完善的城市应急管理制度。中国古代作为治安制度的戒严，应是从魏晋开始实行的。⑤ 汉魏以来形成了盗劫起则鸣桴鼓的定制。北朝孝文帝时李崇创制的悬鼓报警之制，被各个城市纷纷模仿，都"置楼悬鼓"，一般情况下通过鼓声报时统一管理全城的城门、坊门、市门启闭，遇到水火劫盗等特殊情况则召集大家前往救援，或者关闭城门、坊门、关门等通道减少损失。特别值得一提的是，还有城市管理者利用改变城门关闭时间的方式处理治安事件和突发情况，《魏书·高宗纪》记载，兴光元年（454）九月"闭都城门，大索三日，获奸人亡命数百人"。南朝梁初年，前朝齐的残余势力在都城发动骚乱，梁武帝对指挥处理的司马吕僧珍提出自己的分析判断："贼夜来是众少，晓则走矣。"命击五鼓，叛贼以为天将明，"乃散"⑥。后赵时期都城邺"盗贼互起，每夜攻劫，晨昏断行"，为了解决这一失控局面，决定"设奇禁"，通过鼓励告发捕杀贼首使局面得到控制。

---

① 见（唐）释道世《法苑珠林》卷二一，上海古籍出版社，1995。
② 《南史》卷四二《齐高帝诸子传上》，中华书局，1975，第 1065 页。
③ 《南齐书》卷三八《魏虏传》，中华书局，1972，第 985 页。
④ （北魏）杨衒之撰，范祥雍校注《洛阳伽蓝记校注》卷五《城北》，上海古籍出版社，1978，第 349 页。
⑤ 朱绍侯主编《中国古代治安制度史》，河南大学出版社，1994，第 231 页。
⑥ 《南史》卷五六《张弘策传》，中华书局，1975，第 1383 页。

四 行政与空间相统一的里坊城市基层治理机制

秦汉时期国家治理重点关注比较宏观的中央和地方政府层面，政府对基层社会的管理是比较松散或者说放任的，以自我监管为主，基层的里正也是一个半官方半民间的角色。魏晋南北朝时期，里坊制逐渐成型，最重要的变化就是外郭城逐渐成为城市发展的重要区域，成为众多的外来人口和各种成分的普通居民的居住区。① 而且魏晋隋及唐前期，城市社会的主流是士人，城市治理主要围绕士人的需要展开。北魏洛阳，行政区、居民区和商业区的区划并不规范。街道的规划和郭城的管理也不完善，城市治理的重心仍然在内城及内城周边区域。整个魏晋南北朝时期社会持续动荡，大量流民拥入城市，给城市的管理造成了极大困难，因此，魏晋南北朝都积极整饬里坊，严加控制。② 曹魏邺城已经出现了加快向规整的"里"发展的趋势，魏晋时代"里"逐渐开始改称"坊"，但这一时期大多数城市的"里"还遗留着较多秦汉不规则的特点。修建北魏平城时，城中布满了这种规整、方正的"坊"，并且形成了与里在空间上一一对应的关系，此后这种规划方式也被应用到了洛阳，但在地方城市中并没有推广。③ 北魏景明元年（500）一次性修建完成洛阳的320个坊，《洛阳伽蓝记》记载北魏洛阳城"方三百步为一里"。这是中国古代都城建设史上第一次有计划地把居民的"坊"整个建成，进行了整齐的布局，规定了统一的规格。④ 洛阳之所以一次性出现如此大量的里坊，是为了集中安置大批随迁而来的皇族、宗室、官僚、北魏带部落性质的军事编制或投魏的中原人士，在综合考虑族姓、官品和方便管理的基础上，按照"分别士庶，不令杂居，伎作屠沽，各有攸处"⑤ 的基本原则，采用了划一规整的里坊空间规划和里坊的分配及管理制度。在"管理上则已是封建制下的行政组织，而这个行政组织又辅有由中央直接

---

① 宁欣：《城市化进程的历史反思：以唐宋都城为中心》，河南人民出版社，2019，第15页。
② 任重、陈仪：《魏晋南北朝城市管理研究》，中国社会科学出版社，2003，第109页。
③ 成一农：《空间与形态——三至七世纪中国历史城市地理研究》，兰州大学出版社，2012，第133页。
④ 杨宽：《中国古代都城制度史研究》，上海人民出版社，2016，第257页。
⑤ 《魏书》卷六〇《韩麒麟传》，中华书局，1974，第1341页。

统率的军管性质"①。但是具体来看坊和里的含义还是有区别的，坊制是城市中贯彻分区管理的切实手段，② 也就是说"坊"主要是用于城市管理空间区划，而设官分职等行政管理还是沿用前代所用的"里"。洛阳城"里开四门，门置里正二人，吏四人，门士八人"③，北齐邺城"京邑诸坊，或七八百家唯一里正、二史"④，同时当时里有正式的名称，而坊没有，墓志铭等正式表述中也更多使用里。也就是说，坊是空间单位，而里则是行政单位，里的划分以坊为基础，原则上一里对应一坊，实现了新出现的"坊"与原来的"里"的紧密结合。

第六节 "正统—模仿"型城市治理体系的总体特征

一 正统定义秩序的实用主义城市治理体系

由于汉的建立者刘邦出身寒微，异于血缘宗法社会所形成的统治者身份尊贵的传统，两汉逐步确立起以"天命"为中心的正统观来提升统治的合法性，到魏晋时期这一观念已经成为华夏社会的主流政治意识，并在周边地区产生一定影响，"在当时人们的普遍观念中，某个政权能否得到人们的爱戴，成为正统，首先看它是否能争得在中原的生存权和对中原的主宰权，得到中原文化的认同"⑤。三国两晋南北朝除了西晋有短暂的统一之外，大部分时间处于分立政权共存的状态，作为巩固政权统治的手段，各个政权尤其是入主中原的十六国北朝少数民族政权，也都利用并建构有利于自己的正统观念以"自证"其合法性。少数民族政权统治者大多附会各种天命祥瑞现象起事，称并存的其他政权为"伪"政权，传承并强化天命正统观、中原正统观、华夏文化正统观，尤其是十

① 宿白：《北魏洛阳城和北邙陵墓——鲜卑遗迹辑录之三》，《文物》1978 年第 7 期，第 45 页。
② 万晋：《"变动"与"延续"视角下的唐代两京研究》，商务印书馆，2018，第 10 页。
③ （北魏）杨衒之撰，范祥雍校注《洛阳伽蓝记校注》卷五《城北》，上海古籍出版社，1978，第 349 页。
④ 《北齐书》卷二八《元孝友传》，中华书局，1972，第 385 页。
⑤ 庞骏：《东晋建康城市权力空间——兼对儒家三朝五门观念史的考察》，东南大学出版社，2012，第 65 页。

六国北朝时期逐渐自称"中国",对华夏正统观造成了严重挑战,逐步转变了北方汉族士人尊晋与南朝为正统的思想,"从南朝单方面地以正统相号召,演变为南北之间比较纯粹的军事实力上的竞争"①。东晋时期则仍然坚持华夏正统观与中原正统观,南朝转变为视建康为天下中心。正统观念落实到治理体系中是一种秩序观,自然也深刻渗透到了魏晋南北朝的城市治理体系之中。南北朝时北朝的少数民族政权对人口占压倒多数的世居民众进行统治,采取的就是满足其心理上的需求方式,在都城建设上尽可能地依赖符合礼制的象征性外貌形态,用充满象征性的建筑空间和具有隔离性、封闭性的管理来强化统治。尽管两汉都还来不及将儒家的礼制完全贯彻到都城规划与都城建设中,但这一理念却从此深入人心,因此,无论是六朝建康,还是曹魏邺都,都力图在城市建设中体现出儒家礼制,把国家意识形态具体化。不过,这一时期真正把儒家礼制运用到都城建设中的巅峰之作,却出自鲜卑族所建立的北魏政权,他们所营建的都城洛阳堪称当时最能体现《周礼·考工记》原则的佳作,并显然启发了后来宇文恺营建隋都大兴城的思路。② 由于夏商周以来洛阳几乎是中原历史的符号,于是这一时期的"每一个政权都要力图标榜自己是正统王朝的继承者,所以其都城都以魏晋洛阳为模式,而不能逾越"③。北魏迁都洛阳,到了东魏、北齐的邺南城,"其制度盖取诸洛阳与北邺"④。在《洛阳伽蓝记》的作者杨衒之看来,洛阳乃承续华夏正统之地,是汉文化正朔之所在。⑤ 中国古代有不用里坊制的城市,建康城即是一例。自汉以降,都城宫室的制度基本依循秦代开创的加强中央集权、提高君权的原则来规划,这即是秦制。⑥ 东晋遵循西晋旧制,并按魏晋洛阳模式改造建康,从历史记载可以断定,建康里坊设置的上限不早于东晋,⑦ 南方六朝城市"里"字使用相当普遍,都说明中原里坊制度随政权南渡被用来安邦治国、慰藉北人。

①　陈金凤:《北魏正统化运动论略》,《黑龙江民族丛刊》2008 年第 1 期,第 103 页。

②　张晓虹:《匠人营国:中国历史上的古都》,江苏人民出版社,2020,第 3 页。

③　吴良镛:《中国人居史》,中国建筑工业出版社,2014,第 154 页。

④　(明)顾炎武:《历代宅京记》卷一二《邺下》,中华书局,1984,第 188 页。

⑤　王建国:《〈洛阳伽蓝记〉的都市书写》,《光明日报》2021 年 5 月 17 日,第 13 版。

⑥　郭湖生:《中华古都》,中国建筑工业出版社、中国城市出版社,2021,第 156 页。

⑦　卢海鸣:《六朝建康里坊制度辨析》,《南京社会科学》1994 年第 6 期,第 22 页。

二　正统化语境下体制趋同的模仿城市治理路径

魏晋南北朝确立政权正统合法性的主要方式是模仿被认为是正统政权的各种制度。三国中与东汉渊源最浅的孙吴就"在制度上、观念上、学问上更多地继承了汉朝正统"①，"凡江左承袭汉、魏、西晋之礼乐政刑典章文物，自东晋至南齐其间所发展变迁，而为北魏孝文帝及其子孙摹仿采用，传至北齐成一大结集者是也"②。这种模仿路径导致魏晋南北朝在城市治理体制上的趋同。一方面是都城体制的趋同。这一时期的都城模式基本遵循了后朝仿前朝的逻辑。三国孙吴都城建业就更多沿用先秦两汉的"多宫制"，东晋以后的建康城基本仿照曹魏邺城和魏晋洛阳，北魏更是在平城初建时即决定模仿邺、洛、长安之制。总的来看，南北朝都城如建康、邺城和洛阳等都带有实行周代礼制的明显趋同性，与秦及西汉都城的随意性有显著区别。另一方面是南渡政权把中原制度带到南方城市，北朝继续在北方城市学习和改进前朝中原制度，也促进了这一时期城市治理体制的整体趋同。见诸史载的建康里坊上限不早于东晋，明显是南渡的北方人带过去的。南渡人口的广泛分布及中央政权对南方边缘地区控制的强化，进一步使原来中原的城市治理体制在更广的区域得到实行，六朝时期"里"字使用相当普遍就说明了城市里坊制度的普及。

三　等级化与军事化相结合的城市治理体系落实手段

魏晋南北朝时期长时间的分裂割据，使地方行政体制普遍具有军事化的特征，无论是士族主导的南方政权还是少数民族掌权的北朝，最终都出现了以军人将领为主的政权更迭。这种军事化首先表现在政权体制上，魏晋南北朝时期各政权的最大特点就是军政合一、行政管理与治安管理合一。南北朝地方制度受军事化影响，文职官员普遍加有武职称号，尤其州级政府，一般都军政合一。③ 地方行政首长更是"外修军旅，内治民事"。同时，"频繁的战乱、森严的等级制度，以及不活跃的城市经

---

① 张学锋：《所谓"中世纪都城"——以东晋南朝建康城为中心》，《社会科学战线》2015 年第 8 期，第 76 页。
② 陈寅恪：《隋唐制度渊源略论稿》，中华书局，1963，第 1 页。
③ 周振鹤：《中国地方行政制度史》，上海人民出版社，2014，第 152 页。

济，使这一时期的城市形态突出了军事防御的需要"①。吴国孙权明确下令，"诏诸郡县治城郭，起谯楼，穿堑发渠，以备盗贼"②，三国两晋城市大多驻有重兵。南朝的城市也驻扎军队，并与行政机构配合维护城市秩序。这一时期城市除了加强日夜巡逻的武装力量外，还健全了鼓漏警夜制度。另外，魏晋南北朝城市普遍具有的这一时代特征，也使"本时期的城市管理呈现出军事化的特点"③。尤其是北魏改建后的都城洛阳城中街坊与道路整齐划一，严格按照森严的身份等级来划分，体现了鲜卑族浓厚的军事管理特色。北魏洛阳的里坊制，在"管理上则已是封建制下的行政组织，而这个行政组织又辅有由中央直接统率的军管性质"④。这时居民区的称谓"坊"所内含的"防"字本义，也是等级化与军事化的最好例证。而北魏宣武帝末年，河南尹甄琛为解决洛阳"诸坊混杂，厘比不精，主司暗弱，不堪检察"的问题，使里正由流外四品晋升至勋品，统管京师社会治安的六部尉为正九品，并"以羽林为游军，于诸坊巷司察盗贼"⑤，体现了这一时期城市治理体系等级化和军事化有进一步深化的趋势。

四 细密规范的城市基层治理体系

在战乱纷仍的分立政权下，为了有力控制人口，防止其逃亡流散和保障赋役来源，魏晋南北朝都非常重视城市基层治理制度以实现城市的有效治理，推动里坊制度作为城市建设和管理的基本制度走向成熟。本时期城市基层治理制度成熟的标志有以下几个表现。一是里坊的设置越来越广泛，无论南朝还是北朝，设置里或坊的城市越来越多，目的都是加强对里坊居民的控制与管理。二是里坊更加规整化、体系化。方圆一里棋盘化、方格化，从而使此时期的里坊布局更加规整化。最初城郭这种分区被称为"里"，主要是因为其每边长都接近一里，魏晋南北朝特

---

① 李孝聪：《历史城市地理》，山东教育出版社，2007，第113页。
② （晋）陈寿：《三国志·吴书·吴主传》，转引自朱绍侯主编《中国古代治安制度史》，河南大学出版社，1994，第269页。
③ 任重、陈仪：《魏晋南北朝城市管理研究》，中国社会科学出版社，2003，第84页。
④ 宿白：《北魏洛阳城和北邙陵墓——鲜卑遗迹辑录之三》，《文物》1978年第7期，第45页。
⑤ 《魏书》卷六八《甄琛传》，中华书局，1974，第1515页。

别是北魏之后坊都是正方形的，一坊占地一平方里，一坊设一里。三是更加重视隔墙的作用，"坊"字本义通"防"，即四周筑有围墙的封闭型区域，北魏有明确制度，"悉令坊内行止，不听毁坊开门，以妨里内通巷"①，着意强调了坊墙控制、隔离的管理功能。四是形成了严格的基层管理组织体系。北魏洛阳里坊实行了更加严格的管理制度，里坊四面各开一门，按时启闭实行宵禁，形成一座座城中之城。设有里正二人和里吏四人主管里中政务，并设有门士八人，监督观察四门出入的人。② 宣武帝末年，又将里正由流外四品晋升至勋品，进一步强化了里坊管理制度。

第七节　案例：南朝建康令

一　背景

如果说周公营建的洛邑和以秦代咸阳、西汉长安为代表的新生大一统国家都城，都是统治者经过周密计划有选择、有控制地施行政策移民的结果，那么，处于长期战乱分裂状态且偏处一隅的南朝，则造就了一个前所未有的突发移民都城——建康。建康地区人口曾多达"一百五十万以上"，是当时世界上人口最多的城市，其中半数左右与移民有关，这些人口杂乱地交织在一起。同时，建康"街巷纡曲斜错，没有修筑整齐、高垣封闭的坊里，夜间虽有巡逻呵察行人，亦无关闭坊门的宵禁制度"③，建康是首个环状布局的人口密集型都城。④ 这些因素叠加，致使建康继承且加强了前朝都城长安、洛阳所具有的人杂五方、治安混乱的特点，自东晋开始，"终六朝之世，建康每多盗贼，不能禁遏"⑤。

二　建康城市治理发展过程

作为战乱突发性集中移民城市的代表，建康的都城地位及其良好

---

① 《魏书》卷一一四《释老志》，中华书局，1974，第3046页。
② 杨宽：《中国古代都城制度史研究》，上海人民出版社，2016，第257～258页。
③ 郭湖生：《中华古都》，中国建筑工业出版社、中国城市出版社，2021，第17页。
④ 张学锋编《"都城圈"与"都城圈社会"研究文集——以六朝建康为中心》，南京大学出版社，2021，第109页。
⑤ 刘淑芬：《六朝的城市与社会》（增订本），南京大学出版社，2021，第165页。

的经济、文化氛围吸引了大量移民，是当时南朝统治区平均人口密度水平的七倍，同时，由于其商业空前发达，权贵恃强斗狠，富豪竞奢为乱，小民争利好斗，特别是建康城顺其自然分布的街巷市集，不完善、不成熟的封闭里坊设施管理有名无实，更加便于不法之徒藏匿，建康城治安形势更加严峻。再加上东晋南朝基本实行文治政策，主要执政者谢安、王俭等认为这是都城的正常现象，持放任的态度，"大城内部的整治与完善迟迟得不到进展，而街市的发展速度却远远超出预期"①，这对建康的直接管理者建康令提出了前所未有的挑战。在此情况下，南朝建康令出现了在职掌、权属、人选素质等方面越来越综合化、系统化的趋势。

　　南朝对建康的治安稳定十分重视，强化完善了与建康令相关的城市治理体制建设。按照京城以安全稳定为主的治理要求，与一般县令以"输入赋税多少为主"不同，建康令"以治安、司法为核心职掌，以财政、民政为辅助职掌，以军事、外交等活动为特殊职掌"②。与此相对应，朝廷赋予了建康令较大的权属，不但把建康令定为比一般县令品阶更高的七品，还让其兼任相同品级的将军职务（见表 5-2），以便其调动军队维持京师治安和参战保卫京师。同时，还强化建康令下属的监狱系统，比照中央的"廷尉三官"设置"建康三官"，协助建康令管理建康狱。另外，还形成了一套比较完备的建康令任职人选资格选拔指标体系，主要包括出身士族、地方政绩突出、品行刚正廉洁、文化素养较高等。这些举措有力保障了建康城市治理的稳定。

表 5-2　建康令加将军号统计

朝代	人物	将军号	品级	文献出处
宋	萧道成	武烈将军	六品	《南齐书·高帝纪上》
齐	刘系宗	龙骧将军	七品	《南齐书·幸臣·刘系宗传》
齐	纪僧真	建武将军	八班	《南齐书·幸臣·纪僧真传》
齐	吕文显	宁朔将军	十三班	《南齐书·幸臣·吕文显传》

---

①　陈明光：《六朝财政史》，中国财政经济出版社，1997，第 131~142 页。
②　权玉峰、张磊：《南朝都城行政官员研究——以建康令为例》，载柴冰、董劭伟主编《中国历史与传统文化论丛》第 4 辑，中国社会科学出版社，2018，第 226 页。

朝代	人物	将军号	品级	文献出处
齐	何远	辅国将军	十四班	《梁书·良吏·何远传》
梁	乐法才	招远将军	九品、二班	《梁书·乐蔼传附子法才传》
梁	刘潜	戎昭将军	八品	《梁书·刘潜传》
梁	孔奂	贞威将军	七品、七班	《陈书·孔奂传》
陈	沈孝轨	宁远将军	十三班	《陈书·儒林·沈洙传》
陈	萧引	贞威将军	七品、七班	《陈书·萧允传附弟引传》

资料来源：权玉峰、张磊《南朝都城行政官员研究——以建康令为例》，载柴冰、董劭伟主编《中国历史与传统文化论丛》第4辑，中国社会科学出版社，2018，第229页。

三　南朝建康令突出了中国古代城市治理体系中治理职权调整的重要性

（一）南朝建康令把职务授权提升到一个空前重要的地位

魏晋以来的分裂割据竞争，使延续东汉的治理制度体系成为标识政权正统合法的刚性约束条件，这从根本上限制了城市治理体系的发展空间，使城市政权机构出现不断惰化的趋势，并最终导致了城市治理官僚系统效能的下降。但是中国古代地方官僚制度是一种典型的授权制，这又为君主根据城市治理需要对官僚的治理职权进行调整提供了制度上的弹性空间和可能性。南朝建康令所体现的城市治理体系发展，就是在这种宏观结构上维持既有体制的框架下，通过强化、细化授权以补足、补充城市治理的职权内容，来消解官僚惰化。

（二）南朝建康令深入挖掘了古代城市治理官僚职权体系构成

汉代的官僚组织是很不成熟的，就像一种大小长官的集解体。① 南朝建康令通过官僚职权的完善，实现了城市治理体系由秦汉松散型集合式结构向紧密型叠加式结构的转变。一方面，建康城人员复杂，里坊规制不完善，使建康令在职权上强化了军政向民政的渗透，实现了军政、民政、治安管理的深度融合，城市管理的治安核心化更突出、综合性更显著，县级机构的城市治理内容更加充实；另一方面，建康城治安

---

① 〔日〕宫崎市定：《中国聚落形态的变迁》，张学锋、马云超、石洋译，上海古籍出版社，2018，第25页。

因流寓北人集团化涌入，与当地世居民众之间产生摩擦而极度恶化，以建康令为核心的县级机构逐步复杂化，治安管理机构与司法管理机构交叉重叠，其职员队伍也日益扩大，县级城市治理体系结构更加强化、细化。

（三）南朝建康令强化了古代城市治理体系的城市特色

空前繁荣的商业气息、无以复加的文化气质与延绵不绝的士族统治共同构成了建康在南朝的优越地位，"南朝境内对建康都城地位的认可已达成共识，与此同时也伴随着对整个建康群体以及群体价值的认可"①。同时，建康的这种优势并未体现出都城应有的外向辐射作用，而是形成内向排外的城市门第意识，这造就了南朝建康在中国古代城市史上的个性特征。这一特征具体反映在南朝建康令这个职位上，就是它基本上掌握在建康社会的主体——士族手中，大部分的建康令具有很高的文化素养，并将这一城市个性体现在建康城治理的观念之中，表现为城市治理施政过程中很强的文治特征。

四　南朝建康令对古代城市治理体系发展的重要意义

南朝建康令在中国古代城市治理体系发展过程中的重要意义，在于它以微观的职务要素建设，所折射出的远超其自身属性的宏观和中观治理内涵，展现出极强的时代特征和城市特点。首先是宏观层次上，南朝建康令的建制形式非常重视与魏晋洛阳令在城市治理体制上的延续性，从体制范式的角度被赋予了深层次的正统性话语内涵。其次是中观层次上，南朝建康令体现了古代都城治理前所未有的城市地域特色，反映了建康治理社会层面与政治层面紧密结合的特点，以及南朝政权建康化的强烈时代特色。最后是微观层次上，南朝建康令突出了城市治理制度的职权建设，在坚持既有体制框架的基础上，开启了与现实城市治理需求相适配的细化制度要素内涵的调整完善，以内涵的完善提升了整体治理效能。

---

① 权家玉：《画地为牢：南朝政权的京畿化与政局演变》，《厦门大学学报》（哲学社会科学版）2016年第5期，第8页。

小　结

　　大分裂、大动乱的魏晋南北朝时期是一个政权分立和人口流动的时代，形成了南北方之间的军事竞争和正统竞争，本时期的军事竞争强调城市治理制度的"城"，不仅突出了城市的防御据点性质，还突出了城市控制人口的工具职能；而各分立政权的正统竞争中心在于"正"，带动了相互之间尤其是对魏晋等前代城市治理制度体系的模仿学习，推动了城市治理制度体系的规范化和趋同化。二者的共同作用，进一步凝聚成本时期城市治理体系更侧重于集中控制、等级鲜明、严密有效的实用主义特性。魏晋南北朝时期的地方城市体制延续东汉旧制，城市基层治理有强化的趋势，北魏一度出现将宗族组织纳入国家行政体系的做法，"北魏建立之初，为加强对城市基层的管理，统治者意欲将宗族组织纳入国家行政体系，而其最主要的职责就是敦促各族按照九品差调完成应纳的赋税和应服的徭役"[1]。从正统理念出发，东晋移民不是直接融入当地原有城市，而是创造性地设立侨郡、侨县这种有民无土的新型城市治理形式，以体现其仍然代表全国性政权的正统地位。

---

[1]　李凭：《北魏平城时代》，上海古籍出版社，2014，第372页。

第六章 隋唐"权力—制度"型
城市治理体系

经过魏晋南北朝长达 300 多年的分裂局面，再次实现大一统的隋唐，面临着如何强化中央权力的紧迫问题，为此逐步形成以等级严格划一制度为特征的权力话语体系。在这样的大背景下，隋唐时期城市经历了一个稳定的发展阶段，具备了封建社会城市所具备的大部分特征，城市治理体系也随之达到一个前所未有的制度化水平，进入了中国古代城市治理体系的定型期。

第一节 隋唐时期大一统中央集权的
国家治理体系

一 大一统中央集权制度

魏晋南北朝长达 300 余年的政权分立在中国历史上持续最长、危害最大，隋唐两代充分总结了这一经验，不断通过制度建设强化中央集权制，"论中国政治制度，秦汉是一个大变动。唐之于汉，也是一个大变动"[①]。隋唐的这一制度建设，在中央层次上主要是强化中央权力系统内部权力向皇帝集中的专制制度，用三省分权代替了以前的宰相集权，三省在各有分工的基础上，又形成了互相联系、互相督察、互相制约的有机共同体。在中央与地方的关系层次上，隋唐两代也显示出了前所未有的重视，花大力气改造魏晋南北朝的州、郡、县三级制和省并州县，将地方行政制度调整为更为合理的州、县二级制，实现了更加高效的政令上下通达，同时还把地方官吏选授权收归中央，彻底扭转了地方

---

① 钱穆：《中国历代政治得失》，生活·读书·新知三联书店，2001，第 67 页。

政权割据尾大不掉的局面。此外，还在人才选拔方面正式确立了科举制度，将士族从控制国家政权的分离力量转变为中央集权制下以官俸为经济来源的城市家庭，通过士族的中央化，削弱了士族地主集团在国家政权中的影响力。这样，大一统的中央专制集权制度达到了前所未有的高度，隋唐都城长安的棋盘化中轴线布局，正是统一王朝权力高度集中的一种标志。

二　礼法迭用的治理理念

立国之始，隋就以继承汉魏旧法为主，也就是以汉族常用习见者为主。在修订刑法时，"采魏晋刑典，下至齐梁，沿革轻重，取其折衷"，是一次兼收并蓄的整理。[①] 隋唐时期儒学经世致用的实用性得以充分体现，虽然顺着前代北朝尊崇周制的逻辑，隋唐的礼制直溯西周，但"唐承汉统"说强调了唐朝的正统直接来自汉朝。在"天可汗"体系中，可以窥见华夷关系的痕迹，但也暴露出"唐礼"已并非先秦经典儒家所倡导的合乎人情的近仁之"礼"，而更多的是沿着秦汉之后经过法家精神变异独尊官府专制意志的礼教，唐礼的核心就是君臣官民上下等级之制、家族宗法尊卑之制。《唐律疏议》卷首载，"德礼为政教之本，刑罚为政教之用，犹昏晓阳秋相须而成者也"[②]，贴切地道出了隋唐时期国家治理中礼制与法律的关系，唐太宗更进一步将之总结为"刑礼道迭相为用"。同时，唐代的国家治理体系完成了从汉代发端的"礼""法"融合进程，使"礼"与"法"的融合贯穿在日常的社会管理之中，渗透到老百姓的日常观念中。融礼入律而成的唐律，是这一思路的重要体现。唐律把礼制的原则作为律典制定、修改及注释的重要来源，甚至有时直接将礼的原则作为法律实施。《四库全书总目提要》对唐律特征"一准乎礼"的评价，道出了唐律的这一精髓，唐律成为法律儒家化的一个典范。"礼乐文明"和"律令体制"也为观察这一时期城市治理史提供了重要的视角。[③]

---

① 郭湖生：《中华古都》，中国建筑工业出版社、中国城市出版社，2021，第189页。
② （唐）长孙无忌等：《唐律疏议》，中华书局，1985，第3页。
③ 姜伯勤：《唐代城市史与唐礼唐令》，载荣新江主编《唐研究》第10卷，北京大学出版社，2004。

三 地方行政制度的两级制调整

秦代确立的郡县制,因魏晋南北朝时期政权的长期分裂造成州郡滥置,郡县 "倍多于古,或地无百里,数县并置;或户不满千,二郡分领"①。为了改变这一混乱局面,隋文帝、炀帝两朝先后采取了减少行政区划层级、减并州县等措施,对全国的行政区划制度进行改革,以削弱地方势力强化中央集权。先是隋文帝改地方行政区划州、郡、县三级制为州、县二级制,且省并若干州县;炀帝时将州改为郡,又省并了一些州县,在全国范围内形成了整齐划一、分布合理的地方行政区划,到大业五年(609)全国有郡 190 个、县 1255 个。唐建立后,在唐太宗贞观年间又把郡改为州,并做了一番省并,到贞观十四年(640),全国共有州 360 个、县 1557 个。② 至此,两级制地方行政制度得以重新确立,中央集权得到加强,国家的行政效率得到有效提升。同时,随着社会稳定、地方经济的发展,这一时期的两县共治一城现象大幅增加。隋朝曾有 4 处两县同治一城,终朝保留 3 处(大兴、洛阳、太原)。唐在隋的基础上恢复了越州和扬州,增加了益州、常州、苏州、沐州、魏州、贝州、扶风郡、广州、幽州、福州 10 处州郡治所,这些调整除扶风郡之外,终唐一朝没再变动。长安、洛阳二都还分别出现了 30 余年和 10 余年的四县合治一城的现象,这种情况在中国古代历史上空前绝后。

四 国家治理制度的严格律令化

隋唐大一统的中央专制集权体制具体体现在完整规范的律令体系上,严整规范的律令典章构建起这一时期独特的 "律令秩序",唐律甚至还成了 "东亚刑律之准则"③。《唐律疏议》卷三〇《断狱律》规定,"诸断罪皆须具引律、令、格、式正文",也就是说,律、令、格、式是唐代法律体系的基本形式。其中,令作为 "设范立制" 的工具,是政府部门和社会个体所必须遵守的规章,具有国家制度的性质,发挥着直接指导

---

① 《隋书》卷四六《杨尚希传》,中华书局,1973,第 1253 页。
② 曹洪涛:《中国古代城市的发展》,中国城市出版社,1995,第 90 页。
③ 阎步克:《波峰与波谷——秦汉魏晋南北朝的政治文明》,北京大学出版社,2017,第 7 页。

国家机器运转的作用。唐令是关于国家体制和基本制度的法规，因而也是唐代整个法律体系的主干。① 律秉承"违令有罪则入律"的原则，是惩治罪犯发挥威慑作用"正刑定罪"的刑法，它是在其他形式无效的情况下，动用国家强制力进行干预的手段，律本身不涉及国家制度的原则性规定，而是作为国家制度实施的保障工具。式承担着"以轨物程事"的具体实施细则功能。格的职能是"禁违正邪"，是政府各部门对相关法律的补充和修改，但这种补充和修改的生效以已有律、令、式的成法为前提。隋唐法律制度非常详细规范，以律令的形式统一规范了"村"与"坊"的管理，从而形成了自然形态上的"城市"与"乡村"之别，② 而且从法律条文上对都城管理加以制度化的肯定，并试图将这一理念推广到地方建制城市中去。③

第二节　隋唐时期城市的发展

一　城市的规范发展与繁荣

隋唐两代初期都对前代州郡乱置的地方行政制度进行了规范，州（郡）县两级的地方行政制度再次得以确立，在全国范围内形成了整齐划一、分布合理的城市等级体系，城市的数量规模也随之稳定下来，相当比例的城市始建于隋，此时的郡县制已较为稳定。隋唐城市主要是政治型城市、军事城堡型城市，包括较强商业功能的综合性城市相对前两类城市数量较少。这种特点可以从确定城址主要考虑军事政治因素的现象中得到证实，都城长安就是这种思路的结果，隋代开凿大运河的首要目的，是应对都城长安大量集聚人口的物资供给难题。唐代城市居民主要有六类——政府统治阶层及其家属随从、工商业者、宗教人员、文人、伶人妓女、社会闲散人员和流动人口等，士族城居成为一种潮流。城市结构更加紧凑、层次更加分明，在大兴城中居民区所占空间达到63.8%，与汉代长安城宫殿建筑占全城2/3的情况正好相反。到唐天宝

---

① 戴建国：《唐〈开元二十五年令·田令〉研究》，《历史研究》2000 年第 2 期，第 50 页。
② 夏炎主编《中古中国的都市与社会》，中西书局，2019，第 210 页。
③ 李孝聪：《中国城市的历史空间》，北京大学出版社，2015，第 63 页。

年间，人口超过 7 万户的州共有 30 个，主要分布在黄河中下游和长江下游两个地区。[①] 据估计，唐朝城市人口达 800 万人左右，占全国人口总数的 10% 以上，[②] 这一比例从当时世界人口城市化的发展程度上看相当高了。

隋唐时期城市的规范化发展，不仅体现在严格的层级和相对稳定的数量上，还体现在相对合理、更加丰富的城市规模层次上。在第一个层次上，都城大兴（长安）和东都洛阳是全国的政治和经济中心，大兴（长安）城市规模最大，是世界古代史上规模最大的城市，洛阳人口最多。在第二个层次上，据《唐六典》记载，全国的大都会还有凤翔、江陵、太原、河中、成都 5 个综合性城市。时人称"扬一益二"，扬州是排在长安、洛阳之后的第三大城市，玄宗天宝元年（742）约有人口 47 万人，成都则又次于扬州。在第三个层次上，有洪州、潭州、大名、苏州、广州 5 个区域中心城市。在第四个层次上，则是人口众多且处于交通战略要地的州郡都邑。同时，在政治经济地位重要、规模较大的城市，两县共治一城的现象大幅增加。隋朝曾有 4 处两县同治一城，终朝保留 3 处（大兴、洛阳、太原）。唐在隋的基础上不仅恢复了越州和扬州，还增加了益州、常州、苏州、沭州、魏州、贝州、扶风郡、广州、幽州、福州 10 处州郡治所，这些调整除扶风郡之外终唐一朝没再变动。

国家的统一、社会的稳定带动了经济的发展，推动了城市商业的繁荣。唐代规定"诸非州县之所，不得置市"，这就从制度上限定了治所城市必然是政治与经济的复合体。隋唐都城长安城内，分别在皇城外的东南和西南设置各占一坊地界的两个市，市场周围围有夯土坊墙，市中有肆及行，东市专门售卖官员用品，西市则是波斯和阿拉伯等外国商人的专用市场。除此之外，唐人笔记小说中还记载了长安城中多个里坊的丰富商业活动，如长安城里坊内有"卖蒸胡饼者""卖糕者"，安邑（义）里巷口有"鬻饼者"，永昌里有茶肆，天门街上有卖鱼者，盛业坊有"以小车推蒸饼卖之"的小贩，宣平坊有"卖油者"，长兴里有"毕

① 何一民：《中国城市史》，武汉大学出版社，2012，第 257 页。
② 何一民：《中国城市史》，武汉大学出版社，2012，第 258 页。

罗店"，平康坊有卖"货草锉姜果之类"的店铺。东都洛阳街上也有"售枯鱼者"①。长安崇仁坊更是热闹非凡，"一街辐辏，遂倾两市，昼夜喧呼，灯火不绝，京中诸坊，莫之与比"②。另外，唐代重新发展起来的扬州和益州，分别是淮南的经济中心和四川的经济中心，运河沿岸还出现了楚州（淮安）、扬州、苏州、杭州四大都市。

二　以政治中心为主兼具经济中心的复合化城市内涵

隋唐时期所有城市都是各级治所，城市中最显眼的是为重城围护、地势高、用于安置官署府舍的地方行政中心"子城"或"牙城"，城市的居民也以官府人员与相关人员（驻军）为主，这些都表明隋唐的城市仍然保持着行政治所这一根本性质。同时，这一时期城市内涵也出现了具有转折性意义的变化，那就是在经历了春秋战国城市的经济中心性质凸显和秦汉特别是魏晋南北朝重新回归政治军事中心之后，城市经济得到空前的发展，彻底实现了带有不可逆性的以政治中心为主兼具经济中心的内涵转变。这一时期，城市变动一般受政治、经济两个因素的影响，政治因素主要是地方行政建制增减，隋代和唐初都曾大规模省并冗余的州（郡）县，在调整过程中主要的考量因素为是否有利于地方治理。其中交通、商业、人口等发挥着重要作用，"唐代有改草市为县治的实例"③。唐时规定"诸非州县之所，不得置市"，进一步肯定了唐代城市的经济中心附属于政治中心这一本质性内涵。唐代淮南经济中心扬州和四川经济中心益州的重新繁荣，是这一时期综合性城市发展的标志。可以说，隋唐时期的城市已经具备了中国古代城市的总体特征：城市的封建堡垒作用，即维护统治者权力和尊严的功能；政治功能与经济功能的结合，即"城"与"市"的合一；城市的等级制度，即从中央到地方各类城市不可逾越的等级规定；维护封建统治需要的城市内部规划制度，即《周礼·考工记·匠人营国》中设计的城市规划——宫城规划、庙社规划、市区规划和道路规划。④

---

① 李孝聪：《中国城市的历史空间》，北京大学出版社，2015，第91～92页。
② （宋）宋敏求：《长安志（附长安志图）四》，中华书局，1991，第97页。
③ 贺业钜：《中国古代城市规划史》，中国建筑工业出版社，1996，第427页。
④ 吴刚：《中国古代的城市生活》，商务印书馆国际有限公司，1997，第29～30页。

三 隋唐时期城市的特征

（一） 以政治军事为主的政治中心优先发展规律明显

隋唐时代城市的首要特征是作为政治军事中心的行政治所性质，这些治所城市，无论是继承自春秋战国时期的历史名城还是新建的城市，地理位置的选择都主要决定于政治军事因素，其次才是物产等经济因素，隋唐都城设在长安就是基于这种考虑，开凿大运河的主要用途是为长安运输物资供给。政治因素对于这些治所城市，特别是大都市的出现和发展起着决定性作用，尤其是对于都城长安和洛阳这两个当时世界最大城市的形成，中国特殊的国情所形成的政治中心城市优先发展规律起着重要的作用。① 在这些城市中，最重要的是位于核心位置的子城或牙城，其主要安排的是官署府舍、军队营房等政治军事设施，是城中的战略高地和地方行政职能中心。城市的人口中，政府官员及其家属随从以及为他们服务的群体占主要部分，这些聚集的官员、军队及其家属、仆役形成的大规模消费效应，推动了所在城市经济的发展，长安的东市就专门为官僚服务。即使是商业性特征较强的城市也脱不开政治性质，唐代"诸非州县之所，不得置市"的制度，就确定了经济依附于政治的从属定位，洛阳之所以发展成为可以媲美甚至超越长安的经济中心，很大程度上是因为它是长安的物资供应中心。

（二） 城市的商业色彩不断加重

隋唐之际出现了我国古代城市发展从浓厚的政治色彩向经济性、商业性转变的曙光。② 稳定的社会局面促使隋唐市场里出现大量的商人和种类繁多的商品，城市经济功能得到大大增强。唐代前期，居住在城市中的主要是军人、官僚及其家人等，由于他们所需的农产品直接来自俸禄，所以市场上交易的主要是国内外的奢侈品。中唐后，商人地位得到一定提高，城市中工商人口和闲杂人员越来越多，包括粮食在内的各种日用品交换日益活跃，商品结构与城市关系发生了根本性变化。市中商业区和居住区混在一起的现象逐渐增多，坊内设店和夜市的现象也

---

① 何一民：《中国城市史》，武汉大学出版社，2012，第252页。
② 张泽咸：《唐代城市构成的特点》，《社会科学战线》1991年第2期。

开始出现，封闭的坊市制度因之有了松动，城市的商业色彩更加浓厚。在长安东、西市周围的里坊之间，出现了饼铺、馄饨店、茶肆、酒肆、旅舍等有关居民衣食住行的店铺，还有很多小商贩随时随地售卖商品。长安东市、西市附近的新商业区崇仁坊和延寿坊，"昼夜喧呼，灯火不绝"。洛阳的三个市区，还有商店在旁边挤占空间填建偏铺。同时，长江下游的扬州在大运河的带动下迅速繁荣起来，"百货所集，多以军储货贩，列置邸肆"①。荆州发展成为长江中游的区域中心城市，在长江上游的中心城市益州，则出现了全国独一无二的"蚕市"和全国较早的夜市。

（三）交通对城市地理分布的影响越来越大

　　各级治所城市一般都处于交通要道和战略要地，"隋唐以后南北水运以经济目的为主，于是沿线就出现了大批新兴的商业交通性城镇……一旦交通改道，官商四散，城镇就很快衰落"②，尤其是大运河扮演了隋唐时期国家城市网络发展加速器的角色，改变了城市发展的地理布局。同时，粮食供应是城市管理必须面对的问题，交通网络通畅与否决定城市物资流动与对外联系，交易场所的设置与管理是城市商品经济发展和城市管理的重要内容。③ 东都洛阳之所以能够后来居上成为全国的经济都城，一方面是由于它位于华夏传统区域地理上的核心地带，符合"择中建都"的政治要求，但另一方面更为重要的是，它还位于新形成的南北水运交通大动脉大运河的中点，成为长安连接广大东部、南方国土的全国性交通枢纽，便利的水陆交通和拥有全国最大粮仓的优势，进一步使其成为中外商贾荟萃之地，洛阳的南、北、西三个市场远比长安要大，居住在洛阳城的人口一度多达 140 万人，远超长安，唐中期就连皇帝和文武官员在春天青黄不接时也会到洛阳就食。随着大运河的开通而兴起的著名大都会还有扬州，大运河使扬州连接起了南北和长江中下游，"射利万室，控荆衡以沿泛，通夷越之货贿，四会五达，

---

① （宋）王溥《唐会要》（下）卷八六《市》，上海古籍出版社，2012，第1874页。

② 邹逸麟：《淮河下游南北运口变迁与城镇兴衰》，载《历史地理》编辑委员会编《历史地理》第6辑，上海人民出版社，1988。

③ 张春兰：《城市发展与权力运作：唐代都城管理若干问题研究》，人民出版社，2018，第40页。

此为咽颐"①，跻身全国最重要的水路交通中心之列，《资治通鉴》极赞其繁华，"扬州富甲天下，时人称扬一益二"②，唐人徐凝有诗曰："天下三分明月夜，二分无赖是扬州。"玄宗天宝元年扬州人口约47万人，是排在长安、洛阳之后的全国第三大城市。除了扬州，大运河沿岸还带动了润州（今江苏镇江）、汴州（今河南开封）、魏州（今河北大名）、涿郡（今北京）等发展成为发达的名城大邑。

（四）城市的空间布局更加整齐划一

如果说魏晋南北朝只是开始了城市内部结构布局整齐化的趋势，那么隋唐时代的大一统中央集权政权的再次形成和进一步强化，使城市结构布局的整齐划一已经成为相当成熟的现实，从都城到县治都形成了封闭性的城郭结构，市里分区、垣墙环绕的城市结构的工整性和严谨性充分显现了出来，表现出追求完美的格式化和棋盘化特征，也给居民的日常生活和治安管理创造了有利的条件。隋唐城市的重城制按照居民的等级环环相套，都城长安宫殿、官署、民居布局紧凑、层次清晰、界线分明，有严整的方格网形道路系统，尤其是外郭城整齐划分的108坊。各坊四周建有夯土围墙，将坊限制成方形的轮廓，坊内被宽15米左右的十字形街划分为四个区域，对街处设晨开夜闭的坊门，四个区域又被小的十字小巷"曲"划分为16个小区，16个小区内安置整齐的院落。方方正正、层层叠叠的城墙、坊墙、院墙，网格状的纵横交错的街道巷曲，呈现出"百千家似围棋局，十二街如种菜畦"的极强画面感，时人感叹："棋布栉比，街衢绳直，自古帝京未之有也。"③ 这种城市结构布局成为同时代的州治、县治城市模仿的样板，也为后来宋、元、明、清时期的很多城市所沿用。

四　"隋文新意"下的第四个城市模型

由于隋代继承的北周都城长安是基于汉长安基础上的改造，已经不能满足大一统帝国发展的需要，于是隋文帝决定择址新建都城。隋的新都是对历代都城理论与实践的综合，在突出政权正统化的主题下体现了

---

① 《全唐文》卷四九六，上海古籍出版社，1990，转引自何一民《中国城市史》，武汉大学出版社，2012，第254页。
② 《资治通鉴》卷二五九"景福元年"，中华书局，1956，第8430页。
③ （宋）宋敏求：《长安志（附长安志图）四》，中华书局，1991，第304页。

"隋文新意"下的城市体制。所谓"隋文新意",就是"既要使一般居民与宫阙、官署隔离,又要使宫城与贵族官吏住宅严格分开,更要使宫城、皇城与市区隔绝,从而加强对宫城的卫护,并保持宫廷内部的机密"①。新建的都城大兴,体现了大一统国家对"大壮"威严的需求,是世界古代史上规模最大的城市。这座城市在结构上沿着棋盘格式的中轴线布局,由被三组城墙分隔的宫城、皇城、郭城组成。宫城位于北部的制高点,"自两汉以后至于晋、齐、梁、陈,并有人家在宫阙之间。隋文帝以为不便于事,于是皇城之内惟列府寺,不使杂居,公私有辨,风俗齐整,实隋文之新意也"②。这种封闭皇城的形式是隋都的首创,将皇城与民居分开包含了严别尊卑内外的全新"秩序"。最外面11条南北向大街和14条东西向大街将郭城划分成了108个坊,直角相交构成严整的方格网形郭城。坊与坊之间由夯土墙分开,形成相对独立的城中之城,使"坊"和"市"的布置变得更加规则而有秩序。多数坊被大小十字街划分为16个区域,坊的四周在与大十字街相对处开有坊门,晨开夜闭,"虽不能尽循先王之法,然畦分棋布,闾巷皆中绳墨,坊有墉,墉有门,逋亡奸伪,无所容足,而朝廷官寺,民居市区,不复相参,亦一代之精制也"③。基于严格等级观念的明确功能分区,是大兴城区别于前代都城的最大特点,也是"隋文新意"的核心要旨。宫殿、官署建筑集中处于北部正中,在城市中所占面积大大缩小,被郭城中的居民区"坊"和商业区"市"从东、南、西三面拱卫,更加突出了皇权至上和中央集权的政治行政功能,是统一王朝权力高度集中的标志,后世历代城池大多延续了隋大兴奠定的基础。不仅如此,隋唐东都洛阳城"将宫城和衙署区置于城的西北隅,采取整齐方正的里坊布局的规划,成为当时甚至后世地方州县效法的蓝本"④。大兴城的制度还明显受到当时已常用于州郡级城市的"子城—罗城"制度的影响,隋大兴的外郭又称"罗城",皇城又号"子城"。⑤ 所谓"子城—罗城"制度,即统治机构的衙署、邸宅、仓储与游息、甲

① 杨宽:《中国古代都城制度史研究》,上海人民出版社,2016,第173页。
② (清)徐松撰,李健超增订《增订唐两京城坊考》(修订版),三秦出版社,2006,第10~11页。
③ (宋)宋敏求:《长安志(附长安志图)四》,中华书局,1991,第304页。
④ 许宏:《大都无城:中国古都的动态解读》,生活·读书·新知三联书店,2016,第29页。
⑤ 郭湖生:《中华古都》,中国建筑工业出版社、中国城市出版社,2021,第22页。

仗、监狱等部分均集中于城垣围绕的子城（内城）内，其外更环建范围宽阔的罗城（外城）以容纳居民坊市以及庙宇、学校等公共部分。控制全城作息生活节奏的报时中心——鼓角楼，即为子城门楼。这种方式及其变体曾是两晋以来迄 20 世纪初中国州府城市的基本形制。

第三节 "权力—制度"型城市治理结构

如果说汉代的中国是"都市国家"，到处遍布着有墙聚落的话，那么到了唐代，这种景观已经不复存在。这种地理景观的变化，必然也会影响到中国人的生活方式以及城市的管理制度。[①]

一 城市外部等级结构——三级城市等级体系

隋和唐初对地方行政制度的几次深刻调整，基本改变了魏晋南北朝郡县滥置的扭曲局面，重新回归到秦代确立的两级制，实现了地方行政区域的布局合理化、建制规范化，隋唐两代州（郡）数量维持在 300 多个，县级建制基本稳定在 1250～1350 个。城市作为各级行政治所，隋唐时期分为都城—州（郡）治—县治三级，由此中国城市行政等级体系重新确立。[②] 在中国王朝时代，朝廷通过对各级建制城市形态的严格规范体现中央对地方控制力的有效与令行禁止。唐代地方城市中划分坊的数量与城市等级是相对应的，从而造成城市规模与城市等级的对应。[③] 都城大兴（长安）和东都洛阳是全国的政治和经济中心，大兴（长安）城市规模最大，是世界古代史上规模最大的城市，洛阳人口最多，最高峰时多达 140 万人；州（郡）级城市一般为地区政治经济中心，多是各地区历史悠久的城市，位于具有良好交通优势和经济腹地的郡级城市还发展为区域大都会，从《唐六典》中的相关内容看，除了长安、洛阳外，具有全国影响力的大都会还有凤翔、江陵、太原、河中、成都，具有区域影响力的有洪州、潭州、大名、苏州、广州等；县治所基本上是所辖

---

① 成一农：《空间与形态——三至七世纪中国历史城市地理研究》，兰州大学出版社，2012，第 72 页。

② 何一民：《中国城市史》，武汉大学出版社，2012，第 223 页。

③ 李孝聪：《中国城市的历史空间》，北京大学出版社，2015，第 86 页。

区域内较为重要的城市。"隋唐建城有一定的等级制度，这种等级制度反映在一般的地方城上很有规律，据现有的资料，知有三个等级：十六个坊、四个坊、一个坊的面积。州府一级的地方城的内部布局，也有一个固定的模式：在基本作方形的城的每面正中开城门，内设十字街，把城内分为四大区，每大区的坊数，根据州府的大小而不同，如大州每大区四个坊，中等州每大区一个坊。县城是最小的城，面积约等于一个坊。"① 具体来说，长安分为 108 个坊，东都洛阳分为 103 个坊，扬州与苏州大约有 60 个坊，沙洲有 4 个坊。虽然随着唐后期军事需要，道节度使权力膨胀，具有了割据一方的实力而实际等同于一级政权，但从行政意义上讲还不是正式的一级地方政府。

二　城市内部空间结构——重城制

在两汉城郭结构、魏晋南北朝套城结构的基础上，隋唐城市进一步发展出多重城制的空间结构，这种结构体现为都城、州城的三重城和一般城市的两重城。也有学者认为州郡级城市一般由子城和罗城两重构成，并称这种出现于晋、南北朝，普及于唐宋的现象为"子城制度"。② 隋文帝修建新都大兴时，在充分总结前朝各代都城经验的基础上，"先筑宫城，次筑皇城，亦曰子城，次筑外郭城"③，形成了由宫城、皇城、郭城三组城墙组成的都城结构。隋代大兴改变了两汉之后"宫阙之间，并有人家"④ 的杂处局面，在中国历史上首次建立了封闭式的皇城，集中安置中央各官府衙署及附属机构，以及官办作坊、仓库、禁卫部队，将中央政务功能区与百姓居住区明确分离（见图 6-1）。宫城与皇城位于郭城北部正中，由居民区"坊"和商业区"市"构成的郭城，从东、南、西三面围绕着宫城和皇城。根据不同功能和等级严格分割宫城、皇城与郭城的三重城制，便于宫城、皇城防护需要，一直被宋、元、明、清时期的京城所继承。

---

① 宿白：《隋唐城址类型初探（提纲）》，载北京大学考古系编《纪念北京大学考古专业三十周年论文集（1952—1982）》，文物出版社，1990，第 284 页。

② 郭湖生：《中华古都》，中国建筑工业出版社、中国城市出版社，2021，第 277 页。

③ （元）骆天骧撰，黄永年点校《类编长安志》卷二，三秦出版社，2006，第 41 页。

④ （元）骆天骧撰，黄永年点校《类编长安志》卷二，三秦出版社，2006，第 42 页。

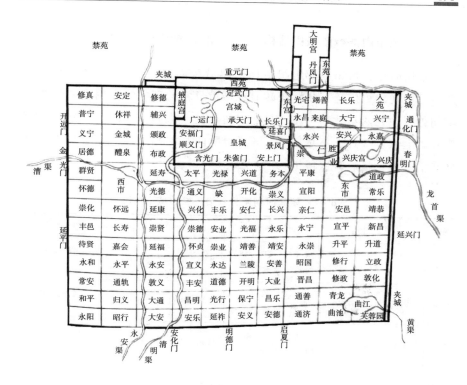

图 6-1　隋唐长安城

资料来源：贺业钜《中国古代城市规划史》，中国建筑工业出版社，1996，第 477 页。

在一些州治城市，也存在与都城类似的三重城结构，《资治通鉴》胡注云："凡大城谓之罗城，小城谓之子城，又有第三重城以卫节度使居宅，谓之牙城。"[1] 这种城市与都城是一种牙城（或衙城）—宫城、子城—皇城、郭城—罗城的逐一对应结构。其他的地方城市主要由子城和罗城两重城构成。外面的一般被称为"罗城"或"大城"，大部分居民及市场构成的"坊市"处于罗城内；里面的叫作"子城"或"小城"，子城或小城用于安置各级官衙、仓储、官员住所，有的也有军队和少量富户。子城是一州政治、经济、军事的核心。[2] 至唐代则州郡治所设子城已为常规。[3] 郓州甚至有牙城、子城、罗城三重城。

---

① 《资治通鉴》卷二四一"宪宗元和十四年"胡三省注，中华书局，1956，第 7764 页。

② 郭湖生：《中华古都》，中国建筑工业出版社、中国城市出版社，2021，第 279 页。

③ 郭湖生：《中华古都》，中国建筑工业出版社、中国城市出版社，2021，第 103 页。

三　城市内部行政组织结构——"州（府）—县—坊"

隋唐时期，城市内部组织结构仍然沿袭前代以县为主，但由于两县共治一城现象更广泛，州一级政府在城市日常治理中的作用进一步增强。隋朝曾有4处两县共治一城，最终保留3处（大兴、洛阳、太原）。唐在隋基础上恢复2处、新增10处州郡治所两县共治一城，最多时共有15处共治一城，最后共保留14处（见表6-1）。

表6-1　隋唐时期两县共治一城的城市情况

城市	并治县治	设置时间	城市	并治县治	设置时间
长安	长安县、万年县*	隋开皇三年（583）间置，唐沿袭	苏州	吴县、长洲县	武周万岁通天元年（696）
洛阳	洛阳县、河南县**	隋大业二年（606）间置，唐沿袭	汴州	浚仪县、开封县	延和元年（712）
太原	晋阳县、太原县	隋大业间（605~617）置，唐沿袭	魏州	贵乡县、元城县	开元十三年（725）
扬州	江都县、江阳县	贞观十八年（644）复置	贝州	清河县、清阳县	开元二十三年（735）
越州	会稽县、山阴县***	三析三废，元和十四年（819）第四次析置	广州	南海县、番禺县	大历间（766~779）
益州	成都县、蜀县	贞观十七年（643）	幽州	蓟县、幽都县	建中二年（781）
常州	晋陵县、武进县	垂拱二年（686）	福州	闽县、侯官县	贞元五年（789）

注：*隋开皇三年（583）新都大兴城竣工，更万年县名为大兴县与长安县二县同治新都。唐代隋，将大兴城改名长安城，大兴县复称万年县。乾封元年（666）析万年县置明堂县，析长安县设乾封县，四县合治京师。长安三年（703）复旧。

**唐垂拱四年（688）分河南县、洛阳县置永昌县，三县同治洛阳；天授三年（692）又分洛阳县、永昌县置来廷县，四县共治一城；长安二年（702）复旧。

***唐武德七年（624）山阴县复置，次年废；垂拱二年（686）山阴县再次析置，大历二年（767）再废；大历七年山阴县第三次析置，元和七年（812）第三次废。元和十四年第四次析置，这次再未有变动。

资料来源：笔者根据冯春生《我国历史上数县同治一城现象之探讨》，《浙江师大学报》（社会科学版）1995年第6期，第44~45页整理而成。

　　都城长安、洛阳一度由四县共治，出现了专门"分理京城内"的县级行政管理机构乾封、明堂二县。这种由县管理城市而不再管理乡村的城市管理制度虽然仅存在了三十余年，但它毕竟显示了中国古代城市管理的新理念。① 具体来看，唐代长安城的行政管理实行府县两级制，② 县之下市民居住的坊里，即成为最基层的管理单位。③ 坊市制度是唐代城市格局和城市管理最突出的特点。多数的坊都是四面各开一门（见图6-2），坊内设有"十字街"，分成四个区，每区又有十字形小巷。全坊划分为十六个小区。④ 同时，唐代城市不再沿袭南北朝出现的里、坊互称混乱局面，长安城内的里与坊在区域上基本相同，在功能上趋于合一。具体来说，"'坊'侧重区域，'里'则侧重人口。坊只适用

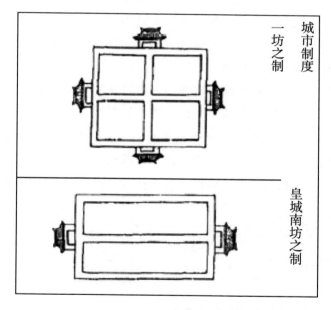

图6-2　唐长安一坊之制和皇城南坊之制

资料来源：（宋）宋敏求《长安志（附长安志图）四》，中华书局，1991，第302页。

---

① 韩光辉、林玉军、魏丹：《论中国古代城市管理制度的演变和建制城市的形成》，《清华大学学报》（哲学社会科学版）2011年第4期，第59页。
② 张永禄：《唐都长安》，西北大学出版社，1987，第188页。
③ 张永禄：《唐都长安城坊里管理制度》，《人文杂志》1981年第3期，第85页。
④ 杨宽：《中国古代都城制度史研究》，上海人民出版社，2016，第177页。

于城市，里在城乡都适用，两者在城市中可以相互归属"①。

第四节　"权力—制度"型城市治理体制

一　以行政机构为主的职能分工负责的领导体制

从城市治理的主体看，唐代形成了以行政为主、具体专业部门分工的城市治理领导体制。为了解决大一统国家都城威严和超大城市长安有效治理的这一复杂问题，唐代构建了一套由行政管理机构和具体职能机构两大类组织体系组成的城市分工协同治理体系。具体分为三个部分（见图6-3），行政机构分为以京兆府和所属附郭京县为主的日常管理机构，其中京兆府的职责是治安、司法和京师营建与供需，长安、万年两京县尤其是基层的里坊直接管理城市居民，处理城市里坊的民事与治安事务。值得一提的是，唐朝坊市管理制度达到了中国古代城市基层治理发展的顶峰，也推动唐代城市治理的有效性发展到了一个前所未有的程度。左右金吾卫和左右街使是城市街道治安管理机构，左右街使组织武候铺"掌分察六街徼巡"，② 处理发生在街道上的违法案件。属于御史台派出兼职的左右巡使是城市治安司法监察机构，主管城市不法之事的纠察上奏。这三套机构形成了唐代特有的执行、徼巡和监察三权分立的城

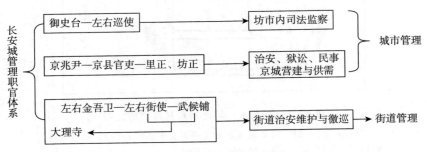

图6-3　唐代长安城管理职官体系

资料来源：韩光辉《宋辽金元建制城市研究》，北京大学出版社，2011，第3页。

---

① 齐东方：《魏晋隋唐城市里坊制度——考古学的印证》，载荣新江主编《唐研究》第9卷，北京大学出版社，2003，第84页。

② 《资治通鉴》卷二三九"元和十一年"，中华书局，1956，第7726页。

市管理模式。都城外的一般城市还是以县为主，县令负责，县丞、主簿各司其职，下属六曹开展日常管理。另外，秦汉和魏晋时期的城市都亭也被这一时期的巡街机构取代，"盖唐世外地府、州、县城镇街、坊制度，具体而细微，都是模仿京都的，所以它们同样也有街卒、街吏"[①]。这样，各种不同的职能机构共同形成一个分工明确的完整的城市日常秩序维护系统，实现了城市的有效治理，为社会稳定、经济发展奠定了坚实的基础。

二　城市治理体制——"府—县—坊"体制

隋唐时期负责城市治理的主体是各级行政机构，都城和两县共治一城的州（郡）治城市是府、县两级机构，地方政府的管理机构随着行政区划的变化而变化。从都城长安的情况来看，负责城市治理的是京兆府和长安、万年两县，县级机构还一度是长安、万年、明堂、乾封四县。其中，京兆府和长安、万年两县所辖包括城区和城墙外的郊区，曾经设置的明堂、乾封两县仅管理相应城区，"县之下，长安城内的基层管理单位是作为居民居住区的里坊"[②]，这样构成了一个完整的府、县、坊三级治理体制。京兆府的最高管理者是京兆牧，"掌清肃邦畿，考核官吏，宣布德化，抚和齐人，劝课农桑，敦敷五教"[③]，一般由亲王担任，由京兆尹实际主持日常管理工作，"纲纪众务，通判列曹"，还有司录参军、六曹等负责具体工作。京兆府之下，大多数时间是由长安与万年两京县以朱雀街为界分治长安城，街东属万年县，街西属长安县。县令负主要责任，"掌导扬风化，抚字黎氓，敦四人之业，崇五土之利，养鳏寡，恤孤穷。审察冤屈，躬亲狱讼，务知百姓之疾苦"[④]，同时与县丞、主簿等形成一个分工明确、体系完整的管理系统，进行都城的日常秩序管理。另外，还有纠察都城内不法之事的左右巡使和分察六街徼巡的左右街使，与两县共同管理都城的治安。县之下市民居住的坊里，即成为最基层的管理单位。[⑤] 里坊主要是指居住区块，是户籍控制、治安管理与

① 杨鸿年：《隋唐两京考》，武汉大学出版社，2005，第194页。
② 张春兰：《城市发展与权力运作：唐代都城管理若干问题研究》，人民出版社，2018，第41页。
③ 《旧唐书》卷四四《职官志》，中华书局，1975，第1919页。
④ 《旧唐书》卷四四《职官志》，中华书局，1975，第1921页。
⑤ 张永禄：《唐都长安城坊里管理制度》，《人文杂志》1981年第3期，第85页。

征收屋税的基层行政单位。按唐代的相关规定，城市设坊，由一名坊正管理，长安坊正之下一般还有多名里正；坊正负责坊门管钥、治安与赋役等事务，里正负责户口、生产、治安与赋役。"坊"与原来城市中的管理单位"里"结合起来，坊正主要负责治安，里正依然负责基层的管理事务，无论在行政管理还是在人们的日常生活中，里的作用和影响都要远远大于坊。① 坊门由坊卒防守，坊卒"应该由坊正领导，可能是一种杂役"②。一般的城市主要由县令、县丞、县尉等县级机构官员与坊正、里正、坊卒等里坊管理人员组成城市治理体系。

三　治安、市场、人口、市政管理体制

（一）社会日常监控与政府纠察不法有机结合的城市治安体制

一方面是政府机构分工合作的执法体系，另一方面是社会控制的封闭里坊制度和宵禁制度，二者紧密结合使隋唐的城市治安达到了相当完美的程度。唐代完善的里坊制度是中国古代城市里坊制度发展的顶峰，在城市治安管理中发挥了坚实的基础性作用，隋唐长安、洛阳都是封闭式里坊制城市的典范，通过建造坊墙、坊门构成的封闭里坊对坊内居民进行日常的监控。与封闭里坊制度相配合的是宵禁制度，唐律规定，"五更三筹，顺天门击鼓，听人行。昼漏尽，顺天门击鼓四百捶讫，闭门。后更击六百捶，坊门皆闭，禁人行"③。外郭城门、坊门的关闭，意味着开始禁止百姓在城内穿行。对于坊门宵禁的执行，唐律有详细规定，"其坊正市令，非时开闭坊市门者，处徒刑二年"。④ 对于每个坊门夜里的"直宿"，如果不按制度规定执行的处笞刑三十，"有贼盗经过所直之处，而宿直者不觉，笞五十，若觉而听行，自当主司故纵之罪"⑤。此外，城内还有监察系统和军事警备系统，在左右金吾卫下设左右街使，负责从城门及坊门关闭到五更二筹街鼓响之间的夜间治安。在此期间一旦遇到没有合法文牒的行人，不管是普通百姓还是官员，按唐律规定，"违者，

---

① 成一农：《里坊制及相关问题研究》，《中国史研究》2015 年第 3 期，第 111 页。
② 贾虎林：《唐代长安城市管理研究》，硕士学位论文，安徽大学，2013，第 17 页。
③ （唐）长孙无忌等：《唐律疏议》卷二六《杂律》，中华书局，1985，第 489 页。
④ （唐）长孙无忌等：《唐律疏议》卷八《卫禁》，中华书局，1985，第 179 页。
⑤ （唐）长孙无忌等：《唐律疏议》卷二六《杂律》，中华书局，1985，第 614 页。

答二十"。同时，长安所有城门和坊角都设有武候铺（称为街铺），由卫士和邠骑（弓箭手）分守。主要街道还设有街鼓，遇到紧急情况击鼓示警。从黄昏到清晨，整夜有街使带领骑卒巡行呼喝，有武士伏路暗探，侦察非违。①

（二）严格的定时定点的市场管理体制

唐代的大部分时间，城市里的市场都设在固定的封闭市中，这些市占一坊的面积，和居民居住的里坊一样也建有坊墙和坊门，有人专门负责开闭坊门。市的交易时间是固定的，《新唐书·百官志》记载，"凡市，日中击鼓三百以会众，日入前七刻，击钲三百而散"②。按照《唐律疏议》的记载，如果发生不按时开关市门的情况，"州、县、镇、戍等长官主执钥者，不依法式开闭，与越罪同。其坊正、市令非时开闭坊、市门者，亦同城主之法"③。隋唐城市的市场管理制度比较完备，《旧唐书·职官志》记载，两京诸市各有市令一人，丞二人，录事一人，府三人，史七人，典事三人，掌固一人。令、丞皆为品官，令从六品上，丞正八品上。中州以上的"市"有市令、丞、佐、史、帅、仓督等官吏，都督府和上州的市令为品官，从九品上，中州以下市令无品。④唐代城市的市里的每一行市还有被称为"行头"或"行首"的同业商人组织管理者，"行头有统一本行商品价格和监督管理本行商人买卖的权力，又有对官府提供本行物资、代官府出卖有关物资以及代官府看验有关物资、估定价格的责任"⑤。到唐宣宗大中七年（853），州县市印被正式宣布废除，中国古代的封闭性"市"坊管理至此结束。

唐代城市市场管理制度主要有坊市分离、市场官设、专司主管、市籍准入、经营监管、市券契约、赋役征发、治安治理等方面。"所谓坊市分离，指市必须设置于城市的特定区域，与居民区（坊里）隔离开来，不容混淆。相应地，作为城市人口居住住所的坊区，不允许随意破墙开

---

① 陈鸿彝：《隋唐时期的社会层面控制》，《江苏公安专科学校学报》1998年第4期，第110页。
② 《新唐书》卷四八《百官志》，中华书局，1975，第1264页。
③ （唐）长孙无忌等：《唐律疏议》卷八《卫禁》，中华书局，1985，第172页。
④ 林立平：《封闭结构的终结》，广西人民出版社，1989，第91页。
⑤ 杨宽：《中国古代都城制度史研究》，上海人民出版社，2016，第288页。

门，在分离不同坊区的街道上沿街经营商业。"① 这些都是国家出于对社会安定的考虑而采取的具体管理措施。②

（三）程序控制与分类管理相结合的城市人口管理体制

人口管理是城市治理的重点和核心，唐代城市人口主要由常住人口、流动人口和外来人口组成。唐代城市居民管理的基本制度是籍帐制度，即以编制计帐和户籍的方式进行人口登记和征发赋役。据《旧唐书》记载，"凡天下人户，量其资产，定为九等。每三年，县司注定，州司覆之。百户为里，五里为乡。四家为邻，五家为保。在邑居者为坊，在田野者为村。村坊邻里，递相督察。士农工商，四人各业。食禄之家，不得与下人争利。工商杂类，不得预于士伍"③。城市人口管理的户籍制度具体分为团貌、手实、计帐、户籍四个程序，基层里坊每年一次团貌，团貌就是在文书上详细记录每个人的相貌、体型、年龄、健康等条目，这种记录团貌的文书定本叫作手实，在此基础上汇总成计帐，每三年以县为单位收集里坊的手实、计帐去州治编写户籍。中国古代城市常住人口一般按照职业分为"四民"，即士、农、工、商四类，唐代城市人口的户籍制度采取分类管理的形式，具体分为兵籍、民籍、匠籍、市籍、乐籍、僧尼籍等类别，郭城内居民所属县及下属的里坊实施具体管理，工匠、商人、僧道、士兵等分别有专门部门管理，但随着城市繁荣增多的外来人口和流动人口，由于在既有的城市户籍相关制度中还没有明确规定，形成了城市治理的难点。

（四）规则明确与制裁严厉相辅相成的城市市政管理体制

唐律已经形成了包括城市交通管理、城市环境卫生管理、城市治安管理、防火及街市秩序维护等许多领域的法律制度规定。涉及城市交通领域的具体规定有：进出城门要按照左入右出的规则，"城门入由左，出由右"④；道路交通上按照身份等级避让的规定，"凡行路之间，贱避贵，少避老，轻避重，去避来"⑤；随意在行人拥挤的街道放纵车马奔跑要受

---

① 包伟民：《宋代城市研究》，中华书局，2014，第 175 页。

② 张泽咸：《唐代工商业》，中国社会科学出版社，1995，第 235 页。

③ 《旧唐书》卷四八《食货志上》，中华书局，1975，第 2089 页。

④ 《新唐书》卷九八《马周传》，中华书局，1975，第 3901 页。

⑤ （唐）李林甫等：《唐六典》，陈仲夫点校，中华书局，1992，第 116 页。

到严厉处罚,"诸于城内街巷及人众中无故走车马者,笞五十;以故杀伤人者,减斗杀伤一等。杀伤畜产者,偿所减价。余条称减斗杀伤一等者,有杀伤畜产,并准此。若有公私要速而走者,不坐;以故杀伤人者,以过失论"①。对城市房屋建造的管理规定,"诸公私〔第〕(弟)宅,皆不得起楼阁,临视人家"②。"诸文武职事、散官三品以上及爵一品在两京,若职事、散官五品以上及郡、县公在诸州县,欲向大街开门,检公私无妨者,听之。"③ 在城市环境卫生方面,禁止侵占街巷,更不准乱倒垃圾。"诸侵巷街、阡陌者,杖七十。若种植垦食者,笞五十。各令复故。虽种植,无所妨废者,不坐。其穿垣出秽污者,杖六十;出水者,勿论。主司不禁,与同罪。"④ 长安的绿化由京兆尹管理,具体由左右街使负责,沿街居民按时栽种,所需费用由政府支出。文宗大和九年(835)八月,敕"诸街添补树,并委左右街使栽种,价折领于京兆府,仍限八月栽毕,其分析闻奏"⑤,进行沿街设施维护及绿化种树等。

第五节　"权力—制度"型城市治理机制

一　规模、等级、职业相结合的层层分区空间管理机制

随着国家的统一、社会的稳定、经济的繁荣,隋唐城市有了较大的发展,城市的规模急剧膨胀,情况也变得更加复杂,为了有效地进行城市治理,隋唐两代充分结合城市发展的各种属性特点,进一步丰富和完善了层层分区的城市空间治理机制。首先,按照城市规模实行分区治理,将原来主要用于都城的两县分区而治的行政体制,扩展到城市规模较大的 14 个大都市市区,可以说实行两县分治是城市政治地位、经济发展、人口数量等综合实力的一个重要标志。唐都长安城内以朱雀街为界,设

---

① (唐)长孙无忌等:《唐律疏议》卷二六《杂律》,中华书局,1985,第 606 页。

② 天一阁博物馆、中国社会科学院历史研究所天圣令整理课题组校证《天一阁藏明钞本天圣令校证(附唐令复原研究)》卷二八《营缮令》,中华书局,2006,第 344 页。

③ 天一阁博物馆、中国社会科学院历史研究所天圣令整理课题组校证《天一阁藏明钞本天圣令校证(附唐令复原研究)》卷三〇《杂令》,中华书局,2006,第 432 页。

④ (唐)长孙无忌等:《唐律疏议》卷二六《杂律》,中华书局,1985,第 488~489 页。

⑤ (宋)王溥:《唐会要》(下)卷八六《街巷》,上海古籍出版社,2012,第 1868 页。

有左右街使负责相应地区的治安管理。街东为左街归万年县,县治设在宣阳坊;街西为右街归长安县,县治在长寿坊,京兆府治则设在延寿坊。"这种地方行政区与市区相配合的规划格局,更进一步突出了市的主体地位,增强了市对所在地段内各种功能分区的凝聚力。以此从城市管理体制方面来强化市在规划结构上的重要性。"① 一般的城市仍采用附郭县的一县治理体制。其次,在都城按照身份等级划分出宫城、皇城、郭城,一部分州治出现牙城、子城、罗城的分区,大部分州县城采用子城、罗城分区。再次,按照空间用途分为坊、市、街三类空间,尤其是坊和市是按照职业进行分类的。《唐律疏议》卷八载,"坊市者,谓京城及诸州、县等坊市",证明唐代城市普遍实行市坊分区制度,"'坊'作为城市中更便于实施有效管理的区域单位,其功能和意义在中古城市化的进程中被不断强化"②。最后,居民坊再细分为 16 个由院落组成的居住区,市则分为由行肆组成的商业区。这样城市形成了按县、城郭、市坊、院落和店肆依次分区的层层分隔到最小单位院落、店肆的城市空间治理机制,为提高城市治理的效率提供了可行性基础,应该说这种严格的层层分区的城市空间治理机制的作用到隋唐时期发挥到了极致(唐代长安城坊里内部街道布局见图 6 - 4)。

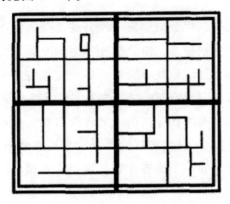

图 6 - 4　唐代长安城坊里内部街道布局

资料来源:孙晖、梁江《唐长安坊里内部形态解析》,《城市规划》2003 年第 10 期,第 200 页。

---

① 贺业钜:《中国古代城市规划史》,中国建筑工业出版社,1996,第 486 页。
② 万晋:《"变动"与"延续"视角下的唐代两京研究》,商务印书馆,2018,第 45 页。

二　明确的机构分工与严密的法令规则相结合的行政管理机制

隋唐的城市行政管理主要由具有明确分工的地方政府和基层行政组织来行使大部分职能，已经形成比较完善的城市管理体制。一般来讲，都城是府、县两级机构，地方政府大多由县主管。以唐长安为例，京兆尹是实施实际管理的最高行政长官，京兆府下以朱雀街为界划分为左右街，朱雀街东归属万年县，街西归属长安县，县的长官县令负责本县全面治理，县丞、县尉、主簿等辅职分工明确。此外，左右街还分别设有主管治安的左右街使和负责纠察的左右巡使。

县之下的基层管理单位是里坊，用坊墙封闭的坊市制城市的目的是适应隋唐的"律令制"等国家法律制度。① 《通典》载："在邑居者为坊，别置正一人，掌坊门管钥，督察奸非，并免其课役。"② 唐代长安城分工明晰、业务规范全面的管理机构，是唐代完善的官制的体现。同时，长安、洛阳、扬州、益州、广州等规模空前宏大、情况日益复杂的大城市的出现，使各级政府不得不重视使用法律手段来提升城市管理的水平，《唐律疏议》《天一阁藏明钞本天圣令》中都有大量城市管理相关的律令。唐代的统治者们将通过城门出入长安的有关制度明确为国家法律，可谓对"律令制国家"的明确昭示。③ 郭城、宫城门等钥匙交接有误者，杖六十；坊门、市门钥匙错下者，杖四十；若不用管钥或毁管钥开闭城门，坊正、市令非时开闭坊、市门者，罪刑比擅越垣墙还要再加二等。另外，宵禁制度虽非唐代创建，但是禁夜成为城市管理的法律制度，却是在唐代完成的。④ 《唐律疏议·杂律》载："诸犯夜者，笞二十；有故者，不坐。【疏】议曰：宫卫令：'五更三筹，顺天门击鼓，听人行。昼漏尽，顺天门击鼓四百捶讫，闭门。后更击六百捶，坊门皆闭，禁人行。'违者，笞二十。故注云'闭门鼓后、开门鼓前，有行者，皆为犯夜'。故，谓公事急速。但公家之事须行，及私家吉、凶、疾病之类，皆须得本县或本坊文牒，然始合行，若不得公验，虽复无罪，街铺之人不

① 李孝聪：《历史城市地理》，山东教育出版社，2007，第153页。
② （唐）杜佑：《通典》卷三《食货三》，王文锦等点校，中华书局，1988，第63页。
③ 万晋：《"变动"与"延续"视角下的唐代两京研究》，商务印书馆，2018，第118页。
④ 林立平：《封闭结构的终结》，广西人民出版社，1989，第104页。

合许过。既云闭门鼓后、开门鼓前禁行，明禁出坊外者。若坊内行者，不拘此律。"① 城市的日常管理规制既注重整体上的规范严密，又对突发情况有所弹性权变，体现了本时期城市治理体系已经具有非常高的成熟度。

三 隔墙、时间、有司严密配合的城市秩序机制

隋唐的城市结构，国家干预的范围之广、力度之大，恐怕在其他朝代难以找到相当者。② 其主要体现在：普遍建有城墙和坊墙等隔墙作为城市行政区域分界的标志，实施以街鼓制度为代表的时间管理制度，并设立专门机构，利用这些设施和制度维护城市秩序。具体包括围绕街鼓制度的城门制度、坊市制度、宵禁制度三个方面。唐代城市时间管理制度以都城长安的街鼓制度为典型。唐代太史局开创性地建立起漏刻、钟、鼓等一整套完善的计时制度，为实施严格的城市时间管理制度提供了官方时间标准信号，"六街朝暮鼓冬冬"的街鼓之声开始直接规范城市政府和百姓的起居和出行，是各个城门、坊门、市门开放和关闭的依据。城门不再仅仅是简单意义上的城市出入通道，而是通过在开关时间和出入人员的权限方面实行严格具体的管制规定，"发挥其在都城防卫和城市管理方面的重要作用，具有时间和空间的双重意义"③。武候铺负责外郭城城门守卫及执行身份户籍核查、来往去除的制度。坊市制的突出特征是围有维护良好的封闭坊墙，④ 最重要的作用就是对在其中居住和进行交易的主体在行为时间和空间上做了严格的限定。朱熹曾说"唐的官街皆用墙，居民在墙内，民出入处皆有坊门，坊中甚安"⑤。《通典》记载："在邑居者为坊，别置正一人，掌坊门管钥，督察奸非，并免其课役。"⑥ 坊正还辖有来自府兵制的坊卒。唐代完成了城市宵禁制度的法律化，普遍实行于各级城市，与街鼓制度、城（坊、市）门制度相互配合，阻断了夜间内外城之间、坊（市）之间的一般性联系和流动，一般城市都由街使或街卒执行宵禁制度。

---

① （唐）长孙无忌等：《唐律疏议》卷二六《杂律》，中华书局，1985，第 489～490 页。
② 林立平：《封闭结构的终结》，广西人民出版社，1989，第 111 页。
③ 万晋：《"变动"与"延续"视角下的唐代两京研究》，商务印书馆，2018，第 141 页。
④ 一般居民住户不能破坏坊墙，临街开门。坊门关闭后城郭内实行街禁。坊墙损坏了由本坊居民负责修筑。
⑤ （宋）黎靖德编《朱子语类》卷一三八《杂类》，王星贤点校，中华书局，1986，第 3283 页。
⑥ （唐）杜佑：《通典》卷三《食货三》，王文锦等点校，中华书局，1988，第 63 页。

四　固定监视与动态巡查相结合的城市执法机制

唐代城市还形成了完善的城市执法机制：在隋唐长安城中凡位势高或紧要之地的各坊都是官衙、王宅和寺观，以实现对整个城市的监控[①]；在专立的市坊由主管的司官对商人的买卖活动实行监控。在城内坊外武候铺沿城墙、街道进行网格式定点监视，街使带着街卒沿着街道动态巡查；坊内坊正与坊卒进行监视，坊众之间实行团保的制度。在都城长安武候铺分街立铺，遍布城门和坊角，街道和坊角的叫作街铺，城门的叫作助铺。这些街铺和助铺根据实际需要配置数量不等的警卫力量，一旦出现紧急事件就击街鼓报警。城内大街上还设有负责城市治安的左右街使，"掌分察六街徼巡"[②]。这样，从黄昏到清晨，整夜有街使带领骑卒巡行呼喝，有武士伏路暗探，侦察非违。[③] 城中的坊作为治安单位，设立一名坊正主管坊门管钥及治安事务；坊正辖有坊卒防守坊门，"是和金吾卫所属驻防街道和城门的军队相配合的"[④]。此外，坊中还实行团保制度。所谓"团保"是指用每五家相互连环保的形式来加强对城市居民的监控，隋唐的长安城坊里都有这类组织。隋唐略有不同，隋制"制人五家为保，保有长。保五为闾，闾四为族，皆有正……以相检察焉"[⑤]，唐制"敕京城居人五家相保，以搜奸慝"[⑥]。

第六节　"权力—制度"型城市治理体系的总体特征

一　权力定义秩序的城市治理体系

在经历了长时间的南北分裂状态后，隋唐重新确立了大一统的局面，

---

① 李孝聪：《中国城市的历史空间》，北京大学出版社，2015，第69页。
② 《资治通鉴》卷二三九"元和十一年"，中华书局，1956，第7726页。
③ 陈鸿彝：《隋唐时期的社会层面控制》，《江苏公安专科学校学报》1998年第4期，第110页。
④ 杨宽：《中国古代都城制度史研究》，上海人民出版社，2016，第261页。
⑤ （唐）魏徵等：《隋书·食货志》，转引自张永禄《唐都长安》，西北大学出版社，1987，第192页。
⑥ （后晋）刘昫等：《旧唐书·宪宗纪》，转引自张永禄《唐都长安》，西北大学出版社，1987，第192页。

这使统治者更加重视确立中央政府的权威，塑造出一种整体追求工整、对称、和谐的文化心理结构，表现在这一时期的城市治理体系中，就是处处充满权力话语规定下偏好整齐划一的等级秩序。具体体现为各个等级的城市在规模、形态和布局上无不刻意追求严格统一，以前所未有的严整封闭坊市制布局与严格的城市管理制度来凸显皇权至上、中央有力与国家强盛。隋唐都城长安从体现政权合法性的高度出发，实行了基于严格等级观念的明确功能分区，尤其是单设官府集中的封闭皇城，透视出严别尊卑内外的全新权力秩序观念。这一权力秩序观还体现为用来分隔和标志的宫墙、坊墙、垣墙、城墙等各类围墙。长安城的严格权力等级还体现在其他的一些相关规定上：居民住房要严格遵照与身份等级对应的制度规定，严禁侵街造舍，通过城门要左入右出，市坊门要根据法定时间信号定时开关。地方城市也形成了治所、相关官署机构集中的子城，"子城则是在大城空间里限定出权力中心空间，树立起个人（节度使）的威望"①。地方州县城市坊市制度的突出特征是，城内坊数与地方行政建制等级严格对应，使唐代地方城市形态结构类同，只是规模有异。②

二　严格依据权力等级的"上行下效"制度化路径

唐代城市治理体系中到处都体现着区分身份等级的思想，如层层城墙形成的重城制、封闭坊墙形成的棋盘格状的市坊。这些权力等级观念下的城市管理制度被由都城推广到各级地方城市，"唐代这种上行下效的意识原则是相当浓厚的"③。唐都长安首次形成了集中分区的"宫城—皇城—郭城"三重城制，通过郭的单层安全保障、城的双重或更多重安全保障形式来体现居住者的身份等级。州治、县治城市也基本是子城—罗城的二重城制，甚至有的州治也出现了牙城—子城—罗城的三重城制。隋唐东都洛阳城"将宫城和衙署区置于城的西北隅，采取整齐方正的里坊布局的规划，成为当时甚至后世地方州县效法的蓝本"④。

① 袁琳：《宋代城市形态和官署建筑制度研究》，中国建筑工业出版社，2013，第77页。
② 李孝聪：《历史城市地理》，山东教育出版社，2007，第154页。
③ 李孝聪：《中国城市的历史空间》，北京大学出版社，2015，第107页。
④ 许宏：《大都无城：中国古都的动态解读》，生活·读书·新知三联书店，2016，第29页。

"盖唐世外地府、州、县城镇街、坊制度，具体而细微，都是模仿京都的"①，也就是说，唐朝的地方州县城市都模仿都城采取了由方正规范的封闭市坊构成的坊市制度，还将城市所驻治所的地方行政建制等级与城内的坊数严格对应起来，如长安有108个坊、洛阳有103个坊、扬州与苏州约有60个坊、沙洲有4个坊，这样唐代地方城市大部分都呈现出近乎方形的轮廓，只是规模上大小不一，体现了唐朝"律令制"国家追求整齐划一行政制度的精神实质。另外，地方城市还效仿都城有巡逻执法的街卒、街吏。

三　严谨的大城市治理体系进一步完善

随着大一统国家政权的确立，隋唐出现了社会稳定和经济繁荣发展的局面，从而推动了一大批大城市的出现，长安、洛阳人口都在百万人以上，扬州人口也接近50万人，这推动了本时期大城市治理体系的确立。隋首创的集中设置皇城制度逐渐控制了宫、府、民城市用地比例，中央官制和都城制度均可谓精密之极。② 这些大城市一般是都城或者州治，因此大城市的行政管理一般都实行州（府）县两级制，京兆尹在京城城市管理中的作用比前代加强，③ 州刺史（京兆尹）是大城市的最高管理者，州（府）官员在大城市治理上有很大权威。④ 大城市一般都实行两县共治，约有14个。县令是大城市所划分区的直接管理者，县之下就是最基层的管理单位坊里，由坊（里）正负责管理。这种地方行政区与城区相配合的大城市行政格局，从深层次上显示了城市的主体地位，突出了大城市区别于各分区的整体凝聚力，从城市管理体制方面来强化市在规划结构上的重要性。⑤ 唐前期（666～702）因

---

① 杨鸿年：《隋唐两京考》，武汉大学出版社，2005，第214页。
② 袁琳：《宋代城市形态和官署建筑制度研究》，中国建筑工业出版社，2013，第52页。
③ 袁芳馨：《唐代长安城治安管理制度研究》，硕士学位论文，首都师范大学，2009，第1页。
④ 《资治通鉴》卷二一四载，唐玄宗在东都洛阳五凤楼举行宴会，百姓围观喧闹，金吾卫乱棍齐下仍无法制止，高力士让河南（府）丞严安处理。严安以手板画地，说"犯此者死"，其后宴会三天无人敢越过其所划界线。（《资治通鉴》卷二一四"开元二十三年"，中华书局，1956，第2010页。）
⑤ 贺业钜：《中国古代城市规划史》，中国建筑工业出版社，1996，第486页。

难于治理曾将长安由四县共治，新置的乾封、明堂二县"分理于京城之中"①，成为专门管理城市的县级行政管理机构。这种由县只管理城市而不管理乡村的管理机制虽然仅存在了三十余年，但它毕竟显示了中国古代城市管理的新理念。②

四　市里不杂处的基层里坊制趋于成熟

在唐代城市治理体系中，县之下的里坊是基层管理单位。开元年间的《户令》清楚规定："两京及州县之郭内分为坊，郊外为村。"这是从行政法律上对城市、农村分别管理的制度规定，也是唐朝城市内部采用坊制的依据。③ 由于城市基层管理主体是整个管理体系中最直接联系百姓的一层，因此唐政府格外重视里坊的制度建设。唐代把坊市制作为城市中实行分区管理的主要工具，通过坊市制将居民区（坊）和交易区（市）严格分开。市坊都有高高的封闭性围墙，坊门严格依据"街鼓"传递的法定时间信号，晨启夜闭，禁止人们夜间在街上行走，从而达到严格控制城市居民的目的。唐代长安"达到了古代都城封闭式结构的顶峰"④。唐朝将坊市制度推广到地方州县城市的规划，并以地方行政建制的等级来规定城市内建立坊数的数目，使唐代地方城市的形态趋向于整齐划一，只有规模大小的差异。⑤《通典》卷三《食货志三》记载："在邑居者为坊，别置正一人，掌坊门管钥，督察奸非，并免其课役。"⑥ 坊由一名坊正带领若干里正实行管理，"坊正"主要管理坊门管钥、治安与赋役等事务，"里正"负责户口、生产、治安与赋役。唐代才出现的"坊正"在城市治理制度的角度上看"也更突出城市管理不同于乡村的特点"⑦。坊门由坊卒防守，其属于一种杂役。坊墙的维修是坊内居民的责任，法令上可见坊、市内的桥梁败坏，要由当界的坊民、市民负责修

① 《旧唐书》卷五《高宗本纪》，中华书局，1975，第91页。
② 韩光辉、林玉军、魏丹：《论中国古代城市管理制度的演变和建制城市的形成》，《清华大学学报》（哲学社会科学版）2011年第4期，第59页。
③ 李孝聪：《历史城市地理》，山东教育出版社，2007，第153页。
④ 杨宽：《中国古代都城制度史研究》，上海人民出版社，2016，第260页。
⑤ 李孝聪：《历史城市地理》，山东教育出版社，2007，第154页。
⑥ （唐）杜佑：《通典》卷三《食货志三》，王文锦等点校，中华书局，1988，第63页。
⑦ 万晋：《"变动"与"延续"视角下的唐代两京研究》，商务印书馆，2018，第9页。

筑。代宗大历五年（770）两度下令："其坊市桥令当界修理"①。这些分工细致的规定，表明城市基层治理的体系更趋完善，城市基层治理在治理体系和日常事务两个层次上都更加精细化，这使城市治理能力得到较大的提升。

第七节　案例：马周置街鼓

一　背景

随着社会的稳定，唐代城市得到了空前的发展和繁荣，尤其是都城长安不但成为全国的政治经济中心，还是周边国家向往的经济、文化中心，随着唐长安的不断扩张，在空间规模上其成为古代世界上空前的大城市。与之相对应，唐长安通过详尽地划分坊里，周密地修筑坊墙、坊门，形成比以前更加严格的坊市制度。坊外空间则一如既往地延续春秋时期就开始实行的宵禁制度，也就是按时关闭城门、坊门和禁止居民夜间出行。但是规模巨大、人口繁众、商业繁荣的唐长安城，人们活动的空间距离和范围也大大超越了以前的所有朝代，这导致来往所需的时间也比以前加长许多。而这时的宵禁制度依靠的是长安治安部队金吾卫的骑兵沿街呼喊，这种方式传播范围有限，从宵禁信号发出到执行之间的时间间隔相对较短，已经无法满足唐长安城居民活动范围所需时间的要求，治理制度给城市的进一步发展带来了诸多限制因素。

二　马周街鼓制度的发展

唐初，宵禁制度采用的形式被称为"金吾传呼"，即由宫城南门承天门击鼓，然后由负责京城宵禁巡查任务的金吾卫派骑兵在各条大街上大声呼喊作为信号，然后城门、坊门等设施依据传呼信号进行开启或关闭。到了唐贞观年间，中书令马周向唐太宗建议，在长安城主干街道以设置街鼓的形式替代原先的金吾卫传呼，执行传递城、坊门开闭和宵禁的信号，这就是后来唐长安著名的"六街朝暮鼓冬冬"。这些街鼓放在

---

① （宋）王溥：《唐会要》（下）卷八六《桥梁》，上海古籍出版社，2012，第1869页。

通往长安城的主干道的城门和坊角的楼上，形成了一个由承天门（见图6-5）鼓钟发起、枢纽城门街鼓中继、各街武候铺铺鼓回应的次第相闻、声遍全城的完整、严密的街鼓报时体系。这个体系的建成大大提高了时间信息的传播效率和准确性，方便了中央官署和民间百姓的工作和生活，获得了唐太宗与长安城社会的一致认可，也成为其他州县城市争相模仿的典型。

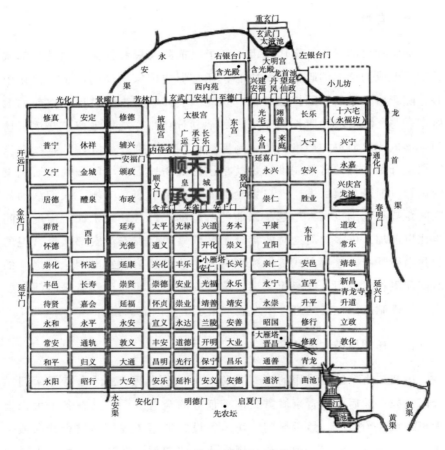

图6-5　唐长安城承天门位置

资料来源：刘一帆、郭华瑜《中国古代城市鼓楼设置源流研究》，《遗产与保护研究》2019年第5期，第119页。

严格来说，街鼓只是唐长安宵禁制度中发挥承上启下作用的枢纽。它上承太史局的计时制度，接到太史局的"鼓契"后，承天门才可以开始击鼓，而收到"所牌"后则要立刻停止。在承天门开始击鼓后，负责城门启闭的城门郎们就带着钥匙井然有序地展开工作，"承天门击晓鼓，听击钟后一刻，鼓声绝，皇城门开；第一冬冬声绝，宫城门及左右延明、乾化门开；第二冬冬声绝，宫殿门开。夜第一冬冬声绝，宫殿门闭；第二冬冬声绝，宫城门闭及左右延明门、皇城门闭。其京城门开闭与皇城门同刻"①。同时，坊正早上听到五更三筹的街鼓后开启坊门，晚上听到四百捶街鼓打完后开始闭门，等后面的六百捶鼓声打完后要完成所有坊门的关闭，开始执行夜间禁行。这样，通过设置街鼓，一个环环相扣、规范严谨的城市基本治理制度体系在唐长安达到了发展的顶峰。

三　马周置街鼓的城市治理内涵

（一）马周置街鼓凸显了制度精细化对城市治理体系整体效能的重要性

宵禁制度是自春秋以来中国城市治理长期沿袭的一个基本制度，是由报时制度和夜禁制度结合在一起的城市治理体系，发挥着报时和警众的双重功能，在保障城市治安的过程中发挥了不可替代的作用。马周引入巧妙设置的街鼓体系，是在充分认识时间管理对城市治理统率作用的基础上，进一步通过连接环节的精细化设计，将报时制度与夜禁制度紧密地融合在一起，实现了报时质量品质和警示速度效率的全方位同步提升，在强化宵禁制度治安约束效用的同时，也进一步提升了制度的合理化程度，还原了其原本所承载的公共服务功能，最终使"六街朝暮鼓冬冬"成为唐长安一个深入人心的标志性时代城市景象。

（二）马周置街鼓放大了古代城市治理体系中的技术治理思维

"据《唐六典》卷十，秘书省太史局有漏刻典事十六人，典钟二百八十人，典鼓一百六十人。漏刻典事掌司漏刻之节，典钟掌击漏钟，典鼓击漏鼓。这些都是前朝所无而为唐朝所始创的。""唐代太史局漏刻、钟、鼓等一整套管理体系的形成，标志着鼓在城市管理方面的应用已达到相当完善的程度。"② 马周置街鼓的基本思路是从承载时间信息的声音

---

① （唐）李林甫等：《唐六典》卷八《门下省》"城门郎"条，陈仲夫点校，中华书局，1992，第249页。

② 林立平：《封闭结构的终结》，广西人民出版社，1989，第102页。

对城市治理制度的关键性这一技术性问题出发，将唐代空前完善的计时技术充分挖掘和利用鼓这一传统工具的技术优势，按照城市治理需要的逻辑进行合理化的制度安排设计，即将鼓放在主干街道上形成街鼓体系，基本满足了唐长安城治理的现实需要，实现了对唐长安城基本治理体系的发展和完善。在后续的实践过程中，还针对鼓声在长安城广阔宽大的空间传播产生的实际时间延后问题，采取六街铺鼓提前发声报时以补偿鼓声传至远郊地区带来的误差。这些体现的都是利用技术知识来解决和完善城市治理制度问题的技术治理思维。

（三） 马周置街鼓揭示出城市治理的本质在于设计者的巧思

把鼓报时的形式用于古代城市治理古已有之，并非马周首创，但街鼓制度之所以能够成为唐长安城市治理的标志性制度，毫无疑问要归功于马周其人。马周把一个看似再熟悉不过的常用形式以出人意料的巧思用出了层次、用出了水平，甚至可以说用到了精妙的程度，这才是街鼓制度对于古代城市治理来说需要关注的本质问题。马周的智慧在于他能够意识到宵禁制度是关系到每个长安官僚和百姓日常节奏的基本制度，要实现基本均等的达致性，需要完善城市时间管理制度中时间传播这一关键环节，并进一步敏锐地从鼓的优点和缺点出发，通过街鼓这一制度设计尽量弥补既有鼓声传播方式存在的不足。更多地利用管理者的巧妙智慧实现制度的规范化，是唐代城市治理体系实现规范化发展整体特征的一个具体表现。严格的城市时间管理制度使奸盗更加无从活动，唐长安街鼓制度也被视为成熟规范的典型。

四 马周街鼓制度对中国古代城市治理体系的意义

街鼓制度作为中国古代城市治理的典范，具有重要的理论和实践意义。从宏观理论层次上看，街鼓制度体现了从城市治理体系制度逻辑的整体性出发，通过厘清逻辑上的相互联系确定关键因素的重要性，这是马周街鼓制度成功的基础。从中观制度设计层次上看，要精细化地将时代最先进的技术因素融入城市治理制度设计，从城市治理的运行逻辑出发，充分利用工具的技术优势并通过制度安排弥补工具的不足，是技术为治理服务的技术性治理的完美体现，实现了城市治理制度体系的精细化、精准化。从微观治理主体层次上看，在这一过程中发挥根本动力作用的是制度设计者的巧思,这是街鼓制度得以体系性、严密化的根本。

小 结

作为秦汉以后的第二个大一统时期,同样经历了长期政权分裂的隋唐也十分强调中央集权,但与秦汉初兴阶段更突出宏观略显粗放的威严尊贵的行政权威话语相比,这一时期的话语在继承宏大的威严内涵的基础上,更注重微观的严整划一的权力等级,体现在城市治理体系上,就是严格等级划分思路下的"上行下效"制度化路径,都城集中封闭分隔的重城空间结构和严谨完善的治理体系为地方树立了样板,在结构趋同、规模不一的表象下,推动这一时期形成了以大城市管理制度与城市基层治理制度为特色的城市独立特征更趋明显的城市治理体系。

第七章 两宋"集权—专门化"型城市治理体系

这一时期虽然是宋和辽、金、西夏政权并存的局面，但除了金占据的区域城市稍多，西夏和辽的城市都较少，本章主要讨论的对象是宋代城市。在宏观结构层面，宋代构建了权力向中央集中的国家总体治理结构；同时，人口的大规模集聚和商业活动的活跃繁荣，冲垮了封闭的坊墙，也给宋代统治者提出了强化城市秩序的任务，使之不得不从制度、法律等方面寻找适合城市特点的专门化治理路径。

第一节 以中央集权为特征的两宋国家治理体系

一 "守内虚外"的中央集权制度

"节镇太重，君弱臣强"，是汉唐乱象留下的深刻教训。宋太宗对此有着深入的思考："国家若无外忧，必有内患。外忧不过边事，皆可预防。惟奸邪无状，若为内患，深可惧也。帝王用心，常须谨此。"[①] 于是，宋代采用"守内虚外"的治国之策来强化中央集权，"收乡长、镇将之权，悉归于县；收县之权，悉归于州；收州之权，悉归于监司；收监司之权，悉归于朝廷"[②]，"稍夺其权，制其钱谷，收其精兵"[③]；"令诸州自今每岁受民租及筦榷之课，除支度给用外，凡缗帛之类，悉辇送京师"[④]，使天下各州县除留足正常开支外没有余钱，全国预算开支都由三司负责。此外，还对地方各级政府和军队将领的权力进行了分割、分散，

---

① （宋）李焘：《续资治通鉴长编》卷三二，中华书局，2004，第719页。
② （宋）李焘：《续资治通鉴长编》卷四六八，中华书局，2004，第11177页。
③ （宋）李焘：《续资治通鉴长编》卷二，中华书局，2004，第49页。
④ （宋）李焘：《续资治通鉴长编》卷五，中华书局，2004，第139页。

以防权力集于某一位官员之手。通过这一系列的强化中央集权和地方分权的改革，实现了集大权于中央的效果，"朝廷以一纸下郡县，如身使臂，如臂使指，无有留难，而天下之势一矣"①。时人评价："本朝祖宗立天下之士，非前代可比，内无大臣跋扈，外无藩镇强横，亦无大盗贼，独夷狄为可虑。"②

二　恪守祖宗法度的治理理念

如何使政权长治久安，是宋代统治者一直忧虑的主题。宋太祖在统一国家的过程中，逐步确立了以儒家仁义思想为主导，"使子孙谨守法度"的治国基调。后续历代统治者又相继在坚持儒家根本精神的基础上，兼容并蓄法家、佛道的有益元素，不仅创法立制注重实用，形成了富有针对性的开明特性，还从内在的德性修养出发重塑了儒家王道的公共性，推动了治理理念的世俗化。宋代历任统治者"谨守"的"祖宗之法"，其本质是"事为之防，曲为之制"的"防弊之政"，出发点在于防止重蹈覆辙，贯穿具体法度的就是预设防范、周密制约的基本逻辑，"有宋一代，应当说是懂法的皇帝最多的一个朝代和讲究法律的一个朝代。这或许也是两宋以一个积贫积弱的王朝何以维持三百多年之久的原因之一"③。"祖宗之法"体现着"任人"与"任法"原则的互补与折中。其落脚点是规矩法度，同时又突出作为家族尊长、人治象征的"祖宗"之导向与决定作用。从这一意义上或许可以说，作为根本性治国原则的"祖宗之法"，既是对于"人治"的限制与规范，又是"人治"的延伸，是寓含一定理性精神的"人治"。④

三　"强干弱枝"的地方行政制度

宋代为了解决唐末五代以来藩镇割据尾大不掉的问题，采取了以削弱地方权力为核心的"强干弱枝"政策。具体包括两个方面，一方面是增加路，改隋唐地方行政层级的两级制为三级制；另一方面是因事设职，

---

①　（明）陈邦瞻：《宋史纪事本末》，中华书局，1977，第11页。
②　（宋）邵伯温：《邵氏闻见录》卷一九，中华书局，1983，第214页。
③　曾宪义主编《新编中国法制史》，山东人民出版社，1987，第232页。
④　邓小南：《宋代"祖宗之法"治国得失考》，《人民论坛》2013年第16期，第79页。

将地方主官总负责变为分权制衡。北宋初期实行分散事权的管理机制和彼此限制的约束机制，沿袭唐代地方行政制度设置了州、县两级，以文官主导的知州制取代武将主导的刺史制，还分设出很多辅佐性职官来相互牵制。北宋中期后，在州以上正式增加一级行政机构"路"以削减州的行政权力，宋的"路"实行复式路制，即路一级不设统一的行政机构和单一行政首长，民、财、刑、军及监察等事权分属漕、仓、宪、帅四个部门，它们互不统属、各成系统，无法体现一级行政机构的体系性、协调性。路下有同属一级的府、州、军、监，其中以州为主。这种层级间横向纵向处处分权、相互制衡的三级地方行政区划，确实实现了中央政府对地方前所未有的控制，但这种极度分权也造成州县权轻，使地方政府治理能力被极大地削弱。

四　士与官僚合流的文官政治

宋代是在政权林立、藩镇坐大的五代十国分裂格局中产生的，"宋统治集团十分懂得，官僚机构和军队是应付和解决上面两类矛盾的必不可缺的工具"[1]。因此，宋代采取了文官主导政治的"偃武修文"官僚体制，无论是地方行政还是军事组织中，都以文官作为最高管理者。这样，宋代构建起独具特色的以"文德致治"为核心的"以儒立国"的政治构架，"盖宋之政治，士大夫之政治也。政治之纯出于士大夫之手者，惟宋为然"[2]，真正意义上的士大夫政治形态在这一时期得以形成。宋代一方面增强了科举考试的开放性，彻底贯彻"取士不问家世"的原则，从而使"学而优则仕"的儒家思想落地生根，成为一种社会风尚。另一方面，通过严格考试程序、增加录取名额、提高考中者待遇等方式，更多的知识分子被纳入政权，"两宋通过科举共取士 115427 人，平均每年361 人"，"大大超过了唐及元、明、清的取士人数"[3]，出现了"与士大夫共治天下"的局面。官僚体系中科举入仕者的成倍增长扩大了统治基础，极大地提高了官僚队伍的整体文化素质，实现了官僚从贵族士族型

① 漆侠：《王安石变法》，上海人民出版社，1979，第 16 页。
② 柳诒徵：《中国文化史》（下卷），东方出版中心，1988，第 516 页。
③ 张希清：《论宋代科举取士之多与冗官问题》，《北京大学学报》（哲学社会科学版）1987 年第 5 期，第 106 页。

向文人学士型的变革，也一劳永逸地消除了武将夺权的潜在可能性，宋代专制主义中央集权达到了一个前所未有的高度，文官的治理能力在城市水利设施修建和人文景观的创造上得到了充分发挥，但也因官员数量巨大，造成许多人有官位而无事可做、官僚体制效率低下的结果。

第二节　宋代的城市发展

一　宋代城市在规模和数量方面空前发展

在经历了唐末和五代混乱、分裂的局面后，宋在与辽、西夏等政权并存的情况下，基本实现了国家的统一，形成了国家长期的稳定局面，这为宋代城市的发展提供了大环境。同时，宋代对地方采取了"稍夺其权，制其钱谷，收其精兵"的强化中央集权政策，导致各种行政机构、人口和资源向更高层级政治中心集中，越高行政层级的城市越集中。另外，城市的诸多优势也吸引越来越多的人口移居城市。宋代都城东京比隋唐都城集中了更多的皇室成员、官吏、禁军、富商等，还有大量为这些人提供各类服务的人员。宋太宗就曾经提到"东京养甲兵数十万，居人百万"[①]。北宋都城开封成为继南朝建康、隋唐长安和洛阳之后的第4个百万人口级的特大城市，南宋都城临安成为第5个百万人口级的特大城市。唐代10万户以上的城市只有10多个，北宋时增加到40个。[②] 城市密度也很大，淳祐年间（1241～1252）临安府城区达到2.1万人/千米^2，咸淳年间（1265～1274）达到3.5万人/千米^2，[③] 比大部分现代城市市区都要密。两宋时期形成了以重要中心城市开封、京兆、成都、广州、江宁、苏州、杭州，以及秦州、太原、真定、大名、洛阳、密州、晋州、扬州、真州、楚州、庐州、襄州、梓州、绵州、兴元、遂州、汉州、利州、福州、泉州等区域城市构成的大城市群体。经过中唐以来长达两三百年的历史演进，大致到南宋时期，中国的传统城市进入其发展

---

① （宋）李焘：《续资治通鉴长编》卷三二，中华书局，2004，第716页。
② 董鉴泓主编《中国城市建设史》，中国建筑工业出版社，2004，第71页。
③ 包伟民：《宋代城市研究》，中华书局，2014，第364页。

的一个新阶段，并由此建构起了此后近千年的基本格局。①

人口的大规模集聚需要大量的消费品供应，尤其是稳定的菜蔬鱼肉粮食等日常生活用品供应，因此，城市发展的规模受制于能够获得多少可以用于交换的生活必需品特别是商品粮供应。这一方面考验该区域农业的生产能力，另一方面也考验本区域的运输集聚能力，因此，这一时期集全区域资源支撑中心城市发展的趋势加强，这反过来进一步体现了政治中心城市优先发展的规律。北宋都城开封的发展就反映了这一规律。开封聚集了 100 多万的人口，这些人基本上都属于消费者，所需要的生活用品和物资大多靠外部特别是从南方经汴水运来。每年运往开封的粮食就有数百万石，真宗大中祥符元年（1008）达 700 万石之多。肉类供应更是"每日至晚，每群万数"。张洎曾说"半天下之财赋并山泽之百货"悉聚于京师，时人评价："京，大也，师，众也。大众所聚，故谓之京师。有食则京师可立，汴河废则大众不可聚。"② 京师尚且如此，其他城市更甚，用于交易的粮食供应不足，俨然变为限制城市发展的最主要因素。粮食太贵成为一个社会性问题，地方州县出于地方利益的考虑，以行政权力严控粮食外流。另外，粮食运输的需要也使交通运输命脉运河沿线地区的城市发展很快，而盛产粮食的江浙地区城市也较为密集。

随着城市人口的大规模增加，物资供应的不断丰富，城市的商业越来越繁荣，坊、市的围墙不断地出现缺口或被拆除，促使封闭式的坊市制逐渐有名无实，商店、作坊和住宅区混合的新型街道体系渐次形成，开放型的街巷制城市新格局最终确立。居民住宅直接把门开在大街上，特别是商铺不再局限于有限的几个固定市坊，而是贯穿整个城市的各个角落，尤其是只要纳税就可以开设商店的政策，更使主要道路上布满了形形色色的临街商铺。《东京梦华录》记载了汴梁城中出现的姜行、纱行、牛行、马行、果子行、鱼行、米行、肉行等 30 多个商业门类，新兴的以"行市"、酒楼、茶坊为中心的街市和散布坊巷中的各种铺席、茶肆、酒肆，不仅突破了原来固定市制地理上的东、西市界线，还打破了

---

① 包伟民：《宋代城市研究》，中华书局，2014，第 395 页。
② 《张方平集》卷二七，郑涵点校，中州古籍出版社，2000，第 419～420 页。

时间限制，形成了早市、夜市，甚至有的商店酒楼从早到晚"通晓不绝"。整个城市变成了一个扩大化的市场，经济、文化功能在城市布局中的作用受到更多的关注，比较正式意义上的古代工商业城市形成。

二 宋代城市的独立行政建制内涵

虽然两宋时期人口增长对城市的发展起到了重要的推动作用，但是城市的最基本功能仍然是从周以来就确定的实现对地方的政治控制，州县治城市的设置也并不是完全依据人口数量，城市的行政治所的根本性质没变，行政建制是推动城市设置的主要动力，[1] 行政地位与城市集聚资源能力直接相关，因此，城市行政地位的变更决定着城市经济发展的命运，政治中心优先发展规律是中国古代城市发展的基本规律。两宋城市的政治行政中心本质，还体现在官衙区在各级城市布局的中心显著位置这一共同特征上，这一特征就是要突出政府机构在城市属性中的中心地位，以作为国家机器权威的象征。[2] 同时，这一时期，城市也发展出很多独立于乡村的行政因素。一是出现了脱离行政等级治所的独立"建制城市"，"对城市实行专门化行政管理的时期，其主要标志是都市警巡院和总管府及路治城市录事司的创立"[3]。金中都左右警巡院是独立的司法行政机构，专门从事平理狱讼、阅实户口、社会治安、均平赋役等都市民事及各项行政事务，且警巡院的执法人员也都有薪酬，向职业化、专责化迈出了一大步。[4] 二是复设县尉。该职一度由"主乡盗贼"变为"惟主捕县城及草市内贼盗"[5] 的城市专职。三是宋代居住在府、州、县城郭之内的坊郭户正式单独在国家版籍中分列，分为府州城市的"州坊郭"、县城的"县坊郭"、城镇的"镇坊郭"，出现了城乡分治的二元体制管理格局。四是出现了区别于乡村地区的城市厢制，承担城市社区公共事务管理职能，"开城市分区而治的先河，是我国古代城市管理的重要突破"[6]。

① 包伟民：《宋代城市研究》，中华书局，2014，第61页。
② 包伟民：《宋代城市研究》，中华书局，2014，第93页。
③ 韩光辉：《12至14世纪中国城市的发展》，《中国史研究》1996年第4期，第3页。
④ 刘永如：《金中都：初为首都，气象万千》，《北京日报》2021年4月8日，第15版。
⑤ （宋）李焘：《续资治通鉴长编》卷三一一，中华书局，2004，第7536页。
⑥ 韩光辉：《宋辽金元建制城市研究》，北京大学出版社，2011，第35页。

三　宋代城市的特征

（一）城市行政中心层级化更加明显

虽然在表面上看，从秦汉到两宋推动城市发展的主要力量是人口的增长，但深入分析就会发现，城市的设置并不是按地区人口数量均匀分布，而是从实现地方政治控制出发，对地域、人口以及边防军事需要等多种因素综合考虑的结果。对于绝大多数州县城市来说，行政地位仍为它们维持经济繁荣不可缺少的资源，而且这一特性仍将影响中国古代城市很长一个时期。① 城市行政地位变更的结果关系到城市经济地位的兴衰，甚至是一个城市的存亡。同时，宋代对地方采取了中央集权政策，"收乡长、镇将之权，悉归于县；收县之权，悉归于州；收州之权，悉归于监司；收监司之权，悉归于朝廷"②，这种层层集权的模式，强化了政治权力和发展资源的集聚，"不同等级的地方行政区划与建置的治所，相对于本地区来说就是不同等级规模的城市"，"这种城市规模的不同主要是由官署、驻军等因素决定的"③。而且从总体的趋势上看，不同行政层级的城市，其实际人口规模与时人的意象大体还是相对应的。④ 另外，这种中央集权强化的模式，还衍生出一种严格的层级化城市结构模式：每个政治城市中间都有一个聚一州之精华的威严壮丽的官署区作为本级政权的符号，州军城市结构上模仿开封，县治城市结构上模仿州军城市，下级城市一如上级城市的微缩版。

（二）城与市紧密融合

随着具有严格控制作用的坊市制和市籍制的崩溃，特别是门税制度的推行，虽然宋代城市里仍然有很多商铺活跃于原来的传统市坊区域，但政府法规已经放开了对城市商业活动的限制，市场的范围很快从城市中少数的特定区域扩大到了整个城区，逐渐发展出以各种新兴行业或酒楼、茶坊、饮食店为中心的街市，甚至小规模的"街坊桥市"和"市

---

① 包伟民：《宋代城市研究》，中华书局，2014，第101页。
② （宋）李焘：《续资治通鉴长编》卷四六八，中华书局，2004，第11177页。
③ 韩光辉：《宋辽金元建制城市研究》，北京大学出版社，2011，第134～135页。
④ 包伟民：《意象与现实：宋代城市等级刍议》，《史学月刊》2010年第1期，第41页。

桥",这些街市非常自然地与它紧邻的街巷融为一体。这样,处于这个市场范围之内的居民,亦即全体城市居民,而不仅仅是以前那些被著录在市籍上的人,开始被称为"市民"。① 全体城市居民被列为坊郭户,以区别于乡村居民的乡村户。同时,宋代城市商业的繁荣也使城中流动人口的数量不断增多,并且人流和物流都不断向城门周边的城关区域汇聚,以城墙为标志的城市内外界线逐渐由清晰变得模糊,甚至在一些州县中小城市出现了将整个城区称为"市"、把城门称为"市门"的情形,南宋朱熹就用"县市"指代整个县城来与"诸乡"相对应。这样,本时期城和市更加紧密地融合在一起,市场管理也更深地与一般的城市管理结合起来,出现了严格意义上的工商业大城市。

(三) 各类城市大批涌现

宋代中央集权制度空前强化,经济空前繁荣。首先是都城东京,在宋太祖统一全国后,原"七国之雄军,诸侯之陪臣,随其王公,与其士民,小者十郡之众,大者百州之人,莫不去其乡党,率彼宗亲,尽徙家于上国"②。地理上的先天优势,加上聚一地精华发展治所城市的模式,在城市工商业繁荣与人口膨胀的共同作用下,在各个区域造就了一批大城市。其中不乏开封、秦州、太原、真定、京兆、大名、洛阳、密州、晋州、成都、梓州、绵州、兴元、遂州、汉州、利州等大城市。此外,东南和闽广地区的苏州、江宁、扬州、真州、楚州、庐州、襄州、福州、泉州、广州等,也都是规模较大、工商业繁荣的大城市。这些城市按照城市的行政等级和规模大致构成了都城百万人口、路治城市几十万人口、州军城市十万人口、一般县治城市几万人口这样的差序格局。

(四) 城市布局呈现世俗化、多元化

这一时期的城市布局在坚持基本构架整齐有序的基础上,为居民、商户留出了更多的自由活动空间,形成了一种较之前代更加世俗化和多元化的开放街道制度。后周世宗在扩建开封外城时下令:"今后凡有营葬

---

① 包伟民:《宋代城市研究》,中华书局,2014,第213页。
② (宋)杨侃:《皇畿赋》,载(宋)吕祖谦编《宋文鉴》卷二,齐治平点校,中华书局,1992,第20页。

及兴窑灶并草市，并须去标识七里外。"① 除了城市街巷总体布局及军营、仓场、官署等重要设施由政府确定，其余空间"即任百姓营造"，在主要街道两边还留出十分之一给沿街人家用来种树、掘井和修盖凉棚。这样既满足了保持城市面貌总体秩序的需要，又调动了沿街住户参与城市发展的积极性，使城市布局出现了更加贴合当时居民生活气息的世俗味。随着商业活动渗入各条主要街道，形成"街市"和"巷"中日用品商铺，为了方便出行，坊内的小巷开始直通大街，大街和小巷连接的交通网逐渐形成。② 这种开放的"街巷"布局深刻地影响了其后的城市制度。不仅如此，宋代还为了市容的壮观，打破当时法定的住宅礼制等级限制，采取鼓励建筑临街市的邸店和楼阁的宽容政策，③ 东华门附近的酒楼一度因能"下视禁中"而生意兴隆，地方城市也弱化了子城的军事防御功能，使其成为城市制高点的人文景观。宋代城市街道里坊客栈、药铺和酒店沿街林立，呈现政治、经济功能多元化的特点。

四　以汴梁为代表的第五个城市模型

经过隋唐时期城市前所未有的大规模发展，这一时期城市的地理布局、空间结构基本都是在隋唐既有基础上的创新发展。宋代的文官政治主导地位进一步强化了城市的礼仪功能，形成了以北宋都城东京（汴梁）为代表的第五个城市模式。在城市的结构和布局方面确立了一种新的城市体制，对此后都城和一般城市的建设产生了重大影响。这个模式主要有两方面大的突破。一方面是在整体结构布局上，充分吸收魏晋邺城模式、隋唐长安模式，同时又结合东京受限于旧汴州城的实际情况，特别是力求合于营国制度的传统礼制基本特征。北宋建都的东京，集合了原唐代的州城和后周开始扩建的外城，形成由外城、里城、宫城组成的三重城结构（见图7-1）。与唐代长安宫城设在外郭城正中皇城的北部不同，东京城更加严格地遵守了营国体制的"择中建宫"原则，将北魏洛阳的套城结构和隋唐长安的三重城制做了叠加，最终呈现出里城位于外城的中央，宫城又大致位于里城的中央，每道城墙都有护城河环绕

---

① （宋）王溥：《五代会要》卷二六《城郭》载显德二年四月诏书。
② 杨宽：《中国古代都城制度史研究》，上海人民出版社，2016，第341页。
③ 杨宽：《中国古代都城制度史研究》，上海人民出版社，2016，第321页。

的更加规范严整的三重套城结构。从宫城南门直到外城南门的御街是全城的中轴线，沿这条中轴线两侧所建的两列千步廊集中了中央的主要行政官署，替代了隋唐长安的封闭性皇城。在御街还分别设有黑漆叉子和朱漆叉子，行人只准在朱漆叉子以外经过（见图7–2）。城套城的三重城、三套护城河、宫城居中、井字形干道系统等特点影响了金中都、元大都、明北京的建设。同时，这种模式还为地方州军城市所模仿，衍生出官署建筑位于全城中心地带的子城和罗城的城套城基本结构。另外，还形成了以新的开放街道制度为主的外城结构。北宋沿用后周世宗所设

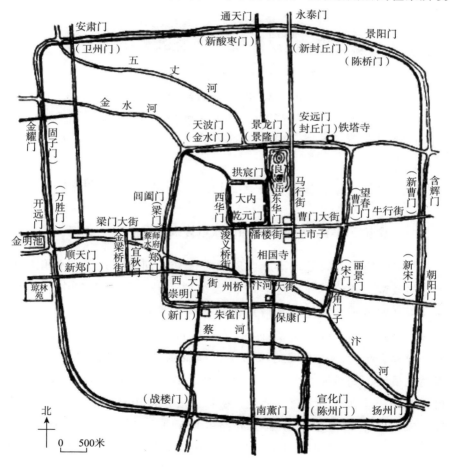

图7–1　宋东京（开封）复原想象图

资料来源：叶骁军《中国都城发展史》，陕西人民出版社，1988，第189页。

定的东京外城划分原则，"创立了沿街两边居民当街开门并种树掘井的新的街道制度"①，在官府划定的街巷、军营、仓场、官署等重要设施用地之外，"即任百姓营造"，还允许沿街住户修建高大的楼阁台榭，来提升都城景象的壮丽度，甚至弱化子城的军事防御功能，改造为城市制高点人文景观。开放的街道制度促进了各种类型街市的出现，实现了城和市的紧密融合。

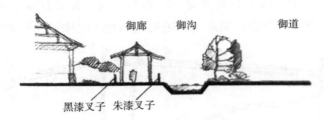

图 7 - 2　宋代东京御街剖面图

资料来源：邓烨《北宋东京城市空间形态研究》，硕士学位论文，清华大学，2004，第 35 页。

第三节　"集权—专门化"型城市治理结构

一　城市外部等级结构——四级城市等级体系

两宋时期城市的行政治所性质没有改变，同时宋代采取强化中央集权的政策，钱粮、驻军随着政治层级的上升层层向上集中，因此，秦汉以来城市等级与地方行政层级相对应的情况不但没有弱化，反而进一步增强，而且政治层级越高，人口数量越多，钱粮等资源越集中，城市规模也越大。在全国的城市中，都城东京、临安行政层级最高，规模也最大，先后成为中国古代第四个、第五个人口超百万的特大城市。宋初，全国虽然已经被划分为十三道，但道还不是一级行政机构。宋太宗正式将全国分为十五路并明确其为转运使的施政区域，这才确定了路作为州县的上一级行政区地位。宋真宗大中祥符二年（1009）的诏书载，"分天下为郡县，总郡县于一道，而又总诸道于

① 杨宽：《中国古代都城制度史研究》，上海人民出版社，2016，第 322 页。

朝廷"①（宋初道、路经常混用），进一步明确了路与州县的行政关系。路转运使、安抚使治所成为都城之下最重要的区域中心城市（见表7－1），这些城市的政治中心地位由来已久，而且往往交通位置优越，这种政治和交通的双重优势又给其带来工商业发达的叠加效应，这种叠加优势的长期延续，使很大一部分路治城市发展为元明清时期的省会城市。对应中央与地方的行政等级体系，宋代形成了京城—路转运使治所城市—州军城市—县治城市四级城市等级体系。这一四级城市等级体系结构，随着从宋代开始国家地方行政等级的基本稳定，也基本稳定下来。由于路、府、州并不单独筑城而与县同治，因此，县治城市作为各上级治所叠加依托的基础行政城市的角色也没有变化，县治的数量基本反映城市的总体数量，行政建制是推动城市设置的主要动力。② 这一四级城市等级体系在当时产生了深远的影响，以至于"在时人意象中，城市规模的差序格局就形成了都城百万家、路治十万家、州军与重要县城万家以及一般县城数千家这样几个等级分明的序列"③。

表7－1　北宋元丰八年（1085）各路转运使治所一览

路名	治所	路名	治所	路名	治所
京东路	青州、郓州	京西路	河南府	河北路	大名府
河东路	潞州	陕西路	京兆府	两浙路	杭州
淮南路	楚州、庐州	江南东路	江宁	江南西路	洪州
荆湖北路	江陵府	荆湖南路	潭州	福建路	建州
成都府路	成都府	利州路	利州	梓州路	遂州
夔州路	夔州	广南东路	广州	广南西路	桂州

资料来源：何一民《中国城市史》，武汉大学出版社，2012，第284页。

二　城市内部空间结构——层层相套的重城制

虽然封闭的坊市制的崩溃，对两宋时期的城市空间结构造成了很大

① 《宋会要辑稿·职官》，转引自周振鹤《中国地方行政制度史》，上海人民出版社，2014，第175页。
② 包伟民：《宋代城市研究》，中华书局，2014，第61页。
③ 包伟民：《意象与现实：宋代城市等级刍议》，《史学月刊》2010年第1期，第34页。

的影响，但中央集权制的加强，使城市结构的行政政权基本特征不仅没有淡化，反而更加突出地呈现出来。都城开封在南北朝套城和隋唐三重城的基础上，进一步发展出了由护城河层层围绕的外城、里城、宫城三重相套的结构，具有里程碑式的意义。宋代中央集权的进一步强化，使秦汉以来逐步加强的地方城市结构仿照都城的模式更加明显。地方城市结构中的一个主要特征是，州军城市都沿用隋唐的子城—罗城的两重套城制，特别是以官署区为主的子城位于罗城的中心位置。有些州军城市是前代所建，新扩建的往往把旧城留作子城，以旧城为中心在外面再建新城作为外城。即使有的城市面临财政困难无法修建外部的罗城，也一定先修建将官署围在中心的坚固子城。当然，这不仅是出于安全防御的考虑，还"要以此突出政府机构的中心地位，以作为国家机器权威的象征"①。虽然宋代的县城一般没有内城，但是其官衙区也是一个处于县城中心位置、高墙壁垒的封闭区域，散发着政权的威势，起着州军城市内城的作用，就像州军城市套城结构的微缩版，更加强调政治的核心地位。

三　城市内部行政组织结构——"（府）—县—厢—坊"

宋代的城市内部组织结构，是在隋唐基础上的继承和发展。一方面以县为主，州府的协调功能不断增强的趋势得到延续。宋辽金时期两县共治一城的城市情况如表7-2所示。

表7-2　宋辽金时期两县共治一城的城市情况

城市	并治县治	设置时间	城市	并治县治	设置时间
长安	长安县、万年县*	隋开皇三年（583）置，宋金沿袭	苏州	吴县、长洲县	武周万岁通天元年(696)，宋沿袭
洛阳	洛阳县、河南县**	隋大业二年（606）置，金代废	汴梁	祥符县、开封县	唐延和元年（712）置，宋金沿袭
太原	晋阳县、太原县	隋大业间（605~617）置，宋废	大名	贵乡县、元城县	北宋末复置，金复置
扬州	江都县、江阳县	唐贞观十八年（644）复置，宋沿袭	贝州	清河县、清阳县	唐开元二十三年（735）置，宋金沿袭

---

① 包伟民：《宋代城市研究》，中华书局，2014，第93页。

续表

城市	并治县治	设置时间	城市	并治县治	设置时间
越州	会稽县、山阴县	唐元和十四年（819）第四次析置，宋沿袭	广州	南海县、番禺县	唐大历间（766~779）置，宋沿袭
益州	成都县、蜀县	唐贞观十七年（643）置，宋沿袭	幽州	蓟县、幽都县	唐建中二年（781）置，辽沿袭，金改大定府
常州	晋陵县、武进县	唐垂拱二年（686）置，宋沿袭	福州	闽县、侯官县	唐贞元五年（789）置，宋沿袭
金陵	上元县、江宁县	五代梁贞明三年（917）置，宋沿袭	杭州	钱塘县、钱江县（后改仁和县）	五代梁龙德二年（922）置，宋沿袭
辉州	苏门县、山阳县	金贞祐三年（1215）复置	大定	大兴县、宛平县	金贞元二年（1154）改置
湖州	乌程县、归安县	宋太平兴国七年（982）置	建州	建安县、瓯宁县	宋治平三年（1066）初置，元祐四年（1089）复置
大同	云中县、大同县	辽重熙十三年（1044）置	潭州	长沙县、善化县	宋元符元年（1098）置

注：* 五代梁改长安县名为大安，易万年县名为大年，后唐复曰长安、万年。宋宣和间更万年县名为樊川，金又易名咸宁。

** 五代北宋间，洛阳仍由河南县、洛阳县合治一城。

资料来源：笔者根据冯春生《我国历史上数县同治一城现象之探讨》，《浙江师大学报》（社会科学版）1995年第6期，第43~44页整理而成。

　　比唐代有了进一步的增加，达到了中国古代史上的顶峰，此后开始减少。在这类城市，州府成为最高管理者，正如北宋东京在行政上属开封府管辖，但是东京城内外分属开封、祥符两县直接管理的现实，仍在揭示"县邑所扮演的作为基层行政城市的角色是明确无疑的，行政建制是推动城市设置的主要动力"①，基层以上的城市管理组织结构基本没有变化。同时，宋代城居人口急速增长，使传统的类同于乡村的城市管理制度逐渐被淘汰，封闭的坊墙被只是作为地域界线标识符号的表木取代，里坊改变为按街巷、分地段聚居的"坊巷"，但这并未影响坊仍然是宋代城市最基层的行政管理地域单元。宋代朝廷诏敕涉及城市基层行政，均称坊。同时，由于城市地域和人口规模巨大，为了有效地实施管理，宋代开始在城市坊巷之上增设"厢"级管理机构。开封是最早实行厢制

① 包伟民：《宋代城市研究》，中华书局，2014，第61页。

的城市之一。经过宋太宗初建、真宗扩大、神宗调整，东京最终确定为
17 厢 133 坊，即内城 4 厢 45 坊，新城 4 厢 74 坊，新城外 9 厢 14 坊（见
图 7-3），一个有别于农村乡里管理体系、介于坊与城市主管部门之间
的城市厢坊制管理体制得以形成（见图 7-4）。厢制逐渐推广到全国各
州县城市。北宋仅有少数城市设立厢，南宋时设厢城市增多，厢制得以
广泛推行于城市管理中（见图 7-5）。如宁波设有东南厢、东北厢、西
南厢、西北厢，下设 93 坊 2 市，大名府有左右厢 23 坊，荆南府有左右
厢 8 坊，严州也设有左右厢，此外，楚州、颍州、苏州、泉州、镇江、

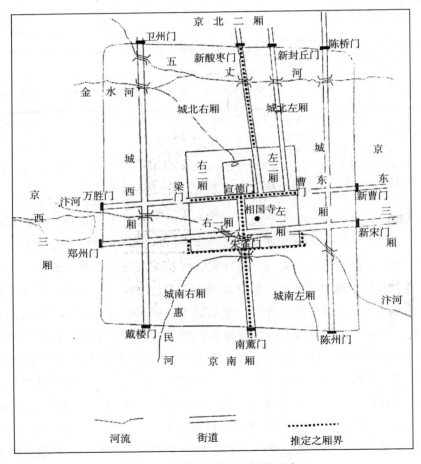

图 7-3　开封府城内外厢的分布

资料来源：韩光辉《宋辽金元建制城市研究》，北京大学出版社，2011，第 14 页。

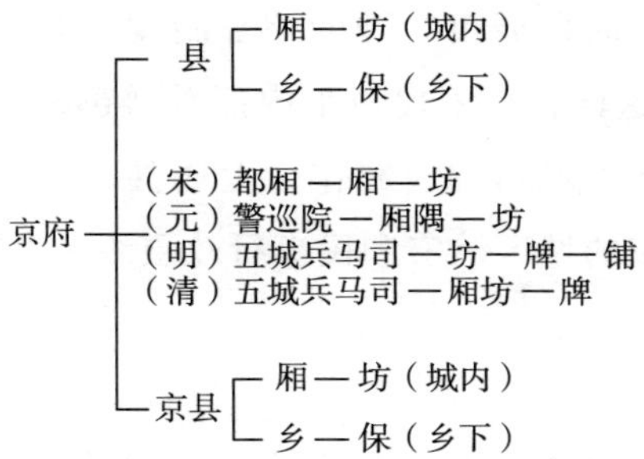

图 7 - 4　宋元明清都城管理机构层级

资料来源：李进《宋元明清时期城市设计礼制思想研究》，人民日报出版社，2017，第 70 页。

图 7 - 5　北宋、南宋设厢城市分布

资料来源：韩光辉《宋辽金元建制城市研究》，北京大学出版社，2011，第 24 页。

饶州等城市也都设有厢。"到宋代，厢制并有从州军城市向县邑城市扩散的趋势，以致一些小县邑城市也形成了县、厢、坊三级管理体制。厢坊体系不仅一直是两宋时期城市管理的核心制度，并且影响了宋代以后的近千年城市史。"① 这样，在宋代城市内部首次形成州县—厢—坊的城区三级管理结构。在地方城市中，厢作为上属县、下设坊的城市分区管理机构，是与乡相对应的城区治安和民事行政层级，"是我国古代城市行政管理的重要突破"②。

第四节　"集权—专门化"型城市治理体制

一　行政首长负责下"双轨制"的专门城市治理体制

自秦汉以来，中国古代实行的是城乡合一的管理制度，城市与乡村的行政管理和赋役管理都是同样的制度。逮至唐宋之际，城市的经济特性日益显现，国家逐渐形成了一整套专门针对城市的管理制度。③ 宋代城市治理体制出现了"双轨制"，一方面是历代沿袭的城市所驻的行政首长总体全权负责制，副手、属员依据国家的典章制度分头主管具体任务。如都城开封由开封府尹主持，具体分区由京县县令主持。另一方面为了加强城市治安管理，发展形成了以禁军为主覆盖全国的"巡检"网络，各级巡检在业务上受上级巡检部门业务指挥的同时，也受同级政府首长的节制。更为重要的是，本时期出现了城市治理体制所专有的"厢"级管理机构。宋代的厢坊制具有明确的城乡分治性质，这种制度下的州府城内厢坊不归附郭县管辖，而由州府直接管理，其中都厢与赤县和县行政平级，拥有很大的城市公共事务处分权，下设厢坊；而在城区规模较小的地方城市中，厢则是作为城市社区的分区单位，处于县与坊之间，与乡镇平行。都厢、厢、坊这种管理体系，适应了城市经济发展、人口众多的现实，担负了维持社会治安、管理社区公共事务的重要功能，开城市分区而治的先河，是我国古代城市管理的重要突破。④

---

① 包伟民：《宋代城市研究》，中华书局，2014，第 392 页。
② 韩光辉：《宋辽金元建制城市研究》，北京大学出版社，2011，第 191 页。
③ 包伟民：《宋代城市研究》，中华书局，2014，第 239 页。
④ 韩光辉：《宋辽金元建制城市研究》，北京大学出版社，2011，第 35 页。

二　城市治理体制——"州府—县—厢—坊"体制

随着城市规模的扩大、人口的增多，在隋唐五代以县坊为主的基础上，宋代形成了"州府—县—厢—坊"城市治理体制。在城区，由两个附郭县分治或存在厢分区管理的州府，州府的主管协调作用进一步强化。州府之下，县级机构的作用随着厢的普遍设立有所削弱，但仍然发挥着厢所不可替代的一级政权的作用。北宋东京在行政上属开封府管辖，城内外分属开封、祥符两县统治。大内南面正中御街（俗称天街）以东和大内以东属开封县管辖，县署在仁和门内；御街以西和大内以西属浚仪县（后来改称祥符县）管辖，县署在安远门外旌孝坊西。而厢更多辅助县承担由人口日益增加带来的日常社会秩序管理的职能，① 是以诉讼、治安为主的城市基层治理单位。《宋史·职官志》记载："左右厢公事干当官四人，掌检覆推问，凡斗讼事轻者听论决。""城外内分南北左右厢，各置厢官，以听民之讼诉。"② 宋代州府城市普遍实行以厢统坊的制度。一般州军城市城郭内多设四个厢区，这可能反映了中国传统四至观念的影响。③ 城郭之外人口达到一定规模的也可以设置厢区。城内厢的长官，品秩比县令要高，或者平行，于是县官的职权逐渐缩小。④ 厢的办事机构称厢公事所，里城四厢长官称为都指挥使，厢公事所由厢典、书手、都所由、所由、街子、行官等厢吏组成。⑤ 厢官"虽带督察盗贼，其实分管估计家业，取问病人口词，并检验救火等杂务，不类捕盗之官，理殊未尽"⑥。都所由是厢的最高负责人，所由负责房契、税契、过往客商官防等商业交易手续管理，厢典主管法条援引、解释等司法事务，街子主管街道秩序和地界，行官负责行

---

① "开封府日生公事，多依事头决断，欲乞在京里外左右厢，各添置受事判官一员。"（清）徐松辑《宋会要辑稿》"兵三之五"，中华书局，1957，第6804页。

② 《宋史》卷一六六《职官六》，中华书局，1977，第3942、3944页。

③ 包伟民：《宋代城市研究》，中华书局，2014，第143页。

④ 杨宽：《中国古代都城制度史研究》，上海人民出版社，2016，第335页。

⑤ 《宋会要辑稿》载，厢"每五百户以上置所由四人，街子三人，行官四人，厢典一名；……内都所由于军巡差虞候充，其余并招所由"。（清）徐松辑《宋会要辑稿》"兵三之三"，中华书局，1957，第6803页。

⑥ （宋）毕仲游：《西台集》卷一，中州古籍出版社，2005。

铺等市内商业秩序，书手负责日常办公等行政事务。城市原有的坊依旧设坊正，但由唐代里正与坊正并设改为只设坊正（甲头），负责管理坊内的户口、赋役、治安以及上级指派的任务。由于这一时期封闭的里坊已经改变为开放式的街巷，在坊之下还出现了"巷长"作为城郭的基层管理人员。① 厢的下一级还设有从唐长安武候铺制度转化而来的军巡铺，作为最低级别的治安组织，军巡铺的主要职能是报时、防火、防盗、解送公事、申报平安等。军巡铺还进一步细分为由押铺和四五名成员组成的防隅巡警。军巡铺与厢之间有军员、节级等来负责他们之间的联络、协调工作。

三　城市治安、市场、人口、市政管理体制

（一）开放式街巷结构下多管齐下的动态城市治安管理体制

宋代城市改用了开放式的街巷制，坊墙阻隔和坊门管制的消失与人口流动性的增加，大大弱化了城市的社会控制能力，加大了本就越来越复杂的城市治安管理的难度，各级政权机构越往下层治安功能越是突出，于是宋代城市由开封城始逐渐形成了一套"双轨制"的城市治安管理体制。一方面继承历代所用的行政治安管理制度，由行政首长负责，副手、属员分工协作。其中恢复县尉是本时期城市治安管理体制的一个重要变革。县尉刚恢复时一度"惟主捕县城及草市内贼盗"②，后来才变为城乡兼管，并在都城开封和治安情况比较严重的县，增设第二县尉分区负责治安。另一方面是独立于行政系统，宋代创建的由禁军发展而来覆盖全国的"巡检"网络。各级巡检（使）都分配有规定数量的兵员，主要负责巡逻、缉私、追捕、消防、禁盗、弹压、疏导交通等事项，只可捕获无权审结。各级巡检同时接受上级部门的业务指挥和同级政府首长的节制，实现了治安管理的专职化和专业化。开封在"都巡检使"下划分为若干"厢"，由"厢公事所"主管本厢治安行政。厢下分立"军巡铺"作为基层治安机构，在坊巷之间每隔三百步左右就有驻有五

---

① 南宋时福建漳州城有关记载："昨以兵马司所籍三等户之失实又为之分九则，俾巷长平议，投柜于鼓门，以凭撞点。"（宋）陈淳：《北溪先生大全文集》卷四四《上赵寺丞论秤提会》，四库全书本，第2a页。

② （宋）李焘：《续资治通鉴长编》卷三一一，中华书局，2004，第7536页。

名铺兵的军巡铺屋一所，负有巡警、收领公事以及防捕盗贼、防火等职责。此外，宋代还进一步继承和完善了居民五家或十家互相监督的保甲制和利用旅店登记监督商旅以防逃军、逃犯的"店历"制度等。宋代之所以在几百年间保持基本社会稳定，这些严密的治安防范措施至关重要。

（二）宏观引导和微观调节相结合的城市市场管理体制

宋代坊市分割的体制崩溃后，坊与市已基本合一，市场管理也因此与一般的城市管理融合为一体。如果说唐代的市署、市司等一系列市场机构的设立是为了加大对市场的管理力度的话，那么宋代的商税院等系列机构的设立则主要是为了追求经济上的"利益"。[①] 宋代的城市市场管理制度包括商税制度、城市价格制度、度量衡管理制度、契券管理制度、行会制度、牙人制度等。宋代在各级城市中普遍设置的商税征收机构构成了一个严密的商税征收网，每个商税征收网点一般都有监官带领栏头、牙人及税吏等事务性人员进行管理。这一时期在中国历史上首次形成了系统的商税制度，促进了城市市场管理制度的规范和完善。宋代政府将市场上的商品归为禁榷品和非禁榷品两类，对禁榷品采取严禁私人生产和交易的专卖制度，对非禁榷品通过产品质量准入制度对产品实施管制。市场严禁违禁品买卖，还对不坚牢的行货、不合规格的滥货做了具体规定，严格监控哄抬物价、强买强卖等不法行为，并通过三个月内有效的契约形式保证买卖活口（奴婢与牲畜）不存在恶疾。城市价格体系由"虚估""时估""市场价格"组成。宋政府还加强了对度量衡的监督管理，以确保城市市场交易活动正常进行。宋代还规定交易双方要订立契券并为此缴纳税费，以减少交易活动的争讼行为。同时，宋政府还通过诏令的形式，制止假冒伪劣、以次充好等现象以保证商品质量，并在城市中推行行会制度，构成了一个按官方定价向官府提供商品或劳役的特殊人群"行人"。另外，宋代还以发放"身牌"的形式，首次赋予牙人监督商人的权力，"牙人付身牌约束"也成为中国历史上第一个牙人从业规定。

---

① 尹向阳：《宋代政府市场管制制度演进分析》，《中国经济史研究》2008 年第 2 期，第 46 页。

（三）按户单列的独立城市人口管理体制

包括都城和诸州县城在内的城镇人口，到宋代已经正式按坊郭户编制管理，"坊郭户作为法定户名的出现，是城市人口增加、城市经济发展的一个重要标志，是中国古代城市史的一件大事"①。此外，为了便于政府管理和征榷，城市人口还按不同职业分为"坑冶户""园户""纸户""井户""匠户""药户""炭户""酒户"等。与汉唐按照里坊为单位进行户籍管理不同，宋代以街巷为单位采用"依街立户"的"户牌制"。在每家门前，设有标注户主、妻子、奴仆、亲友等人名字、年龄、相貌特征等信息的粉牌，内容随着成员的生亡而增减，随着亲友的来去而更新日期。每天由执勤的厢巡检，按照户牌上的信息逐户核实，并登记在册以备查询。另外，还在坊门的街楼上专门注明本坊巷的名称、居民人数、居住状况等详细条目，便于进行地点查找和概况了解。相关法律还规定禁止无证住宿、逗留，禁止外地人以都城户籍参加科举考试。旅店以"店历"记录旅客往来信息，严禁逃军、逃犯住宿。这些都说明，宋代城市人口管理的严密化和专业化程度已经很高了。

（四）官民结合的城市市政管理体系

宋代先后在都城开封、临安设立了专司市容工作的"街道司"，职责是城市道路治理、街道卫生清洁、城市交通疏导、违章建筑处理等，街道司拥有数百名差役。北宋开封御街还出现了交通护栏、人行道、绿化带等市政设施。城的四面还有用于照明的盛水油囊，在城中的主要道路上有燃脂油灯，方便发生紧急情况时相关人员及时到达处理事件。宋代在交通管理方面继承隋唐禁止在人众中走马、故相惊扰的规定。州县城市设施主要由政府负责建设，但随着城市舒适的生活吸引的士大夫、富人、地主等拥有大量经济和社会资源的阶层人数越来越多，这些人群逐渐成为政府之外推动市政建设的主要力量。南坊街道由于降雨频繁多为砖铺，这项工程有的用官费，有的由社会募捐。都城的下水管道，"每遇春时，宫中差人夫监淘在城渠，别开坑盛淘出者泥，谓之'泥盆'，候官差人来检视了方盖覆。夜间出入，月黑宜照管也"②。另外，宋代还

---

① 王曾瑜：《宋朝阶级结构》（增订版），中国人民大学出版社，2010，第6页。
② （宋）孟元老撰，邓之诚注《东京梦华录注》，中华书局，1982，第119页。

制定了维护城市及街道卫生的专门法律条文，禁止侵街、出污秽、设陷坑等行为。《宋刑统》记载："其穿垣出秽污者，杖六十，出水者勿论，主司不禁与同罪。"① 大理寺也有规定："辄将粪土、瓦砾等抛入新开运河者，丈八十科断。"② 由于城市住宅面积有限，一般住户都使用马桶，长期以来形成了不同出粪人分区按时收集，运到农村做肥料的传统。对于城市人口增多造成的拥堵和侵街现象，宋代一般采用最为直接的拆毁驱赶政策。这些新发展反映出随着城市行政与经济属性的均衡化，宋代城市市政治理对日常生活的重视日益增强，社会参与的内容也更加广泛，城市治理的内涵在不断丰富拓展。

第五节　"集权—专门化"型城市治理机制

一　地域人口规模与管理层级适度匹配的分级分区行政管理机制

坊墙的消失不代表坊制的废除，更不说明城市分区管理的模式发生根本性变化。③ 随着城市人口规模的不断扩大和坊市制度的崩溃，许多事务直接上报到更高一级的州县，使州县公务繁忙难以应付，于是宋代城市治理思路由封闭坊墙的设施分隔变为开放地域的制度分割，根据城市治理需要不断进行调整，最后形成了一种依据直接管理且与规模能力紧密相关的、层级划分更细密的城市分区管理体系。这也是当时工商业发展引起的城市管理体制的一个划时代变化。④ 在治理北宋都城的过程中，逐渐形成了厢、坊、街、巷这样细密的城市内部区划管理体系。厢的正式设立是在北宋真宗年间，最初职能是管理治安，后来发展成为介于城市主管机构与坊区之间的一个管理分区层级，都城里的厢被称为都厢，行政地位相当于赤县或县，一般地方城市中就称为厢，与乡镇平行。厢与厢之间形成了高效运行的密切关系。厢之下一如前朝仍旧设坊，功能基本没有变化。不仅如此，街巷也成为城市基层管理的主要区划依据，

① （宋）窦仪等：《宋刑统》卷二六，吴翊如点校，中华书局，1984，第417页。
② （清）徐松辑《宋会要辑稿》"方域十七之二一"，中华书局，1957，第7607页。
③ 万晋：《"变动"与"延续"视角下的唐代两京研究》，商务印书馆，2018，第10页。
④ 何一民：《中国城市史》，武汉大学出版社，2012，第293页。

南宋时福建漳州城还出现了"巷长"，这种由大到小的分区管理厢坊制层级的增多，反映出这一时期城市管理体系越来越严格、越来越周密，特别是较之前坊墙与坊制共同作用的里坊制来说，厢坊制的治理效力更加依赖制度的力量，其治理工具意义更加明显。

二　动态巡检与静态防控相结合的蛛网式秩序管理机制

宋代城市人口增多、经济繁荣、空间较小，同时闲散人员也繁杂起来，但是街市结合的新体制，使城市活动的时空限制手段弱化了，这要求城市管理者找到一种新的城市公共秩序管理机制。一方面是传统的被动静态的行政系统，地方政府设有判官、推官负责审理诉讼案件，特别是复设县尉专门通管城乡治安，还在"坊"之上设"厢"，主管社会治安事务，全面掌管厢内斗讼、盗贼、火警、街巷买卖等事。①还强化了保甲制，每五家或十家编为一保，每保设立一面写有所属居民户数和保丁姓名的牌子，使之相互监督防止不轨之事的发生，到晚上五保组成的大保长分遣五名保丁在地界内巡逻。另一方面是增加并强化动态管理，设置了专业化的军巡制度和军巡铺，城内每厢按实际需要，在特定地段设铺分配军巡力量，按照厢坊分别进行巡逻警戒，以发挥威慑作用，宋代之所以在几百年间保持基本社会稳定，与这种严密的巡检制度关系重大。另外，军巡系统与行政系统各展所长紧密配合，在职能分工上军巡主管抓捕、行政主管诉讼审判，行政治安系统负责小型基层民事治安事件，若遇大型群体事件特别是暴乱则需军巡系统紧急出动，这样就强化了城市的全时空严密管控，由于厢的管理源于军事组织，军巡更是由禁军转化而来，因此，这种城市秩序管理机制的军事管制特点比较浓厚。

三　专业设施和专门人员相结合的城市公共服务机制

随着城市空间结构和管理制度的变革，为适应城市经济和社会发展的新需要，宋代不断因事立制，拓展和新设城市公共设施，充实新的管理和服务人员，构建起与之前截然不同的城市公共服务机制。东京自宋

---

① （清）徐松辑《宋会要辑稿》"方域一""兵三"，中华书局，1957，第6802～6804、7324～7325页。

神宗时已经没有街鼓制度，城市的报时功能改由设鼓的谯楼承担，这时咚咚作响的鼓声，更多是为城市市民提供时间信息传递的公共服务，不再是监控和警示。同时，寺院也承担起"报晓"的职能，有为上朝和轮值官吏士兵服务的行者沿街一边敲打铁板或木鱼一边高声口头报时，一般商人和市民作息则依据寺院的钟声。在南宋临安，行者还要加报天气的晴、阴、雨、雪情况。宋代城市在丧失坊墙的屏障后，宵禁制度也发生变革，一方面政府缩短宵禁时间、缩减宵禁范围，外郭城门因为承担有收税、关卡之重任，因此严格要求监门随日落在军员入城之后关闭城门，但城市内部联系和流动基本实现自由通畅。另一方面，防隅巡警和居民在宵禁期间实行保甲联巡，这种夜巡执行的不再是禁止市民夜行的夜禁职能，反而逐渐具有维系城市治安的功能。① 北宋开封还出现了由潜火兵和望火楼组成的世界上第一支专职的消防队。潜火队与望火楼是宋代消防的两大创新，前者的出现使中国消防史上首次有了专门的灭火队伍，而后者的建立则丰富了城市公共安全设施。②

四 户（身）牌与表木相结合的城市信息管理机制

坊墙的消失使城市中管理制度赖以存在的各种界限也由清晰变得模糊起来，宋代的城市治理不得不构建另外一套标志体系。宋代开封城在主要街道上建有坊名标识地名的小楼，楼上还悬挂着鼓用来传递时间信息；在街坊之间设立"表柱"，作为划分街坊居民区空间范围的标记，《续资治通鉴长编》记载："京师民居侵占街衢者，令开封府榜示，限一岁，依元立表木毁拆。"③ "从坊墙到表柱，是唐宋之际城市居民区在管理结构上发生变革的主要特征。"④ 街楼还用牌子列有本坊巷名称、居住人数、居住状况等诸多条目，既便于政府管理，又便利了行人。此外，宋代以街巷为单位，采用"依街立户"的"户牌制"进行管理。城市居民保甲组织也用类似的牌子进行管理，每保置有书写所管居民户数和保

① 姚尚建：《在城市革命之前——中国古代城市的制度巩固》，《晋阳学刊》2017 年第 5 期，第 81 页。
② 王伟超：《宋代城市管理三论》，硕士学位论文，重庆师范大学，2013，第 20 页。
③ （宋）李焘：《续资治通鉴长编》卷一〇二，中华书局，2004，第 2358 页。
④ 林立平：《封闭结构的终结》，广西人民出版社，1989，第 149 页。

丁姓名的一个牌子。"诸州县镇寨城内每十家为一甲，选一家为甲头，置牌具录户名印由，付甲头掌之，遇火发，甲头每家集一名救扑，讫，当官以牌点数。"① 另外，政府还发给宋代每个牙人一块随身的"身牌"，上有"牙人付身牌约束"，明确记录了牙人的籍贯、行业以及职能等具体规定。统一规范的各类标识，不仅有利于识别城市方位，还代表着政府对市民权利与义务资格的确认与保障。这些都表明，宋代城市管理已经向更深层次的严密化和专业性方向发展。

第六节　"集权—专门化"型城市治理体系的总体特征

一　集权定义秩序的城市治理体系

本时期尤其是宋代，针对隋唐五代延续的地方军镇坐大削弱中央权力的问题，在国家治理上紧紧围绕强化中央集权，这里的"集权"重心在"集"即"集中"上。这种"集中"分为几个层次，一是权力中心意识更加明确，二是权力中心地位更加突出，三是权力结构更加集中，体现在城市治理体系上就是"集权"所定义的城市秩序。也就是说，政府权力在宋代城市治理中的涉入，并没有因为商业的发展、封闭的市坊被开放的街巷替代而减弱，而是在坚持原有核心地位的基础上，进一步通过创设其他的手段，更多更深地渗入城市治理的方方面面，发展为经济与礼制相结合的新秩序。都城开封以宫城为中心的三重城结构和州军城市以官署区为中心的套城结构，都反映了"要以此突出政府机构的中心地位，以作为国家机器权威的象征"②。宋太宗至道元年（995）还统一修改了汴梁城121个"多涉俚俗之言"的坊名，命张洎制坊名，列牌于楼上。宋代街道还专门留有供皇帝出巡用的"御道"，东京的"天街"上平民只能走朱漆叉子之外的道路，"皇权的尊贵

---

① 杨一凡、田涛主编《中国珍稀法律典籍续编》第1册，黑龙江人民出版社，2002，第913~914页。
② 包伟民：《宋代城市研究》，中华书局，2014，第93页。

和等级的森严并没有因坊墙的倒塌而减弱"①。另外，宋代中央政府还通过诏令、律令和发布法式的形式，严格地控制和监督城市与官署建筑的营建，"诏令自上而下控制营建权限和费用来源，律令和法式自下而上控制营建成本"②。

二 集权下的城市独立性专门化治理路径

在这一时期集权语境规范下的城市治理体系中，政府对城市事务的管理更深入、更全面，发展出了与其他时期明显不同的显著区别于乡村的独立性和专门性。其独立性主要表现在体现城乡分治二元体制的相关制度上。在宋代府、州、县城郭之内的坊郭户正式在国家版籍中单列，分为府州城市的"州坊郭"、县城的"县坊郭"、城镇的"镇坊郭"，这也是当时工商业发展引起的城市管理体制的一个划时代变化。③ 在治理体制上也出现了明确的城乡分治，政和七年（1117），《作邑自箴》卷六的《劝谕民庶榜》中写道："应系州城下居住人户，不得诣县中陈状（此一项唯倚郭县可用）。"④ 坊郭户户籍的编定与城乡分治，是我国城市史上互为因果、互相促进的两种新制度。⑤ 同时，出现了区别于乡村地区的城市厢制，承担城市社区公共事务管理职能，"中国古代城市厢制是伴随宋代城市发展和城市管理体制的专门化过程出现的新事物"⑥。另外，受宋的影响，辽金先后出现了具有独立行政建制实体的警巡院城市和录事司城市。辽金都市警巡院、金代诸府节镇城市录事司、司候司都是"领在城市"的独立于附郭县的城市行政建制，专门管理诸府节镇城市民事及各项行政事务，金代建置司候司的 112 个诸防刺州治所城市和建置警巡院的 6 个都市，建置录事司的 66 个诸府节镇治所城市一起在金代版图上形成了一个完善的城市体系。

① 李进：《宋元明清时期城市设计礼制思想研究》，人民日报出版社，2017，第 129 页。
② 袁琳：《宋代城市形态和官署建筑制度研究》，中国建筑工业出版社，2013，第 44 页。
③ 何一民：《中国城市史》，武汉大学出版社，2012，第 293 页。
④ （宋）李元弼：《作邑自箴》，上海书店，1984，转引自赵宏、贾文龙《法之权衡：宋朝州级审判中的"检法"环节探论》，《理论导刊》2015 年第 11 期，第 103 页。
⑤ 陈振：《十一世纪前后的开封》，《中州学刊》1982 年第 1 期，第 136 页。
⑥ 韩光辉：《宋辽金元建制城市研究》，北京大学出版社，2011，第 1 页。

三　严谨的宏观秩序结构下兼顾人性化便民理念

这一时期城市人口的繁盛、商业的繁荣，特别是政府出现的重利偏好，城市治理体系在核心区域和主体结构充分体现强大政治权力的前提下，对于居民区的治理则在确保严密治安体系的情况下，体现出较多的宽容便民倾向。在都城开封城外城的建设过程中，后周世宗就明确表明了兼顾解决军营、官署用地不足和"邸店有限"的双重意图，在政府划定的街巷、军营、仓场、官署等重要设施用地之外的空间"即任百姓营造"，还允许沿街道住户当街开门，并各自占有街道宽度的十分之一种树、掘井和修盖凉棚。当时礼制对士庶之家房屋规制有严格限定，不是任何人家都能建筑楼阁台榭，但宋仁宗景祐三年（1036）明令："天下士庶之家，凡屋宇非邸店楼阁临街市之处，毋得为四铺作、闹斗八。"（《宋会要辑稿·舆服》"臣庶服"）这就是为了都城的壮观，鼓励建筑临街市的邸店和楼阁而采用的宽容政策。① 同时，如果拆除不严重侵街的建筑会对居民市民造成很大干扰的话，便倾向于不做处分，如天禧四年（1020），"开封府请撤民舍侵街陌者，上以劳扰，不许"②。特别值得一提的是，如果相关部门在执法时侵害了市民的合法权益，受害者甚至可以上诉，如"街道卒除道，侵子融邸店尺寸地，至自诣开封府诉之"③。这不但是法律上对执法权的限制，更进一步表明了对执法者不正当执法行为的处置取向，具有深远的进步意义。另外，宋政府还关注到夜间城市行人安全问题，官府下令在城中开挖沟渠和坑井旁，用木头和麻绳做成护栏以免造成人员伤亡。

四　开放式城市社区分区街巷制

坊市制度的崩溃和厢坊制的确立，是中国古代城市管理体制的一个重大变革。各种商业活动遍布主要街道和小巷，形成"街市"和日用品店铺，为了出行便利，小巷也开始直通大街，这样，一个四面通达的大

---

① 杨宽：《中国古代都城制度史研究》，上海人民出版社，2016，第321页。
② （宋）李焘：《续资治通鉴长编》卷一○二，中华书局，2004，第2192页。
③ 《宋史》卷三一○《王曾传》，中华书局，1977，第10186页。

街连小巷的交通网出现了。① 同时，不同阶层、职业甚至权贵府邸相伴杂处的现象越来越常见，里坊逐渐演变成按街巷、分地段聚居的开放式"街巷"，这种开放的"街巷"布局深刻地影响了其后的城市制度。由于缺乏坊墙的隔离，开放的"街市制"中连绵的木结构店铺和相互贯通的街巷带来了巨大的消防、治安隐患。为了应对这些新挑战，这一时期出现了一种新的城市基本管理区划"厢"，并在此基础上形成了厢、坊、街、巷管理制度。厢坊制将分区管理的理念体现得更深入，为宋以降城市实行分区管理奠定了基础。② 市民还以街巷为单位组织治安防范。在福州，"城居编户自结忠义社，于是州政府置左右南北厢，以有产业人充社首、副"③。临安府以"府城内居民繁盛"，是上言请"权依旧例"，将"在城居民结保，十家为一小甲，一百家为一大保，置大甲头一名。周而复始，每夜一小甲，巡视甲内人户"④。这种类似的消防、治安组织在两宋城市中相当普遍。南宋时福建漳州城还出现了"巷长"，作为城郭的基层管理人员。这些都说明街巷已经是这一时期管理城市的主要区划。

第七节 案例：汴梁设都厢

一 背景

宋代是中国古代城市大发展的时期，商业极其繁荣，人流更加密集，社会因之发生了新的分化组合，城市与乡村出现了从未有过的明显不同的特征，城市治安问题更加复杂化。特别是城市空间结构上实现了由封闭向开放的实质性转变，坊墙所承担的阻断治理功能大大降低，城市治理由静态管理变成了动态管理，这使城市的基层治理单位——"坊"作为城市治理基层减震器的功能几近消失。这样，从既有城市治理体系逻辑出发而采取的措施，无论是继续严格执行隋唐的

---

① 杨宽：《中国古代都城制度史研究》，上海人民出版社，2016，第341页。
② 张春兰：《城市发展与权力运作：唐代都城管理若干问题研究》，人民出版社，2018，第192页。
③ 梁克家：《淳熙三山志》卷一四《版籍类五·州县役人》，第7091页，转引自包伟民《宋代城市研究》，中华书局，2014，第130页。
④ （清）徐松辑《宋会要辑稿》"兵二之四三"，中华书局，1957，第6793页。

街鼓制度，还是转而强化基层政权治安官员"县尉"的力量，都无法有效扭转城市治理的低效局面，需要针对坊制失灵留下的治理缺口转变思路，寻找新的城市治理路径，汴梁设都厢正是应对这一困境的制度变革结果。

二　汴梁设都厢的发展过程

宋朝初年，都城汴梁的城市治理体制仍沿袭了唐长安坊市制度和街鼓制度。但是，汴梁内城外官署民居商铺杂处、临街开门现象急剧增加，使坊门和坊墙形同虚设，打破了唐朝长安严格分区的格局，也使以坊墙、坊门为依托的城市治理制度基本失灵，很快呈现出多种弊端。于是，宋代又转而从中央集权制的思路出发，恢复总管城区治安的县尉并强化其属吏等管理力量，还利用军事系统的巡检制度执行巡逻及追捕盗贼等城市治安任务。而经济繁荣的城市与人们商品意识和契约意识的增强使"京师斗讼尤繁"，汴梁开封府及所属两赤县官吏不堪其负、难以应付。这样，重新调整城市管理体系，尽快弥补坊吏功能缺位造成的治理缺陷，成为汴梁城市治理机制的出路。

为了适应城市治理新形势的需要，北宋汴梁将厢制进一步发展完善，形成介于城市本身及附郭县与古代坊制之间的一种正式的新型行政管理体制，特别是出现了都厢这种高一级的管理层次，取代了原有的直接属地管理单位——县，使汴梁形成了前所未有的专属于特大城市的城市管理体制，"开城市分区而治的先河，是我国古代城市市政管理的重要突破"①。汴梁的厢有相应的完整管理体系，是一级相对独立的行政管理机构。其办事机构称厢公事所，"左右厢公事所，多有'奔走之役'，职在管理市政设施（如开淘市内渠堑）、防火安全、缉捕小偷、决断公事，检覆抄札、打量界至、福田院（救济收留所）支贫子钱等杂事。而巡捉盗贼、缉拿走私等需动用警力的社会治安职责，则归内、外诸厢巡检司"②。汴梁的厢上属开封府，下设厢坊，与赤县和县行政平级，厢公事

---

① 韩光辉、林玉军：《10 至 14 世纪中期京兆府城城市行政管理研究》，《陕西师范大学学报》（哲学社会科学版）2010 年第 6 期，第 50 页。
② 龚延明：《北宋开封府城厢坊管理制度研究——兼论北宋禁军在京师治安管理中的作用》，《军事历史研究》2018 年第 2 期，第 28 页。

所由厢典、书手、都所由、所由、街子、行官等厢吏组成。

三　汴梁设都厢的城市治理内涵

（一）汴梁设都厢形成了城市治理体系的专门属性

"前世赤县治京师，不以城内外为限"①，从秦汉延续到宋初，都城和大多数城市管理基本都是在职能上侧重治安，并延续以县的属地管理为主、城乡略有区分的管理思路。汴梁设立的厢坊制一改过去的这种做法，在以都城汴梁为代表的较大型城市设立都厢，即在旧城、新城内各按左右分为四都厢，设厢公事所，里城都厢下分两厢，外城都厢下分三厢。这些厢坊不归附郭县管辖而由开封府直接管理，都厢与赤县和县平级，拥有很大的城市公共事务处分权。都厢作为有别于县的新型管理区划形式的出现，体现了与乡村相区别的专门城市治理机构特点，具有明确的城乡分治性质，"是我国古代城市管理的重要突破"②。

（二）汴梁设都厢从制度上深化了城市治理的分区治理体制

在体制上，汴梁用左右八厢制代替了开封和祥符两赤县制，以细化县级的都厢，实现了城市治理县级管理由粗化向细化的转变，同时还实现了基层治理权从坊向厢的集中。厢坊制与里坊制的基本思路是一致的，在本质上都是分区管理模式，但里坊制是将封闭的坊墙空间分区与简单的坊正、坊卒制度相结合的制度，坊墙、坊门等物质设施的分区占据体制的重心；而厢坊制则更多的是运用制度来发挥分区的功能，都厢的治理功能更齐全、设置更规范（见表7-3），更像一级管理机构，都厢的制度分区成为体制的重心。因此，"厢坊制将分区管理的理念体现得更深入，为宋以降城市实行分区管理奠定了基础"③。

---

① （宋）尹洙：《题祥符县尉厅壁》，载曾枣庄、刘琳主编《全宋文》第28册，上海辞书出版社、安徽教育出版社，2006，第41页。

② 韩光辉：《宋辽金元建制城市研究》，北京大学出版社，2011，第35页。

③ 张春兰：《由唐入宋都城管理制度的变革》，载姜锡东主编《宋史研究论丛》第12辑，河北大学出版社，2011，第102页。

表7-3　北宋汴梁都厢设施及机构情况

位置	厢名	坊数（个）	户数（户）	官员设置（个）						
				厢典	书手	都所由	所由	街子	行官
里城东南部	左军第一厢	20	8950	1	1	1	15	2	4
里城东北部	左军第二厢	16	15900	1	1	1	5	4	14
里城西南部	右军第一厢	8	7000	1	1	1	3	2	6
里城西北部	右军第二厢	2	700	1	1	1	3	1	2
外城东南部	城南左军厢	7	8200	1	1	1	2		9
外城东部	城东左军厢	9	26800	1	1	1	1	4	4
外城东北部	城北左军厢	9	4000	1	1	1	3	3	7
外城西南部	城南右军厢	13	9800	1	1	1	3	6	8
外城西部	城西右军厢	26	8500	1	1	1	5	6	11
外城西北部	城北右军厢	11	7900	1	1	1	2	2	6

资料来源：马继云、于云瀚《宋代厢坊制论略》，《史学月刊》1997年第6期，第18页。

（三）汴梁设都厢强化了城市治理体制的整体性

以汴梁为代表的宋代城市失去了坊墙的阻隔，形成了一个官兵民杂处、商旅熙攘的开放社会，这为城市治理体系的进一步强化奠定了空间上的基础。为便于管理，通过对城区既有以县尉为主的城市治理职责体系的扩充和组合，创建了汴梁城区"都厢—厢—坊"这样上下相统的厢坊制，来管理城市民政公共事务。同时，汴梁城还存在一种"差禁军巡检监察寇盗"的社会治安系统，这一系统改变了以往军巡主要集中在封闭坊墙外主干街道公共空间的做法，第一次深入坊以内。这样，民政和治安两个体系实现了以厢坊制为基础的同构性，军巡制实现了与厢坊制的完美结合，标志着宋代城市治理进入更加成熟运行的阶段。

四　汴梁设都厢对中国古代城市治理的重要意义

汴梁设都厢，是对宋代城市完成由封闭到开放这一质的变迁后在城市治理体制上的回应，在理论和现实上都有深刻的影响。一是汴梁设都厢是一种深层次的城市治理理念变革，标志着"政府对城镇的管理方式出现引人注目的变化，对居民的人身控制有所减弱，其重点由对个体生活的控制转向对社会行为的规范"①。二是汴梁设都厢改变了过往城市治理直接借用县政治理的套路，出现了城市所专有的"厢"，具有明确的城乡分治性质，开创了针对城市公共事务需要进行适配性精炼的小行政区体系，建立起一个完整而有序的专门城区治理系统，具有根本性的体制创新意义。三是汴梁设都厢在实现城市治理体系规范化的基础上，延续了国家治理体系的同构化，便于在操作实施层次上实现城市治理体系中各种体制的整合与协同，有利于提升城市治理的整体效能。

小　结

宋代集权的国家治理语境，寓示着政府权力是各层面秩序的规定性主体。面对商业活动全面发展形成的开放性城市格局，政府形成了专业化的城市治理体系。一方面在城市空间布局上灵活性地留出较大空间"任百姓营造"，还为了城市景观的壮丽允许沿街百姓越制建楼阁；另一方面在体制上开创性地构建了巡检制、户牌制、分厢管理体制与防隅巡警和消防队等制度机制。当然，这些都不妨碍宋代城市治理体系中深刻的权力等级属性，不仅在城市体系中存在都城百万家、路治十万家、州军与重要县城万家、一般县城数千家的严格差序格局，还在城市内部产生了厢、坊、街、巷的周密管理制度，制度的治理工具意义得到空前重视，坊楼、表木、户牌等各种标识系统越来越严密，既可以作为治理城市不法行为的依据，又可为行人提供公共服务。

---

① 陈国灿：《南宋城镇史》，人民出版社，2009，第 310 页。

第八章 元明清时期"专制—同一"型 城市治理体系

在先后经历了五代十国和两宋与辽金西夏的分裂并立局面之后，从元开始历经明清又回归了大一统状态。随着国家疆域的大一统，中央集权制度也逐渐走向了前所未有的顶峰。元明清皇权专制的国家权力结构体系，在横向的地域空间上渗透到了沿海和边陲，在纵向的深度上渗透到了社会基层。而这种皇权专制在城市治理体系上，则表现为城市物象上和体制机制上的高度同一，从制度维度上有力地解决了开放型城市带来的治理效度问题。

第一节 元明清国家治理体系

一 皇帝绝对权威的"大一统"中央集权专制

明清两代的政治体制，在权力的统一与集中上达到了前所未有的程度，使明代和清代皇帝实现了"乾纲独断"，极大地强化了君主专制。明太祖朱元璋和明成祖朱棣是这一进程的开创者，在中央通过提升六部废除了制衡皇权一千余年的宰相制，还设置都察院并派御史监察地方，设立锦衣卫制度强化特务监视。他们不断将以中央集权为中心的行政层级管控向地方渗透，赋予皇帝凌驾于整个官僚政府之上直接而绝对的权力，最终把皇帝推上了"代天理物，威柄自操"的专制地位。清朝一承明制，尤其是雍正时期设立军机处，在继承明制的基础上又进一步高度强化了这一趋势，将皇权专制发展到顶峰。具有清代特色的以奏折为核心的信息系统，除了监视地方臣工外，还用来了解地方民生，使全面把握全国情况和动态的仅有皇帝一人，限制了大臣与皇帝共同决策的空间。这一体制还用名位制度、诏敕制度、符玺制度、宫卫制度、皇位继承制度等具体制度进一步维护和深化。当然，专制皇权特别是在清代还具有极强的象征作用，不仅制约着中央集权，还与国家的统一、社会的稳定越来越紧密地结合在一起，通过强化与少数民族地区的隶属关系，完善了对蒙古、西藏地区的管理，对中国现有版图的确定发挥了重要的作用。

二　强化"礼法"文化认同合法性的治理理念

在元、明、清三个不同民族进行统治的这一时期，形成了以强调"礼法"文化认同作为政权正统合法性的一致做法。在宋元易代后，汉族士人在重新审视时势后进一步突出了宋代理学"道统所在即为正统"的观点，将中原礼乐典章制度等"文化"认同作为政权正统的标准，并被元代政权接受。这一观点不仅解决了统治者对政权合法性的正统诉求，还打破了汉族士人仕元所必须通过的"忠孝节义"社会心理限制，维护了中原文化的连续性，甚至为隔代的清朝统治正统性扫平了障碍，乾隆帝不无感慨地说："至元世祖平宋，始有宋统当绝，我统当续之语，则统绪之正，元世祖已知之稔矣。"①　为了突出从异族夺回政权的礼法正统性，明太祖特别强调"华夷之辨"，利用周礼的"顺天应民"作为治国思想，并具体化为"重治吏、恤安民，崇道统、尊理学"的基本方针，甚至恢复了重在分派皇室血脉镇守天下礼制意义的宗室分封制度。清代初期在经历了明清更迭的激烈满汉冲突动荡后，逐渐意识到礼乐教化之于政治和社会的重要性，巧妙地把"治统"和"道统"合二为一，"将思想话语的权力垄断在皇权之下，确立皇权不仅在政治上也在道德上的合法性"②。康熙提出，"至治之世，不以法令为亟，而以教化为先"③，清初各个皇帝都大力强化礼制、以儒治汉，有力地促进了政权和社会的稳定，推动了中华民族的民族融合。

三　渐趋规范的三级制地方行政制度

随着中央集权专制的不断加强，元明清三代的地方行政制度渐趋固

---

① 《清高宗实录》第 23 册，中华书局，1986，第 308 页。
② 李进：《宋元明清时期城市设计礼制思想研究》，人民日报出版社，2017，第 52 页。
③ 《清圣祖实录》第 4 册，中华书局，1986，第 461 页。

定。元代设立行省制，虽在明清两代名称数目有所不同，但其作为中央政府以下的地方高级行政区历代相沿。元代开始在地方设置中央临时派出行政机构——行中书省，后渐成定制。到元中期确定为 1 个直辖的中书省与陕西（治所奉元路，今西安市）、四川（治所成都路，今成都市）、云南（治所中庆路，今昆明市）、江浙（治所杭州路，今杭州市）、江西（治所龙兴路，今南昌市）、湖广（治所武昌路，今武汉市）、河南江北（治所汴梁路，今开封市）、辽阳（治所辽阳路，今辽阳市）、岭北（治所和宁路，今蒙古国前杭爱省哈拉和林）、甘肃（治所甘州路，今张掖市）10 个行中书省的格局。明代继承了这一行政层级称为布政使司，到宣德二年（1427）起固定为京师、南京南北 2 个直隶和山东（治济南）、山西（治太原）、河南（治开封）、陕西（治西安）、四川（治成都）、江西（治南昌）、湖广（治武昌）、浙江（治杭州）、福建（治福州）、广东（治广州）、广西（治桂林）、云南（治昆明）、贵州（治贵阳）13 个布政使司（俗称 13 省）。清代继续实行行省制，共分为直隶、山东、山西、河南、江苏、安徽、江西、浙江、福建、广东、广西、云南、贵州、湖南、湖北、四川、陕西、甘肃 18 个省。行省下面的统县政区各代都比较复杂：元代有路、府、州三种，加上县共四级，当时共有路 185 个、府 33 个、州 59 个、县 1127 个[①]；明代将元代的路改为府，形成府、州、县三级政区，宣德间全国有 140 个府、193 个州、1138 个县，还有边番羁縻府 19 个、州 47 个、县 6 个[②]；清代省下置府、州、县，嘉庆十七年全国共有府 184 个、直隶厅 29 个、直隶州 67 个、散厅 63 个、散州 147 个、县 1293 个。[③]

四　软熟之风与依赖胥吏的官僚政治

官僚政治是君主专制制度的重要支柱，明清时期形成了成熟的官僚政治。明清两代的大多数时间是文臣治国，也就是从决策到执行主要由文臣参与和负责，即使是军事活动占主导地位的也是文臣。明清两代在总结前代经验的基础上，实行以科举为主、荐举为辅的选官方法。明代

---

① 《元史》卷五八《地理志》，中华书局，1976，第 1346 页。
② 《明史》卷四〇《地理志》，中华书局，1974，第 882 页。
③ 《钦定大清会典》（嘉庆朝），台北：文海出版社，1991，第 423～544 页。

一度养成以道事君的风气，"气节高于清代远甚"。但是皇权专制的强化，造成官僚"刚心壮气，销折殆尽"，出现迎合上级和随众俯仰的"软熟"政风，到清代更是达到了"十分精神，三分办事，七分奉上官"的程度。同时，清代官僚大幅精简，造成人员结构不合理。官员大都异地为官，特别是科举制度出身的各级地方官员，虽熟练掌握四书五经等儒家经典的抽象性理论学问，却无法应付具体政务又杂又细的技术性治理实践需要，而"吏胥生长里巷，执事官衙，于民间情伪，官司举措，孰为相宜，孰为不宜，无不周知"①，且在清代存在继承性，在地方主要官员任职因回避制度无法连任的情况下，可以维系公务的正常运转和一贯性，事实上成为"官民交接之枢纽"②；而具体事务庞杂造成胥吏队伍既大又繁，使官员容易陷入"治吏"与"驭吏"的困境之中，于是担任"佐治"和"检吏"的幕友应运而生，从而在地方政府中形成了官僚、幕友、胥吏既依赖又牵制的三维结构，时人形象地评价这种关系为："明与宰相、太监共天下，本朝则与胥吏共天下。"③

第二节　元明清城市的发展

一　元明清时期城市数量和规模发展

这一时期有一个共同特点，都是经历了改朝换代的战乱破坏阶段之后的恢复阶段，然后走向繁荣并超过前代。经过前期的恢复，到元中叶，农业、手工业、交通业都有了不同程度的发展，城市的数量和规模也相应得到恢复和发展，县治规模城市达到了 1127 个。更为重要的是，元代还先后建立了具有独立建制城市性质的录事司城市 127 个。④ 到明末，城

---

① （清）陈宏谋：《在官法戒录》，载陈生玺主编《政书集成》，中州古籍出版社，1996。转引自陆平舟《官僚、幕友、胥吏：清代地方政府的三维体系》，《南开学报》（哲学社会科学版）2005 年第 5 期，第 92 页。

② （清）梁章钜：《退庵随笔》，江苏广陵古籍刻印社，1995。转引自陆平舟《官僚、幕友、胥吏：清代地方政府的三维体系》，《南开学报》（哲学社会科学版）2005 年第 5 期，第 92 页。

③ 徐珂：《清稗类钞·胥吏类》，转引自刘敏《清代胥吏与官僚政治》，《厦门大学学报》（哲学社会科学版）1983 年第 3 期，第 75 页。

④ 韩光辉：《宋辽金元建制城市研究》，北京大学出版社，2011，第 116 页。

市无论在数量上还是规模上，都接近或超越了前代。《明史》记载："终明之世，……其分统之府百有四十，州百九十有三，县千一百三十有八，羁縻之府十有九，州四十有七，县六。"① 从总数上看与元代变化不大，但大中城市尤其是府级城市增加到了宋元时期的 4 倍。明末清初的战乱和天灾，使许多重要城市的发展中断，经过康雍乾时期的恢复，到嘉庆年间，全国城市数量达到一个高峰，全国县城数量共增加 208 个，全国共有府 184 个，县 1293 个，奠定了后续中国城市体系基本格局的基础。

元代末期和明清两代都有过不同规模的筑城高潮，尤其是明代和清代两次大规模的修筑真正实现了无县不城，这成为本时期城市发展的重要标志。明代后期户籍管理松弛，农民可以更为自由地流向城市，这种情况到清初发展更快。随着人口的急剧增多，沿街商铺不但数量大幅增加，而且各行各业分散开来，分布更加合理。经济功能对于大多数省会城市和重要的府级城市以及部分县级城市来说越来越重要，城市功能出现了多样化、综合化的特点。城市工商业繁荣，元大都的服务业据说有名目繁多的"三百六十行"，明清北京也发展为北方的经济中心，外城按照不同行业出现了"中城珠玉锦绣，东城布帛菽粟，南城禽鱼花鸟，西城牛羊柴炭，北城衣冠盗贼"的区域分化；素以工商业著称的苏州，在清代更是发展出了棉布加工业、丝织业与丝织品加工业、成衣业、碾米业、酿酒业、榨油业、纸张加工业、印刷业、草编业、砖瓦石灰业、铁器制作业以及珠宝制作业等众多部门。

清代城市经历了一个更新和发展的过程，无论是数量还是人口规模都超过了以往时代，这种情况在经济发达、交通便利的东南沿海地区、长江沿岸、大运河沿岸城市表现得更加明显。杭州、苏州、常州、无锡、镇江、扬州、淮安、徐州、聊城、临清、德州、天津、通州、广州、宁波、福州、泉州、汉口、重庆、庐州等沿海、沿江、沿运河城市都出现了前所未有的发展，成都、昆明、西安、太原、贵阳等内地和边远地区的省会、府县城市也有不俗的表现。北京、南京、苏州、扬州、杭州更是成为国内一流城市。其中，北京的人口超过百万人，成为当时国内的第一大城市；苏州名列第二，康熙时人口已达 70 万人，嘉庆、道光年间

---

① 《明史》卷四〇《地理志》，中华书局，1974，第 1346 页。

发展到百万人以上；汉口"户口二十余万，五方杂处，百艺俱全"，汇聚了巴蜀、关陕与华中、中南等四面八方的商贸往来；南京城有 8 万余户，40 万~50 万人口。清代，人口在 5 万人以上的 61 个城市中，大运河沿岸城市就占到 11 个。①

二　元明清时期城市的经济政治依存内涵

从元历明至清，这一时期的城市依然坚持着其政治城市的本性。这一本性首先体现在这一时期仍然强调城市对周边区域尤其是土地和农村的控制权，通过城市高大的城墙、壮丽的城门、威严的官衙来代表权力特别是皇帝的尊严与至高无上。朱元璋"独壮京华之外观，用昭天下之共主"②，明清城市城墙追求方方正正的外形，元明清从京师到省城、府城、州城、县城甚至是一些较大的市镇几乎都设有各级权力机构，而且这些官衙都一如既往建在城中特别醒目的位置。不仅如此，政治因素对城市发展具有巨大的推动作用，凡是成为全国政治中心和区域政治中心的城市都得到优先发展，无论是元大都、明初南京还是明清北京作为都城或早或晚地成为当时全国的第一大都市，元明清行省的治所如开封、西安、成都、昆明、武昌、杭州、南昌等城市均一直作为省会。尤为值得关注的是，虽然这一时期的城市仍然带着强调行政控制、轻视商业经济发展的倾向，但"治所的正规行政属性，大部分是由它在相关经济中心地［区］区域体系中所处的地位发展出来的"③。也就是说，各级治所所在的城市首选那些地理位置适中、交通相对方便、经济较为发达、基础设施便利的地方。城市所处地区的经济实力与其行政等级大致匹配，经济发达、商业繁荣、税收较高的地方一般是一个重要的行政中心，而随着一个辖区经济发展的变化，它的行政级别也会随之进行升降。元代两湖地区政治中心由传统治所江陵（荆州）向经济中心武昌的转移，清代经济繁盛的江苏出现江宁、苏州双省会的局面莫不是如此。道台

---

① 吴良镛：《中国人居史》，中国建筑工业出版社，2014，第 361 页。

② （明）黄佐：《南京赋》，载（明）屈大均编《广东文选》卷二四《赋》，《四库禁毁书丛刊》集部第 137 册，北京出版社，1998，第 75 页。

③ 〔美〕施坚雅：《导言：中国社会的城乡》，载〔美〕施坚雅主编《中华帝国晚期的城市》，中华书局，2000，第 302 页。

衙门迁往知府衙门所在地、知县衙门所在的城镇提升为知府衙门所在
地的现象也不少见。明清城市由政治治所主导向政治经济中心相互依
存转变的含义更为显著。另外，元代有 120 余个城市设置专门行政管
理的都市警巡院和城市录事司，这是中国乃至世界上最早出现的建制
城市，① 这一制度仅存在于 12 世纪至 14 世纪中叶，但其广泛出现具有重
要意义。

三　元明清时期城市的特征

（一）大城市综合性和小城市政治性的分化

本时期皇权专制的空前加强使行政权力仍对城市发展起着举足轻
重的作用，先有行政设置、筑城而后逐步发展繁荣的政治中心城市优
先发展规律依然发挥着重要作用，明代将宋元城市内缩使其内部结构
更加紧凑，就是有意识地控制地方城市自由发展的空间，政府在经济
活跃的地区设置行政机构，就是"为了防止那些在商业中心掌握经济
控制权的人篡权乱政"②。尽管如此，围绕手工业展开的商贸活动的高度
繁荣不仅影响着大中城市的兴衰变迁，还吸引着士绅地主、富商巨贾甚
至平民阶层向大城市及少数中等城市集中，如杭州城内"多世家世
族"③，"虽秦、晋、燕、周大贾，不远数千里，求罗绮缯币者，必走浙
之东也"④。这样，经济功能成为大多数省会城市和重要的府级城市以
及部分县级城市的主要功能之一，大中城市的多样性、综合性特征更
加明显，区域政治中心、经济中心重合的趋势增强。元的都城大都和
明清的都城北京都不仅是全国的政治中心，而且是北方的经济中心；
元代两湖地区政治中心由传统中心城市荆州向经济中心武昌的转移，
也体现了政治与经济中心重合的趋势，到明代，文化中心转移至武昌；
清代甚至在经济富庶的江苏省还出现了绝无仅有的江宁和苏州双省会

---

① 韩光辉：《元代中国的建制城市》，《地理学报》1995 年第 4 期，第 324 页。
② 〔美〕约翰·R. 瓦特：《衙门与城市行政管理》，载〔美〕施坚雅主编《中华帝国晚期
　的城市》，中华书局，2000，第 424 页。
③ （明）张瀚：《奚囊蠹余》卷一六"从弟太学生子益墓志铭"，转引自韩大成《明代城
　市研究》（修订本），中华书局，2009，第 216 页。
④ （明）张瀚：《松窗梦语》卷四"商贾纪"，转引自韩大成《明代城市研究》（修订
　本），中华书局，2009，第 59 页。

现象。相比较而言，在较低级别的地方行政中心城市，市场的控制仍然十分严格，地方中心市场网络无法顺利形成，造成大多数县城仍以行政功能为主。

（二）南经济北政治不同发展道路的分异

元明清时期城市发展道路在南北两地呈现的差异更加显著。在北方地区，形成了以都城为代表的政治中心型城市发展道路，以各级政权附带的资源优势推动城市的经济、文化发展；而在南方地区，则走的是经济型城市的发展道路，以区域的经济优势为驱动力，推动交通、人文等特色领域的发展。这两种城市发展道路，从宋代开始，历经元明清，一直影响到中国近代社会，甚至现代社会。① 在这两种城市发展道路的影响下，大中城市的南北分布也发生了不小变化，许多曾经繁华的北方大城市发展缓慢甚至一落千丈，而南方城市后来居上，尤其是江南地区形成了一个个由中小城市连接而成的城市网络，比较突出的有太湖流域的苏松地区、浙江的杭嘉湖地区，以及赣江流域、湘江流域、鄱阳湖流域等，尤以苏松、杭嘉湖地区为最，明代大学士邱浚曾经感叹："韩愈谓赋出天下而江南居十九。以今观之，浙东西又居江南十九，而苏、松、杭、嘉、湖五府又居两浙十九也"②。南方大中工商业城市以苏州和杭州为代表。明代杭州从政治中心迅速发展为江浙商品经济活跃的城市，这是明代杭州城市发展的基本特点。③ 苏州是明清两代工商业最发达的城市。南北城市的不同发展道路，还赋予了它们不同的社会生活特点，北方城市生活以政治特色和人文色彩见长，而南方城市生活则富于经济特色和市井风俗。

（三）城市体系结构层次更加合理丰富

元明清行政制度的规范化，最终确立了都、省、府、州、县的城市等级体系，同时政治经济的综合推动作用，也带动了城市等级体系层次感的提升，到明代，这种城市体系层次已经形成，"今之所谓都会者，则

---

① 吴刚：《中国古代的城市生活》，商务印书馆国际有限公司，1997，第39页。
② （明）邱浚：《大学衍义补·经制之义下》，转引自吴刚《中国古代的城市生活》，商务印书馆国际有限公司，1997，第40页。
③ 付崇兰：《城市史话》，社会科学文献出版社，2011，第90页。

大之而为两京、江、浙、闽、广诸省，次之而为苏、松、淮、扬诸府，临清、济宁诸州，仪真、芜湖诸县，瓜州、景德诸镇"①。具体来看，都城位于第一层次，元大都人口 10 万户，明清北京人口都在百万人上下，是全国的政治经济中心。行省制在元代初步确立，省会成为元明清仅次于都城的一个重要层级，由于这些省会地理位置适中、交通比较方便、经济较为发达，如开封、太原、西安、成都、济南、昆明、武昌、长沙、广州、福州、杭州、南京、南昌等城市，逐渐成为所在地方城市体系的中心，构成大城市的主体。府级城市作为省会之后承上启下的第三个层次，规模越来越大。明代宣德间府级城市有 140 个，是元代 33 个府级城市的 4 倍多，清嘉庆年间稳定在 184 个。县级城市依旧是城市体系的基本组成单位，也是最稳定的一个层次，元明基本在 1130 个左右，清中期增长到 1300 个左右。这一时期城市体系中比较特别的是明清的所谓"四大名镇"，以瓷器闻名的江西景德镇、以铁器闻名的广东佛山镇、以商业闻名的河南朱仙镇和湖广汉口镇，这四大镇在明代都聚集了 10 万以上的人口，其中佛山、汉口更是与京师、苏州并称"天下四聚"②。

（四） 城市形态的统一化

这一时期尤其是明清两代基本上可称为"筑城时代"，"州县官的职责之一就是负责修筑、维护城垣濠池，如有疏失，要被追究责任"③，民间有句顺口溜——汉冢、唐塔、朱打圈，讲的就是中国古代城市史上明代修的城池最多这一故事，清代则主要是在明代的基础上进行维修加固，这样明清的绝大多数治所城市真正变成了"城墙内的城市"。明清城市在强化专制集权的意识下强调城市规划建造需向礼制传统复归，在形态上过分追求向传统礼制的复归，在强化皇权的政治氛围中，力求城市建设的统一性。④ 各类城市按照行政级别都有一定的规范，一般都至少设有一个政府机构，这些政府机构一般都建在城中最显著的位置。明代重

① 万历《歙志》卷一〇《货殖传》，转引自陈忠平《明清徽商在江南市镇的活动》，《江淮论坛》1985 年第 5 期，第 58 页。

② （清）刘献廷：《广阳杂记》卷四，中华书局，1957，第 193 页。

③ 鲁西奇、马剑：《城墙内的城市？——中国古代治所城市形态的再认识》，《中国社会经济史研究》2009 年第 2 期，第 10 页。

④ 李孝聪：《历史城市地理》，山东教育出版社，2007，第 328 页。

修的各等级城市一般都是包砖城墙，尤其是平原地区的城市，基本上都讲究方正规整，城墙呈方形或长方形。同一级别城墙高度、城门数目和所朝方向基本相同，城市内部结构也具有同一性，在四门十字街的基础上采用长街短巷的"T"字形交叉式街道布局，另外，城内居民住宅也有统一规范，特别是在高度上不得超过城墙，以便官府在城墙上可以监视全城。大名府城是具有明代地方城市特色的典型（见图8-1）。

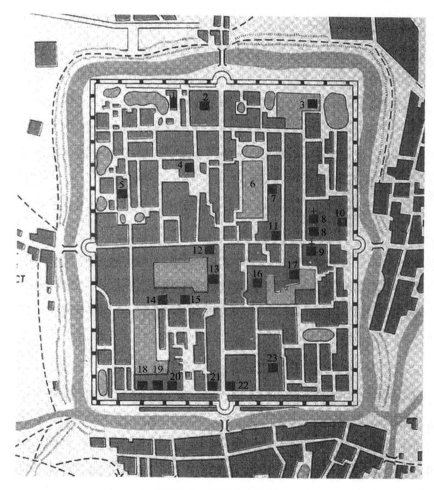

图8-1　明清大名府城

资料来源：李孝聪《历史城市地理》，山东教育出版社，2007，第393页。

四　理论与实践高度统一的第六个城市模型——"明清都城"

这一时期的元明清都是大一统国家，都重视通过以都城为代表的城市体制，强化社会对国家政权合法性的认同和支持，因此这一时期的元大都、明南京和明清北京都体现出对《周礼·考工记》所载"营国制度"的复归，强调不同城市及城市内部构成之间的严格等级层次。元明清北京的布局基本都围绕同一个中心和同一条中轴线对称展开，象征着贵为天子的皇帝处于权力的中心，与汉代以来的"正统"都城体制一脉相承，是大一统的帝国政治与中心化的儒家秩序的集中体现。"南京的城正像政府的其他行动一样，是为加强这种神秘性（即所谓的王朝'天命'正统——引者注）与维持政府所在的威严而设计的。"① 与宋金都城由旧城改建而受到限制不同，元大都属于择地新建，为其在最近似的程度上依照《周礼》创造了条件，"城市布局既承袭了北宋以来开放式街巷制的特点，又尊重把宫殿和皇城建于城市中央、讲求城市中轴线的礼制传统，同时也必然要照顾到城址选择在有河、湖水系分布地区的制约"②。元大都为三重方城的套城结构，由外城、皇城和宫城组成，太庙布置在皇城的左侧，社稷坛布置在皇城的右侧，严格体现了《考工记》中"前朝后市，左祖右社"的规制。元大都统一按照开放式的街巷制布局，城内横平竖直地布置了东西、南北各 9 条主要街道，主要大街两侧又细分为东西向的小巷和胡同，沿着这些整齐的街巷建造便于采光的南北向宅院，形成纵横有序的网格化格局。大都居民区划分为 50 个坊，以主要街道作为坊与坊之间的分界线，道上建有挂着写有坊名匾额的坊门。元大都还在吸取南宋临安教训和借鉴金中都经验的基础上，将商业店铺安排在城内的主要街道两侧（见图 8-2），既方便了街巷住户日常生活的需要，又保证了居民安全、宁静的居住环境。元代开创的这一都城体制延续到明清。另外，这一时期的各级城市在形状上都力求方正规整，同一行政等级的城市在城墙高度、城门数目和方向上基本一致，在城市内部结构和住宅规范上也基本统一，城市工商业被限制在一定的范围内。

---

① 〔美〕牟复礼：《元末明初时期南京的变迁》，载〔美〕施坚雅主编《中华帝国晚期的城市》，中华书局，2000，第 152 页。

② 李孝聪：《历史城市地理》，山东教育出版社，2007，第 303 页。

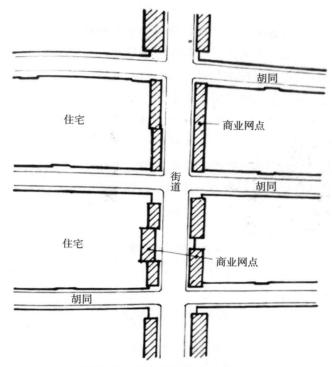

图 8 - 2 元大都坊巷布置示意图

资料来源：贺业钜《中国古代城市规划史》，中国建筑工业出
版社，1996，第 625 页。

第三节 "专制—同一"型城市治理结构

一 城市外部等级结构——四级城市等级体系

这一时期由于政区的层级相对复杂，所以城市等级体系也不像之前
那样相对简单，不过总体等级结构还是比较严整。元代设立了行中书省，
在行省之下又分为路、府、州、县，所以元代就形成了都城—行省治
所—路治城市—府城—州城—县城这样烦琐的六级城市等级体系。明代
在元代地方行政体制之上最终确立了都城—省城—府城—州城—县城的
五级城市等级体系。清代最终将元明的复式行政等级结构简化为单一整
齐的都城—省城—府城—县城四级制。但不管是四级、五级还是六级，
由于其他级别是在县治基础上的行政层级叠加，县城作为中国行政区划

中的最低一级治所，是城市等级体系的基础，除去不多的两县共治城市，县治的数量基本代表了城市的整体数量。同时，由于这一时期皇权专制逐渐走向顶峰，城市等级体系中的权力等级色彩也更加浓重，一个重要的体现就是城市规模与城市行政等级有着比较严格的对应关系，这种特征可以从明代方志所记载的明代各个等级城市及其规模中得到印证（见表8-1、表8-2、表8-3）。通过比较不难看出，府级城市和直隶州的规模大都在城周10里以上，而属州和县级城市的规模则多为4里至6里。[①] 当然，这种对应关系并不是绝对的，不同地域之间存在发展程度上的明显差异，如云南、贵州、四川、广东等省城市的平均规模，一般要比相应层级城市全国的平均值低不少。

表8-1　明代府级城市规模（共44座）

城垣周长（米）	0~1000	1000~2000	2000~3000	3000~4000	4000~5000	5000以上
城市数量（座）	1	4	6	5	6	22

资料来源：李孝聪《历史城市地理》，山东教育出版社，2007，第381页。

表8-2　明代州级城市规模（共39座）

城垣周长（米）	0~1000	1000~2000	2000~3000	3000~4000	4000~5000	5000以上
城市数量（座）	0	5	13	5	4	12

资料来源：李孝聪《历史城市地理》，山东教育出版社，2007，第382页。

表8-3　明代县级城市规模（共216座）

城垣周长（米）	0~1000	1000~2000	2000~3000	3000~4000	4000~5000	5000以上
城市数量（座）	4	47	87	34	22	22

资料来源：李孝聪《历史城市地理》，山东教育出版社，2007，第382页。

二　城市内部空间结构——单城结构

这一时期尤其是明清两代，是中国历史上少有的大规模"筑城时代"，明代的各级行政治所城市都有城墙，清代在明代的基础上进一步维修加固，明清的城市真正变成了"城墙内的城市"。与宋代城市相比，

---

① 李孝聪：《历史城市地理》，山东教育出版社，2007，第382~383页。

明代城垣大部分进行了内缩，城市内部结构更加紧凑。虽然总体上看，元明清的城市内部空间分布仍是遵照权力等级及相关礼制，将官署等行政机构放在最醒目的核心位置，居民一般散布在周围，但是起关键分隔功能的设施城墙在结构设置上却有了明显变化。为了体现皇权的至高无上，元明清的都城都严格继承了前代形成的三城相套的重城制，在重要的城市如元代设有总管府的路一级城市、明代设有宗室王府的府州城还有两重城的现象存在，但是内城的城墙已经不像唐宋那样比外城城墙还坚固了，一般比较单薄。而大多数地方州县城市从元末以来都变成只有一重城墙的单城结构，这是由于宋代以来火器在战争中的使用越来越广，一层城墙无法抵挡的话，再多一层也起不到子城曾经发挥的扭转战局的作用，也就是说子城作为重要的政权机构所在区域，已经不具备防御保护功能，而只剩下与居民区进行隔离的等级象征意义，这种功能一道围墙就完全可以满足。因此，这一时期的大多数城市中曾经非常醒目的子城消失，城市结构也由"回"字形的重城制转化为"口"字形的单城制，这是本时期城市空间结构的一大变化。另外，清代在一些重要城市出现了单独划区的驻军城区或城市"满城"。

三　城市内部行政组织结构——"府—县—坊—铺（甲）"

这一时期城市的内部组织结构，除了元代比较特殊外，明清与宋则有一定继承性。元代城市管理一般由城市录事司或附郭县负责，大都城则由左右巡警院和下属的坊构成。元明清时期仍然存在两县共治一城现象，到元末时有 15 处，明末时有 14 处，清代最多时有 28 处，最后固定为 25 处，达到中国历史上二县同治一城的顶峰。特别是非上级政区之所治地亦一分为二，半分县城，更是亘古皆无。① 在这种由多个县级行政机构分治的城市，县的上级单位府或州也参与城市管理，都城更是如此，元代大都有左右警巡院分区，明代北京城有五城兵马司的五城分区，清代北京城则有九门提督和五城兵马司分管内外城，但县仍然是大多数城市的直接主要负责单位。县之下，明清都是城中立坊、郭外为厢、郊外为乡。坊作为城市管理的基层架构历元明清三朝未改，一直延续到 20 世纪初。坊之

---

① 　冯春生：《我国历史上数县同治一城现象之探讨》，《浙江师大学报》1995 年第 6 期，第 46 页。

下，明代还分为牌、铺、巷，嘉靖三十九年（1560）的《京师五城坊巷胡同集》详细记载了当时北京城坊/厢—牌—铺—巷、街或胡同的行政、地域管理体制——此时的北京城有 40 坊厢、110 牌、720 铺。[①] 沈榜在《宛署杂记》中记载了万历二十年（1592）前后的宛平县 5 城有 13 坊、133 铺，并详细记载了宛平县所属坊及其下牌、铺的数目及名称。[②] 清代的城市继承并进一步完善了明代的坊甲制，北京外城也分东西南北中 5 城，划为 10 坊，内城按照步军营汛守之制实行军事化管理，分为 635 处汛和 1299 处栅栏。其他城市省、县治城内一般分为东西南北 4 城和东西南北 4 厢（或关），在厢坊之下设甲，每百户为 10 甲。

第四节　　"专制—同一"型城市治理体制

一　分工强化且相互制衡的城市领导体制

就这一时期城市行政管理体制来看，其总体发展趋势是对各个层面的管理日益强化，官员衙门作为专制皇权的代表行使着相当大的权力。一是元代专门化城市管理体制出现。《元一统志》载，"析府城地设录事司，领在城民事"，《元史·百官志》载，录事司领属居民"二千户以上，设录事、司候、判官各一员；二千户以下，省判官不置。至元二十年，置达鲁花赤一员，省司候，以判官兼捕盗一事，典史一员"[③]，形成了古代建制城市体系，"即拥有不同等级和规模、职能分工、联系密切、分布有序的城市有机联系的体系"[④]。二是地方行政与治安分离的双重领导体制。明清两代都城设顺天府和大兴、宛平二县理地方民事，但凡涉及治安如民事纠纷、街巷案件等都转由五城兵马司负责，作为地方衙门的顺天府和大兴、宛平二县很少参与，实现了治安管理与地方行政管理的分离，形成了有职者无权、有权者无职、诸事都要会同办理的相互制

① 胡海峰：《徭役与城市控制：明代北京"铺户"内涵再探》，《学术研究》2014 年第 11 期，第 122 页。
② （明）沈榜：《宛署杂记》，北京古籍出版社，1980，第 32~38 页。
③ 《元史·百官志》载："司吏无定制，随事繁简以为多寡之额。"转引自韩光辉《宋辽金元建制城市研究》，北京大学出版社，2011，第 125 页。
④ 韩光辉：《宋辽金元建制城市研究》，北京大学出版社，2011，第 201 页。

约、相互协调的局面。三是强化治安功能。各级除了有专人主官负责治安外，还另设负责缉捕盗贼的通判、州判和主簿等官，除此之外，元明还在县级行政机构外专门设置治安机构巡检司，设有巡检和副巡检，职责为"缉捕盗贼，盘诘奸伪"①。

二 城市治理体制——"府—县—坊—铺（甲）"体制

元明清的城市治理体制有较大区别，尤其是元与后两者。元代沿袭金代制度，设立了与治所附郭县性质完全不同的具有独立机构的都市警巡院（见表8-4）和路府城市录事司（见表8-5）。元代京师各警巡院的行政职能已明确为"领京师坊事"，"领民事及供需"，各路总管府录事司专门管理城市"户民之事"。录事司与警巡院一样，系独立的城市行政建制。② 明清都城北京置顺天府尹作为最高地方行政长官，掌管都城的一切事务。为了管理城市，明朝还特设了专管城市的机构。在顺天府下分设大兴、宛平二京县与五城兵马司（属都察院）分壤而治。五城下再分坊，坊设司坊官即坊长负责管理，明代规定坊长一般是有"身家"的富户。坊下设铺，由铺头进行分区管理，形成了城市管理的新体系。另外，明代都城和清代都城的外城还设置五城兵马司和巡城御史，与附郭之大兴、宛平二县对都城实行双重管理。清代的特殊情况是都城北京内城归属九门提督，由八旗实行军事化管理。地方城市除了两县共治的城市，上级知府、知州理所当然地负有城市管理职责外，一般与前代相同，由县令直接执行管理城市的责任，其下再按照坊、甲进行划分。牌头、甲长要求公举诚实、识字、殷实、老成之人报官点充。

表8-4 元代警巡院与附郭县行政机构组成比较

机构名称	秩级	主官	佐贰官	巡捕官	案牍官	吏	行政职能
警巡院	正六品	达鲁花赤、警巡使	副使、判官	判官	典史	司吏	领城市民事及供需

---

① 《明史》卷七五《职官志》"巡检司"，中华书局，1974，第1852页。
② 韩光辉：《宋辽金元建制城市研究》，北京大学出版社，2011，第113页。

续表

机构名称	秩级	主官	佐贰官	巡捕官	案牍官	吏	行政职能
附郭县	正六品	达鲁花赤、尹	丞、主簿	尉	典史	司吏	执掌附郭县行政

资料来源：韩光辉《宋辽金元建制城市研究》，北京大学出版社，2011，第155页。

表 8 – 5　　元代城市录事司与附郭县置设官吏比较

机构名称	主官	佐贰官	巡捕官	案牍官	吏	行政职能
录事司	达鲁花赤、录事	判官	判官	典史	司吏	掌城中户民之事
附郭县	达鲁花赤、尹	丞、主簿	尉	典史	司吏	执掌附郭县行政

资料来源：韩光辉《宋辽金元建制城市研究》，北京大学出版社，2011，第158页。

三　治安、市场、人口、市政管理体制

（一）巡警街市与户籍查验紧密结合的城市治安管理体制

中国古代城市最重要的日常管理职能就是治安管理。这一时期，政府都很重视对城市治安管理制度的完善。一方面，在城市行政管理部门中不断增加治安管理的机构与人员配置，元代诸路府所辖州县分别设有县尉司、巡检司、捕盗所及下属的军巡和弓手，职责是"职巡逻，专捕获"和监督夜禁，明代还添设了专司缉捕盗贼的主簿等官员，并在城中设置了负责巡警治安的"警铺"和"火铺"，重要城市的巡警治安由驻军、弓兵及地方火甲三方一起承担，一般城市主要由弓兵甚至转给火甲承担，火甲是明代由城市居民负担的一种巡夜、治安差役名称。明初，具有法律性质的《大诰》要求邻里之间互相知晓人口以及职业的具体情况，以便相互监视。另一方面，明清两代在城市逐步实施并完善了里（保）甲制，特别是后来形成的保甲制，在执行户口编查的基础上，更侧重于维护社会治安的功能，不仅重视定居人口编查，还改善了对流动人口户籍的管理和控制。清代规定："一州一县城关若干户，四乡村落若干户，户给印信纸牌一张，书写姓名、丁男口数于上。出则注明所往，入则稽其所来，面生可疑之人，非盘诘的确，

不许容留。"① 尤为值得关注的是，保甲制在时间频率上特别强调保甲牌长经常性排查所属片区每户户籍的变化。正是这种户口严查的治安制度，在清代收到了以往封闭里坊制的治安效果，使逃犯无处藏身。当然，这一时期在法律上还有禁止群行不法、禁止打架斗殴、禁止赌博、禁止私藏武器等具体规定。

（二）政府官员与代理人构成的严密城市市场管理体制

明清时期的城市市场管理有很大的相似之处，都在继承前代制度的基础上进一步强化了政府监督管理，并特别注重发挥牙行等作为代理人的市场监控作用。明代借鉴前朝经验，要求市场商品明码标价，不准欺行霸市。《大明律》中规定，由市司与各类商品行业代表一起评估确定市场物价的制度，委派牙行在进行日常市场调研的前提下，做出商品优劣及价格的预估，市司以牙商的意见为基础，制定市场商品的官定标价。在执行过程中，兵马司官员及集头等各方管理人员，会交叉带领火甲在市场进行定期或不定期的巡查，如果发现破坏市场正常交易的行为，或自行处理或报官查究，若牙行评估物价明显有失公平造成商品价格贵贱不均，以赃罪处。明代还要求店铺开业前向官府提出正式申请，并通过签署保状与保结，作为店铺主人遵守政府法令的书面保证，在官府审批后会批发营业凭证。明清市场上充当中介的牙行都很活跃，有市场的地方一定有牙行。牙商一般挑选有一定经济基础且有相关经验家庭出身的人充任，得到官府承认并领有执业印信文簿的牙商称为官牙。官牙负有平衡市场物价、监督商场商户的管理责任。牙商用政府发给的文簿，登记市场上商户的姓名、来去地点、货物种类数量等信息以备查核，每月由牙行将文簿和所收税钱一并上交官府。明清市场上的斛斗秤尺等度量衡一般由官府定期统一颁发式样，匠户依样制作，违制者一经发现一律严惩。

（三）以（里）保甲制为核心的城市人口管理体制

到元明清三代，户籍管理制度已相当规范。元代的"诸色户计"制度是一种人口管理制度，按照军户、站户、打捕户、盐户、匠户等"户

---

① 《清朝文献通考》，台北：新光书局，1965，第5051页。

计"分别登记,在此基础上,再按财产丁力状况分成上、中、下三等,每等又分为上、中、下三级。明代城市人口管理制度前期是里甲制,末期改为保甲制。明初的户籍制度主要有两大部分:一是针对每户的"户帖",要求"家给黪牌,悬之门,具书籍贯、人口、名数,有异言异服者,即自纠发,不告讦同罪"①;二是作为户帖汇总的户籍"黄册",是国家核实户口、征调赋役的户口版籍。《大明律》卷四《户律》规定,"凡军、民、驿、灶、医、卜、工、乐诸色人户,并以籍为定"②,不得随意更改。后来为应对人口流动性的加速,明代在两个大的方面对户籍政策做了改革,一是以"客籍"方式解决流动人口的入户占籍问题,二是通过新设"商籍""卫籍"来解决流动人口的科举考试资格问题。清初城市沿用里甲制,后来改为保甲制。清代保甲制的标准样式是:"十户为牌,立牌长,十牌为甲,立甲长,十甲为保,立保长。"③城内定居人户的户口管理文件有门牌与保甲册,门牌上的信息包括户主姓名、户内主要成员、同居亲友姓名、年岁、职业、功名、伙计、雇工、婢仆,还要标明所属保甲牌甚至厢坊的名称以及执事姓名。保甲册登记本甲每户人员与经济情况。甲长负责牌册的制作和登记,并将制作好的门牌交由各户悬挂门首,甲长每天核实牌册信息是否准确,如有变化随时更正牌册内容。甲长于每年三、六、九、十月到官府更换保甲册。

(四) 官民结合的城市市政管理体制

这一时期尤其是明清两代,市政建设管理的一个重要内容就是修筑城墙,"州县官的职责之一就是负责修筑、维护城垣濠池,如有疏失,要被追究责任"④。甚至清政府规定:"直省城垣所在,修理之事责之督抚州县官吏,倾圮者有罚,修葺者有奖。"⑤作为一项耗资甚巨的公共建设

---

① (明) 陈仁锡:《皇明世法录》卷四三《兵制》,转引自韩大成《明代城市研究》(修订本),中华书局,2009,第380页。
② 《大明律》卷四《户律·人户以籍为定》,转引自朱绍侯主编《中国古代治安制度史》,河南大学出版社,1994,第621页。
③ (清) 允裪等:《钦定大清会典》(乾隆朝)卷九《户部·户口》,李春光点校,凤凰出版社,2018,第61页。
④ 鲁西奇:《中国历史的空间结构》,广西师范大学出版社,2014,第356页。
⑤ 沈青崖、吴廷锡等撰《陕西通志续通志》卷一四"城池",1934年刊本,转引自何一民《中国城市史》,武汉大学出版社,2012,第424~425页。

项目，清代城垣的修建经费来源有两个，一是靠政府财政，二是包括民间捐款的地方政府自筹。同时，这一时期一如前代重视都城等重要城市的基础设施建设。明北京城市基础设施的设计和建设都很科学，在进行地上建设之前，就先按自然地形埋设了全城的下水道等排水系统，主干大街两旁下层有条石，明渠下层配有暗沟。20世纪50年代来北京帮助修建排水系统的苏联专家高莱托夫经过证实认为，这些在明朝时修建的暗沟，再使用几十年也没问题。① 自宋以后由于过度中央集权，地方府县没有充足的资金，虽然制度明确规定京城内外街道由巡城御史和五城兵马司巡视，地方由各州县掌印官负责，但明清时期地方工程的资金一般是靠"地方官绅和民众合力"筹集的。② 清代城市重建以修建城垣和官府衙门为主，一般的基础设施政府无力负担，多由官绅商民自行筹资兴办，如成都阴沟排水系统的整治由土地会出面，平遥城城墙和街市、道路的修缮由晋商集资等。对由城市商业发展造成的"侵街"现象，在《大明律》中专设"侵占街道"条目做出了规定："凡侵占街巷道路而起盖房屋及为园圃者，杖六十，各令复旧；其穿墙而出秽污之物于街巷者，答四十；出水者勿论。"③ 此外，还有法律规定禁止在人众中走马、故相惊扰以及侵街设陷坑等。这些具体的发展变化表明，一方面城市的发展对市政设施质量的要求越来越高，另一方面城市市政建设中社会参与的深度和广度进一步提升，社会主体已经成为城市市政建设管理体制的重要力量。

第五节　"专制—同一"型城市治理机制

一　规范且细密的空间和制度相结合的行政分区管理机制

这一时期，城市分区治理机制在前代里坊、厢坊的基础上，又在空间和制度上向规范化、细密化方向有了新的进展。首先在总体大类上先

---

① 沈志华：《苏联专家在中国》，新华出版社，2009，第90页。
② Liensheng Yang, *Excursions in Sinology*, Cambridge：Harvard University Press, 1969, pp. 18, 14.
③ 《明会典》卷一七二"侵占街道"条，转引自尹钧科等《古代北京城市管理》，同心出版社，2002，第379页。

按照城内外划分为坊、厢,明清都是"在城曰坊,近城曰厢,乡都曰里"①;在此基础上,城内日常管理在空间上又划分为东西南北中五城(都城)或东西南北四城(或关,省、县治城市);往下再细分街、巷、胡同直到每户的四合院。结合这些空间分区在制度层面上又划分为不同层级,元代在城市录事司下有的设隅、坊两级,有的仅有隅一级。明代则分为坊、牌、甲、铺、户等行政、地域管理体制,北京城有40坊厢、110牌、720铺。明中期后巡警铺开始进入明代北京坊厢体制中,并逐渐成为辅助官府进行市政管理的组织,由此产生了火甲——城市居民巡夜、维护治安的差役,到明末,坊铺制为保甲制所代替。清代城中坊厢以下有甲而无保,都城外城的东西南北中五城下分十坊,省、府治城内一般也在东西南北四城或东西南北中五城下分十坊,省、县治城内则分东西南北四城或东西南北四厢(或关)。清代城中先后实行里甲制和保甲制,"保甲之设,所以使天下之州县复分其治也"②。随着黄册和门牌制的实行,这种空间分区与制度分治的机制越来越完善。

二　政府职能分工与基层社会合一的日常秩序管理机制

明清时期,随着中央集权专制和对地方治安重视的不断强化,在城市行政机构中,出现了日常行政和治安管理的专业分工现象。在元明清都城的管理体制上,一方面,地方政府顺天府和宛平、大兴两附郭县负责日常民事管理,另一方面,由五城兵马司负责治安管理,出现了京师城市由五城兵马司与附郭之大兴、宛平二县共同治理的双重管理现象。地方政府所在地的大小各级城市的管理由县署执行。③ 在其他地方城市除了有地方主责官员外,明代还设有专门负责治安的主簿、典史,清代则有县丞,此外元明还专门设置治安机构巡检司,职责为"缉捕盗贼,盘诘奸伪"④,清则将之列入县属杂职官。同时,这一时期在皇权政府之

---

① 《明史》卷一七《食货志》,中华书局,1974,第1878页。
② (清)顾炎武著,(清)黄汝成集释《日知录集释》卷八"里甲"条注引沈彤说,上海古籍出版社,2014,第188页。
③ 周执前:《国家与社会:清代城市管理机构与法律制度变迁研究》,巴蜀书社,2009,第146页。
④ 《明史》卷七五《职官志》"巡检司",中华书局,1974,第1852页。

外，为了强化城市基层治理，还充分发挥保甲组织的辅助作用。保甲制将上述政府机构出现的赋役户籍等民事和巡逻捕盗等治安已经明确分工的繁重职能集中在一起，一方面要负责户口迁移登记，并负责随时报明的人口登记与核查，另一方面还要组织"每轮家值牌，日夕持牌，察十家之出入，以告谕之。止其讼，解其争。不听者，闻官责治"①。另外，他们不仅成为基层政府差役延伸的"在官人役"，还承担着与文书、档案有关的职责，在一定程度上可以称为民间的准行政组织。

三　治安与户籍合一的治安联防机制

在明清时期，随着城市流动人口的增多和社会治安的不断恶化，城市治安管理体制经历了由最初的以政府治安机构为主的厢巡制，到政府机构与社会组织联合的坊铺制，再到政府机构与社会组织合一的保甲制的变化过程。户口管理体制也由户籍与赋役紧密结合的里甲制，转变为与赋税脱离而与治安管理相结合，行政管理的色彩越来越浓。明初还是沿用以前户籍管理与赋役管理相结合的传统思路，在重要城市中建立了坊厢体制，进行人口登记管理更多的是出于征调赋役的便利，城市的治安则由政府机构的军巡和弓手等力量负责。到了宣德元年（1426），由于治安形势严峻，北京坊厢体制中开始建立巡警铺，其目的是协助原有政府治安力量进行军民联合防盗防火和邻里间互相监督，并由此产生了城市居民巡夜、维护秩序的火甲。在实际执行过程中，有限的政府治安力量无法适应城市治安功能的不断增加，就将增加的大部分负担转移到火甲身上，这样火甲转化成了政府行使治安职权的基础，同时也强化了对坊内人户的管理，于是坊铺制取代了坊厢制。这一体制延续到天启朝实施保甲制后名义上仍然存在。天启元年（1621），继南京等城市之后北京编设坊铺保甲，加强了对城市包括流动人口在内的各类住户的人口及财产监督。清代实现了将城市里甲组织与赋役制度分离，向以维护社会治安为主、兼理征收赋税杂役的保甲制的转变。在清代的法律文献中，保甲已经变成一种招募的"差役"，成为州县政府职责的延伸，转变为

---

① 万历《惠安政书》卷一二《保甲》，转引自朱绍侯主编《中国古代治安制度史》，河南大学出版社，1994，第613页。

严查户口登记和组织治安巡逻的城市治安组织。

四　强制手段威慑与民间道德教化相结合的基层治理机制

这一时期尤其是明清两代，城市治理的总体趋势是对基层管理控制的日益强化。一方面是国家强制力量在城市的存在和渗透有增无减。元明清都根据城市的政治、经济和军事地位派驻数量不等的军队，在重要城市用栅栏控制主要街道的出入，置人守卫。同时，宵禁制度仍被三个朝代的城市严格执行。元明都规定夜晚一更三筹到五更三筹之间为宵禁时间，按照城内十字街上钟鼓楼发出的时间信号，城门关闭，城市及四关巷口各设栅栏晨开夕闭，城内各厢坊街巷有军巡及保甲值班人员到处巡逻，击锣敲鼓之声以时间计时，定更敲一下，以此类推，五更敲五下。如无紧急公务、疾病死丧产育等特殊情况，在宵禁期间一切人等不得在大街上无故行走，违者会按照规定遭到鞭笞。清代城市厢坊大多由官府直接控制，入夜均派更夫，或执锣或执梆到处巡逻。北京内城的前三门为方便上朝官吏到夜半会重开，因此，当时内城居民若夜间到外城行动，就必须趁着这个时间再进来。此外，这一时期特别是明清两代，州县保甲组织还设有乡约。乡约发挥着当地"精神领袖"的功能，一般由诚实、素无过犯、具有较大影响力的士绅担任，定期在本地宣讲圣谕和涉民法律条文或约文，成为进行社会教化的主要形式，后来也逐渐增加了稽查奸宄、催征钱粮和调处纠纷等综合管理职能，还出现了乡约与社仓、保甲、社学相结合以加强社会教化的各种形式。

第六节　"专制—同一"型城市治理体系的总体特征

一　皇权专制定义秩序的城市治理体系

这一时期尤其是明清两代，中国古代的皇权专制达到了顶峰。这种以至高无上的绝对皇权为代表的专制，规定了元明清城市治理体系的秩序观，是历史上最后一次以大规模追溯《周礼》概括的象征性布局来强化皇权意识形态。通过既强调不同城市间的等级关系，又强调城市内部不同构成之间的从属关系及各部分规模的宏大，来体现对权威的绝对服从，这就是城市治理体系中各个层面极为强烈的秩序感。首先，明清时期在城市总体布局规划构思上和具体实现手段上，重视通过以都城为代表的城市体制强化社会对国家政权合法性的认同和支持。元代虽然修筑了规模宏伟的大都城，却在其统治的大部分时间毁坏并禁止其他地方城市修葺城池。明初先后修建了宏伟壮丽的两个都城，用明太祖朱元璋的话说是"独壮京华之外观，用昭天下之共主"①。其次，明清时期特别强调通过城市与乡村的差别，彰显国家政权对一定空间领域内的控制权，以城市形象的尊严与至高无上凸显皇帝的权威。明代将许多宋代城市城墙内缩重建成方形，使之更加集中紧凑，而"对于大多数发展了一定规模城外街区的城市来说，城实际上主要被用来'盛官'——诸色官署公廨、营房及官员、士绅（官员候选人）、衙吏住宅与园囿占据了城内最优越、最重要的位置，并构成城内街区的主体"②。再次，地方城市的仆从性权力地位，因高度集中的皇权向沿海及边陲城市的全面渗透而更加显著。明朝的府城宁波要远大于其周边的县城，清朝伊犁九城同样按照城市规制、城市人口规模、军府制级别等，形成符合其等级的严格城市体系。最后，政治中心优先发展规律也体现得更加明显。只要城市成为政府的治所，就拥有区域性的政治权力，并通过积聚地方的重要政治和经济资源，顺利实现城市的繁荣。众多的城市研究证实，从元到清城市规模的大小往往直接与行政级别的高低有关。

二 以严格控制为核心的结构与制度同一化城市治理路径

皇权专制下严格整齐划一的秩序观，使这一时期城市治理体系在空间结构和管理制度上都呈现了前所未有的同一化趋势。一方面，明清城市在形态上过分追求向传统礼制的复归，在强化皇权的政治氛围中，力求城市建设的统一性。③ 明清城墙的规模和结构形制就是这种城市治理体系同一化的物质表达形式，城市等级规范了城墙长度、城门数量及规

---

① （明）黄佐：《南京赋》，载（明）屈大均编《广东文选》卷二四《赋》，《四库禁毁书丛刊》集部第137册，北京出版社，1998，第75页。

② 鲁西奇：《中国历史的空间结构》，广西师范大学出版社，2014，第362页。

③ 李孝聪：《历史城市地理》，山东教育出版社，2007，第328页。

格等差序格局，这从现存的南京、西安、荆州、襄阳、临海、寿县等明代城墙的具体数据中可得到印证（见表8-6）。同时，元明清新建和重建的城市，在内部空间结构上大都采取了开放式的街巷制，形成主干大街与细部的小巷、胡同相结合的城市街道格局。在治理体制上，城市分区性质"在城曰坊，近城曰厢，乡都曰里"① 的边界限定和城市基层社会的保甲分治等也大同小异。另外，在城市治理的具体制度上，也形成了以治安、赋税为主的城市行政管理体制。在日常城市秩序管理中，统一采用了户籍查验和治安巡逻相结合的治安管理制度、行首与牙人相结合的市场管理制度。这些结构和制度随着皇权专制的加深所达到的同一化程度，是以前时期所无法比拟的。道德教化与政治统治中严格的理性主义的思想，导致对城市总体和一统的构图的特别强调。②

表8-6　中国明清城墙体制对比

编号	城墙	建制等级	城墙长度（千米）	城墙长度反映的差序格局	城墙长度反映的级别	城墙概况
1	南京城墙	都城	35.267	国都	1级	13座城门，三重瓮城，砖石砌
2	西安城墙	府城	13.78	国都长度的约1/3（0.39）	2级	4座城门，双重瓮城，内侧夯土（现内侧已包砖），外侧包砖
3	荆州城墙	府城	11.28	国都长度的约1/3（0.32）	2级	6座城门，单瓮城，内侧夯土或包砖，外侧包砖
4	襄阳城墙	府城	7.331	国都长度的约1/5（0.21）	3级	6座城门，单瓮城，内侧夯土或包砖，外侧包砖
5	临海台州府城墙	府城	6.286	国都长度的约1/5（0.18）	3级	7座城门，单瓮城，内外包砖
6	寿县城墙	府城	7.147	国都长度的约1/5（0.20）	3级	4座城门，单瓮城，内侧夯土，外侧包砖
7	兴城城墙	卫城	3.274	国都长度的约1/9（0.09）	4级	4座城门，单瓮城，内砌毛石，外侧包砖

　　资料来源：贺云翱、陈思妙《明清城墙的城市规划影响力——以荆州城墙、襄阳城墙为例》，《中国文化遗产》2016年第3期，第37页。

---

① 《明史》卷七七《食货志》，中华书局，1974，第1878页。
② 朱剑飞：《中国空间策略：帝都北京（1420—1911）》，诸葛净译，生活·读书·新知三联书店，2017，第76页。

三 控制与自治相结合的城市治理理念

随着专制制度的强化，与前代主要依靠军警力量进行城市社会秩序的管理不同，这一时期出现了将政府控制体系与城市社会力量组合为一体的城市治理理念。具体来说，就是将作为中央集权延伸的专门化政府治安机构与强调地方自治的保甲制有机结合进行城市管理，既弥补了因政府自身力量有限带来的不足，又充分发挥了在地社会力量熟悉具体情况的优势，提升了城市治理体系的效能。同时，在借助社会力量强化城市治理的过程中，还不断丰富甲长、牙人、行首等半官方基层治理主体的角色，尤其到清代，这些当初作为政府和社会之间衔接点的主体，已经突破了传统的徭役角色，更多滑向了作为城市政府延伸执行地方各种公务的行政组织角色，虽然在身份上他们既不是政府正式成员，也没有俸禄报酬，但他们执行的户口排查职能使逃犯无处可逃，强化了社会治安和控制。这一时期的另一个重要转变，就是保甲制度除了保有传统的军事化管制功能，还被赋予了道德教化功能。如清嘉庆二十二年（1817）的"张大舍烟户门牌"中"窝赌窝娼""聚众不法"等条目，对邻右行为的相关规定体现了这一功能转变。另外，城市中居民还按照所居住的街道组成街坊组织，这些组织一般由在当地有威望的士绅组织，承担本街道的争端调解、街坊秩序等城市基层社会管理职能，并组织节庆、宗教以及慈善等集体活动。

四 以门牌（里）保甲制为标志的城市基层控制制度

自宋元到明清，以门牌为载体的保甲制逐步在全国城乡各地全面推广，成为政府控制基层的重要治理工具。元代以杭州为代表的南方城市就出现了门牌。《马可波罗行纪》中特别提到，"此城（杭州）市民及其他一切居民皆书其名、其妻名、其子女名、其奴婢名以及居住家内诸人之名于门上，牲畜之数并开列焉"①。明代中期，在各地推行保甲制强化地方治理的过程中，王守仁提出了"十家牌法"，以法令的方式详细规

---

① 〔意〕马可·波罗：《马可波罗行纪》第2卷《蛮子国都行在城》，冯承钧译，上海书店出版社，2021，第332页。

定了人户门牌的内容及其使用方式，门牌承载的信息内容越来越多，被赋予的城市基层治安、教化功能更多。在此基础上，清朝专制政权达到顶峰，为了加强国家对城市基层社会的控制，进一步规范了保甲制并在全国范围内进行推广。清代保甲制的主要形式是被称为"保甲册"的登记户册，而"保甲册之基本，在于门牌"①。通过悬挂门牌和登记保甲册，清政府建立起几乎覆盖城市全部固定居民和流动人口的空前严密的网络，基本实现了对城市基层社会的严格掌控。

第七节　案例：丁宾议火甲

一　背景

明初，城市治理政策采取的是以农业逻辑为主的城乡无差别的国家治理框架，但是城市的快速发展已经远远超出了这一政策逻辑适用的范围。由于一直没有明确的城市治理政策机制，城市治理成为国家治理体系中的灰色地带。同时，还因为在地理距离上邻近各级政府而更容易被巧立名目随机分配额外的劳役，城市居民不堪重负，这种情况成为这一时期特有的"城市问题"。随着明代中后期城市商业的繁荣，城市社会力量不断壮大、参与意识急速提升，极大地推动了这一问题的改革进程。由丁宾主导的南京火甲改革就是这一进程的代表，揭示了城市日益增强的影响力对城市治理理念的影响。

二　丁宾议火甲的发展过程

从明代建国之始，城市就建立了火甲这一城市基层社会管理组织。各坊按照居民的数量多寡设置更铺，更铺所属的人户按照排门制轮流承担更铺的总甲、小甲和火夫等差役，并在兵马司的率领下，负责城市的巡更守夜、防盗防火和刑名案件等维护社会治安的活动。但是在明代中期之后，为了补充南京各级政府不断扩大的劳役空额，火甲的内容变得几乎无所不包，乃至沦为官府随意指使的对象，甚至夸张到"一月之间

---

① 《钦定大清会典》（光绪）卷一七，台北：文海出版社，1991，第164～165页。

所经衙门二十七处"的地步，火甲差役苦不堪言。南京居民雇人代役的呼声不断高涨，成为官绅与民众的舆论焦点。

在这种背景下，丁宾在万历三十四年（1606）升任南京右佥都御史，上任后不断接到缙绅和居民有关火甲改革的请愿书。经过深思熟虑，丁宾先后采取了五个步骤来详细调查社情民意，逐步凝聚官民共识。一是面审，由南京每个"铺"派出 3～4 名包括富户和贫民的代表，与丁宾面对面座谈，以获取一手信息。二是五城御史在会同馆复审，调查可能出现的不法行为。三是召集南京相关的大小九卿、六科等中央官员，在会同馆亲自与更多的居民代表面谈，确定大家对改革的真实想法。四是派官员到弱势群体家中收集对改革措施的意见，并进行相应调整。五是"细算"与"审定"。经过详细核算，确定火甲需要征收的税收额度，在张贴公示后，又请最初的改革请愿发起者提出意见做最终完善。另外，丁宾还在城门外设了三个观测点，让居民随时可以表达对改革过程的意见；还通过印刷品和刻石碑宣传改革的细节。经过这样的反复协商，改革初次实施时即深入人心："小民各遵日期，各照由票，踊跃争先，纳钱如市，绝无拖欠。"①

三　丁宾议火甲的城市治理内涵

（一）丁宾议火甲从本质上暴露了古代城市治理体系的非正式性属性

丁宾议火甲揭示了中国古代城市管理体制存在的一个本质性问题：在国家治理体系中，城市作为整体从来没有成为一个正式的治理主体。在城市作为地方政府治所的背后，是它的制度性权力要么来源于作为上一级地方政府构成部分的无差别规定，要么来源于构成城市部分的下一级基层单位的自然集合，具有较强的转借性，使地方城市无法形成、实施针对性的城市政策。这个制度缺陷从来没有在中央层面上得到系统性的根本纠正，② 形成了具体城市治理政策以模糊性、摇摆性为内容的随意性特征。这既是火甲制及类似城市问题的深层次结构性根

---

① （明）丁宾：《丁清惠公遗集》卷二《征钱雇募总甲以苏军民重困疏》，明崇祯刻本，第 49 页。

② 〔美〕费丝言：《谈判中的城市空间：城市化与晚明南京》，王兴亮译，浙江大学出版社，2021，第 69 页。

源，也是城市治理无法发挥其应有作用的根本原因，反过来使城市治理政策的发展过程过分倚重个人因素，进一步弱化了其应有的稳定性与权威性。

（二）丁宾议火甲从可行性出发强调了古代城市治理政策的地方特征

丁宾议火甲集中反映了城市繁荣所形成的独特社会结构对改变城市治理方式的迫切需要，使"'城市问题'受到了极具地方色彩的对待"①。火甲制最核心的是公平性问题，南京情况的复杂性加大了实现这一目标的困难度，社会力量壮大和参与意识提升，更使之成为地方政府和治下子民谈判协商达成一致的调整过程。丁宾议火甲摒弃户籍限制，通过对城内统一编号的所有军民门铺征收号钱，不仅实现了城市行政管理基本全覆盖，也提高了政策实施的便利度，实现了包括商人和新移民等在内的常住人口的城市政策公平性。"可以说，丁宾的火甲改革是对当时中国城市行政管理的一种有益探索和实践。"② 但是，这一改革更是城市治理地方自主性的重要体现，反映了其只针对当地城市居民的地方性特征。

（三）丁宾议火甲从议程设置角度开创了一个完善的城市政策设计机制

由于在上不享有制度的法律授权，在下熟悉政治的城市居民热情高涨，南京政治上的陪都地位又十分敏感，这些限制条件都使丁宾对南京火甲制改革的各个方面都思虑再三、十分审慎。从丁宾议火甲的现实进程来看，参与对象涵盖了中央主管部门官员（大小九卿、六科）、地方直接负责官员（五城御史）与各阶层居民代表（富户和贫民），基本做到了全覆盖；在形式上，与惯常政府高高在上的强势主导不同，采取了更加温和的坦诚协商形式；在过程上，从初步了解基本情况到征求方案建议，再到政策反馈及事后的宣传监督，环环相扣、务求稳妥，确保了改革的合法性和落实的可操作性。可以说，"在明代创造了一个最成体系、最为激进的达成共识的机制"③。

---

① 〔美〕费丝言：《谈判中的城市空间：城市化与晚明南京》，王兴亮译，浙江大学出版社，2021，第 68 页。
② 杨茜、冯贤亮：《官绅互动与万历年间的南京社会：以丁宾的活动为中心》，《江苏社会科学》2012 年第 1 期，第 227 页。
③ 〔美〕费丝言：《谈判中的城市空间：城市化与晚明南京》，王兴亮译，浙江大学出版社，2021，第 39 页。

四 丁宾议火甲对中国古代城市治理的重要意义

丁宾议火甲的理论意义与现实意义在于，它体现了中国古代城市治理体系的最终形态和基本属性。从理论上看，丁宾议火甲从古代城市治理体系的中央集权制深层次结构出发，揭示了"传统的中国城市不是一个正式的政治单位"这一本质规定性，强调了城市治理体系"并未刻意区分城乡区别的城市管理政策"这一根本特征。从政策上看，丁宾议火甲从古代城市治理缺乏清晰的制度授权边界这一基本前提出发，采取更加情景化的政策设计形式，来强化治理应有的城市规定性，既实现了制度层面上变革与调整的目标，又提升了政策的可操作性。从机制上看，丁宾议火甲整个过程虽然体现了较深程度的协商性质，但政府的力量和权威从来没有正式对社会团体做出过退让，而是更多地依靠基层社会的积极参与，在政府和社会的合作中，调整制度以适应城市在城市治理体系中影响日益扩大这一现实。

小 结

元明清时期国家治理语境中最基本的主题就是专制，专制使权力渗透到城市治理体系的方方面面，呈现出以各个层面的同一化为总体特征的治理话语。从具体体现来看，无论是都城还是地方重要城市，在形制上更加符合以《考工记》为代表的礼制特征，城墙和城门及城中的主要建筑都更加壮丽；城市内部结构基本都是由主干街道和与主干街道相连通的街巷所构成的开放型街区构成，从内地到沿海乃至边陲的城市，形成了一个等级分明的城市体系；城市治理体制的分工更加细致，特别是形成了信息完备、动态更新的街巷门牌监管制度和与城市政府管理体制无缝对接的半行政性基层保甲组织，更使制度因素在城市治理体系中所起的制约控制作用达到顶峰。

第九章　中国古代城市治理体系变迁的
整体趋势

中国古代城市治理的内容，从《吴郡图经续记序》中可见一斑："盖城邑有迁改、政事有损益、户口有登降，不可以不察也。"① 也就是说主要涉及空间、行政、人口三大方面的内容。与西方古代城市治理不同，一方面，中国古代城市治理存在较强的稳定性和延续性，"中国史则是先后相承不可分割的，五千年一贯下来，永远是一部中国史，通体是一部中国史"②，与此相应，在治理内容上，中国古代城市治理基本上保持了最初的城乡并治特征。另一方面，历史是变化的，从变化之中我们会学得一些对变化的认识，并且转换成一种智慧。③ 作为城市治理体系的外部限定边界，国家治理在不同时期的主题不断变化向前发展；作为城市治理体系的内部支撑基础，城市自身在不同时期也呈现出不同的发展特征，因此，古代城市治理体系也在不同时期出现了一些相应的发展变动，并在总体的稳定与局部的变革中，展现了中国古代城市治理的趋势与规律。

第一节　中国古代城市治理体系的外部环境变迁

一　国家性质由血缘分权制向地缘集（专）权制的变迁

中国古代国家的变迁大致体现在两个层面。一是由血缘共同体向地缘共同体的转变。周王朝是中国历史上开始在认同观念上建构大一统国

---

① （宋）朱长文：《吴郡图经续记序》，载《宋元方志丛刊》第 1 册，中华书局，1990，第 639 页。
② 钱穆：《中国历史研究法》，生活·读书·新知三联书店，2001，第 3 页。
③ 许倬云：《从历史看管理》，新星出版社，2017，第 113 页。

家的时期，同时也是宗族城市国家，通过宗法与礼制、政权与族权的结合，建构起"国即家"的理念，周王不仅是这个一统国家"天下"的天子，还是与生俱来的血缘组织的宗主，基于血缘确定的社会身份承担治理职责，宗族与国家合一、宗主和君主合一。以秦朝的建立为标志，最终结束了商周以来以血缘政治为主体、王朝依靠宗法分封制而间接控制各地的社会格局，确立了以地缘政治为主体、中央集权政府依靠一元化的郡县城邑网络直接统治全国的社会结构。① 二是由分权向集权的转变。在周代，国家结构比较松散，周王只是共主或盟主，对诸侯属地无法进行实质的有效管理，而由诸侯全权决定自己领地的内政和外交。宗法封建时代王权在制度设计上自有其边界，国家与社会分权而治，社会组织以家族为主要形式。② 而秦汉及后续的"大一统"帝国政治体制的核心是中央集权的"皇帝制度"，即治理国家的权力集中于皇帝，这种权力至高无上、涵盖一切，无论中央还是地方的主要官吏，都由皇帝直接任免、调派。以郡县城邑为核心的严密乡里亭体系，还控制了城郭之外的松散聚落组织，地缘行政系统在秦汉真正延伸到基层。隋唐在中央层次上强化中央权力系统内部权力向皇帝集中的专制制度，在中央与地方的关系层次上，将地方行政制度调整为更为合理的州县两级制，把地方官吏选授权收归中央，另外还通过士族的中央化削弱了士族地主集团在国家政权中的影响力。宋代采用"守内虚外"的治国之策来强化中央集权，实现了集大权于皇帝一人之手。明清两代的政治体制在权力的统一与集中程度上达到了中国历史上前所未有的程度，使明代和清代皇帝实现了"乾纲独断"，极大地强化了君主专制，并使皇帝具有了维系国家统一、社会稳定的象征作用。

二　强干弱枝、礼法兼用的国家治理理念

周代在"明德慎罚"的指导原则下，将家族秩序与国家秩序统一为"礼"，并通过"礼有等差"的具体手段以礼达治，建立起了严谨的统治秩序。周礼作为儒家思想的主要构成部分，在历史上形成了一

---

① 许宏：《先秦城市考古学研究》，北京燕山出版社，2000，第 130 页。
② 王彦辉：《秦汉户籍管理与赋役制度研究》，中华书局，2016，第 3 页。

个对中华民族影响很大的文化—心理结构①；战国时期形成了"以法治民"的思想，并为秦代所继承。秦汉时期经历了从秦代"为治唯法"到汉代"儒表法里"的转变，奠定了中国古代治国之道的基调。魏晋南北朝时期，少数民族政权在实行"汉化"、"自证"其为中华正统的过程中，需要以周制为政治规范和精神文化凝聚力量，而且其崇周的程度往往超过了汉族政权。② 不仅如此，这一时期儒学思想还开始全面法律化，准五服以制罪、重罪十条（即"十恶不赦"的来源）、八议等纷纷入律。隋唐时期儒学经世致用的实用性得以充分体现，"唐礼"的核心就是君臣官民上下等级之制、家族宗法尊卑之制。唐代的国家治理体系完成了从汉代发端的"礼""法"融合进程，使"礼"与"法"的融合贯穿在日常的社会管理之中，渗透到老百姓的日常生活中。宋代确立了以儒家仁义思想为主导、"使子孙谨守法度"的治国基调，不仅创法立制形成了富于针对性的开明特性，还从内在的德性修养出发重塑了儒家王道的公共性，推动了治理理念的世俗化。在元明清时期，形成了以强调"礼法"文化认同作为政权正统合法性的一致做法。

三　国家行政体制由宗法分封制到地缘郡县制的变迁

周为了解决以小邦灭大国后如何强化对广大新征服地区的政权控制这个重大战略问题，按照血缘宗法制"宗子维城"的政治原则，实行"封建亲戚，以藩屏周"，形成天子—诸侯—卿大夫—士的等级体系，构成了后续地方行政体系的雏形。为了对急剧扩大的国土实行有效统治，郡县制被秦汉确立为基本行政制度。郡县制源于西周的采邑制，"以军政方式对地方实行集中化的控制"③。秦汉郡县制的本质特点是临民而治却又无土无民，郡县管理者仅食有俸禄，人口和赋税直接归于皇帝。这种等级式的郡县制，适于分级、分区，还有利于区别不同情况进行管理。

---

① 李泽厚：《中国古代思想史论》，生活·读书·新知三联书店，2008，第1页。
② 庞骏：《东晋建康城市权力空间——兼对儒家三朝五门观念史的考察》，东南大学出版社，2012，第345页。
③ 阎步克：《波峰与波谷——秦汉魏晋南北朝的政治文明》，北京大学出版社，2017，第4页。

三国之后州—郡—县三级行政区正式确定下来，各个层级之间的管理层次与幅度比例适宜，可以有效发挥治理功能，而南北朝的分裂局面则造成了地方州郡泛滥的乱象。为了改变这一混乱局面，隋文帝、炀帝两朝先后采取了减少行政区划层级、减并州县等措施，以削弱地方势力强化中央集权。至唐代两级制地方行政制度得以重新确立，中央集权得到加强。同时，随着社会稳定、地方经济的发展，这一时期的两县共治一城现象大幅增加。宋代为了解决唐末五代以来藩镇割据尾大不掉的问题，一方面增加路，使隋唐的两级地方行政层级再次变为三级，另一方面变地方主官总负责为分权制衡，这造成州县权轻，极大地削弱了地方政府治理能力。随着中央集权专制的不断加强，元明清三代的地方行政制度渐趋固定。元代设立行省制，明清两代相沿，省下设府、州、县三级政区。

四　"贵族—士族—士大夫—官吏"的国家治理组织构成变迁

周代尤其是西周由于还处于国家形成的初期阶段，政治治理需要更多地借助于更自然的血缘关系，并以宗法制为基本原则形成了贵族制的行政管理体系。这一体制基于血缘确定的社会身份分配行政职位，天子与诸侯以赐爵命的方式使自己的亲属转化为政府中的官吏，从而强化了周王对政权的控制。随着秦汉开始实行中央集权制度，其国家治理组织体制也转变为由中央的三公九卿制和地方的郡县长官负责制构成的官僚制。秦与汉初"以吏治天下"，遵循和援引文书档案中的法规故事治理国家，董仲舒协助汉武帝建立起一个完全不同于西方的中国早熟型的"士—官僚"文官政教体系。魏晋南北朝在九品官人法制度下出现了"平流进取，坐至公卿"的世家大族，这些世族通过控制皇位更替、议政决策、行政权等方式对国家权力中心进行控制。宋代采取了文官主导政治的"偃武修文"官僚体制，通过加大科举考试的开放力度，"取士不问家世"，使"学而优则仕"的思想成为一种社会风尚，实现了官僚从贵族士族型向文人学士型士大夫的变革，但也因官员数量巨大出现效率低下的问题。明清时期形成了成熟的官僚政治，从决策到执行主要都由文臣参与和负责，但科举制度出身的官员长于抽象性理论学问，却无法应付具体政务又杂又细的技术性实践，在地方政府中形成了官僚、幕友、胥吏既相互依赖又相互牵制的三维结构。

第二节　中国古代城市变迁的总体情况

一　城市由军政内涵向多元化内涵的变迁

从周代到元明清，中国古代城市一个最基本的特征就是政治中心属性一直是其主要属性。具体表现在两个方面，一是城市往往是各级行政中心所在地，里面居住着大量的政府官员及军队等，二是政府以城市为依托，来实现对周边乡村的有效控制。① 城市成为一个政权存在的象征，城市政治地位也是地方自豪感与认同感的基础。② 同时，"筑城以卫君"也揭示了城市的另一层军事含义，城市的区域中心地位使它成为战争双方首要的攻击目标，攻克和占领对方的城市，就意味着造成对方统治网络中心的瘫痪，实现对整个区域的占领和控制。换句话说，占领了城市也就等于夺取了这一地区的政权。这些决定了在很长时间内政治、军事是城市发展的主导因素，凡是成为全国政治中心和区域政治中心的城市都将得到优先发展，行政城市一般都有两方面的优势，一是其选址的地理优势，占据要津，控扼一方，二是其行政资源优势，有能力吸引或调集一方之资源。③ 中国古代历史上最大的城市无一不是全国政治中心城市，都城（陪都）如秦咸阳、汉长安、南朝建康、隋唐长安、隋唐洛阳、北宋汴京、南宋临安等城市都是成为京城后才出现跨越式发展，而一旦失去全国政治中心地位，城市就开始衰落。尽管如此，从宋代开始商贸活动的高度繁荣，不仅影响大中城市的兴衰变迁，还吸引士绅地主、富商巨贾甚至平民阶层向大城市及少数中等城市集中，发展到明清时期更加明显，如扬州"旧城多缙绅之家"，"处新城者皆富商大贾"，杭州城内"多世家世族"④，"虽秦、晋、燕、周大贾，不远数千里，求罗绮

---

① 肖建乐：《唐代城市经济研究》，人民出版社，2009，第130页。
② 罗晓翔：《"国都记忆"与晚明南京的地方叙事——兼论明清时期的国家与城市关系》，《江海学刊》2017年第6期，第162页。
③ 包伟民：《宋代城市研究》，中华书局，2014，第98页。
④ （明）张瀚：《奚囊蠹余》卷一六"从弟太学生子益墓志铭"，转引自韩大成《明代城市研究》（修订本），中华书局，2009，第216页。

缯币者，必走浙之东也"①。这样，经济功能发展成为大多数省会城市和重要的府级城市以及部分县级城市的主要功能之一，大中城市的多样性、综合性特征更加明显，区域政治中心、经济中心重合的趋势增强。元代两湖地区政治中心由传统中心城市荆州向经济中心武昌的转移，也体现了政治与经济中心相重合的趋势，到明代文化中心转移至武昌；清代甚至在经济富庶的江苏省出现了绝无仅有的江宁和苏州双省会现象。相比较而言，在较低级别的大多数县城行政功能更为突出。

二　城市变迁的特征

（一）城市的政权行使政治功能始终是贯穿中国古代城市发展的底色

中国古代城市大多是区域的政治、经济、文化中心，城市一直承担着国家政权据点的基本功能，这是从实现地方政治控制出发，进行地域、人口以及边防军事需要等多种因素综合考虑的结果，先有行政设置、筑城而后逐步发展繁荣的政治中心优先发展规律一直发挥着重要作用，城市行政地位变更的结果关系到城市经济地位的兴衰，甚至是城市的存亡。不同等级的城市通过行政等级管理网络进行自上而下的城市与城市之间、城市与乡村之间的统治，并最终通过政治、军事、经济、文化等多种手段实现自都城到乡村的全方位统治。② 从周代起，城市就一直是周王、诸侯、卿大夫进行政治统治的依托。在战国至西汉这一时期，"城市"概念尚处于整合的状态中。③ 到秦汉时期，地方城市与郡县制紧密而深刻地结合在一起，转变为中央集权政体下的地方建制治所，奠定了后续两千年城市作为执行中央政府控制地方政权的行政中心地位。城市一般都处于交通要道和战略要地，建有城墙并且驻有军队，魏晋南北朝的战争动乱局面进一步强化了城市作为政权据点的性质，只要城池不丢，周围的土地和人民就不会丢失，在本地区的政权统治就不会丧失，城市的政治军事特征在这一阶段非常明显。即使到了经济比较发达的隋唐时代，仍然是政治因素而不是物产等经济因素，对这些治所城市特别是大都市

---

① （明）张瀚：《松窗梦语》卷四"商贾纪"，转引自韩大成《明代城市研究》（修订本），中华书局，2009，第59页。
② 何一民主编《近代中国衰落城市研究》，巴蜀书社，2007，第405页。
③ 葛永海：《中国城市叙事的古典传统及其现代变革研究》，商务印书馆，2022，第16页。

的出现和发展起决定性作用，尤其是对于都城长安和洛阳这两个当时世界上最大城市的形成，中国特殊的国情所形成的政治中心城市优先发展规律起着重要的作用。① 城市的人口中政府官员及其家属随从以及为他们服务的群体占主要部分，并推动了所在城市经济的发展，唐代"诸非州县之所，不得置市"的制度就是明证。宋代采取了中央集权政策，强化了政治权力和发展资源的集聚，每个政治城市中都有一个聚一州之精华的威严壮丽的官署区作为本级政权的符号。元明清时期皇权政治走向专制进一步强化了城市的行政性质，明代的城市在结构上更加紧凑，有意识地控制地方城市自由发展的空间，政府在经济活跃的地区设置行政机构，"防止那些在商业中心掌握经济控制权的人篡权乱政"②。当然，大中城市的多样性、综合性特征也更加明显，区域政治中心、经济中心重合的趋势增强，而较低级别的地方行政中心城市仍以行政功能为主。

（二）城市发展道路逐渐形成了北政治南经济的地域分途

在中国古代城市发展的前期，城市主要集中分布在北方的黄河流域。周朝至战国，黄河流域是中国文明的中心地区，城市发展的重心主要在政治活动比较集中和以黄河流域为主的北方地区。从秦朝至魏晋南北朝时期，城市分布随着国家疆域的扩展逐渐由黄河流域向长江流域渗透。秦代初期的46个郡级城市主要在陕西、河南、山东三个地区，其中关中地区5郡，山东北部15郡，山东南部13郡，淮汉以南13郡。③ 两汉时期南方城市虽有一定发展，但整体仍以北方地区所占数量居多（见表9－1）。据统计，汉平帝时，全国设有103个郡（国），其中70个郡（国）在黄河流域，县级政权有1578个，其中1132个县在黄河流域。④西晋之后进入了长达130余年的十六国混战时期，北方的居民因战乱死亡和出逃的不在少数，北方城市因而衰落，南方城市得到新的发展。到南朝最后一个朝代陈时，已有大小县514个，其中，有263个县是秦汉

① 何一民：《中国城市史》，武汉大学出版社，2012，第252页。
② 〔美〕约翰·R.瓦特：《衙门与城市行政管理》，载〔美〕施坚雅主编《中华帝国晚期的城市》，中华书局，2000，第424页。
③ 孟昭华、王涵编著《中国民政通史》上卷，中国社会出版社，2006，第188页。
④ 邹逸麟：《历史时期黄河流域的环境变迁与城市兴衰》，《江汉论坛》2006年第5期，第100页。

至西晋所设，251 个县是东晋到陈时所设。据不完全统计，这一时期共新设县城 220 个，其中四川、湖北、广东三省位列前三名。而地处黄河中下游的河北、河南、山东三省合计仅及广东一省之半。[①] 隋唐时期，南方的人口数量增长较快，至唐元和年间北方 10 州的人口为 96895 户，江南 10 州的人口为 457597 户，北方人口只有南方的 1/5 左右，南方城市也保持着对北方城市数量上的优势（见表 9 - 2）。

表 9 - 1　两汉时期城市数量、密度及城市分布状况

单位：个

州名	西汉		东汉	
	城市数	城市数/万平方千米	城市数	城市数/万平方千米
司隶	132	8.48	106	6.81
豫州	125	14.71	99	11.32
冀州	129	19.97	100	11
兖州	92	13.81	80	11.6
徐州	132	15.42	62	7.85
青州	125	22.48	65	12.37
荆州	115	2.41	117	2.45
扬州	93	1.78	92	1.77
益州	128	1.46	118	1.1
凉州	115	3.5	98	2.77
并州	157	5.3	98	3.31
幽州	180	4.61	90	2.95
交州	55	1.1	56	1.16

资料来源：周长山《汉代城市研究》，人民出版社，2001，第 16 页。

表 9 - 2　唐元和年间府、州、县数量统计

单位：个

行政区划	关内	河南	河东	河北	山南	陇右	淮南	江南	剑南	岭南	共计
府	2	1	2	1	2	2			2	1	13
州	27	29	19	29	33	19	12	51	38	73	330

[①]　何一民：《中国城市史》，武汉大学出版社，2012，第 205 页。

行政 区划	关内	河南	河东	河北	山南	陇右	淮南	江南	剑南	岭南	共计
县	135	196	110	174	161	60	53	247	189	314	1551
总计	164	226	131	204	196	81	65	298	229	388	1894

注：原表数据有误，县总数应为 1639 个，府、州、县总数应为 1982 个。

资料来源：何一民、王立华《论中国古代城市空间分布的变化与特点》，《史林》2016 年第 5 期，第 32 页。

这一趋势历宋元明清没有改变。同时，在北方地区，形成了以都城为代表的政治中心型城市发展道路，以各级政权附带的资源优势推动城市经济、文化的发展；而在南方地区，则走的是经济中心型城市的发展道路，以区域的经济优势为驱动力推动交通、人文等特色领域的发展。这两种城市发展道路，从宋代开始，历经元明清，一直影响到中国近代社会，甚至现代社会。[1] 南北城市的不同发展道路，还赋予了它们不同的社会生活特点，北方城市生活以政治特色和人文色彩见长，而南方城市生活则富于经济特色和市井风俗。

（三）城市体系由点式向点面结合发展，结构更加合理化

从周朝到秦汉，这一时期由于大多数的人口集中在为数不多的城市之中，所以可以称为"城市国家"时期。说古代中国是城市国家是因为其有点无面，小国寡民，国家统治是以城为重心，没有后世那样分明的领土观念。[2]"城与国的关系实可称之为'城国一体同构'模式，城即是国，国即是城。"[3] 以周公营建洛邑为代表，各受封诸侯国纷纷营建诸侯国及其都城，形成了一系列大小有序的三级"王公营垒"统治据点。随着后来国家领土的不断扩张和人口、经济的不断增长，城市体系的大中小层次和结构越来越丰富、越来越合理。虽然秦汉全国性中央集权政权的建立和不断加强使规模与三级行政等级大致对应的城市秩序化体系有了雏形，但从秦汉时期城址来看，除了强干弱枝政策造就的秦都咸阳及

---

① 吴刚：《中国古代的城市生活》，商务印书馆国际有限公司，1997，第 39 页。

② 田昌五：《中国古代国家形态概说》，载田昌五《中国古代社会发展史论》，齐鲁书社，1992。

③ 庞骏：《东晋建康城市权力空间——兼对儒家三朝五门观念史的考察》，东南大学出版社，2012，第 39 页。

汉都长安、洛阳这样的大城市，以及出现了临淄、邯郸、成都、宛等少数区域都会，一般城市规模都较小，城市体系有点无面的总体格局并没有根本性的改变。因为城市拥有城墙和军队的有效安全保障，魏晋南北朝持续的大动荡局面造成了大规模人口回流城市，城市成为人民生产和生息的中心，保证了这一时期总人口能够稳定并有所增加，无论在战乱的北方还是安定的南方，大城市的数量都开始增多，南朝萧梁时建康的人口更是超过百万人，成为当时全国和全世界最大、最具有活力的城市之一。隋唐各级治所城市得到了进一步发展，不但出现了都城长安和东都洛阳这样的百万人口级超大城市，还有凤翔、江陵、太原、河中、成都五个综合性城市，洪州、潭州、大名、苏州、广州五个区域中心城市，以及人口众多且处于交通战略要地的州郡都邑。宋代的中央集权制度空前强化，经济空前繁荣，为大城市的大量出现奠定了基础，后来出现了开封、秦州、太原、真定、京兆、大名、洛阳、密州、晋州、成都、梓州、绵州、兴元、遂州、汉州、利州等大城市。此外，东南和闽广地区的苏州、江宁、扬州、真州、楚州、庐州、襄州、福州、泉州、广州等，也都是规模较大、工商业繁荣的大城市。这些城市按照城市的行政等级和规模大致构成了都城百万人口、路治城市几十万人口、州军城市十万人口、一般县治城市几万人口这样的差序格局。元明清行政制度的规范化最终确立了都、省、府、州、县的城市等级体系，城市体系层次感加强。具体来看，都城位于第一层次，元大都人口十万户，明清北京人口都在百万人上下，是全国的政治经济中心；省会成为仅次于都城的一个重要层级，形成所在地方城市体系的中心，构成大城市的主体；府级城市作为省会之后承上启下的第三个层次，规模越来越大；县级城市依旧是城市体系的基本组成单位，也是最稳定的一个层次，两汉以来数目变化不大。

（四）形制越来越规整壮观是中国古代城市发展的特色

随着各代政权的治理制度越来越完善，对从都城到县城的各级治所的政权象征意义越来越重视，中国古代城市在外部形象上越来越壮观，内部结构越来越规整和同一。同时，从周代就衍生出一种严格的层级化城市结构模式：每个政治城市中间都有一个聚本区精华的威严壮丽的官署区作为本级政权的符号，地方城市模仿王（都）城，下级城市一如上级城市的微缩版。周人尊崇"择中论",这种治所城市在地理位置上处于某个区域的中心的观念一直为后世所继承,因此即使在战乱中城市一再被毁重建,其位置也相对稳定。西周城市在构造上开始强调礼制的规范性,根据以内制外、以主制从的基本原则,逐步形成了"内为之城,城外为之郭"的"城主郭从"的基本结构模式。中央集权制使城市形制的政治性建筑属性更加突出,秦汉建立起与郡县行政体制相对应的类型简单划一、布局趋同的"三级制"城邑体系。汉代的筑城工作都有领导者和专门的规划者,处于最高等级的都城所实行的规划和布局无疑在其中发挥着示范作用,这使汉代城市的布局更加趋向一致。追求正统的共同需求使魏晋南北朝的各级城市更加规整和趋同。都城如建康、邺城和洛阳等在遵循商周礼制方面具有明显的趋同性,一改秦及西汉时期都城建造上的随意性。[①] 在遵从"营国制度"礼制秩序最基本要素的基础上,分区明确、主从明晰,更加方正、规整、格式化和棋盘化,北方城市和南方城市出现了趋同的局面。在隋唐时代的大一统中央集权政权下,城市结构布局更加整齐划一,从都城到县治都形成了封闭性的城郭结构,市里分区、垣墙环绕的城市结构的工整性和严谨性充分显现出来,表现出追求完美的格式化和棋盘化特征,也给居民的日常生活和治安管理创造了有利的条件。虽然宋代出现了开放的"街巷"布局,但仍不影响这一时期的城市布局建立在坚持基本构架整齐有序的基础上。除了追求宫殿和主要官衙的壮丽,宋代还为了市容的壮观打破住宅礼制等级限制,采用宽容的政策鼓励建筑临街市的邸店和楼阁。[②] 地方城市也弱化子城的军事防御功能,使其具有城市制高点人文景观的功能。明清两代的绝大多数治所城市都建有雄伟的城墙和城门,真正变成了"城墙内的城市",并在强化专制集权的意识下强调城市规划建造须向礼制传统复归,各类城市按照行政级别都有一定的规范,同一级别城墙高度、城门数目和所朝方向基本相同,城市内部结构也具有同一性,在四门十字街的基础上采用长街短巷的"T"字形交叉式街道布局,另外,城内居民住宅也有统一规范,特别是在高度上不得超过城墙。

---

① 曲英杰:《古代城市》,文物出版社,2003,第162页。
② 杨宽:《中国古代都城制度史研究》,上海人民出版社,2016,第321页。

三 以礼制为核心的理想城市模型的形成与变迁

在中国古代城市发展的过程中，经过各个时期的不断继承和创新，最终形成了以"营国制度"为理想模型的城市体制，这一体制的核心特征是它折射出了各个时期政治权力象征的发展需求，是中华文化"形象思维"取向的重要体现。周代的"营国制度"和秦汉时期的"秦制"，从基本原则和整体风格这两个方面奠定了中国古代城市体制的基调。西周时期逐渐成型的"营国制度"可以说是中国第一个比较成熟的理想化城市模型，其中贯穿的逻辑主线是上下尊卑秩序和大一统思想，成为后世各类政权特别是大一统政权强调自身统治正统合法性的重要手段。"营国制度"为后世城市提供了宫城（或主要政治建筑）在城市中心位置的城市结构、"左祖右社，前朝后市"的分布格局、主要街道交叉而成棋盘格的分区形式以及以物象尺寸规模体现等级差序等基本规则。与处于初创时期的"营国制度"更加重视等级差序以显示统治者身份的"尊贵"不同，秦汉时期的"秦制"则更重视强调统治者地位"权威"的至高无上，不受拘束的"大壮"气势成为城市和官方建筑的特点，将高城峻垒视为皇权政治的象征，具有威慑庶民百姓、壮大统治威仪、强化思想控制的功能。[1] 魏晋南北朝政权割据和政权更替多系军将篡位的特征，使之更加注重通过建构正统形象以"自证"合法性，因此，更加注重利用周代礼制"营国体制"思想，城市在形制上更加方正严整，出现了单城制和严格"分别士庶"的四民异居里坊制，形成了一种按中轴线对称平衡的由宫城、内城、外郭城构成的多重制城市体制。隋唐时期在突出大一统国家对"大壮"威严需求的基础上，又引入了将宫城、皇城、民居严格分开的"隋文新意"，还形成了整齐方正的民居里坊。宋代文官政治主导的特征进一步强化了城市的礼仪功能，形成了由外城、里城、宫城组成的三重相套的都城城市结构，更加严格地遵守了营国体制的"择中建宫"原则，并衍生出官署建筑位于全城中心的地方城市结构，还通过外城的开放街道制度实现了城和市的紧密融合。元明清时期在继

---

[1] 庞骏：《东晋建康城市权力空间——兼对儒家三朝五门观念史的考察》，东南大学出版社，2012，第54页。

承前代城市体制的同时对"营国制度"的复归最为明显，形成了都城三重方城的套城结构、严格的"左祖右社，前朝后市"的规制和开放式的街巷制布局。另外，各个时期的都城形制都是地方城市效法的蓝本，越到中央集权强化的后期越是如此，同一行政等级的城市在城墙高度、城门数目和所朝方向上基本一致，在城市内部结构和住宅规范上也基本统一，城市工商业被限制在一定的范围内。

第三节　中国古代城市治理体系的结构变迁

一　从身份等级到行政等级的城市治理外部结构变迁

中国古代城市治理体系的外部结构，从本质上反映的是以等级身份为标志的差序权力秩序。从周代的血缘宗法政权到秦汉以降的地缘封建政权，中国古代城市治理体系的外部结构也随之由身份等级的标志，转变为行政等级的上下级关系。在周代的分封制下，城邑等级制度既是周王控制诸侯的工具，也是体现城主在王朝中身份和政治地位高低的标志。通过城门高低、城墙高矮、道路宽窄等将宗法礼制等级与城市等级序列联系起来，为其后按国家政体来决定城市分级的体制奠定了逻辑基础。周代以"天子—诸侯—卿大夫—士"为内容的层层分封制，对应着"王城—诸侯城—卿大夫都（采邑城）"的城市体系，形成了复合王国治理体系的基础治理结构，即"天下"格局下的城市治理体系。这就是中国最早的城邑等级制度和全国性的城邑网络结构，成为后世行政体系的结构底本。从秦汉起，"中国古代城市进入了按王朝行政等级体制规定的阶段"[①]。对应周代特别是春秋战国时期的"王城—诸侯城—卿大夫都（采邑城）"三级城邑网络结构，秦汉变成了与国家行政系统"并行同构"的"都城—郡治—县治"三级城市等级体系，开辟了中央集权政府通过郡县城市网络直接控制全国的路径。

同时，由于县与郡共治一城，增设郡一般由县升格，所以行政城市的增减主要表现为县邑的增减，这使县城成为秦汉及以后封建社会城市

---

① 李孝聪：《历史城市地理》，山东教育出版社，2007，第87页。

等级体系中的基本单位。另外，为了树立皇帝的权威，此后的地方城邑都没有出现过超越都城规模的现象。秦汉所形成的由帝国都城、100座郡国城市和1000多座县城组成的城市体系确定了后续历代城市体系的基本构架。东汉末年正式确定"州"为中央与郡国之间的一级行政单位，地方行政管理体制由秦及西汉以来的郡县两级制过渡到州、郡、县三级制。三国至南北朝都沿用这一由都城—州城—郡城—县城构成的四级城市等级体系，但是南北分裂的混乱局面，导致出现了地方城市规模超越行政级别的现象。经过几次深刻调整，隋唐时期城市行政等级体系重新确立为都城—州（郡）治—县治三级。特别是随着中央集权的加强，各级建制城市形态得到严格规范，从而强化了城市规模与城市等级的相互对应。两宋时期，秦汉以来城市等级与地方行政层级相对应的现象进一步加强，而且政治层级越高，人口数量越多，钱粮等资源越集中，城市规模也越大。宋太宗时期确定了路作为州县的上一级政区地位，形成了京城—路转运使治所城市—州军城市—县治城市四级城市等级体系，也构成了"都城百万家、路治十万家、州军与重要县城万家以及一般县城数千家这样几个等级分明的序列"①。在元代，设立了行中书省，为明清时期最终确立起都城—省城—府城—县城四级城市等级体系奠定了基础。这一时期皇权专制发展到顶峰，也使城市规模与城市行政等级的对应关系更加严格。在这一过程中，往往伴随着向都城大规模移民，从周代洛邑及诸侯国都一般由统治者带领自己的部族及部分商部族移民开始，到秦代迁徙六国贵族居咸阳，到汉代的长安，再到曹魏邺城、北魏平城和洛阳都伴随着大规模的移民，后来历代都城都主要靠大规模移民造就其超大城市规模。

二　从复合结构到单重结构的城市内部空间结构变迁

城郭之制也作内外城制，在夏商时期就有发展，主要是作为城市有效抵抗内部叛乱和异族入侵的军事防御屏障，"一般而言，外城是整个核心即集体贵族的驻地；内城是核心族体的驻地"②。西周和春秋时期形成

---

① 包伟民：《意象与现实：宋代城市等级刍议》，《史学月刊》2010年第1期，第34页。
② 裴安平：《中国的家庭、私有制、文明、国家和城市起源》，上海古籍出版社，2019，第682页。

了"内为之城，城外为之郭"的"内城外郭"的基本结构模式，在宫室区与普通居民区之间人为设置障碍进行分离。到战国时期，"筑城以卫君，造郭以守民"的两城制更是普遍。秦汉以来，各地州县城市仿照都城建制，其布局也有一些共同的特征。① 秦汉两城制在都城中普遍存在，在郡国城和边城中也十分常见，而在一般县邑城中则较少。② 汉代以来，地方官署多集中附属于环绕其修建的子城内。由于长期持续的战乱，由套在一起的内外城构成的"城中之城"成为魏晋南北朝时期城市最为重要以及最具有时代特色的特征，城市治理重心由内城向外城推移。这种套城因两层城墙的内外位置和规模大小，分别有内城和外城、小城和大城、子城（或中城）和罗城等不同称呼。在大多数城市中，宫城、衙署置于小的内城之中，外城高大空荡。隋唐城市进一步发展出了多重城制的空间结构，这种结构体现为都城、州城的三重城和一般城市的两重城。隋代都城在中国历史上首次分立了封闭式的皇城，将中央政务功能区与百姓居住区明确分离。根据不同功能和等级，严格分割宫城、皇城与外郭城的三重城制，一直为宋、元、明、清时期的京城所继承。在一些州治市也存在与都城类似的三重城结构。宋代进一步发展出了由护城河层层围绕的外城、里城、宫城三重相套的都城结构，地方城市结构中，州军城市一般沿用隋唐的子城—罗城的两重套城制，特别是以官署区为主的子城位于罗城的中心位置。一般县城用官衙代替了内城，整体结构就像州军城市套城结构的微缩版。明清的城市真正变成了"城墙内的城市"。元明清的都城都严格继承了前代形成的三城相套的重城制，在重要的城市如元代设有总管府的路一级城市、明代设有宗室王府的府州城还有两重城的现象存在，但是内城城墙一般比较单薄，而大多数地方州县城市从元末以来都变成只有一重城墙的单城结构，大多数城市结构也由"回"字形的重城制转变为"口"字形的单城制，这是元明清时期城市空间结构的一大变化。

三　中国古代城市内部以县为核心向上下延展的组织结构变迁

　　面对高度集聚的人口和复杂的城市治理问题，中国古代沿用了国家

---

① 包伟民：《宋代城市研究》，中华书局，2014，第 87 页。
② 徐龙国：《秦汉城邑考古学研究》，中国社会科学出版社，2013，第 359 页。

治理体系分层和分级的思路。周代由于是血缘宗法社会，所以城市内部管理主要靠氏族组织来完成，城市更多的是一种发挥战争机器作用的军事组织，相对后面的朝代来说，更加粗线条。周代"国野"分治体制在城市中体现为由军事组织演变而来的"乡—遂"制组织体系，也就是在"国内"（即城市及城郊区域）实行乡制，在"野外"（即郊外的区域）实行遂制，并将"闾""里"分置于国、野之中。分封制使乡遂制度在大部分城市中普及。《史记·孔子世家》记载"孔子生鲁昌平乡陬邑"，说明周代城市中已经逐步形成了"国—乡—闾（里）"的分级结构。自秦代实行郡县制以后，所有城市均设为县，① 使县与城市成为合二为一的事物。秦汉对社会的控制是通过严密的乡里体制来实现的，在秦代，乡由城内的分区管理扩展到城外，在乡之下将城邑居民集中在以高墙围绕起来的"里"中。与秦汉一样，魏晋南北朝的县与城是不可分的，② 县仍然是城市的最高直接管理者。县之下一般由相应的乡官构成。北方十六国及北朝大多数实行"胡汉分治"的政策，即对汉族和不同少数民族分别采取各自原来的传统管理制度。里坊制由于满足了政府治安和城市居民管理的双重需要，成为魏晋南北朝政府安排城市居民的首要选择。总体来看，魏晋南北朝基本沿袭了秦汉的县乡里三级结构。隋唐时期城市内部组织结构仍然沿袭前代，以县为主，一度出现了专门"分理京城内"的县级行政管理机构乾封、明堂二县。具体来看，唐代长安城的行政管理实行府县两级制，③ 县之下市民居住的坊里是最基层的管理单位。封闭的坊市制度是唐代城市格局和城市管理最突出的特点。宋代，城市内部组织结构以县为主、州府的协调功能不断增强的趋势得到延续，坊仍然是宋代城市最基层的行政管理地域单元。同时，宋代开始在城市坊巷之上增设"厢"级管理机构，在宋代城市内部首次形成州县—厢—坊的城区三级管理结构，厢作为上属县、下设坊的专门化城市分区管理机构，"是我国古代城市行政管理的重要突破"④。元代大都有左右警巡院

① 李纯：《中国古代城市制度变迁与城市文化生活的发展》，《美与时代》（城市版）2015年第5期，第5页。
② 任重、陈仪：《魏晋南北朝城市管理研究》，中国社会科学出版社，2003，第16页。
③ 张永禄：《唐都长安》，西北大学出版社，1987，第188页。
④ 韩光辉：《宋辽金元建制城市研究》，北京大学出版社，2011，第191页。

分区，明代北京城有五城兵马司的五城分区，清代北京城则有九门提督和五城兵马司分管内外城，除此之外，县仍然是大多数城市的直接主要负责单位。县之下，明清都是城中立坊、郭外为厢，坊之下，采用保甲制。

第四节　中国古代城市治理体制变迁

一　行政首长负责制下由城乡共治到城乡分治的城市治理体制

中国古代的城市，京畿一般隶属于中央政府，其他城邑、重镇隶属于省州郡县，城乡合治，城市和乡村由同一个政府机构管理，还没有专门的或完全意义上的城市政府。中国古代城市不存在城市政府，但并不意味着不存在管理城市的机构。① 中国古代城市的管理体制，主要由城市直接的最高管理机构和城市基层管理机构共同组成。周代的城市居民主体以宗室贵族为重点，行政管理体系是以宗法制为基础原则的贵族思维，行政管理主体是君主与贵族，因此，周代的城市治理体制是一种贵族管理体制。秦汉以来的郡县制，往往采用"一人主一方"的简单办法，中央派遣的地方长官直接控制县城，县城也就成为君主专制下的中央政令施行于地方的基干节点与媒介，在县令担任承上启下的总负责人的同时，县丞与县尉作为主要辅助人员分工独立承担城市治理相关职责。县令的具体治理工作则由相应的曹掾直接办理，县曹又与郡曹按口对接，块块听命于县令，条条业务受命于上级，实现了城市事务的治理和朝廷政令的畅通。这样，县作为国家地方政权的基层行政单位，形成了与城市直接相关的独立行政系统。即使是魏晋南北朝时期，不管州郡如何动荡、变化，以县为主的城市大多数能够保持相对稳定，这也是城市在魏晋南北朝这个动荡的年代成为国家政权中流砥柱的主要原因。从城市治理的主体看，唐代形成了行政为主、具体专业部门分工的城市治理领导体制。其中京兆府的职责是治安、司法和京师营建与供需，长安、万年两京县尤其是基层的里坊直接管理城市居民，处理城市里坊的民事与治

---

① 萧斌主编《中国城市的历史发展与政府体制》，中国政法大学出版社，1993，第139页。

安事务，左右金吾卫和左右街使负责城市街道治安管理，这三套机制构成了唐代特有的执行、徼巡和监察三权分立的城市管理模式。宋代城市治理体制出现了城市地方行政机构与城市治安"巡检"机构组成的"双轨制"，这一体制为明清所继承。更为重要的是出现了城市所专有的"厢"，宋代的厢坊制具有明确的城乡分治性质。元代城市管理体制形成了警巡院和录事司等专门化建制城市体系，"即拥有不同等级和规模、职能分工、联系密切、分布有序的城市有机联系的体系"①。

二　层级和职能越来越细致的城市治理组织体制变迁

周代城市行政管理体制由两个层次构成，即中层的乡和基层的间（里）。这种城市组织体制直接源自西周实行的与临时征集族兵的军队组织制度紧密结合的国野体制。城市的乡间（里）各级均有主管长官，分级负责本辖区的行政工作。"乡"是城市组织管理的中间层级，在"乡"这一级，乡大夫是其最高行政长官，由卿担任，"各掌其乡之政教禁令"。"间（里）"这一基层组织在西周时期已经普遍设立，其与宗族组织共同承担了城市基层行政组织和管理工作。里长之下还设有诸位掾属。卿大夫对采邑的管理体制主要包括都邑的职官与卿大夫的家臣，诸如大夫、宰、祝、宗老或宗人等。秦汉的城市管理体制形成了县、乡、里的分层管理体制。秦汉以后，古代地方行政区划由分封制转变为郡县制，郡县治所城市均由县或附郭县管理。② 城市所在的属县是城市的主要直接治理者，形成了县令（长）为主责长官，县丞、县尉分工独立负责的集体负责制。县之下设乡，秦汉时期县官不直接管乡，乡设三老、啬夫、游徼；城内各条大街上，都设有警戒监察用的"亭"，亭设有亭长，到隋唐发展为左右金吾卫、左右巡使等机构，到宋代以后形成巡检；乡之下分为里，里有里墙和里门，并设置里正、父老、里监门等里吏作为行政管理人员，负责城市居民的日常管理，到北魏间里制发展为里坊制，由坊正带领里正进行城市基层里坊的管理，一直沿用到唐末宋初。宋初出现了具有明确城乡分治性质的厢坊制，厢是以诉讼、治安职能为主的城

---

① 韩光辉：《宋辽金元建制城市研究》，北京大学出版社，2011，第 201 页。
② 韩光辉、魏丹、王亚男：《中国北方城市行政管理制度的演变——兼论金代的地方行政区划》，《城市发展研究》2012 年第 7 期，第 103 页。

市基层治理单位，厢的办事机构称厢公事所，厢长官称为厢都指挥使，下设由厢典、书手、都所由、所由、街子、行官等构成的厢吏。厢下设坊，坊正职责如旧，有的坊下还出现了巷长。这一制度直到明末清初为保甲制所替代。另外，南北朝还出现了重要城市由不同县分区治理的行政区划，在城市以县为主的基础上又出现了更高一级的府州。厢的下一级还设有从唐长安武候铺制度转化而来的军巡铺，作为最低级别的治安组织，军巡铺的主要职能是报时、防火、防盗、解送公事、申报平安等。军巡铺还进一步细分为由押铺和四五名成员组成的防隅巡警。军巡铺与厢之间有军员、节级等负责联络、协调工作。

三　城市治安、市场、人口、市政管理体制变迁

（一）社会监控、政府巡查不断强化与结合的城市治安管理制度

　　治安是古代城市治理的核心内容，古代城市的行政组织和社会组织，从什伍到厢坊都负有治安责任。传统中国的法制强调"法制简约"，重在打击危害皇权和纲常礼教，以及危害社会秩序的严重刑事犯罪行为，而大量的规范人们行为的规则交给社会及家庭制定。[①] 特别是基层治理组织是具有多重属性和多项职能的综合体，"而多重性和综合性能够集中各种资源，这就使基层社会治理一开始就具有'综合性治理'特质，并为基层社会有效治理提供了可能"[②]。周代时中国式治安管理的基本因子开始出现，将军队的防卫职能与治安融为一体，士师是具体负责司法及治安行政的官员，城门、里门实行晨开暮闭、专人管理的宵禁制度。里巷管理是中国古代城市管理中最有特色的。里门和城门一样按规定的时间启闭，还设有"里尉""里正"等，管理里门开闭和监视出入。春秋战国时期，各国还较为普遍地采用了连坐制度，用于防奸。秦汉时期尤其是汉代进一步利用城郭、闾里、市场等封闭性防御设施，与治安管理制度相互配合，城市治安管理进一步完善。都城和地方城市都有报更者和士兵巡逻，较大城市的主要街道设置街亭，由亭长负责管理本街的治安。汉代还利用城门、里门监管居民日常活动以加强治安。魏晋南北朝

① 窦竹君：《传统中国的基层社会治理机制》，中华书局，2021，第101页。
② 窦竹君：《传统中国的基层社会治理机制》，中华书局，2021，第308页。

时期在沿用这些制度的基础上，强化了由专门官吏和兵士具体负责的城门出入之禁。隋唐时期将政府机构分工合作的执法体系和社会控制的封闭里坊制度及宵禁制度紧密结合，使隋唐的城市治安达到了相当完善的程度。唐代的里坊制度是中国古代城市里坊制度发展的顶峰，通过建造坊墙、坊门构成的封闭里坊对坊内居民进行日常的监控。在坊外城中，从黄昏到清晨，整夜有街使带领骑卒巡行呼喝，有武士伏路暗探，侦察非违。① 宋代城市改用了开放式的街巷制，由开封城始逐渐形成了一套"双轨制"的城市治安管理体制，还出现了居民五家或十家互相监督的制度以及利用旅店登记监督商旅以防逃军、逃犯的"店历"制度等。元明清在城市行政管理部门中不断增加治安管理的机构与人员配置。此外，明清两代在城市逐步实施里（保）甲制，在执行户口编查的基础上更侧重于维护社会治安的功能，不仅重视定居人口编查，还加强了对流动人口户籍的管理和控制。正是这种户口严查的治安制度，在清代收到了以往封闭里坊制的治安效果，使逃犯无处藏身。保甲的一个重要内容就是连坐，强调的是群体共同法律责任。连坐主要指亲属和乡邻的共同责任，连坐的核心价值是在组织成员之间形成相互监督、自我管理的共同责任。

（二）从严格管控走向有限监控的城市市场管理制度

《周礼》等文献中的详细记载说明西周末年已经形成规范成体系的市场管理制度，对市里的管理人员、职责等都有专门的管理规定。秦汉时期市与里严格分隔，市场是一个封闭的坊，市场按照行业安排摊铺，市门严格按照规定的交易时间启闭，具体规定与周代一样仍以日中为市。市中心处的市楼（亭）既是市场管理机构的办公场所，也是控制市场交易时间的建筑，并设有市场管理官员负责市场的治教、政刑、度量衡、禁令等事务。秦汉两代的商人都必须是"市籍"。从西晋开始已经按照市亭击鼓声音来指挥市门启闭，市门开放时间与城门开启时间基本相同，罢市时间则依据市亭的鼓声，遇到寇乱等紧急情况就马上关门罢市，北魏出现了将市上各类商品的制造者分列在市周围的"里"中的现象。梁代的市场周围还设有固定的巡逻人员。唐代城市市场管理制度主要包括

① 陈鸿彝：《隋唐时期的社会层面控制》，《江苏公安专科学校学报》1998 年第 4 期，第110 页。

坊市分离、市场官设、专司主管、市籍准入、经营监管、市券契约、赋役征发、治安治理等方面。到唐宣宗大中七年（853）之前，城市里的市场都设在占一坊面积的固定封闭市中，有人专门负责开闭坊门，市的交易时间是固定的。每一行市还有被称为"行头"或"行首"的同业商人组织管理者，"行头有统一本行商品价格和监督管理本行商人买卖的权力，又有对官府提供本行物资、代官府出卖有关物资以及代官府看验有关物资、估定价格的责任"①。宋代市场管理已与一般的城市管理融为一体，并在中国历史上首次形成了系统的商税制度，宋代的城市市场管理制度包括城市价格制度、度量衡管理制度、商税制度、契券管理制度、行会制度、牙人制度等方面，宋代还以发放"身牌"的形式首次赋予牙人监督商人的权利。明清时期特别注重发挥牙行等代理机构的市场监控作用，牙商用政府发给的文簿登记市场上商户的姓名、来去地点、货物种类数量等信息以备查核，每月由牙行将文簿和所收税钱一并上交官府。兵马司官员及集头等各方管理人员，会交叉带领火甲定期或不定期地巡查市场情况。历代市场上的斛斗秤尺等度量衡一般由官府定期统一颁发式样，匠户依样制作，违制者一经发现一律严惩。

（三）赋役与治安交替的城市人口管控体制

从周到宋中期以前，中国古代城市人口管理更多的是与赋役联系在一起的。西周的城市人口管理主要是与军事联系在一起，因为从周王到诸侯再到卿大夫等大小宗主，最关心的就是有无足够的人、武器与粮食供给他们去打仗，而具体的日常管理则是由各自的宗族实施的，无论是周王、诸侯还是城市主管机构，都管理不到具体的户，更不要说个人。从春秋时期开始的建制步兵编制，促进了编户齐民的产生，使城市不再按血缘关系而是按居住地域组织，国家行政管理真正渗入基层。秦代首次实行了中国历史上具有全国意义的人口统计制度，汉代把户籍调查安排在每年的八月，这一以里为单位进行的人口统计制度，因此被称为"八月案比"。政府按照居民的身份，把户籍分为宦籍、吏籍、市籍等进行分类登记，依据户籍征发赋役，因此，人口就意味着国家和地方的财富，各级政府都严格控制逃亡等各种人口流失的情况，将居民牢牢地限定在户籍

---

① 杨宽：《中国古代都城制度史研究》，上海人民出版社，2016，第 288 页。

所在的闾里。唐代城市居民管理基本制度是籍帐制度，即以编制计帐和户籍的方式进行人口登记和征发赋役。具体分为团貌、手实、计帐、户籍四个程序，但伴随城市繁荣增多的外来人口和流动人口成为城市治理的难点。到宋代，包括都城和诸州县城在内的城镇人口被正式按坊郭户单独编制管理，并以街巷为单位采用"依街立户"的"户牌制"，以便随时进行核验。明清时期，户口管理体制由户籍与赋役紧密结合的里甲制转变为与赋税职能脱离，而与治安管理相结合，行政管理的色彩越来越浓。

（四）以城内基本运行为主强调城墙等安全设施的城市市政管理体系

中国古代城市市政管理中，很注重强化以礼制规则为主的与城市秩序有关的基本制度。贯穿中国古代城市市政管理的一个重要方面就是交通。周、秦汉直到隋唐都很强调按照礼制等级，进行道路的左中右划分、道路交通、城门出入规则的规定，从隋唐开始，还在以上基本交通规则的基础上，进一步提出了对无故走车马等交通事故的处理规定，这些规定相沿至明清。在设施的建设与维护上，筑城一直是一个重要的内容，秦汉以后逐渐形成了对各级城市城墙、城门等设施的规范，尤其是从隋唐到两宋最后到元明清，随着集权的强化，筑城成为地方官的主要职责之一，城市越来越严格统一，都城成为各级地方城市建设的模板。特别是从宋代开始，一方面修城更加受到重视，另一方面由于地方政府财力受到很大限制，社会力量开始更多地参与进来。对破坏及攀越城墙、里（坊）墙等重要市政设施和在街道等公共空间乱丢垃圾的行为专门设有严厉的惩治条文。历代城市还很重视路面维护和排水系统的建设，元明清北京建设的地下排水管道已经达到了十分发达的水平。从秦汉起，朝廷还很注重城市街道的绿化，从唐代开始还专门规定了街道和绿化的管理部门，特别是五代后周的汴梁城有十分详细的规定，宋代都城还出现了专司其责的街道司。

第五节　中国古代城市治理机制变迁

一　从等级、职业到街巷的空间分区管理机制

空间分区治理是中国古代城市治理体系中的一个基础路径。从周代

延续到隋唐，这一空间分区的基本原则是以等级尊卑为主，辅以职业便利，特别是形成了严格限定市场区域的"前朝后市"格局。周代宗法社会的性质，决定了城市基本单位是"聚族而居"的闾里。在此基础上以方位尊卑进行分区，各阶层都有自己规定的居住区域，不容杂处，以达到"定民之居，成民之事"的目的。这就是中国古代城市治理所严格遵守的核心逻辑。秦汉时，虽然沿用春秋战国以来城市的基本原则，汉代都城长安、洛阳还出现了以治安管理为主的部尉分区，都城、郡城、县城一般都存在市里分区、街（都）亭分区、里内的贵贱居住分区等一系列相互叠加的复合分区治理体系。由于魏晋南北朝长时间处于战乱与动荡中，因此，这一时期大体都强化了城市的分区管理机制，城市实行住宅区和商业区分设的制度，特别是生活和生意分离的坊市制度，以北魏都城洛阳最为典型。隋唐城市的规模急剧膨胀，进一步丰富和完善了层层分区的城市空间治理机制。大城市城区两县共治的数量增加到 14 个，都城和一部分州治按照身份等级划分出宫（牙）城、皇（子）城、郭（罗）城，大部分州县城采用子城、罗城分区，并按照空间用途分为坊、市、街三类空间，尤其是坊和市是按照职业进行分类的，居民坊再细分为 16 个由院落组成的居住区，市则分为由行肆组成的商业区。这样，城市形成了按县、城郭、市坊、院落和店肆依次分区，层层分隔到最小单位院落、店肆的城市空间治理机制，为提高城市治理的效度提供了可行性基础，应该说这种严格的层层分区的城市空间治理机制到隋唐时期被运用到了极致。从宋代开始，城市内部由封闭的市坊转变为开放的街坊，逐渐形成了厢、坊、街、巷这样细密的城市内部区划管理体系，特别是街巷也成为城市基层管理的主要区划依据，南宋时福建漳州城还出现了"巷长"。明清时期城市分区治理机制又在空间上向规范化、细密化方向有了新的进展，先从性质上划分空间种类"在城曰坊，近城曰厢，乡都曰里"[①]，然后划分大区，都城分东西南北中五城，省、县治城市则分东西南北四城（或关），再往下细分为街、巷、胡同，直到每户的四合院。

---

① 《明史》卷七七《食货志》，中华书局，1974，第 1878 页。

二 从粗放复合管理到专业分工管理的城市行政运作机制

在周代盛行宗法制，贵族、平民保持着"聚族而居"的方式，大多数都、邑一般是同宗，城市规模相对较小、职能很简单，政府主要管理与对外战争相关的士兵、武器和粮食，国野体制下的乡遂制度是一种粗放型的管理形式，先秦大多由同一个机构掌管治安、市场和消防等城市事务。以个体家庭为单位的户还未出现，主要通过宗族来对人口进行管理。春秋战国时期的军制变动和人口流动，加快了向以家庭为基本单位的地缘共同体的转变。秦汉与战国时期的经济结构大致相同，城内的居民也按照职业被分为士、农、工、商四民，分别居住在城内不同的区域内，特别是工商业者一般居住在市场周围的手工业区"里"内。从周代起，城市就实行依靠封闭里坊和治安力量对城市实施"封闭式静态管理"的夜禁管理模式，历秦汉直到隋唐，除更严密外基本未变。持续的社会动荡使魏晋南北朝积极整饬里坊，采用了划一规整的里坊空间规划和里坊的分配及管理制度，里坊越来越规整、方正。隋唐的城市行政管理，主要由具有明确分工的地方政府和基层行政组织来行使大部分职能，已经发展出一个比较完善的城市管理体制。《唐律疏议》《天一阁藏明钞本天圣令》中都有大量与城市管理相关的律令，甚至将通过城门出入长安的有关制度明确为国家法律，体现了"律令制国家"的特征。唐代太史局漏刻、钟、鼓等一整套制度发展到前所未有的程度，街鼓声是城市居民的官方时间管理信号，还是唐代宵禁制度的标志性信号，是京城城门、皇城、宫城城门及宫殿门开闭的总指挥，表明鼓在城市管理方面的应用已达到相当完善的程度，是维系长安秩序的象征。到宋代，坊郭户成为法定的户口体系中的一类。宋代不断因事立制拓展和新设城市公共设施，严格要求监门随日落在军员入城之后关闭城门，但城市内部联系和流动基本实现自由通畅。北宋开封还出现了由潜火兵和望火楼组成的世界上第一支专职的消防队。明清时期，在城市行政机构中出现了日常行政和治安管理的专业分工现象。在元明清都城北京的管理体制上，一方面，地方政府顺天府和宛平、大兴两附郭县负责日常民事管理，另一方面由五城兵马司负责治安管理，出现了京师城市由五城兵马司与附郭之大兴、宛平二县共同治理的双重管理现象。保甲制一方面要负责户口迁移登记，并责随时报名的人口登记与核查，另一方面还要组织"每日轮家值牌，日夕持牌，察十家之出入，以告谕之。止其讼，解其争。不听者，闻官责治"①。

三　从以设施与组织为主到以制度和组织为主的城市秩序管理机制

中国古代城市出于安全考虑，一般都建有城墙和很多坊墙，而这些封闭的城墙、坊墙却在这一阶段成为城市秩序管理的主要依托，城门也在时间和空间上有着双重的管理意义。"里""巷"隔墙规整与否，在时人眼中反映着社会的安定与否。隔墙设施的完备与否，成为衡量一个城市治理好坏的直接标准。周代的城市基本都有城垣、郭垣、宫城垣、里垣，即使是小邑也筑有卫墙，并且间内要求不能横通，家家又有院墙，并有严法保护这些设施，这使居民几乎在一个层层封闭的以墙切割成条块的城市里生活。高垣耸峙，壁垒森严，对居民而言，可以防范奸宄侵扰，对统治者论，却可以防民，尤其城防战中又有利于防守。② 汉代城市逐步形成了严密的城墙和里墙封闭结构，城门、里门是城内外和里内外出入的少数通道，这就为宵禁制度和城市日常管理提供了有利的条件。魏晋南北朝为了应对战乱与人口的大规模流动，城市普遍建筑了坚固而且多重的城墙。北魏将都城居民组织单位"里"改名为"坊"，将坊墙控制、隔离的管理功能放在了首位。隋唐普遍建有城墙和坊墙等隔墙，实施以街鼓制度为代表的时间管理制度，并设立专门机构利用这些设施和制度维护城市秩序。宋代城市治理思路由封闭坊墙的设施分隔变为开放地域的制度分割，除了继续利用城墙和城门，还形成了介于城市主管机构与坊区之间的厢制。城市治理层级机构的增多，反映出这一时期城市管理体系的治理更加依赖制度的力量。在明清时期，随着城市流动人口的增多和社会治安的不断恶化，城市治安管理体制经历了由最初以政府治安机构为主的厢巡制，到政府机构与社会组织联合的坊铺制，再到政府机构与社会组织合一的保甲制的变化过程。

---

① 万历《惠安政书》卷十二《保甲》，转引自朱绍侯主编《中国古代治安制度史》，河南大学出版社，1994，第613页。

② 贺业钜：《中国古代城市规划史》，中国建筑工业出版社，1996，第260页。

四　从有司全天候监控到信息动态更新的城市基层防控管理机制

　　很长时间内，中国古代城市基层治理都靠里正、里监门等基层"有司"在里里的全天候监视来实现。从西周末年开始一直到唐末宋初，这些"有司"的队伍越来越庞大、力量越来越强、机制越来越严密。在宋代城市转变为开放式街巷后，这些基层管理力量由全天候监视转为依靠门牌定时核查信息进行动态更新，重新实现了从靠人到靠技术的转变。秦汉很重视闾里在城市治理体制中的基础性作用，闾里被赋予了监管闾里内部秩序的职责并负有连带责任。里正具有官、民二重身份，里监门负责管理里门，实时监督居民出入，如有异常向里典及时汇报。一旦发生治安事件，县派官吏坐于里门之旁，监督搜捕。魏晋南北朝城市治理的关注点更主要放在监管城郭人口上，尤其是北魏在城市中较多地设立坊制，配备了更多的管理力量，平城"其郭城绕宫城南，悉筑为坊，坊开巷，坊大者容四五百家，小者六七十家，每南（闭）坊搜检，以备奸巧"①。隋唐时期其最重要的作用就是对在其中居住和进行交易的主体在行为时间和空间上做了严格的限定。朱熹曾说唐的"官街皆用墙，居民在墙内，民出入处皆有坊门，坊中甚安"②。《通典》记载："在邑居者为坊，别置正一人，掌坊门管钥，督察奸非，并免其课役。"③坊正还辖有来自府兵制的坊卒。唐代城市人口主要由常住人口、流动人口和外来人口组成。唐代城市人口管理的户籍制度具体分为团貌、手实、计帐、户籍四个程序，基层每年进行一次团貌，将每个人的相貌、体型、年龄、健康等信息核对后写成文书。宋代街楼用牌子列有本坊巷名称、居住人数、居住状况等诸多条目，还以街巷为单位采用"依街立户"的"户牌制"进行管理。每户门前有一面写着户主、妻子、奴仆、亲友等人名字、年龄、相貌特征等情况的粉牌，牌上的信息必须据实及时更新，每天厢巡检管理人员会按时逐户核实登记。明清城内定居人户的户口管理文件有门牌与保甲册，门牌上的信息包括户主姓名、户内主要成员、同居亲

①　《南齐书》卷五七《魏虏传》，中华书局，1972，第985页。
②　（宋）黎靖德编《朱子语类》卷一三八《杂类》，王星贤点校，中华书局，1986，第3283页。
③　（唐）杜佑：《通典》卷三《食货三》，王文锦等点校，中华书局，1988，第63页。

友姓名、年岁、职业、功名、伙计、雇工、婢仆，还要标明所属保甲牌甚至厢坊的名称以及执事姓名，保甲册登记本甲每户人员与经济情况。信息越来越全面、越来越准确，其在城市治理体系中发挥着越来越重要的作用。

第六节　中国古代城市治理体系变迁的总体特征

一　价值取向由血缘宗法范式向地缘行政范式的变迁

中国古代城市治理最重要的特征是其强烈的秩序偏好，因此，中国古代城市治理体系的总体特征首先是其构建的秩序所体现的核心价值观取向，也可以称作秩序观取向，这种秩序观具体表现为以权力限定的越来越严密的等级差序治理思维。从总体方向上看，中国古代城市治理体系的秩序观取向随着国家性质的变化，也经历了一个由血缘宗法范式向地缘行政范式的转变，具体来说各个阶段的侧重点又有所不同。周、秦汉直到魏晋南北朝都在对城市的秩序观进行内涵、范围、广度上的丰富完善。周代将宗法嫡庶主从原则上升为"礼有等差"以"别贵贱尊卑"，为古代城市治理秩序框定了等级思维这一宏观结构，并确定了外部城市体系结构和内部城市组织结构这两个城市治理体系的主要构成部分。秦汉国家性质转向了地缘行政的中央集权，特别强调树立行政权力的权威，给城市秩序观增添了权威威慑的内涵。魏晋南北朝异族执政和政权分立竞争的现实，凸显了政权正统合法性的道德高度，因此城市秩序观又不得不增添了礼制符号的内容。隋唐、两宋及元明清基本上都是在前三个时期形成的这些内容深度上进一步强化，后一个阶段在继承前面一个阶段的基础上，不断结合城市的新发展进行调整完善。特别是随着中央行政不断集权最后走向专权，在这些内涵上表现得越来越规范统一、严整周密，特别是刚性越来越强。六个时期连贯起来的变迁就是：周代的"宗法尊卑"秩序观、秦汉的"行政权威"秩序观、魏晋南北朝的"正统自证"秩序观、隋唐的"权力重塑"秩序观、两宋的"集权规范"秩序观、元明清的"专权整肃"秩序观。

二　治理路径由转借军令向制度规范的变迁

在秩序观的建构下，中国古代城市治理体系路径也经历了一个从初期直接军政合一向专业化越来越强的制度规范变迁的过程。也就是说，"社会治理的基本路径有两条：一是对内用力，化礼成俗；一是向外用力，以多层次的外在约束规范人的行为。通过'化礼成俗'，将治理要求和规范内化为日常生活常识和规则，每天这样生活，习惯成自然，治理就在每天的日常生活中润物细无声地得以实现"①。"以外在约束规范人的行为主要依靠社会舆论、个人利益考量、激励机制等实施，官府介入较少，社会成本相对较低。"② 城市治理初创时期是附属于当时国家的军事战争这一主要职能的，同时组织严密、上下相从的军令思维，恰好能够与后来的礼有等差以别贵贱的国家治理逻辑相匹配，这也形成了后续城市治理体系始终无法摆脱的军事化管理惯性，无论周代的乡遂制还是后来的里坊制，都是军令化路径的具体体现。这一路径在周、秦汉及魏晋南北朝一直到隋唐，都体现为按照等级和职业进行分类分区、不使杂处的聚居管理制度，具体有周和秦汉占主导地位、魏晋南北朝和隋唐变少但仍然存在的聚族而居，一直严格执行到唐末宋初的市里分设，军事禁令和管制色彩极浓的宵禁制度，等等。在这一过程中，随着城市复杂性的逐步显现和城市治理职能的不断增强，符合城市治理自身发展需要、强调专业性和协作性的制度规范，在城市治理体系路径构建中发挥的作用越来越大。秦汉时期就确定了礼法共治这一城市治理制度规范路径的基本结构，到魏晋南北朝进一步出现了这些制度规范被少数民族政权模仿和被新发展起来的边远地区城市模仿的现象，到隋唐更是被确定为相关的律令制度，特别是在宋代出现了体现城乡分治性质的专门化城市治理体系，发展到明清时期则是实现了从内地到沿海和边陲全国城市治理体系的同一化。值得注意的是，无论是军令化还是制度化的城市管理体系路径，地方城市对都城的模仿始终都是一个重要的方式。

---

① 窦竹君：《传统中国的基层社会治理机制》，中华书局，2021，第 334 页。
② 窦竹君：《传统中国的基层社会治理机制》，中华书局，2021，第 335 页。

三　治理工具由封闭型设施向开放型组织的变迁

中国古代城市发展过程长时期处于冷兵器时代，以城墙、宫墙、里（坊）墙、院墙为主的封闭型设施在城市中广泛存在，作为物质隔离设施将城市分隔为各类城中之城或封闭空间。周代的城市基本都有城垣、郭垣、宫城垣、里垣，即使是小邑也筑有卫（保）墙，并且闾内要求不能横通，家家又有院墙。这些森严的壁垒，对居民而言，可以防范奸究侵扰，对统治者论，却可以防民，尤其城防战中又有利于防守。① "里""巷"隔墙规整与否，在时人眼中反映了社会的安定与否，是衡量一个城市治理好坏的直接标准。不仅如此，这些封闭型墙壁的普遍采用，也成为城市治理的便利工具，尤其是城（里）门就成了城内外和里内外出入的少数通道，在时间和空间上有着双重的管理意义。城门的城门郎、里门的里监门通过按时开关城（里）门和监控通过这些门的人流，实现城市的日常管理和实施宵禁制度。闾里内还有二门（叫作"阎"），秦汉时期还以里门（叫作"闾"）将居民按照身份分居"闾左"与"闾右"。这样以封闭设施为主的城市治理体系，一直坚持到唐末宋初。从宋代起，随着封闭性坊墙的崩溃，除了继续利用城墙和城门作为辅助手段外，城市治理思路变为以开放地域的空间组织分割为主，"城市社会公共事务的规范主要是防治水火、社会治安和管理义仓，其规范主体为城市各类社会组织"②。更多地将个体的"人"纳入组织体中，"古人的什伍连坐及保甲法，就是体现这种治理规定性的典型。将个体的'人'纳入组织体中，就需要在基层社会广泛发展各类各样的社会组织，承认社会组织的正当性和合法性"③。另外，还出现了专门化的城市户籍"坊郭户"和行政管理单位"厢"等组织形式，里坊改变为按街巷、分地段聚居的"坊巷"，这一时期逐渐形成了厢、坊、街、巷这样细密的城市内部区划组织体系。城市治理有官府支持，力量更强更直接，城乡治理的最大区别就在这里。"甲头、铺头这些'领导'是官府指定或认可的，其领导力实际来自官府，因此厢坊组织的权威性支撑要素主要是官府的

---

① 贺业钜：《中国古代城市规划史》，中国建筑工业出版社，1996，第 260 页。
② 窦竹君：《传统中国的基层社会治理机制》，中华书局，2021，第 260 页。
③ 窦竹君：《传统中国的基层社会治理机制》，中华书局，2021，第 333 页。

支持。"① 这些组织体系承担着越来越重的管理职责，在元明清时期得到进一步强化。

四 基层治理由粗放的分隔管理向细化的信息管理的变迁

城市基层治理一直是中国古代城市治理体系的特色。城市基层治理是一种有效的"间接"治理，"传统中国基层社会治理关注的是'人'而非'事情'"②。经过不断演进，传统中国社会逐渐形成一种治理机制并日臻完善，即在中央集权政体框架下，依托基层社会组织的自我管理，官府通过指导和掌控基层社会组织，官民协同，实现对整个基层社会的治理。③ 这是一种精致的、适中的治理机制。在不脱离国家控制的前提下，能够随着社会变化而变化，成为多元的、弹性的、能动的、与时俱进的治理体系。"官府更多的是寻求社会力量的协同，在基层社会放手依托社会力量管理社会，实现社会治理。"④ 中央集权的趋势与基层弹性的趋势几乎成正比，在中国古代城市基层治理体系的发展过程中，主要经历了由封闭的里坊制向开放的街巷制的转变。前者代表的是一种粗放的分隔管理，重在处理问题的事后应急；后者代表的是细化的信息管理，重在发现问题的预防监控。从周代到隋唐实行的是里坊制，虽然在具体制度上魏晋南北朝和隋唐都更加严密，在细化程度上有了很大的进展，但总的来看并没有质的变化。在周代，城市政府管理停留在宗族层次，基层社会治理由宗族负责；秦汉通过制度管到了户，但是对每户的情况要通过每年一次"案比"实现，且主要涉及的是与国家赋役直接相关的成年男丁，一是不够及时，二是不够细致全面，无法满足城市日常治理的需要；城市基层治理主要靠坊门定时启闭和开放时间"有司"对进出人员的监控实现，手段单一、力量有限，而对户的管理只好通过居民相互监督的连坐方式。面对汉以后城市治安的复杂化，效果往往不尽如人意，特别是借助突击式重点打击的应急式手段，西汉尹赏治长安和北魏文成帝时都城平城"大索三日"等都是这样的例子。从唐代开始，在城

① 窦竹君：《传统中国的基层社会治理机制》，中华书局，2021，第161页。
② 窦竹君：《传统中国的基层社会治理机制》，中华书局，2021，第337页。
③ 窦竹君：《传统中国的基层社会治理机制》，中华书局，2021，第332页。
④ 窦竹君：《传统中国的基层社会治理机制》，中华书局，2021，第331页。

市基层管理中就开始注意信息准确的重要性，在基层户籍管理中对每个人进行相貌、体型、年龄、健康等信息的登记和核对，但仍然是每年一次。从宋代开始，城市基层治理转为开放型的街巷制，随之出现了不断丰富完善的保甲制，特别是以街巷为单位采用"依街立户"的"户牌制"。每户门前的粉牌上写有户主、妻子、奴仆、亲友等人名字、年龄、相貌特征等情况，并要求牌上的信息每天据实更新，厢巡检管理人员会按时逐户核实并登记。到明清时期户牌改称门牌，登记信息更加具体：户主姓名、户内主要成员、同居亲友姓名、年岁、职业、功名、伙计、雇工、婢仆，还要标明所属保甲牌，甚至厢坊的名称以及执事姓名。城市基层治理中这种细化的信息越来越全面，特别是从制度上实现了对城市每户每天变化情况的及时动态掌握，细化到如此程度在当时世界上恐怕是少有的。"宗族治理重在'家事'，道德教化主要在家庭内部养成"，"城市中厢坊的主要职责是防火和社会治安，而商业活动规范则交给行会治理"，"这样的'分域'使得治理的重点突出，不同组织能够各负其责，既不缺位，也不越位，有利于社会治理全覆盖且治理有效"。[1] "通过各种方式，官府对基层社会的管控并未缺位。对基层社会的治理，官府的支持实际上就是根本保障。"[2] 可以说，"从'家事'到公共事务管理的各个方面，基本上做到了事事有规则，治理有依据。规则不仅普遍，而且详细，针对性强，可操作性强"[3]。

小　结

在血缘城市中，基层社会中占主导地位的是亲缘关系，这种关系天然附带的是相互间的信任，这使城市治理的内控职能没有多少紧迫性。城市治理体系主要承担较为宏观的组织职能，具有简单化、粗线条的特征，只要将当时最先进的军事化模式转借过来就可以满足需求，同时还由于这种平战结合管理模式的互通性，实现了国家治理的便利化。以外防为主的各类围墙和警戒机制，确立了古代城市治理体系的基本逻辑。

① 窦竹君：《传统中国的基层社会治理机制》，中华书局，2021，第312页。
② 窦竹君：《传统中国的基层社会治理机制》，中华书局，2021，第322页。
③ 窦竹君：《传统中国的基层社会治理机制》，中华书局，2021，第309页。

行政地缘城市的出现，使随血缘而来的信任逐渐弱化并消失，与权力相伴生的内控职能，在城市治理体系中的作用越来越强，官员素质不断提升，各种分隔设施越来越坚固强化，制度设计也越来越严密，形成了深层次的共同思想意识和价值观，以及基本无可替代的社会整合功能，一切治理都服从于或者建基于这一治理思想之上，设施与制度虽然根据不同时期城市环境的特点此消彼长，但二者间联系越来越密切。同时，城市治理中象征权力威严的因素不断增加，等级观念成为城市治理体系内外结构中的重要因素，也成为建构城市治理秩序的重要因素，并形成了城市治理体系中的深层社会心理结构，让每个人都心有所属，使问题得到缓解或解决。随着中国古代城市的变迁，出现核心等级秩序愈来愈森严，而边缘等级秩序相对宽松的趋势，并因此呈现与乡村不同的城市治理体系的专业化、专门化。城市治理体系结构基本稳定，县、坊、里的三级结构格局基本保持稳定。城市治理方式因地、因时、因人、因俗而异，方便灵活，针对性强，尤其是城市基层治理可以调动政府、家庭、社会、个人等各方面的力量和资源，具有很强的效力。

第十章　中国古代城市治理体系的
核心内涵

　　"城市自身独特的社会结构激起了对特殊的城市性质的行政关注，需要在处理问题上有与处理农村问题时完全不同的解决手段。"[①] 中国古代城市治理发展的历程就是这种手段不断因袭累积的自我强化与发展过程。"许多特色之中应有共性存在，研究和探索出共性，就可进一步得出其中的一些规律。"[②] 随着古代王朝政权治理模式的更替和内部城市发展模式的演变，古代城市治理不断融入新鲜的实践经验并衍生出新的观念和策略，综合管理水平不断提高，形成了深层次的变革式演进。这些演变被规范为新的制度，在不断的发展变革中凝聚出了越来越清晰的"统一性""一致性"，变得更加系统、全面和严整，形成了一套中国特征明显的古代城市治理体系，这一体系在国家治理体系中具有承上启下的作用和特点，上承地方区域治理体系，下接基层治理体系，涵盖了外部宏观布局和内部细节设计，具有极强的"总体性"特性。

第一节　以统一中央集权制为依归的"总体性"
治理体系

一　统一国家逻辑下城市治理体系结构上的"城国合一"

　　疆域控制与行政管理是中国古代城市形成与发展的基本主轴。《吴越春秋》载："凡欲安君治民，兴霸成王，从近制远者，必先立城郭，设

---

① 〔美〕费丝言：《谈判中的城市空间：城市化与晚明南京》，王兴亮译，浙江大学出版社，2021，第18页。
② 史念海：《中国古都和文化》，重庆出版社，2021，第53页。

守备，实仓廪，治兵库。"① 也就是说，古人筑城与建国休戚与共，发挥着从近制远、守土安民的重要作用，所谓"国之所在，必筑城居之"，立国与筑城往往互为表里——"立城以表国"，因此，从这个意义上说，从国家诞生之日起城市就成为国家的物质载体，作为国家政权实行政治治理的战略依托。"秦以后，中国之所以'有统一之形，而无分裂之势'，一个重要的原因就在于城市行政等级体系维系了大一统的国家。"② 大一统国家的郡县制彻底把城市体系与国家央地结构融为一体，治国与治城进一步深深联系在一起。不仅继续把维护国家的政权安全作为城市治理的基本着眼点，不断强化、细化"筑城以卫君，造郭以守民"的基本职能，还与郡县制相对应，构建起一套从都城到省城、府城、县城的非常完善的行政中心城市体系，这一城市体系精确浓缩再现了古代中国的国家治理体系，各级城市之间的关系就是层层控制的国家政治从属关系，"一般来说，规模越大、人口越多、繁华程度较高的城市，总是做行政地位较高的政治单元的治所，而在地区行政中所起的作用也较大"③。这一体系不仅是古代中国政府治理的基础，还是古代城市治理的基础，甚至在当代中国国家治理和城市治理体系中仍然发挥着基础性作用。尤其是这一体系所体现出的城市治理结构与国家治理结构紧密结合、融为一体的"城国合一"特征，成为中国城市治理体系的首要特征。

二　中央集权政府逻辑下城市治理体系性质上的"城府不分"

与西方城市最大的不同是，中国古代城市与政权特别是政府有很强的直接联系，政府主导中国古代城市的兴衰。自秦代以来，中国古代所实行的中央集权制度强调"屈民而伸君"，全国的权力和资源统一于皇帝，地方的权力和资源则集中于各级政府。在中国古代城市治理的主导认识中，城市是"一个高度政治化的由政府控制的空间"。一方面，政府的存废及其等级决定了城市的发展程度，在城市发展中占据核心地位。在一般认识中被作为城市最直接、最基本标志的"城墙体系意味着政府

---

① 周生春辑校汇考《吴越春秋辑校汇考》，中华书局，2019，第31页。
② 何一民主编《中国城市通史（秦汉魏晋南北朝卷）》，四川大学出版社，2020，第2页。
③ 萧斌主编《中国城市的历史发展与政府体制》，中国政法大学出版社，1993，第126页。

在本地的存在"①，古代城市地图的制图模式甚至更直接准确地"将城市空间简化为官署衙门和附属机构的集合体"②，也就是说，城市直接变成了政府的替代物，有政府存驻，城市就存在，而一旦政府离开，城市就衰落消亡；同时，城市重要与否、繁荣与否，与驻扎行政等级的高低和层级的多寡直接相关，且关系到该城市治理体系的完善程度。另一方面，都城和城市都尽量选择各种区域的中心位置以期"道里均"，也就是说"传统的中国城市不是一个正式的政治单位，相反，它是一个更大区域的行政中心"，"指涉的是一个行政区，它基本上是一个由城墙拱卫的城市群组成的大城市所统治的农村地区"③，这样，在国家治理体系的意义上，城市更进一步被扩展到了政府所代表的行政区域层次。因此，城市在自身性质上与地方政府的行政管理性质息息相关。不仅如此，在国家治理能力层次上，城市还被赋予了地方政府的区域辐射影响力，城市与地方政府完全合一，呈现出中国古代城市治理体系所特有的"城府不分"特征。

三　行政主导逻辑下城市治理主体上的"城市缺位"

"中国自秦代统一后，国家权力完全消解了城市权力，直至清代，走的都是一条彻底的'国家权力消解城市权力'的城市化之路。"④ 国家治理架构以郡县制为主要内容，郡、县等各级地方政府是国家乃至城市治理的主体，除了元代都市警巡院专"领京师坊事"⑤，是与各州县平行独立的专门城市治理行政实体，中国古代的其他时期普遍采取的是城乡并管的体制。这样，以国家行政为主导的视角泯灭了城市应有的主体属性，"国家没有授予城市正式的法律地位"⑥，"使中国古代城市在地方行政中

---

① 〔美〕费丝言：《谈判中的城市空间：城市化与晚明南京》，王兴亮译，浙江大学出版社，2021，第5页。

② 〔美〕费丝言：《谈判中的城市空间：城市化与晚明南京》，王兴亮译，浙江大学出版社，2021，第152页。

③ 〔美〕费丝言：《谈判中的城市空间：城市化与晚明南京》，王兴亮译，浙江大学出版社，2021，第5页。

④ 刘君德、范今朝：《中国市制的历史演变与当代改革》，东南大学出版社，2015，第30页。

⑤ 《元一统志》卷一《大都路》，赵万里校辑，中华书局，1966，第3页。

⑥ 〔美〕费丝言：《谈判中的城市空间：城市化与晚明南京》，王兴亮译，浙江大学出版社，2021，第27页。

没有任何独立地位，对行政权力具有强烈的依附性"①。也就是说，从严格的治理意义上看，中国古代城市基本上被剥夺了独立的治理主体地位，只是作为地方政府治理内容的一个组成部分而存在，这形成了中国古代城市治理体系所特有的"城市缺位"现象。作为独立的主体，古代城市更多地体现为地理空间上以城墙为表象的对外象征和心理认同上的乡土归属含义，表现的是深层次的观念符号作用。治理主体上的"城市缺位"，在具体治理实践中表现为"朝廷的指示和政府的文档中都没有留下城市政策的记录"②，"已有的一些城市化制度和法规体系多是以既有的行政架构为基础，以方便管理和控制为目的制定的，缺少必要的鼓励创新和协调整合机制"③，也就是说，城市治理实践多是将地方政府治理架构与城市治理情景结合而进行的非制度性变通行事，城市治理更多地体现为具体的治理设施和措施，处于一种奇怪的有实无名状态。

四　实用理性逻辑下城市治理内容上的"基层为主"

古代地方政府治理的城乡合治特征，特别是整体治理架构上的城乡合一性，给确定古代城市治理的完整内容造成了一定的困难。从严谨的治理意义上讲，中国古代的城市治理与乡村治理共同构成地方政府治理，从与乡村治理相区别的角度似乎更能清楚反映城市治理的具体内容，因此，这一逻辑成为当前定义古代城市治理内容时的常规出发点。从这样的逻辑出发，古代城市治理的内容就只剩与乡村治理有明显区别的基层治理部分，即以城墙围合的空间为主体的对内日常秩序维护，治理手段以行政与自治相结合，具体的表现是坊市（街）制，这也是当前中国古代城市治理研究的主要内容。由于在根本上没有官方正式授权的制度性权力，中国古代城市治理以实用便利作为最基本的原则，通过对设施的设置和管理间接实现对人的管理，从而实现城市秩序治理的最终目标。

---

① 萧斌主编《中国城市的历史发展与政府体制》，中国政法大学出版社，1993，第125页。
② 〔美〕费丝言：《谈判中的城市空间：城市化与晚明南京》，王兴亮译，浙江大学出版社，2021，第30页。
③ 董卫：《中国古代城市智慧与环境时代的城市策略——从〈吴越春秋〉故事中得到的启发》，载张兵主编《城市与区域规划研究》第6卷第1期，商务印书馆，2013，第68页。

因此，从本质上来讲，坊市制是一种高效便捷的统治制度。[1]需要注意的是，一般提到坊市制都会强调其作为城市基层治理单位的组织属性，但实际上坊市制之所以在很长的时间里发挥高效便捷的城市治理效能，不在于其直接体现的组织属性，而在于其所依托的城市治理设施——坊墙和坊门，正是这些治理工具所拥有的对城市空间划分的严密性，实现了古代城市基层治理的精细化，有效达成了调整、管控城市居民共有行为方式的治理目标。虽然后来随着城市发展的需要，坊墙被打破，但仍有可移动栅栏等临时性设施作为替代补充，这一偏重实用理性的治理逻辑为后代所沿袭，成为古代城市治理的一个重要路径依赖。

第二节　以"分而治之"为核心的古代城市治理理念体系

一　权力维度上的分级理念

城市的诞生与国家治理制度紧密相连，权力是揭示城市治理制度背后观念形态的核心要素，反映了古代国家治理体系的基本思路。在古代，由于交通、通信等"集约技术"的限制，超大型政治实体的统治只能"分区域""分层级"进行，"分封制"和"郡县制"是实现这种治理模式的两种办法。[2]中国古代国家治理先后采用的"分封制"和"郡县制"，其核心思路一脉相承，就是权力等级的区分，这一治理逻辑也是古代城市治理贯穿始终的基本理念，这种等级分层是城市治理能力的重要来源。从秦汉到明清，不同时期虽有所调整，但整个古代城市治理体系的权力等级结构基本稳定，主要体现在两个方面。一是城市规模等级，这种城市的等级与地方政府行政分级大致对应（见表 10 - 1）。二是城市管理体制，分为两类：以多附郭县为代表的都城、郡（府）城等重要城市形成了府—县—坊—里—甲结构，其他城市形成了县—坊—里—甲结

---

[1]　邓文龙、梁曦文、胡睿：《广川之上——中国古代城市》，浙江少年儿童出版社，2018，第 38 页。

[2]　刘建军、孙杨程：《历史·社会·环境：中国古代治理体系长期存续的三重密码》，《河南社会科学》2017 年第 12 期，第 70 页。

构。这样的行政权力分级体系，作为中国城市治理体系结构的基础框架，一直影响至今。在具体的治理权力划分上，城市治理整体上由府或县级地方政府统辖，不同的治理事务对应不同的层级，层层相属、职权分明。全城性的治理职能一般由最高级的府或县统筹，如城墙的修筑就是府或县的主要职责；越向下的层级治理职能越细致、越具体，如治安由所属的县级单位负责，而坊墙维护、坊门启闭、日常巡逻等事务则由所属的坊等负责。

表 10 - 1　城市等级系列差分析

城周长度	可容标准里坊数	主要应用范围	备注
城周 2 里	可容 1/4 个里坊	堡寨、县城	
城周 4 里	可容 1 个里坊	县城，个别州府城	标准的县城
城周 6 里	可容 2 个里坊	县城，个别州府城	
城周 8 里	可容 4 个里坊	县城，州府城	
城周 9 里	可容 4 个里坊	县城、州府、城	城周 8 里的特例，实例覆盖县、州、府城
城周 12 里	可容 9 个里坊	州府城，个别县城	州府：济南、武定、曹州、保定 县城：汶上、平遥、太谷
城周 16 里	可容 16 个里坊	州城，府城	河间
城周 24 里	可容 36 个里坊	府城（标准的府城）	府城：正定、宣化、开州、太原、潞安、东平州城
城周 40 里	可容 100 个里坊	都城	明北京、明西安（古都）
城周 48 里	可容 140 个里坊	都城	宋汴梁

　　资料来源：王贵祥等《明代城市与建筑——环列分布、纲维布置与制度重建》，中国建筑工业出版社，2013，第 119 ~ 120 页。

二　组织维度上的分类理念

　　以职业身份进行分类管理是古代城市治理中的一个基本思想。"促使人类活动的动力不是经济而是社会；奠定人地位的，不是财富，而是身份；这也是古人不用统计法或经济分析法解释社会经济的原因。"[1] 早在西周至春秋时代，古代城市就按照职业属性将居民分为士、农、工、商

---

　　① 王振霞、王玉冲：《古罗马城市与城市化》，山东人民出版社，2018，第 13 页。

四类进行管理。《逸周书·程典》载"士大夫不杂于工商",而且规定"凡工贾胥市臣仆州里,俾无交为",即城市各类居民以职业聚居的形式划分居住空间,实现城市分区管理;同时,同类居民还按照身份高低贵贱进行细致的再分类,这就是到秦汉还存在的"闾左"与"闾右","闾右"也叫"豪右",是指豪富之家,身份卑贱者居于"闾左"。随着社会流动的加剧,四民分类更多地体现为城市社会组织分类,并长期实行严格的"禁民二业"政策,与空间的联系没有最初那样严格和紧密了,《汉书·食货志》就体现了这样的逻辑:"是以圣王域民,筑城郭以居之,制庐井以均之,开市肆以通之,设庠序以教之。士农工商,四民有业。学以居位曰士,辟土殖谷曰农,作巧成器曰工,通财鬻货曰商。"①在空间上更多的只是粗略分为居住的里和交易的市,这种大类分治的里坊制总体上由春秋一直延续到宋初。同时,为了方便城市管理,这种职业分类更多地与户籍管理紧密联系在一起,特别是对以商人为主的市籍的一些规定,"集中体现了国家出于对社会安定的考虑而采取的具体管理措施"②,到宋代出现了专门的城市工商业户口类别——坊郭户。四民分类作为城市治理制度的一个基本逻辑,在中国城市治理制度中影响深远。

三 空间维度上的分区理念

在古代城市治理制度中,城市空间布局与政治格局绑定在一起,并通过强化空间分区来贯彻城市治理理念,是使用时间最久也是发展最系统化的机制。古代城市治理的空间分区理念由来已久,首先表现为整体结构上的城郭分区。城郭分区产生的根本因素是宫城之独立。从目前所掌握的考古资料来看,城郭之原始形态至少可以上溯至二里头遗址。③春秋战国时期城郭有一个转变,即由内城外郭转变为城郭并列的形式。④到魏晋南北朝时期,最重要的变化就是外郭城逐渐成为城市发展的重要区域,成为众多的外来人口和各种成分的普通居民的居住区,⑤ 城市治

① 《汉书》卷二四上《食货志》,中华书局,1962,第1117页。
② 张泽咸:《唐代工商业》,中国社会科学出版社,1995,第235页。
③ 李鑫:《商周城市形态的演变》,中国社会科学出版社,2012,第149页。
④ 许宏:《先秦城市考古学研究》,北京燕山出版社,2000,第125~126页。
⑤ 宁欣:《城市化进程的历史反思:以唐宋都城为中心》,河南人民出版社,2019,第15页。

理也随之从政治核心区——内城区扩展到外郭区，城郭分区的重城制是这一时期重要城市的主要治理形式。同时，这一时期在重要的都城和府城还有一种空间上的分区形式，就是多个附郭县共治一城，这样的城市一般由两个以上的附郭县划城而治，从南北朝始先后有35座城市采用了这一形式，这种形式开了城市正式下设分区进行管理的制度先河。到隋唐时期，在主要城市进一步形成了牙城、子城、罗城严格分区的三重城形式，表明古代城市治理分区制度更加规范化。特别是唐代长安的城市区划进一步实行多重管理。一重是行政管理系统，即京兆府主管，下属两赤县，外郭城内辖区以朱雀街为界，分为东西两个区域，东属万年县，西属长安县；一重是监察治安系统，即御史台和金吾卫主管。治安管理又分为坊市区和街区。[①] 以街作为分区管理的区域概念，即现在的城区概念，唐代应该是城市以区划分的滥觞。御史台和金吾卫在涉及外城内管理权限时，往往也以街和坊划分，宗教寺院管理也是以街分区，设两街功德使。官府和民间组织的各种活动，也往往以街区为单位展开。[②]另外，在城郭分区之下，古代城市还以职业聚居的形式划分居住空间，以各级官府区域为中心，大体上分为手工业区、市场区、居住区，士、农、工、商四民分类集中居住，士者近宫，工商近市，农人靠近城门，各区采用封闭式管理。区域内由于同质性很高，降低了治理的复杂性。这种彻底的网格化分区模式就是贯穿古代城市治理始终的（间）里坊制，到两宋以后虽然开放式的街巷代替了封闭的里坊，但仍把城内分厢坊，再往下分街、巷、胡同、四合院，这样在空间上不断划分的治理理念一直未变。

四　时间维度上的分段理念

时间管理是古代城市治理体系的重要理念。古代城市基本按照日出而作、日落而息的规律作息，这使夜晚与危险、罪恶等城市安全问题联系在一起，因此，汉代曾"禁民夜作"，一般也禁止捕吏夜间进入私舍。为了降低治安案件发生率、维护公共安全，古代城市时间管理采取了分

---

① 宁欣：《城市化进程的历史反思：以唐宋都城为中心》，河南人民出版社，2019，第80页。

② 宁欣：《城市化进程的历史反思：以唐宋都城为中心》，河南人民出版社，2019，第81页。

时段管理的措施，并具体体现为白天的市场管理制度和夜晚的宵禁制度。《周礼·地官·司市》记载："大市，日昃而市，百族为主；朝市，朝时而市，商贾为主；夕市，夕时而市，贩夫贩妇为主。"① 据《洛阳伽蓝记》记载，西晋洛阳的市令署，"上有二层楼，悬鼓击之以罢市，有钟一口，撞之闻五十里"②。说明当时以市亭击鼓声来确定罢市时间并指挥市门启闭。唐代的相关规定更加明确，《新唐书·百官志》记载："凡市，日中击鼓三百以会众，日入前七刻，击钲三百而散。"③ 宋以后这种市场管制才变松。在夜间，城市管理则确定统一的时辰除打更、巡夜外，其余人等一律禁止在街上行走游玩，这就是宵禁制度。《周礼》就记载设置"司寤氏"负责夜禁，根据星辰起落确定何时夜禁、何时解禁，并率部属巡查街道，严禁夜间出行、通行。这一制度从周代开始历秦汉、魏晋南北朝、隋唐直到明清，虽形式屡有变革，但始终是城市管理的基本方式。城门、坊门（或栅栏）、宫门等都要早闭晚开，既合天地闭藏之道，也能防备奸邪之事，并具体设有门尹、司门、监门等专门人员执行。这些时间管理措施在维护城市社会治安和公共场所秩序中发挥了重要的作用。

第三节　中国古代城市行政管理制度体系

一　属地管理体制

中国古代城市不存在城市政府，但并不意味着不存在管理城市的机构。④ 自秦汉以来实行的郡县制决定了"所有城市均设为县"⑤，这些城市在治理上都没有自主权，城市和乡村由同一个政府机构管理，实行城乡合治的属地管理。属地管理，顾名思义就是根据行政区划确定具体管理机关。在具体的治理权力划分上，城市治理整体上按照城市的重要程

---

① （清）孙诒让撰《周礼正义》卷二七《地官》"司市"，王文锦、陈玉霞点校，中华书局，1987，第1059~1060页。

② （北魏）杨衒之撰，范祥雍校注《洛阳伽蓝记校注》卷二《城东》，上海古籍出版社，1978，第75页。

③ 《新唐书》卷四八《百官志》，中华书局，1975，第1264页。

④ 萧斌主编《中国城市的历史发展与政府体制》，中国政法大学出版社，1993，第139页。

⑤ 李纯：《中国古代城市制度变迁与城市文化生活的发展》，《美与时代》（城市版）2015年第5期，第5页。

度由府或县级地方政府统辖，如西汉京师长安属长安县境，其内一般行政事务皆由长安县令管理[①]；古代城市治理的重要内容为筑城，"汉、唐、明、清诸朝代初年均曾明令郡（州）、县整治城池"[②]。在郡（府）、县总体负责的属地管理下，以里坊和乡里的基层半自治实现城乡基层分治，形成了地方治理主干城乡合一、基层治理城乡"两条腿走路"的整体格局。具体来说，重要的城市（都城、府城）一般由两个以上的附郭县划城而治，从南北朝开始先后有 35 座城市采用了这一形式，这样的城市由府作为城市的最高管理者，县作为各分区的直接管理者；一般城市则由县作为最高的直接管理者。县政府及其职能部门利用"属地化"原则，把自己履行的多数具体职责——主要是治安与赋役——转交给城市行政组织结构的末端——坊与里，使坊和里成为上级职能部门的"腿"，再下面还有具体的保或甲具体执行。这些城市基层治理任务都是按照县级职能部门的指令，在官方的支持下进行的。另外，市场管理等由县级部门按照专门制度进行管理。

二 行政首长负责体制

属地管理体制实施依靠的是行政首长负责制。中国古代城市的等级分化、地域分布与历代的行政区划制度紧密相关，由于秦汉以后的行政区划制度都是在郡县制基础上的变种，其基本理念都脱离不开郡县制，所以就形成了以县城为基础，以郡（府）城、县城两级为主的城市治理格局，因此，在中国历史上不管国家整体形势、州郡如何动荡与变化，以县为主的城市大多能够保持相对稳定，这为国家版图及治理的总体稳定提供了坚实的保障。政府的管理和调节是中国古代城市解决公共服务问题的关键因素。秦汉以来郡县制的主要治理思路采用的是"一人主一方"的行政首长负责制，中央派遣的地方长官直接控制郡（府）城、县城，郡（府）城、县城也就成为君主专制下中央政令施行于地方的次中心和基干节点。郡守（知府）、县令作为本行政区划的最高行政长官分别是重要的郡（府）城和一般的县城的城市公共事务总负责人，从整体

---

① （汉）卫宏：《汉官旧仪》卷下，四库本，转引自王社教《古都西安·汉长安城》，西安出版社，2009，第 103 页。

② 鲁西奇：《中国历史的空间结构》，广西师范大学出版社，2014，第 327 页。

上对所驻的城市拥有最高的管辖权,如西汉长安就由京兆尹和长安令这两级负责。但是,从更直接的角度看,城市治理的职责更多的是与附郭县令或县城所在县的县令相关。县令是城区治理总负责人,县丞与县尉分工独立承担城市的专项治理职责。同时,县令的具体治理工作则由相应的曹掾直接负责,县曹又与郡曹按口对接,块块听命于县令,条条业务受命于上级,实现了城市事务的治理和朝廷政令的畅通。这样,县作为国家地方政权的基层行政单位,形成了与城市直接相关的独立行政管理系统。

三　大城市城区分割体制

随着政治、经济、文化等多重功能的叠加,城市尤其是国都等首位城市的规模越来越大、结构也越来越复杂,秦汉以来历代王朝沿袭的强干弱枝方略,进一步加剧了人口、财富、商业向都城、郡城等各级中心城市的聚集,因此在大城市采取了大城市分区治理体制。这一体制最早萌芽于春秋战国时管仲的都鄙制。管仲将"国"(即国都)城区的15个士乡平分为三个区域,分别由国君、上卿国子、上卿高子统率,被称为"参(三)其国",这是大城市在基层的乡以上再增加一级治理层级的思想和制度渊源。到了汉代,主要针对最重要的都城治安实行了分设区域的治理体制,"汉氏长安有四尉,分为左、右部:城东、南置广部尉,是为左部;城西、北置明部尉,是为右部","后汉洛阳置四尉,皆孝廉作,有东部、西部、南部、北部尉"①。到了南北朝,这种大城市设区的体制更加综合、严谨,以北周将都城长安分为长安县和万年县为标志(见表10-2),正式开始了中国古代大城市多县共治一城的城市治理体制。大城市分区治理体制到隋唐开始从都城向更大范围的大运河沿线经济发达城市扩展,这一趋势历两宋到清代达到高峰。清代苏南、浙北的10座府城中只有镇江、宁波不是两县共治,苏州府城还是三县共治;同时,苏州、常州所属的14县1厅中,除1厅1县外都是一城为二县共治,特别是一般县城的分城而治,更是前所未有,表明大城市城

---

① (唐)李林甫等:《唐六典》卷三〇《京县畿县天下诸县官吏》,陈仲夫点校,中华书局,1992,第750~751页。

区分治体制已经出现了更加向经济中心城市倾斜的局面。

表 10 - 2　中国古代实行多县共治一城体制的 35 座城市

序号	城市	城市等级	附郭县	设置时间	废弃时间
1	长安（今陕西西安）	都城	万年县、长安县	北周明帝二年（558）	1914
2	会稽郡（今浙江绍兴）	郡城	山阴县、会稽县	南朝陈初置	1912
3	洛阳	都城	洛阳县、河南县	隋大业二年（606）	金
4	江都郡（今江苏扬州）	郡城	江都县、江阳县	隋大业间（605~617）	1912
5	太原郡	郡城	太原县、晋阳县	隋大业末	宋太平兴国四年（979）
6	益州（今四川成都）	州城	蜀县、成都县	唐贞观十七年（643）	1946
7	常州	州城	晋陵县、武进县	唐垂拱二年（686）	1912
8	苏州	州（府）城	吴县、长洲县	武周万岁通天元年（696）	1912
9	汴州（今河南开封）	州（府）城	开封县、浚仪县	唐延和元年（712）	明初
10	魏州	州（府）城	元城县、贵乡县	唐开元十三年（725）	1913
11	贝州	州城	清阳县、清河县	唐开元二十三年（735）	北宋熙宁四年（1071）
12	扶风郡（今陕西凤翔）	郡城	天兴县、凤翔县	唐至德二年（757）	唐宝应元年（762）
13	广州	州（府）城	番禺县、南海县	唐大历间（766~779）	1933
14	幽州（今北京）	州（府）城	宛平县、大兴县	唐建中二年（781）	1928
15	福州	州城	侯官县、闽县	唐贞元五年（789）	1913
16	江宁（今江苏南京）	府城	上元县、江宁县	五代梁贞明三年（917）	1912
17	杭州	州（府）城	钱江县、钱塘县	五代梁龙德二年（922）	1912

续表

序号	城市	城市等级	附郭县	设置时间	废弃时间
18	洪州 （今江西南昌）	州城	南昌县、新建县	宋太平兴国六年 （981）	1946
19	湖州	州城	乌程县、归安县	宋太平兴国七年 （982）	1912
20	大定 （今内蒙古宁城西）	府城	大定县、长兴县	辽	蒙古汗国中统二年 （1261）
21	大同	都城	大同县、云中县	辽重熙十三年 （1044）	蒙古汗国至元二年 （1265）
22	建州 （建瓯）	州城	建安县、瓯宁县	宋治平三年 （1066）	1913
23	潭州 （今湖南长沙）	州城	长沙县、善化县	宋元符元年 （1098）	1912
24	嘉兴	府城	嘉兴县、秀水县	明宣德四年 （1429）	1912
25	松江	府城	华亭县、娄县	清顺治十二年 （1655）	1912
26	贵阳	府城	贵筑县、新贵县	清康熙二十六年 （1687）	清康熙三十四年 （1695）
27	昆山	县城	昆山县、新阳县	清雍正二年 （1724）	1912
28	常熟	县城	常熟县、昭文县	清雍正二年 （1724）	1912
29	吴江	县城	吴江县、震泽县	清雍正二年 （1724）	1912
30	青浦	县城	青浦县、福泉县	清雍正二年 （1724）	1912
31	无锡	县城	无锡县、金匮县	清雍正二年 （1724）	1912
32	宜兴	县城	宜兴县、荆溪县	清雍正二年 （1724）	1912
33	宁夏府	府城	宁夏县、宁朔县	清雍正三年 （1725）	1914
34	衡州府	府城	衡阳县、清泉县	清乾隆二十一年 （1756）	1913
35	奉天 （今辽宁沈阳）	府城	承德县、兴仁县	清光绪二十八年 （1902）	清光绪三十四年 （1908）

　　资料来源：笔者根据冯春生《我国历史上数县同治一城现象之探讨》，《浙江师大学报》（社会科学版）1995 年第 6 期，第 43～46 页整理而成。

四　城市治理专门化体制

从内容上看，古代城市治理以专门化的治安和市政为主，其中又以治安为主，这是因为"中国古代城市公共服务缺位较多，很多相应的制度没有建立"①。周代国都的治安由司寇负责。秦汉开始，城市治安由各级"尉"专职负责，《太平御览》卷二三一引韦昭《辨释名》曰"凡掌贼及司察之官皆曰尉。尉，罚也，言以罪罚奸非也"，这种设置几乎贯穿古代城市治理的始终。中尉（后改为执金吾）掌管京师治安，景帝时改为都尉。比如西汉都城长安和东汉都城洛阳，就设有四个尉分别管理城市的一部分。郡县的郡尉和县尉也是同级政府中主管治安的佐官，主管禁捕盗贼，县尉下还设有乡级的城市专门治安机构都亭。相关制度历魏晋南北朝变化不大，隋唐时期都城治安制度进一步强化，长安、万年两京县尤其是基层的里坊直接处理城市里坊的治安事务，左右金吾卫和左右街使是城市街道治安管理机构，这三套机构形成了唐代特有的"执行、徼巡和监察三权分立的城市管理模式"②；宋代城市治理体制简化为城市地方行政机构与城市治安巡检机构组成的"双轨制"，这一体制为明、清所继承。同时，在宋以前古代还有专门的城市市场管理制度主要包括坊市分离、市场官设、专司主管、市籍准入、经营监管、市券契约、赋役征发、治安治理等方面。此外，北宋东京设立城市环境卫生的管理机构——街道司，专管城市街道的清扫和积水的疏导工作。明代，城市配置了专职清洁工，北京城设有街道厅专司疏浚掏挖之职。

第四节　中国古代城市基层社会治理制度体系

一　空间上的里坊制

坊制是城市中贯彻分区管理的切实手段。③ 自西周至清代，里坊制

---

① 宁欣：《城市化进程的历史反思：以唐宋都城为中心》，河南人民出版社，2019，第123页。
② 林玉军：《唐至元代城市民政与治安管理演变研究》，博士学位论文，北京大学，2010。
③ 万晋：《"变动"与"延续"视角下的唐代两京研究》，商务印书馆，2018，第10页。

度虽然形式有所变化，但一直是居民的聚居单位和城市对居民进行监管、宵禁、赋役征收的基层行政管理制度（见表 10-3），并先后经历了闾里制、里坊制、街巷制等形式。里坊制降低了坊之间人的流动性，在空间上约束人们的活动，便于官府统一管理。

表 10-3　二十五史中"坊"字出现次数

史记	汉书	后汉书	三国志	晋书	宋书	南齐书	梁书	陈书	魏书	北齐书	周书	隋书
3	3	3	1	7	6	6	5	1	18	11	0	27
南史	北史	旧唐书	新唐书	旧五代史	新五代史	宋史	辽史	金史	元史	明史	清史稿	
5	35	173	121	67	26	399	43	58	97	148	110	

　　资料来源：占焕然《从"坊"字词频词义谈中国里坊制度的形成与发展》，《建筑与文化》2019 年第 3 期，第 198 页。

　　闾里制度是中国古代城市最早实行的基层组织管理制度，从周代沿用到南北朝。这种里居制度，将城邑居民集中在以高墙围绕起来的"里"中，并设有里门，由里监门看管，每天定时开闭门，居民的生活和行动受到严格的时间限制。"里"更多地被作为以户口为基准的基层行政单位而使用。[1]"里"为居民区，不能设手工业作坊和商店，另设专门的市进行商业活动。从北魏到隋唐实行的里坊制度更加严整规范。尤其是"里""坊"出现了明显的区分，"坊依然是空间单位，而里则是管理上的行政单位"[2]，带有墙垣、比较严格的里坊，标志着城市管理秩序的进一步加强。在坚持坊市分离、坊门晨启夜闭的基础上，唐代进一步"从行政法律上对城市、农村分别管理的制度规定，也是唐朝城市内部采用坊制的依据"[3]。到了宋代，里坊赖以存在的坊墙逐步趋于解体，并被开放的街巷制替换，里坊改变为按街巷、分地段聚居的"坊巷"，但这并不影响坊仍然是宋代城市最基层的行政管理地域单元。坊作为城市管理的基层架构，历元、明、清三朝未改，一直延续到 20 世纪初，尤其是其核心治理理念一直被用于组织管理、监督教化城市居民。"厢坊组织与

---

① 万晋：《"变动"与"延续"视角下的唐代两京研究》，商务印书馆，2018，第 42 页。
② 成一农：《里坊制及相关问题研究》，《中国史研究》2015 年第 3 期，第 116 页。
③ 李孝聪：《历史城市地理》，山东教育出版社，2007，第 153 页。

乡里组织在行政上的地位相似，一个管城墙之内，一个管城墙之外，但厢坊与乡里不同的是，厢坊组织的权威性主要来自于官府支持"①，是城乡分割治理制度的重要体现。当时，一些江湖人士或恶少逞能滋事也多在坊外发生，而坊内很少见，说明正是这种比较严格的管理模式有效地将各类居民区分开，也将外来侵扰隔绝开来，有利于城市的治安与稳定，同时，这也有助于城市景观和城市面貌的维护。

二　社会上的（伍）保甲制

古代城市治理体系在坊（乡）里之下，还存在从军队管理理念衍生出来的更细致的社会组织编制制度，作为治安政策和赋役政策实施的组织基础。早在春秋战国时期，各诸侯国城市中的居民就按"五家为比，五比为闾，四闾为族，五族为党，五党为州，五州为乡"的"乡遂制"，形成了严密的城市基层组织体系。其后，发展形成从秦汉一直延续到魏晋南北朝的什伍制，"五家为伍，其首领为伍老"，"十家为什，其首领为什长"，什伍之上是里。什长、伍长要熟悉本辖区内的治安状况，并及时上报发生的各种恶性事件，以预防、制止和纠举犯罪行为，否则就会受到连坐。隋唐尤其是唐代城市治理组织在坊里之下更多使用保，负责本保内的治安，"五家为保，保有长，以相禁约"②。北宋王安石变法在伍保制基础上发展出了保甲制。每五家或十家编为一保，每保设立一面写有所属居民户数和保丁姓名的牌子，使之相互监督，防止不轨之事的发生。明清进一步发展完善了保甲制度，使其更为严密、更加彻底，"保甲之设，所以使天下之州县复分其治也"③。尤其是清代，成为中国历史上推行保甲制度最为有力的朝代。乾隆二十二年（1757）颁布上谕，详细规定了保甲的推行方法和悬挂门牌的制度，并在全国范围内进行推广。在保甲体系中，保甲登记的户册称为"保甲册"，而"保甲册之基本，在于门牌"④。这种保甲制度以社会控制和治安为核心目标，同时有保障

---

① 窦竹君：《传统中国的基层社会治理机制》，中华书局，2021，第160～161页。
② （唐）李林甫等：《唐六典》卷三《尚书户部》，陈仲夫点校，中华书局，1992，第73页。
③ （清）顾炎武著，（清）黄汝成集释《日知录集释》卷八"里甲"条注引沈彤说，上海古籍出版社，2014，第188页。
④ 《钦定大清会典》（光绪）卷一七，台北：文海出版社，1991，第164～165页。

赋税征收的作用，体现了国家对城市庶民社会的严格掌控。

三　人口上的（版）户籍制

西周主要是聚族而居，"同里者大率同氏"①，城中以宗和族作为同宗人的基本管理单位。户籍也就是编户齐民，起始于春秋普遍实行的书社制度，"谓以社之户口，书于版图"，也称"版籍"制，把里、家等基层户口编制与什伍等军事编制结合起来，达到稳定人口的目的，这一思路成为后来人口管理的基本理念。秦汉进一步完善了家庭户籍登记制度，"使民无得擅徙"集中于主要的中心城市，以便于人口和赋役等城市日常行政管理事务。魏晋南北朝基本继承了秦汉这一人口管理制度，但是对户籍按照身份分类进行登记，政府不仅依据户籍征发赋役，还把户籍用于个人证明法律身份，并利用户籍清查来检查逃亡及脱漏人户。隋唐户籍管理的分类更加合理、细致，郭城内居民由所属县及里坊具体管理，工匠、商人、僧道、士兵等各有专门部门管理。到了宋代，人口管理制度有了新的发展，在传统的户籍管理方面开始将城市人口正式单列为坊郭户，还创新性地增加了治安管理内涵，按照街巷推行"依街立户"的"户牌制"，以"户牌""店历"等形式对城市常住和流动人口的居住信息进行实时更新，由巡查人员核实。明清继承并将户牌发展为户帖、门牌，作为户帖汇总的户籍"黄册"或保甲册，是国家核实户口、征调赋役的户口版籍；特别是清代，实现了将城市里甲组织与赋役制度分离，向以维护社会治安为主、兼理征收赋税杂役的保甲制的转变。这些都说明古代城市人口管理制度的严密化和专业化程度越来越高。

四　市场上的行肆（会）制

市是城市中最活跃、最难治理的场所，经历了一个由官府直接管理的隧（行）肆制到官府支持下的行会制的转变。在《周礼》中就有关于"肆长"的记载，肆长负责检校一肆经营状况，就像后来的"行头"。秦汉时期集中设置的城市市场出现了所谓的"货别隧分"格局，就是说市按"货（商品）"来分区，大体上每个市按照十字街分成四个里，每个

---

①　李学勤：《战国题铭概述（上）》，《文物》1959 年第 7 期，第 52 页。

里又分为许多隧（列肆间的人行通道），沿隧分设各种同类货物的列肆；列肆也编为"伍"，设"列伍长"协助官府监督经商活动。行肆制更多出现于隋唐。史载隋唐洛阳城的丰都市（唐称南市）"其内一百二十行，三千余肆"，① 即市内分行设置商店，这一制度为唐代所沿袭。"这些行市，不仅是同业商店街区的名称，也还是同行商人的联合组织的称谓。这时有些行已很具规模，还设有酒楼"②，如秋辔行（即马行）的酒楼，既为行头驻在地，也是看验牲畜质量、谈定价格和签订契约的场所。每一行的首脑被称为"行头"或"行首"，官府称之为"行人"或"肆长"，负责管理作为同业商人组织的行。"行头有统一本行商品价格和监督管理本行商人买卖的权力，又有对官府提供本行物资、代官府出卖有关物资以及代官府看验有关物资、估定价格的责任。"③ 这种制度为宋代所沿用。明清则进一步发展为行会制，出现了会馆、公所、行会、会、堂、公、社、门、帮、派等多种名称。主要在政府的支持下通过"联乡谊、敦乡情"、制定行规行约、惩戒恶行、组织善举等形式发挥相应的城市治理功能。

第五节　中国古代城市治理政策体系

一　宵禁政策

宵禁政策也叫夜禁，是一种夜间禁行的时间管制政策，它将计时及报时技术与垣墙、门卫等设施、组织有机地融合在一起，通过限制城市中各个构成部门之间的联系和流动，来制约城市居民的生活行为和市区的商业行为，以达到维护城市内外部安全的目的。宵禁的形成与城市的出现联系在一起，最初是出于城市对外安全防御的需求，而治安管制则是后来附加的，管制的内容也从居民不得非时出入，扩展到不得非时用火、亮灯等内容。对内的宵禁管制起源于春秋时期，从城门到里门、市门都由专人按照官方设定的时间信号定时启闭，并安排警卫部队在城内

---

① （清）徐松：《唐两京城坊考》，中华书局，1985，第163页。
② 杨宽：《中国古代都城制度史研究》，上海人民出版社，2016，第287页。
③ 杨宽：《中国古代都城制度史研究》，上海人民出版社，2016，第288页。

动态巡查，对违禁者依照法律进行严格的处罚。这一政策历秦汉、魏晋南北朝、隋，到唐代发展到顶峰，街鼓报时与城市（城、坊、市）诸门的启闭、专门的巡查执法人员相互配合，形成了完备的专门城市管理法律体系。但是，"夜禁之制采用基于坊制之外的方法"，"允许夜间在坊内自由活动"①。宋初开始，开放的城市街巷结构无法再实行秦汉以来的封闭式静态管理，虽然皇城诸门三更以后仍然关闭，外郭城门一般日落后也要关闭，但这二者之间的城市内部联系、流动基本自由，逐步形成以街巷为单位的动态治安防范，各厢坊街巷入夜均派更夫或执锣、或执梆到处巡逻，这些政策为元明清时期的城市所保留。但是，元朝都城大都和清朝满汉分治的城市在一些城区采用栅栏封闭街巷并置汛兵守卫的形式，仍然执行严格的宵禁，城门、栅栏门于起更后关闭。

二　连坐政策

连坐是针对邻里居住人群犯罪行为的一种关系株连政策，从先秦到清末在城市一直存在。这一政策的根本目的不是惩罚，而是试图通过邻里的相互监督，维护城市基层社会的治安稳定。为了实现"民无流亡之意，吏无备追之忧"的治理之便，从春秋时期就确定了连坐政策的基本思想，即在城市基层社会中实行与什伍制相结合的邻里连坐政策，将防止人口流失的治理责任落实到每一个城市居民。从那时起，连坐政策就与什伍制度一起，成为古代城市一直沿用的基层社会治理形式。商鞅变法中提出"令民为什伍，而相牧司连坐"②；秦简《法律答问》记载"户为同居"，"同居所当坐"③；同时，秦汉法律对邻里间发生斗殴、强奸、偷盗等案件隐匿不报应负的连带责任有详细的规定。也就是说，秦汉的连坐政策内容进一步扩大和细化，从控制人口向防止坐奸犯科甚至征役时的谎报行为深化，通过以连坐为核心的相互监控形成了城市基层社会治理的联防联控系统。魏晋南北朝时期由于战乱对人口的极大破坏，连坐政策又重新强化了对人口逃亡的重视，一旦有人脱籍逃亡，"辄令其家

① 〔日〕久保田和男：《宋代开封研究》，郭万平译，上海古籍出版社，2010，第125页。
② 《史记》卷六八《商君列传》，中华书局，1959，第2230页。
③ 《睡虎地云梦秦简》，第250页，转引自朱绍侯主编《中国古代治安制度史》，河南大学出版社，1994，第114页。

及同伍课捕"，从直接控制城市劳动力的角度保证了赋税收入。到隋唐又转向偏重治安，"五家相保，以搜奸慝"。宋代从伍保制到保甲制，都强调以邻聚相保，以相检察，勿做违法之事。金元沿袭了宋代的这一做法。明清在保甲制的具体形式上虽有所不同，但都把实行相互监视的连坐政策以维护基层治安作为重要内容，这一基本内涵变化不大。

三　联动政策

古代城市有政府的行政组织和由居民推举、官方认可的德高望重人物组织的社会公共事务治理两套体系，行政组织主要关注国家行政范围内的税赋、治安等公共事务治理，社会组织更偏重治安、社会矛盾等方面的公共事务治理，双方在一些方面有一定交集，并形成了官方与民间的联动政策。一方面，从春秋经秦汉到魏晋南北朝，"国家通过对基层吏员的控制，来实现对基层社会的制度性治理，将其与以'三老'为中心的社会化管理相结合"[1]。三老不是行政职务，是从"里"的父老中推举出来的，"但与县令、县丞、县尉等互相支撑，共同负责县域的城市管理"，发挥着城市治理顾问的作用，虽然来自下层，但很受上层统治者重视。城市中"里"的"父老没有俸禄，负责调解纠纷、资助孤寡等，是当地民众的精神领袖，代表民众利益与官府打交道"[2]。里正作为政府在最基层的"腿"与代表"里"中居民的父老，在城市最基层组织单位"里"的公共事务治理中，二者分工不同，但在重要的社会治安等问题上责任相互交叉、相互配合，充分发挥了官民之间的联动政策作用。另一方面，对于城市公共场所的治安，如城市市场以"伍"编组，"实行划片管理，市中分组编排，具有治安联防的性质"[3]，与市吏巡查执法相配合，发挥着治安官民联动政策的作用。这一政策到宋代扩展到整个城市范围，军巡铺的铺卒与各坊里由居民保甲轮派的5名保丁在分管地界内交叉巡逻，动态监控治安与消防的情况，这一联动政策历元明清而不衰，并不断发展完善。

---

[1]　何一民主编《中国城市通史（秦汉魏晋南北朝卷）》，四川大学出版社，2020，第148页。
[2]　周长山：《汉代城市研究》，人民出版社，2001，第151~152页。
[3]　陈智勇：《中国古代社会治安管理史》，郑州大学出版社，2003，第99页。

四 教化政策

教化政策体现的是"以教为治"的治理理念。虽然很多人认为它是儒家思想的体现，其实早在秦代就开始执行"以法为教"的政策，把教导百姓向善、移风易俗作为所有法律令的最终目标。从西汉初开始，更加强调城市治理中以礼义道德为主的教化政策，所谓"邑里化之"。城市治理教化政策的基本途径是"化礼成俗"，即采用"日用而不知"的理念，将政府对居民在价值观上的规训或者说教化作用，渗透到广大城市居民日常的生活、关系、习惯、风俗、行为方式和思维方式中，使城市基层治理得以实现；同时，"化礼成俗"还是'个性化'的而非统一的'标准化'活动"①，将治理落实到每一个个体，每一个个体在治理实践中都可以加入自己的理解，使治理成为人人参与的全社会大众化的主动行动，让人发自内心地接受，最大限度地解决社会冲突、化解社会矛盾、实现社会和谐。教化政策的运行机制也是官方与民间相结合的过程。汉代的乡里等城市基层治理官吏的职责中就包括教化民众，并由乡级的三老负责，三老受到各级政府的高度重视。三老虽然不是行政职务，但因是作为百姓表率而设立的，所以常排在乡官之首。后来发挥当地"精神领袖"作用的是乡约。无论是三老还是乡约，一般都由诚实、素无过犯、具有较大影响力的绅士担任。两宋以来名臣大儒推行教化成为社会教化的一种重要形式，明清时期乡约定期在本地宣讲圣谕和涉民法律条文或约文，成为进行社会教化的主要形式。不仅如此，在古代特别是宋代以来，城市中的城门、街道等地名通过官方命名和更名的形式，将官方意识形态无形地渗入居民的日常生活中。直到明清时期，过度的意识形态色彩才被抛弃，城门名、街名等本应具备的方位指示功能得以大致恢复。

第六节　中国古代城市治理工具体系

一　墙（表木）、门（坊楼）与栅栏

墙提供了中国古代城市的基本结构，框定和容纳了活动空间；同样，

---

① 窦竹君：《传统中国的基层社会治理机制》，中华书局，2021，第92页。

门作为古代城市中最重要的出入节点，在城市治理活动和制度运作中发挥着不可替代的作用。门墙体系是中国古代城市治理制度中特有的一种工具体系，《史记·龟策列传》记载："故牧人民，为之城郭。内经闾术，外为阡陌。"① "城市中的各种垣墙（包括城墙、坊墙、衙署府舍的围墙等）'制造'了一个个大小不等的、相对封闭的'排他性'空间"②，这种私密空间的形成使居住于其中的人感到从未有过的安全，③ 周初、战国、南北朝的广泛建城和秦、隋、宋在统一过程中的广泛拆城，都说明这种体系不仅是城市行政区域分界的标志，还对城市内的社会规范发挥了制度化的作用。高大的城墙、密布的哨所和按时启闭的城门制度，严密地规范了市民的生活和作息，形成一种与乡村很不相同的生活模式。④

（一）城墙、城门

在古代中国的城市治理制度中，城垣一直占有重要地位，"城"这个汉字既代表城市，又代表城垣。⑤ 城市中城墙的有无、坚固的程度以及以城墙为基础的相关制度，是古代城市治理制度作用强弱的一个重要标志。首先，城墙是最早的城乡区分标志，"正式的城市空间应该由城墙来界定"⑥，体现了城市较强的整体控制力。其次，城墙发挥的是权力威慑的作用。围墙作为保护屏障和政治需要的意义，在西周等级制中又得到加强，统治阶级修建城墙，一是为了得到保护，二是为了保证和维护尊严。"城墙本身所象征的，通常与权力、声望相联系的一座官方城市的地位"⑦，强调了城墙使"民人侧目"的潜在威慑作用。高大延绵的城墙产生了巨大的视觉冲击，显示出官方统治在城市生活中的重要

---

① 《史记》卷一二八《龟策列传》，中华书局，1959，第3232页。
② 鲁西奇：《中国历史的空间结构》，广西师范大学出版社，2014，第341页。
③ 李鑫：《商周城市形态的演变》，中国社会科学出版社，2012，第123页。
④ 罗桂林：《地名与日常生活的政治——以福州历史上的地方兴替为中心》，载张利民主编《城市史研究》第34辑，社会科学文献出版社，2016，第132页。
⑤ 〔美〕章生道：《城治的形态与结构研究》，载〔美〕施坚雅主编《中华帝国晚期的城市》，中华书局，2000，第84页。
⑥ 〔美〕费丝言：《谈判中的城市空间：城市化与晚明南京》，浙江大学出版社，2021，第11页。
⑦ 〔美〕费丝言：《谈判中的城市空间：城市化与晚明南京》，浙江大学出版社，2021，第10页。

意义。① 最后，中国城墙的规模和结构形制，是中央集权体制国家政治治理体系与等级思想的物质表达。在当时封建国家礼制的规范下，城墙的规模、形制与结构都有着严格的等级划分，不同级别的城墙在规模和体量上表现出城市的礼制差序格局。②

城门是城内外交汇沟通之处，发挥着双重的作用，在军事上它是承担对外防御的关隘，在日常生活中它又是沟通城内外的出入口，这也是很多城门被称为"城关"的原因。在大多数情况下，城门主要承担经济功能。城门及其附近区域由于有大量的流动人口频繁出入、活动，活跃程度较高，因此，也是城市中的繁华区域。同时，城门在城市治理中还具有十分重要的管制作用。一是时间层面，历朝历代都对城门的启闭有严格的规定，即使在后来比较开放的宋代东京城、明清北京城，也严格实行城门管制；二是由于城门附近的商业活动和设施众多，大多形成繁荣的市场，使城门附近（城关区）区域也成为城市治安防范的重点关注区域；三是城门在空间内外沟通作用的基础上，还附加了沟通上下信息的功能：政府通过在城门举办官方仪式来表明统治者的态度，并在城门张贴政令或公告和居民进行城市治理政策上的政策信息沟通。秦汉时期城市比较大众的报时机制确立起来后，一般城市的报时机构多设在谯楼之处，"重屋曰楼，门上为楼曰谯。自秦、汉间郡有谯门，今邑治亦皆有之，或呼为敕书楼，上置鼓以警夜漏"③。北朝地方城市的城门是各地主要的报时建筑。唐代京城的承天门位置相当于州军城子城的谯门。子城门称"州门"或"军门"，门上有鼓角楼，即谯楼，是一城的中心或最高点，是以鼓声或号角报时的地方，全城可闻，用以按时启闭城门和生活作息。鼓角楼也是全城最突出和最美丽的建筑。④

（二）坊墙、坊门

在宋代以前的很长时间里，中国古代城市内部基本上都筑有里

① 罗桂林：《地名与日常生活的政治——以福州历史上的地方兴替为中心》，载张利民主编《城市史研究》第 34 辑，社会科学文献出版社，2016，第 132 页。
② 贺云翱、陈思妙：《明清城墙的城市规划影响力——以荆州城墙、襄阳城墙为例》，《中国文化遗产》2016 年第 3 期，第 34 页。
③ （宋）谈钥：《盐官县重修鼓楼记》，载曾枣庄、刘琳主编《全宋文》第 284 册，上海辞书出版社、安徽教育出版社，2006，第 415 页。
④ 郭湖生：《中华古都》，中国建筑工业出版社、中国城市出版社，2021，第 279 页。

（坊）墙，可以说，"带有墙垣的坊与里是城市管理秩序化的一个重要标志，也是里坊制的一个重要特征"①。古代城市的里（坊）墙发挥的治理功能主要有三个层面。一是最原始和最基本的功能，即保护墙内居民免受外部威胁的防御功能。城市发展的早期，里外围修筑的里墙发挥的是屏蔽的作用，"实际作用当在于区别不同聚落，非常时期又可以之作为凭借，起攻防之用"②。二是和平时期维护治安和强化管制的功能。秦汉帝国统一、社会安定之后，里墙维护治安的功能日益凸显，逐渐占据主要地位。③ 正如《六韬·农器》中所说"里有周垣，不得相过"，这为里墙发挥规范内外的作用提供了基础。三是衍生出的防火、防疫等功能。古代城市中的里（坊）墙外一般就是比较宽的主干街道，如唐代长安坊墙墙基宽达 2.5~3 米，城中宽敞的大街再加上街道两旁宽大的两层坊墙，就形成了一道自然的屏障，不但使火灾不易蔓延，而且也有力地切断了老鼠等传播传染病的病源。宋代都城则因失去了这样的屏障而火灾频发。

　　在封闭结构下的古代城市中，市门和里（坊）门发挥的治理功能体现在以下层面。首先是对外的应急防卫功能和对内的管控居民功能。《周礼·乡大夫》记载："国有大故，则令民各守其闾，以待政令。"《汉书·张敞传》中也提到"偷长以赭污其（小偷）衣裾，吏坐里间阅出者，污赭辄收缚之，一日捕得数百人"。④ 其次，里（坊）门还是公布政策法令、里（坊）概况等信息的重要场所，并承担社会教化的旌表功能，"旌表门闾是最贴近官民日常生活的旌表方式，对于引导民众，教化风俗效果最佳，臣民居住地的大门或闾门成为旌表制度的重要载体"⑤。最后，里（坊）内部的门还一度是地理方位的标志，居延汉简中关于里门的记载，基本上都与住宅地址登记有关。"舍在里中二门东入""舍在上中门第二里三门东入""自有舍入里五门东入舍"，所谓"东入"即东侧之意。里门内就是里巷，里巷直通南北，东西两侧依次坐落着民宅院

① 刘佳：《魏晋南北朝时期邺城城市建设与更新发展钩沉》，硕士学位论文，河北工业大学，2007，第 48 页。
② 周长山：《汉代城市研究》，人民出版社，2001，第 145 页。
③ 周长山：《汉代城市研究》，人民出版社，2001，第 146 页。
④ 《汉书》卷七六《张敞传》，中华书局，1962，第 3221 页。
⑤ 陈志菲：《中国古代门类旌表建筑制度研究》，博士学位论文，天津大学，2017，第 31 页。

落。"里五门东入舍"是说宅院在第五号巷门对应的里巷东侧。①

(三) 表木与坊楼

古代很多州郡城市的地域面积较大、结构复杂，需要借助相应的指示系统来进行标识。在坊市制结构的城市中，城内以坊分为不同区域，坊内又以不同层次的十字街划分为不同的更小的区域，最低层次的十字形小巷称为"曲"。这里的坊与曲就是一种城市地理标识系统。坊墙的消失，使城市中管理制度赖以存在的各种界限也由清晰变得模糊起来，宋代的城市治理不得不构建另外一套标识体系。宋代开封城在主要街道上建有坊名标识地名的小楼，楼上除了悬挂着鼓用来传递时间信号，还用牌子列明本坊巷名称、居住人数、居住状况等诸多信息，这大概就是坊额——后来演变成牌坊——得以长期存留的一个原因②；在街坊之间设立"表柱"作为划分街坊居民区空间范围的标记。《续资治通鉴长编》记载："京城民舍侵占街衢者，令开封府榜示，限一岁，依元立表木毁拆。"③ "从坊墙到表柱，是唐宋之际城市居民区在管理结构上发生变革的主要特征。"④ 这一形式在元明清得到沿袭。

(四) 栅栏

古代城市中最早的类似栅栏的设施，是周代在里门外设置的作为处理紧急情况的"闾互"，也叫"障互"，"谓国中闾里之门亦各有障互"⑤，即里门之前以障互之类相隔。⑥ 元明清时期虽然城市内没有了封闭的坊墙，但是开始使用可移动的栅栏承担城市治理中的封闭功能。元大都在主要街道用栅栏控制出入。明清时，北京内外城的大街小巷均有护门栅栏，定时启闭，以便治安和管理，而且还明文规定若有损坏栅栏者交刑部议罪。明代城市中设置鼓楼由阴阳生值更向全城传递晨昏时刻，并在城市及四关巷口等关键地段设置栅栏，晨开夕闭。明朝中后期推行

---

① 王谷、王准：《论东周秦汉时期的里门》，《中国社会经济史研究》2016 年第 2 期，第 5 页。
② 包伟民：《宋代城市研究》，中华书局，2014，第 116 页。
③ （宋）李焘：《续资治通鉴长编》卷一〇二，中华书局，2004，第 2358 页。
④ 林立平：《封闭结构的终结》，广西人民出版社，1989，第 149 页。
⑤ （清）孙诒让：《周礼正义》卷六五《秋官》"修闾氏"，王文锦、陈玉霞点校，中华书局，1987，第 2922 页。
⑥ 李明丽：《〈左传〉国野叙事研究》，博士学位论文，吉林大学，2018，第 96 页。

保甲制的重要城市，仍然在各胡同巷口置立木栅，早晚启闭，派人值守。清朝在主要城市，如北京城内街道、胡同上用栅栏进行封闭，共设有1746处，每处栅栏都有配置汛兵守卫的出入之门。这也是强化城市社会治理的回应措施。北京的地名"大栅栏"就与此有关。栅栏的设置，使胡同无论在体制管理上还是在空间形态上，都呈现封闭的状态。①

二 亭、铺与楼

（一）亭

在秦汉至南北朝的很长时间内，古代城市里都有维护基层治安的亭。亭的原意是"用于监视、警戒的高楼"，《说文解字》云："亭，民所安定也。亭有楼。""亭"原是战时的侦察防守设施，秦汉时期已被用作城市内平时警戒和治安的设施。这一时期城市里的亭被称为"都亭"，都亭是古代城市基层治安的基本单位，按照功能和所处的位置又分为街亭、市亭、门亭，秦汉魏晋时期与县、乡、里形成了一套严密的制度，乡、亭的规划十分均匀，汉长安城的街道城门等就是依据这套乡亭规划决定其位置的。② 其中，街亭主要承担主干街道的治安，相当于现在城市街区的"派出所"；门亭负责城门的出入和守卫，主要承担城门附近的治安管理职能；市亭也就是市里的旗亭，主要负责市场的治安管理。另外，都亭还担负官办客栈的职能，特别是街亭在提供住宿上表现得更为突出。都亭的设置遍布各级治所城市，根据城区大小所设数目不等，小县城内可能仅设一个都亭。街亭一般都建在城市中的交通枢纽位置，"都亭一般是'重屋'形制，有楼，街亭和城门旁的门亭有墙，亭的内部空间较大，设有相当数量的客房"③，前面大多还有人流较大的大街或广场，非常时期可用来作为驻军之所。都亭一般就是亭部的治所，并对应划分的具体管辖区域，设有亭长、校长、亭候、求盗等小吏，亭长隶属于上级

---

① 吴淞楠：《古代北京胡同管理研究》，载张兵主编《城市与区域规划研究》第6卷第1期，商务印书馆，2013，第260页。

② 陈力：《从汉长安城到茂陵邑和平陵邑——汉长安首都圈研究中的一个可视化尝试》，载张学锋编《"都城圈"与"都城圈社会"研究文集——以六朝建康为中心》，南京大学出版社，2021，第62页。

③ 张玉莲：《汉代都亭考》，《中国文化研究》2007年第3期，第126页。

主管治安的尉。都亭直接与民众打交道，负责监视行人，拘捕可疑人员，维护亭部所属区域内的治安。都亭还置有建鼓，为"召集号令"之所，一旦遇有紧急情况就擂鼓发出集合信号，召集居民共同采取行动。官方通缉的罪犯往往也把画像张贴于亭。

（二）铺

秦汉魏晋南北朝的都亭到唐宋演变成了军铺的形式，但维护城市基层治安的功能没有改变，并逐步增加了消防的功能。唐代长安城的武候铺替代了以前的都亭。武候铺首先是对唐代城市治安管理机构的称呼，并进一步延伸为对这一机构在城门、街道驻扎的房屋设施的称呼（有时也称为"街铺"或"助铺"）。大铺设在宫城、皇城附近，"市"周围以及居民众多城坊的坊角，小铺设在居民不多或"围外"远坊的坊角。沿街的大铺建有亭子，用来侦察和瞭望，加强警戒。大的城门武候铺驻有百人，小的城门驻有29人，城中的大铺驻有30人，小铺驻有5人。白天有排门人远望，夜晚则有持更人远听。这些街铺主要由官方负责维修，并禁止占用。宋代东京城的军巡铺（简称军铺），每厢之下按一定地段（每坊巷300步）设一所军巡铺屋，作为基层警政机构，相当于秦汉都城中街上设的"亭"和唐代长安坊角设的武候铺。① 每铺并有官屋数间和瞭望楼，其中有铺兵5人，铺兵就相当于后来的巡警、片警，同样是负责城市基层的治安与消防，昼夜分班巡视全城。南宋临安也照此例，仍然是负责巡警、收领公事以及防捕盗贼和防火。在明代，城中各坊随居民多少设有更铺或警铺（可统称为坊铺），每座更铺中设有总甲和火夫，同时设有小甲，组织由所属人户编成的总甲轮流巡夜，发挥维护地方治安和消防的作用，这一制度一直沿用到清代。

（三）钟鼓楼

秦汉时期城市比较大众的报时机制确立起来，一般是在谯楼上设报时机构，"重屋曰楼，门上为楼曰谯。自秦、汉间郡有谯门，今邑治亦皆有之，或呼为敕书楼，上置鼓以警夜漏"②。南北朝时，南朝宫殿内已固

---

① 杨宽：《中国古代都城制度史研究》，上海人民出版社，2016，第377页。
② （宋）谈钥：《盐官县重修鼓楼记》，载曾枣庄、刘琳主编《全宋文》第284册，上海辞书出版社、安徽教育出版社，2006，第415页。

定设钟楼，一般在宫城南面的正门端门上设有正式的计时装置，并设鼓报时称为鼓漏；北朝也有类似的设施，北魏神瑞三年（416）建高耸的白楼，"后置大鼓于其上，晨昏伐以千椎，为城里诸门启闭之候，谓之戒晨鼓也"[①]。在城内建用于防盗的鼓楼，作为城市的警备防御体系之一，则源于北魏，"诸州置楼悬鼓，自崇始也"[②]，这和魏晋南北朝战乱多劫盗的社会背景有关。从唐代开始，已经形成了在宫城正门设置鼓楼以报时的制度，并通过马周"置六街鼓"，进一步发展成为全城的时间管制制度，地方城市则在子城谯门设置报时的鼓，这成为后代在城中心设钟鼓楼的先声。宋代宫廷中的钟鼓楼基本可以服务全城。金中都在皇城南门的左右两边正式出现了文楼和武楼（即钟鼓二楼），作为早晚报时的信号，此后都城的钟鼓楼开始走出宫廷，走进城市。元大都继承了在城中建设较大规模钟鼓楼的制度，承担早晚报时和宵禁起止的信号功能，并将这种制度在更多城市中推行。明代的城市制度规定府州县城都在十字街建筑鼓楼。这一变化也使鼓楼不再简单承担为城市报时的功能，还发挥了其作为制高点监视城市中心区的作用。

（四）望火楼

唐宋之交，封闭的城市结构变为开放的城市结构，给城市火灾的产生和蔓延埋下了隐患。北宋城市中开始出现望火楼，北宋东京和南宋临安都选择城内地势较高的地方用砖砌筑望火楼，作为专职的防火和治安瞭望设施，这可以说是中国最早的消防站。望火楼实质上也是楼亭，建筑规格有十分严格的规定，一般是一座建造在高台立柱上的方形二层楼，高三十尺，上方五尺，下方一丈一尺。望火楼之下还建有数量不等的房屋，也就是军巡铺，每处屯兵几人到百人数量不等，还备有多种救火、灭火器具。望火楼上时刻由二人守望，发现火情或其他紧急情况及时报告，白天挥动旗帜发出扑救信号，夜间用灯光发出扑救信号。同时，军巡铺中的驻兵也会携带设备前往灭火，也会分人前往相关机构报警，各领军士前来灭火，百姓自在家中即可。望火楼是宋代城市治理中富有意义的创造，

---

① （北魏）郦道元：《水经注》卷一三《漯水》，陈桥驿译注、王东补注，中华书局，2012，第87页。

② 《魏书》卷六六《李崇传》，中华书局，1974，第1466页。

从宋代直至民国时期，各个朝代的城市都建有望火楼，在长达 800 多年的历史中，望火楼在城市的防火、灭火工作中发挥了不可替代的作用。

三　门牌

门牌出现于宋元时期，经过明朝的进一步发展，至清末趋于成熟。门牌是宋元明清推行保甲制的具体内容，是政府进行城市基层治理的重要工具。宋代出现了以街巷为单位"依街立户"的"户牌制"，每户门前有一面写着户主、妻子、奴仆、亲友等人名字、年龄、相貌特征等情况的粉牌，牌上的信息及时据实更新，并有厢巡检每天逐户核实，《马可波罗行纪》中记载的元代杭州门牌管理内容与之相似。明初的相关措施叫"户帖"，要求"家给籧牌，悬之门，具书籍贯、丁口、名数，有异言异服者，即自纠发，不告讦同罪"[①]。明代中期的门牌信息进一步丰富，包括户主从事的职业、户内的男丁和妇女的人数、屋面的间数以及留住客人的情况，并更多发挥城市的基层治安、教化功能。清代更加重视门牌的应用，"保甲册之基本，在于门牌"[②]。门牌上的信息包括户主姓名、户内主要成员、同居亲友姓名、年岁、职业、功名、伙计、雇工、婢仆，还要标明所属保甲牌甚至厢坊的名称以及执事姓名。保甲册登记本甲每户人员与经济情况。甲长负责牌册的制作和登记，并将制作好的门牌交由各户悬挂门首，甲长每天核实牌册信息是否准确，如有变化随时更正牌册内容。通过悬挂门牌，古代城市把几乎所有城市固定居民和流动人口都纳入了一个前所未有的严密网络，做到了对城市基层社会的严格掌控，实现了中国历史上对城市基层社会最为有力的管控。

四　石碑

由于石碑既可以承载文字信息，本身又具有坚固性，并可以通过竖立在人流大的进出通道处扩大受众范围，因此其成为古代城市基层治理中官府发布法令、民间表达意愿以及官民之间进行协调沟通的信息工具。石碑的这种治理工具作用主要体现在以下方面。首先是发挥官府法令广

---

① （明）陈仁锡：《皇明世法录》卷四三《兵制》，转引自韩大成《明代城市研究》（修订本），中华书局，2009，第 380 页。

② 《钦定大清会典》（光绪）卷一七，台北：文海出版社，1991，第 164 ~ 165 页。

为告知、凝聚共识的功能。例如重要的法令公事布告通知，通过"立碑刻字"设置交通规范。[①] 很多碑刻是官府的示禁碑。其次是大多数乡规民约通过勒石刻碑以彰显公开性和权威性，并进一步发挥更深层次的日常生活中耳濡目染的教化规训功能。"刻字立碑"，操作极为简单便捷，用通俗易懂的文字，"使小民入目便知"。最后是发挥城市公共服务信息的标识功能，如古代城市里的城市地图碑刻和地界划分标识等。

第七节　古代城市治理体系对中国城市治理现代化的启示

一　从认识论的角度构建符合中国城市治理现代化语境需求的发展路径

"一个国家选择什么样的国家制度和国家治理体系，是由这个国家的历史文化、社会性质、经济发展水平决定的。"[②] 中国现代城市治理具有深刻的历史逻辑、理论逻辑、实践逻辑。这种历史逻辑、理论逻辑、实践逻辑就是贯穿周代"宗法—军令"型城市治理模式、秦汉"行政—礼法"型城市治理模式、魏晋南北朝"正统—模仿"型城市治理模式、隋唐"权力—制度"型城市治理模式、两宋"集权—专门化"型城市治理模式、元明清"专制—同一"型城市治理模式六个阶段古代城市治理体系的"语境"规定"路径"范式中的整体性认识论。现代城市治理起源与发展于欧美的工业城市，造成时下中国城市治理理论与实践中的话语仍停留于以学习、借鉴西方经验为主的阶段，中国城市更多是作为情景要素，而无法发挥其应有的语境规定作用，这与当前的城市治理现代化语境需求不相匹配。但是，无论是亚当·斯密、马克斯·韦伯等西方学者还是国内的有识之士，都深刻地指出，中国城市与西方城市在发展演

---

① "长兴二年八月敕：准《仪制令》，道路街巷，贱避贵，少避长，轻避重，去避来，有此四事，承前每于道途立碑刻字，令路人皆得闻见。宜令三京诸道州府各遍下管内县镇，准旧例于道路明置碑，雕刻四件事文字，兼于要会坊门及诸桥柱刻碑，晓谕路人。"（宋）王溥《五代会要》卷二五《道路》，中华书局，1998，第 312～313 页。
② 习近平：《坚持和完善中国特色社会主义制度推进国家治理体系和治理能力现代化》，《求是》2020 年第 1 期。

进过程中形成了巨大差异,因此,在西方城市行之有效的方法,不一定适用于中国城市的发展,更不一定符合中国人对于城市治理的期望与需求。这就要求从整体性的认识论出发,全面认识新时代城市治理现代化问题的核心与实质,根据新时代中国特色社会主义建设的语境要求,更好地推进城市治理体系和治理能力现代化建设的路径选择。

二 从世界观的角度建设中国特色特大城市治理体系现代化创新之路

中国古代政府控制的核心在城市,因此形成了城市内嵌于国家治理体系之中的独特"国表城里"特征,这一特征延续至今,是中外城市治理体系最为明显的区分,也应该成为探究新时代中国城市治理基本问题的出发点,但这恰恰是当前相关研究经常忽略的内容。"国表城里"特征,一方面体现了城市固有的资源集聚本质和国家治理需要附加的权力集聚性质,完整体现了中国古代城市治理结构的中央集权话语;另一方面也暗含着针对城市不断集聚带来的治理问题,中国古代城市治理体系所采取的中间纵向叠加层级与基层横向细分单元相结合的回应路径,形成了简洁有效的集聚与分割相统一的古代城市辩证治理逻辑,具体体现为大城市的府治理下多附郭县分治与里坊分割叠加的多层级分割、一般城市的县治理下的里坊制分割。同时,在更深层次的世界观意义上,这一逻辑还体现了古代城市治理体系中善于灵活利用现有治理要素进行组合创新,以应对城市发展新问题的中国文化基本思维。新时代城市治理现代化所面临的空前复杂化的城市问题,从根本上看,主要还是城市经济要素在更大广度和更深程度上集聚与中国政治中心城市优先发展规律双重作用的结果。因此,探索中国城市治理现代化特别是特大城市治理现代化的实现路径,就要从重视各种关系及其内在联系的一体性世界观出发,既要在新形势下不断引入新理论、新技术、新方法,开拓新思路,更要继承和发展中国城市治理本身固有的化繁为简治理思想,从而找出一条适合新时代中国城市高质量发展需要的城市治理现代化创新之路。

三 从方法论的角度探索新时代城市基层治理现代化之路

随着城市人口的不断增加和流动加剧,越来越复杂的基层社区成为古今城市治理的中心和重心。中国古代城市的行政治所有着与乡村显著不同的熟谙政治治理的整体氛围，并形成了各种主体融合治理的模式。一方面，"政治力量碰到社会力量时，必须运用民间力量来协调，不然政府的管理就不能落实"①。同时，官方支持一直是城市基层管理的根本保障。另一方面，"社会做出了巨大努力来协调国家法令规范城市居民生活空间的方式"②。一个重要体现就是中国特色的"化礼成俗"机制，即将礼乐教化这种有意识的行为生活化、习惯化。这种官民融合、社会教化的城市基层治理机制，凸显了中国古代城市基层治理体系所特有的注重自然融合的乡土化路径。在新时代，随着市场化改革和城市化进程的进一步深化与推进，频繁的社会流动成为城市的最主要特点之一，这使城市基层特别是大多数新社区面临基层政府与群众自治组织关系行政层级化、社会力量参与不足、治理形式扎根不深及效能不高等问题，与当前城市人民日益增长的美好生活需要有一定差距。因此，新时代城市基层社会治理要借鉴古代城市治理多元联动的经验，重点在丰富基层政府与群众自治组织关系和将基层治理融入现代生活等在地化创新上下"绣花"功夫，形成一条新时代城市基层治理的乡土化之路。

四　从价值观角度形成实用的新时代城市治理工具现代化之路

中国古代城市治理体系中的工具体系，在宏观层次上，有从静态的城墙、坊墙到动态的城门、坊门和栅栏的门墙体系，承担空间结构的分隔功能；在中观层次上，有重要枢纽、节点处的亭、铺、楼，以及充当公示栏的石碑，承担各分区的警戒及信息传递功能；在微观层次上，有深入每家每户的门牌，承担城市最小单位的监控及信息反馈功能。这样，通过主体上转借军事设施并根据其特征赋予具体的城市治理价值，辅之以细节上的新增设施，古代城市里的各种设施被巧妙地活化为从时间到空间甚至组织等不同层次上相互配合的城市治理工具体系，形成了一种具有鲜明中国特性的治理模式。这一模式的核心逻辑，体现了中国古代文化中一切以生活为中心、以实用性为主的价值观。现代城市治理工具

---

① 许倬云：《从历史看管理》，新星出版社，2017，第 26～27 页。

② 〔美〕费丝言：《谈判中的城市空间：城市化与晚明南京》，王兴亮译，浙江大学出版社，2021，第 4 页。

的基本逻辑，更多延续的是工业革命以来形成的以机器为中心的科学化价值偏好，表现为城市治理的进步以设施、设备的技术迭代为中心，其最新的表现就是城市治理智慧化。城市治理智慧化在实践中体现的是以城市治理技术化为主的工程技术思维，用低层次的治理工具化代替了原本应有的治理理念工具化。因此，新时代城市治理现代化在工具层面上不能简单地引入先进的设备、设施进行机械的组合拼装，而是要借鉴古代城市治理工具体系以活化构建为主的实用主义价值观，将新时代城市治理现代化理念注入治理工具之中，在工具技术优势的基础上生发出新的治理价值，实现城市治理工具向制度化、治理化的本质回归，推动城市治理工具价值观从以物为中心向以人民为中心转变。

小　结

中国古代政府控制和限制的核心在城市，使中国古代国家治理具有以城市为中心的基本特征，也使中国古代城市治理体系以便利国家治理为总体依归，紧紧围绕国家治理的各种关系展开，形成了宏观层次上"国表城里"的总体性特征，这是中外城市治理体系最为明显的区分，同时也是在当前研究中常常被忽视且有待进一步深入展开的层面。中国古代城市治理体系的核心逻辑是以便利为主的实用性，最明显的体现是以"分"为特征的微观层面，体现了与城市内生的集聚特性相背离的以"分化"为中心的辨证施治逻辑，通过权力上的分级、组织上的分类、空间上的分区、时间上的分段，实现了城市治理化繁为简的治理思想。不仅如此，古代城市治理在城市的整体维度上形成了以行政管理为主的属地管理、行政首长负责制、城区分治、核心职能部门制等制度体系；在基层治理维度上则通过空间上的里坊制、社会上的什伍制、人口上的户籍制、市场上的行会制等，突出了组织设计的精细化思路；在静态制度的基础上，针对城市人口稠密这一核心问题，设计出了宵禁、连坐、联动、教化等动态化的全方位政策措施；更为巧妙的是，古代城市治理体系中的工具体系，从静态的城墙、坊墙到动态的城门、坊门和栅栏，以及重要枢纽处的亭、铺、楼，再到每家每户的门牌，甚至充当公示栏的石碑，充分体现了古代城市治理体系关注细节的特征。可以说，古代城市从组织到设施、从时间到空间都被赋予了严谨、厚重、相关联的治理特征，并构成了一种具有浓厚中国乡土性的治理模式，这在世界上是不多见的。同时，这一治理体系及作为这一体系重要体现的古代城市总体布局，在很长时间内未发生大的变动，这也充分说明古代城市治理体系大体符合中国城市发展的基本规律。

第十一章 中国古代城市治理体系的话语体系

城市治理者虽然需要掌握大量的相关技术知识，但更重要的是他不是简单的"匠"，"不是指一般技术工作者，而是要有哲学家的思维与智慧"①，需要抓住城市治理的精髓。"从秦汉到明清，城市的性质和作用未变，结构和管理制度基本上也是相同的。"② 也就是说，作为处理城市中各种"关系"的核心，中国古代城市治理体系具有极强的稳定性，这种稳定性沉淀出了一套完整的制度逻辑，并体现为具有鲜明中国特征的城市治理话语体系。话语作为城市治理行为主体思想意向与价值导向的表达载体与文化符号，在互动中产生了情景性的标记意义，建构出古代中国城市治理体系的整体语境，构成了中国城市治理与西方城市治理之间最根本的不同，这就是中国古代城市治理的原生性"乡土"属性。

第一节 古代城市治理体系意识形态上的正统合法性话语

一 正统性是中国古代国家认同的基本观念

中国古代国家政权的合法性问题其实就是王朝的正统性问题，主要侧重政治统治的理论和理由方面。中国古代王朝正统理论总体上说是在西周初年基本成型的，它主要包含三个层面的内容。第一个层面是从前代继承下来的"天命说"。天命，在古代被看作是王朝统治的神秘依据。"天命说"强调"天命在我""天命所归""顺天应命"，即王朝更替是"天"（皇天）的自然安排，而非"人为"的强制措施。周代进一步发展

---

① 吴良镛：《中国人居史》，中国建筑工业出版社，2014，第551页。
② 张继海：《汉代城市社会》，社会科学文献出版社，2006，第7页。

出了"以德配天""敬德保民"等内容，使之更加完善。第二个层面是周公开创的"地中论"。周公之所以"宅兹中国"，是因为洛邑是天下的中心（"天下之中""土中""中土"），并被后人进一步引申为建都于"天下之中"是"法天奉本"和"承天而制作"，是对"天道"的师法与尊奉，是统治合法性的地域保障和基础。"'天下之中'不仅是一种建都理论，而且是一种施政理念和治国方略。"① 第三个层面是宗法上的"血统论"。"作为古帝王的后代，自然也就将其统治的合法性一脉相承。"② 这三个层面融合在一起，成为后面历代王朝正统合法性的主要来源。这些理念集中体现为"周礼"。其基本内容体现在周朝建国初期总结前代国家制度、社会生活方式、行为标准形成的一整套制度和标准，被其后的历代王朝上升到"非礼弗履"的高度，把等级、名分等秩序感渐渐内化为人们心理结构中潜在的理性思维方式。古代城市治理也贯穿着这一思维，"是用以标识统治者的正统或合法性，区分华夏与非华夏、王化之内与王化之外的象征符号"③。

二　等级秩序是正统性话语在城市治理话语中的基本逻辑

"中国传统文化突出的'礼'，价值取向不是正义而是高度的'秩序'，城市治理首要的是对城市公共秩序的追求，这是中国城市管理与西方城市管理的根本不同。"④ 城市秩序是政治秩序的反映，在重要的城市治理制度中等级秩序是其基本逻辑。首先，这种等级秩序体现为古代城市治理体系中很强的对都城的尊崇意识，树立了都城的治理表率形象。都城被神圣化，中国古代具有强烈的"都国同构"心理意象和思维方式，都城即故国的象征，都城之兴衰被视为一国之兴衰的晴雨表。历代都特别重视都城城市治理"示四远"的"样板"作用，通过地方各级城市对都城的模仿进一步延伸强化，最终实现了各种城市治理制度的政策扩散过程。其次，城市治理制度中用各种"墙"实现了不同等级分隔的

① 李久昌：《两京与两京之间历史地理研究》，科学出版社，2020，第 10 页。
② 彭华：《王朝正统论与政权合法性——以商周鼎革为例》，《四川大学学报》（哲学社会科学版）2021 年第 6 期，第 129 页。
③ 鲁西奇：《中国历史的空间结构》，广西师范大学出版社，2014，第 328 页。
④ 罗晓翔：《"国都记忆"与晚明南京的地方叙事——兼论明清时期的国家与城市关系》，《江海学刊》2017 年第 6 期，第 169 页。

秩序。城郭分区的根本差异在于居住于其间的居民的身份。"用不同的'墙'进行隔离，用追求等级观念的思想来规划城市，以实现不同功能的需求，是中国古代城市的一大特点。宫墙、坊墙、垣墙、城墙分别承担着各自的功能，成为中国古代城市中最明显的标志和印象。"① 实现了城内居民按照身份严格划分居住，"然犹分别士庶，不令杂居，伎作屠沽，各有攸处"②。再次，城市的各种管理规则贯穿着等级身份秩序，如城市道路街巷交通规则"贱避贵，少避长，轻避重，去避来"。最后，城市地名也体现着官方正统意识形态。在历次的建城运动中，官方都热衷于为城门命名和更名，以达到灌输意识形态和强化政治权威的作用。③明清以前官方对城门的命名由于过度强调意识形态色彩，可能令城门名本应具备的方位指示功能大大降低，城门名有时只是某种价值符号而已，这也使城门名很难在以后的地方历史中产生深刻的影响。④

三　城市治理高度形式化是正统性话语的具体表现

中国古代城市管理思想侧重"君权行政"，强调"行政方略"与"礼仪法度"。⑤古代城市正统性话语不仅体现在抽象层面的管理制度上，还表现为严格形式化的城市空间布置和建筑形式，"中国封建王朝一个显著的特点就是刻意地追求城市的布局和规模，以达到宣扬皇权与国威的目的"⑥。历代统治者都非常重视都城空间的精心设计，使"匠人建国等同于立城以表国"⑦，借此将国家意志外化为空间形式和秩序，作为皇权统治正统合法性的最好表达。城市的四项核心元素——祖、社、朝、市分别标识天子与祖宗、天地、诸侯、百姓的礼仪关系，成为"标榜政权

---

① 李孝聪：《中国城市的历史空间》，北京大学出版社，2015，第111页。
② 《魏书》卷六〇《韩麒麟传》，中华书局，1974，第1341页。
③ 罗桂林：《地名与日常生活的政治——以福州历史上的地方兴替为中心》，载张利民主编《城市史研究》第34辑，社会科学文献出版社，2016，第133页。
④ 罗桂林：《地名与日常生活的政治——以福州历史上的地方兴替为中心》，载张利民主编《城市史研究》第34辑，社会科学文献出版社，2016，第136页。
⑤ 郭雪飞：《传统到近代：中国城市管理理念的演变》，《西南民族大学学报》（人文社会科学版）2015年第5期，第219页。
⑥ 肖建乐：《唐代城市经济研究》，人民出版社，2009，第64页。
⑦ 陈筱：《中国古代的理想城市——从古代都城看〈考工记〉营国制度的渊源与实践》，上海古籍出版社，2021，第28页。

正统性的物质载体"①。除了受到中国影响的周边国家，从没有其他古代国家像中国一样将修建一座合乎礼制的城市视作稳固政权的核心内容。同时，封建帝王为了显示其至高无上的权力与威严，将高城峻垒视为皇权政治的象征，具有威慑庶民百姓、壮大统治威仪、强化思想控制的功能。② 城的规模要大、规格要高、规制要森严，形成了以宏丽为尚的价值取向，力图通过宏伟建筑所激起的自豪优越感，构建对国家的归属认同感。"至少在原则上，各级治所城市的城周、城门、城墙高度等方面均严格地与其行政层级相对应，把层级制官僚体系'物化'为一个整齐有序的城市体系，从而使城市体系成为权力体系的'化身'。"③ 另外，还按照人们在法律上和社会政治生活中的地位差别，来确定人们可以使用的建筑形式和建筑规模，这就是建筑等级制度。古代城市各坊内居民的房舍建造按照封建身份等级不同有严格规定，禁止房屋及墙壁突出路面，不许侵街造舍。④ 明清以前，城门、街道的命名中过度强调意识形态色彩，本应具备的方位指示功能一度丧失。

第二节　古代城市治理体系价值观取向上的
整体性话语

一　整体性话语是中国古代"天下"国家观的治理体现

中国的政治哲学把天下看成是最高级的政治分析单位，同时是优先的分析单位。⑤ 在初期，由于古代中国的疆域所处的中原地区主要是一望无际的华北大平原和黄土高原，当时人们受能力所限，很少能超越其边界，使时人及后人长时间以为中国所有的疆域就是整个世界："舟车所至，人力所通，天之所覆，地之所载，日月所照，霜露所坠，凡有血气

---

① 陈筱：《中国古代的理想城市——从古代都城看〈考工记〉营国制度的渊源与实践》，上海古籍出版社，2021，第80页。

② 庞骏：《东晋建康城市权力空间——兼对儒家三朝五门观念史的考察》，东南大学出版社，2012，第54页。

③ 鲁西奇：《中国历史的空间结构》，广西师范大学出版社，2014，第329页。

④ 张永禄：《唐都长安城坊里管理制度》，《人文杂志》1981年第3期。

⑤ 赵汀阳：《天下体系——世界制度哲学导论》，中国人民大学出版社，2011，第11页。

者，莫不尊亲。"① "溥天之下，莫非王土；率土之滨，莫非王臣"的天下观念，成为中国古代在地理空间上对国家及其周边疆域的基本认知。同时，"思维的综合性和整体性正是中国思想的突出优势，不理解这一点就不能表达完整的中国思维，就是个根本性失败"②。"所谓重整体，就是强调要从统一的角度去观察事物。强调宇宙的整体性和过程性，是中国传统哲学的天道观的重要特点，把这种观点运用到方法论上，就成为整体思维。"③ 地缘上的天下观与思维上的整体观融合在一起，形成了中国治理中强调整个疆域的统一性、一体性的整体性话语："一个有效的政治制度必须具有充满整个可能的政治空间的普遍有效性和通达每个可能的政治层次的完全传递性。简单地说，一个政治制度必须在所有地方都同样可行，同时，必须在每个政治层次上都具有同构性，否则就总会出现该制度无法控制和处理的致命困难。"④

二　一体化是整体性话语在国家治理体系中的基本逻辑

整体性话语在国家治理体系中突出的是一种整体的稳定秩序，基本逻辑就是以相互关联性为基础、以向心力为纽带的"中心—边缘"一体化。"一体化"体现了整体秩序、整体观照、关键掌控，这种逻辑表现的强弱决定了国家治理效能的强弱。中国古代城市治理体系与西方城市治理体系的一个显著不同，就是它始终与国家治理体系紧密结合在一起，从属并有力地服务于国家治理体系，而西方城市治理体系与国家治理体系的联系性则稍弱一些，"自秦到唐，从国家控制到城市控制，城市发展中严密的国家逻辑逐渐强化"⑤。从宏观上看，这种一体化体现的是城市对政权的支撑作用，城市被纳入国家整体中并成为标识中央、地方治理重点的代表，承担着对外的区域辐射功能，形成了皇权对整个国家的强大控制力，国家治理能力贯穿在城市治理体系之中，并在城市治理能力上得以体现，成为古代城市治理制度的灵魂。从微观上看，这种极强的

① 赵华伦主编《四书品读》，商务印书馆国际有限公司，2008，第 129～130 页。
② 赵汀阳：《天下体系——世界制度哲学导论》，中国人民大学出版社，2011，第 6 页。
③ 张岱年、程宜山：《中国文化精神》，北京大学出版社，2015，第 172 页。
④ 赵汀阳：《天下体系——世界制度哲学导论》，中国人民大学出版社，2011，第 13 页。
⑤ 姚尚建：《在城市革命之前——中国古代城市的制度巩固》，《晋阳学刊》2017 年第 5 期，第 81 页。

一体化国家治理理念在古代城市治理体系中被形象化、具体化为城市设施和制度，最明显的体现就是城市建筑空间上"全城主次分明，主体建筑显著突出，是一个统一体，各地都如此"①。

三　城市治理整体性话语的具体内涵就是"城国一体"

在城市制度的历史完善中，国家与城市的双向论证与分离"既体现为不同时期的城市合法性，也体现为中国城市制度完善的复杂变量"②。基于国家整体政治的城市秩序，造就了中国古代城市治理体系"城国一体"的稳定基调。首先，城市的基本功能是对政权的支撑作用，国家治理体系和治理能力形成了很强的城市化特征。中国古代城市治理体系围绕都城的权威性以及皇权对整个国家的强大控制力，形成了以都城象征政权、以城市控制国家的观念。"皇都是全国的中心，是皇帝驻地和帝国专政机关集中的场所，它通过各省、府、州、县所在城市控制全国；省城是一省的中心，是巡抚、总督驻地，是一省专政机关集中的场所，它通过所辖府、州、县所在城市控制全省；省以下各级政权都按这种模式依次治理自己的辖区。在这种模式中，棋布于全国各地而又串联在一起的各级城市实际上是帝国肌体的筋骨，而广大农村不过是这一庞然大物的皮肉。"③ 这样，国家治理体系表现或者说呈现为一个等级有序、层次分明的城市网络体系。其次，城市的最基本功能是保卫国家政权。"筑城以卫君"的含义就是"发挥政治统治据点的作用，是这种'城'的主导职能所在"④，并且这一功能为后世城市所继承，城市的得失代表着国家政权在该地域的存亡。最后，"皇权不下县"，皇帝或者说中央政府能够直接管理的是县级政府，知县权力的行使主要集中或者说局限在县城及其附近地区，⑤ 古代中国文官组织的力量能够到达城门，换言之，中央政府直接统治的权力止于城市。从这个意义上讲，构成国家整体的根本

---

① 郭湖生：《中华古都》，中国建筑工业出版社、中国城市出版社，2021，第 287 页。
② 姚尚建：《在城市革命之前——中国古代城市的制度巩固》，《晋阳学刊》2017 年第 5 期，第 78 页。
③ 顾銮斋：《中西封建社会城市地位与市民权利的比较分析》，《世界历史》1997 年第 5 期，第 79 页。
④ 贺业钜：《中国古代城市规划史》，中国建筑工业出版社，1996，第 7 页。
⑤ 鲁西奇：《中国历史的空间结构》，广西师范大学出版社，2014，第 163 页。

体现就是所有城市形成的体系，这就是"城国一体"。"城国一体"表面上赋予了城市代表一切的权力符号，而实际上却使城市处于被地方政府光芒遮蔽而丧失自身主体性的尴尬治理境地。

第三节　古代城市治理体系内涵规定上的
集权性话语

一　城市是国家地方政权的实际载体

"都邑者，政治与文化之标征也。"① 各种国家治理制度的具体贯彻执行，都依靠或者说集中由城市行政管理制度来完成。中国古代城市基本上就是各级行政治所城市，"城市"的概念与行政机构的驻地密切相关且高度重合，成为国家实行统治和控制的地方支撑节点，本质上是权力中心和权力运作的场所。"中国的城市自始至终是由政府建立的，自始至终是由政府管制的，这是中国城市的一个总的特点。"② 从都城到郡县无不根据政府统治需要而兴废，历任知县均十分重视县城与县衙之修建或维修，其治理的侧重点也集中在县城及周围地区。城市地图"以国家为中心来审视生活空间，将城市空间简化为官署衙门和附属机构的集合体"③。城市管理是统治者显示实力的象征，被当作各城市统治者的声誉、威望及其统治地位竞争的指标。中国城乡之分大体上就是统治者和被统治者之分，各类官员、吏役和社会精英主要居住在城市，这就使城市管理具有明显的行政权力支配社会的特点。行政权力渗透到城市社会的各个角落，并将社会的治理力量也不同程度地纳入行政管理体系之中。因此，中国城市的内涵就具有了双重性，一方面是城市自身，另一方面是从国家管理角度出发的行政区域和政权体系的组成部分，并且后者明显遮盖了前者。作为中央政治与地方政治的结合点，城市突出了上传下达的次中心特征，被国家严格控制，"大大小小的城市，就作为不同层级

---

① 王国维：《殷周制度论》，载王国维《观堂集林》，河北教育出版社，2003，第231页。
② 傅筑夫：《中国经济史论丛》上册，生活·读书·新知三联书店，1980，第32页。
③ 〔美〕费丝言：《谈判中的城市空间：城市化与晚明南京》，王兴亮译，浙江大学出版社，2021，第152页。

的中心地，共同组合成一个庞大的控制网络；帝国政府通过这一控制网络，实现对各地区的统治"①。

二　集权是古代城市治理的基本逻辑

在古代中国，"是权力'制造'了城市，并在很大程度上决定了城市的性质及其发展方向"②，城市治理制度确立的过程，其实就是政权对城市控制能力不断强化的过程，是中国式"权力理性"的结果。秦始皇统一六国后，采取毁坏山东"名城"的方式，突出咸阳在规模、规格等方面的尊崇地位，就是为了"突显咸阳作为一统天下之权力中心的独特地位"③。这种权力理性也形成了城市治理权力和资源的集聚。各个城市都是本区域的政治中心、经济中心、文化中心、交通中心，城市集聚起大量的资源和人口，推动城市不断提高管理制度水平，并尽可能达到高效合理的状态。这些促使城镇居民都希望本城镇成为地方政府机构驻地，渴望借助国家权力以实现地方安宁，并获得对于未设立地域的某种"优越心理"。同时，城市治理体现的是一种不对称的权力关系，从权力中心向社会底层看，是完全透明的，权力被运用到了极致；相反，从社会底层向权力中心看，却被层层隔断阻挡，充满了神秘感。这样实现了城市治理体系的单向式集权控制：都城被精心设计成"只有一个中心"的等级化配置，各级城市重城相套的圈层式分区结构也"可视作中央与地方理想关系在城市层面的投射"④。各级城市都制定严格的管理制度控制城内民用建筑的高度，以便通过城墙等设施将城市居民的一举一动都置于政府的严密监控之下。另外，古代城市治理还有很强的宗法制遗留下来的家长制思想，历史的惯性"促使国家还经常以父家长对待村社的方式君临编户，管理细密又无微不至"⑤，这一理念成为中国古代城市管理的重要特点。

---

① 鲁西奇：《中国历史的空间结构》，广西师范大学出版社，2014，第 325 页。
② 鲁西奇：《中国历史的空间结构》，广西师范大学出版社，2014，第 326 页。
③ 鲁西奇：《中国历史的空间结构》，广西师范大学出版社，2014，第 326～327 页。
④ 陈筱：《中国古代的理想城市——从古代都城看〈考工记〉营国制度的渊源与实践》，上海古籍出版社，2021，第 342 页。
⑤ 阎步克：《波峰与波谷——秦汉魏晋南北朝的政治文明》. 北京大学出版社，2017，第 174 页。

三　向心结构是城市治理集权性话语的具体表现

"中国大多数较高层级的行政城市，是包含了一个等级体系的一个完整工程，而不是从某些独立的中心或核逐步有机发展而成"①，一般大致呈现"中心—边缘"结构。随着秦汉时期郡县制的最终确立，在城市之间的关联上表现为层层控制的结构，越靠近权力中心层级的城市规模越大。郡县制的核心就是以行政级别定位城市级别，城市与官僚机构在此基础上"并行同构"，"中国古代城市进入了按王朝行政等级体制规定的阶段"②。"城市的行政等级与其地理规模之间，确实存在着较为明显的相关关系。整体而言，城市的地理规模随其行政等级的提高而扩大，或者反过来，较大地理规模的城市有更大的可能性成为高级行政治所。"③不仅如此，越靠近权力中心城市叠加的政府层级越多。都城有中央、郡（府）、县三级，省城有省、府、县三级，府城有府、县两级，重要的中心城市还实行多附郭县制，唐代的长安、洛阳还一度出现四个附郭县共治一城的局面，苏州也长期三县共治，二县共治一城的也不在少数。另外，城市内部空间布置也呈向心结构。自古以来里坊在整体布局上有强烈的中心—边缘和方位意识，无论是都城，还是郡、府、州、县所在的城池，官府衙署等权力机构都布置在地势优越和位置最重要的地段，而一般民居则位于周围地势比较低洼的小街小巷。政府还通过将城市中的空间用标志性设施进行分隔，将城市分成不同的部分，利用这种边界划分彻底实现了整个城市治理体系的制度化，城市社会空间由一个横向的整体被重新整合成以政府为中心的碎片化的等级分明、各有定制的向心结构。

第四节　古代城市治理体系主体上的附属性话语

一　附属性话语是中央集权制国家属性的城市体现

与欧洲城市不同的是，中国古代城市是国家政权的统治据点，"城市

---

①　朱剑飞：《中国空间策略：帝都北京（1420—1911）》，诸葛净译，生活・读书・新知三联书店，2017，第108页。

②　李孝聪：《历史城市地理》，山东教育出版社，2007，第87页。

③　黄敬斌：《郡邑之盛：明清江南治所城市研究》，中华书局，2017，第255页。

成为更大的国家政治与战略地区的组成部分"①，"疆域控制与行政管理是带动中国古代城市形成与发展的主线模式"②。"政治和行政命令对中国城市的命运有着决定性的影响"③，基本上每一级城市的产生都是国家意志的结果，从都城的选定到州郡城市的升降，从地理位置选址到城市的规模、空间布局，都是如此。从秦代中央集权的大一统国家建立以来，"国家权力完全消解了城市权力，直至清代，走的都是一条彻底的'国家权力消解城市权力'的城市化之路"④。随着地方行政单位的逐渐强化，城市逐渐从国即城的显赫地位隐入地方政府背后，即"城市为里，政区为表"⑤。古代中国的城市与行政机构的驻地密切相关且高度重合，城市成为中央政府控制疆域的一个重要工具。国家为实现疆域控制与行政管理构建起城市体系，这一体系内嵌于中央—地方政府体系并与之"同构"。也就是说，城市在国家治理上更偏重的是与整个区域紧密联系的对外辐射意义，远远超出城市自身，甚至大到已经无法反映城市治理自身内涵的程度。具体来说，地方城市实质上指的是"县城"，因为"郡城"或者"州城"大都有附郭县，并不是单独的城市。⑥ 历代增设州郡，"一般采取由县升格的办法，县与郡共治一城，所以行政城市的增设，主要表现为增设县邑"⑦。官吏和社会精英都集中居住在这类治所城市，城市盛官的内涵远远比盛民的内涵更深刻、更准确。

二　制度模糊性是附属性话语在古代城市治理中的基本逻辑

"疆域控制与行政管理是带动中国古代城市形成与发展的主线模式。"⑧

---

① 朱剑飞：《中国空间策略：帝都北京（1420—1911）》，诸葛净译，生活·读书·新知三联书店，2017，第 56 页。
② 鲍成志：《区域经济变迁与中国古代城市体系的演化》，《四川大学学报》（哲学社会科学版）2014 年第 1 期，第 36 页。
③ 赵鼎新：《国家、战争与历史发展：前现代中西模式的比较》，浙江大学出版社，2015，第 149 页。
④ 刘君德、范今朝：《中国市制的历史演变与当代改革》，东南大学出版社，2015，第 30 页。
⑤ 刘君德、范今朝：《中国市制的历史演变与当代改革》，东南大学出版社，2015，第 32 页。
⑥ 成一农：《空间与形态——三至七世纪中国历史城市地理研究》，兰州大学出版社，2012，第 27 页。
⑦ 包伟民：《宋代城市研究》，中华书局，2014，第 53 页。
⑧ 鲍成志：《区域经济变迁与中国古代城市体系的演化》，《四川大学学报》（哲学社会科学版）2014 年第 1 期，第 36 页。

相对于乡村的分散来说，城市更明显的特征是集中，"这种集中和分散的现象差别背后隐藏的就是城市的最本质的特征：制度性"①。这种制度性的根本体现就是它的"治所城市"本质，也就是说，它是地方行政体系——县及县以上行政机构的驻地。"治所城市"的行政城市性质，揭示了中国古代国家与城市之间深层次的"共生关系"，也就是说，作为一个完整的治理主体，城市与地方政府具有合一性。中国古代城市的名字往往与其所在的行政区划同名，地图上画的是城市，但标的是地方政府，存在城与县的互用现象，古代中国城市不仅表示城圈范围，还代表了城市所拥有的腹地，② 造成古代城市除了城防外其他方面的独立共同体意识不强。作为一个整体的城市更多代表的是一级政府，无论是多重层级的政府还是单一层级的政府；同时，由于城市是地方政府的直接统治范围，其治理的自主性将会对地方政府权威形成威胁和挑战，因此，"就行政建制方面而言，中国古代缺乏现代意义的'城市'的划分标准，'城'通常也由管辖周边郊区的附郭县（府州及其以上行政层级）或者县管辖，'城'与其周边地区的区分在行政层面上并不显著，至少不像近代以来那么显著"③。这样，城市治理在很大程度上就变成了一种与乡村相区别的基层治理，城市治理在制度上更多地体现为默认的非正式性，呈现出极强的模糊性。

三　城市治理附属性治理话语的具体内涵是"城市的非主体性"

从治理的内涵上讲，中国古代城市和乡村在管理体制上有很大区分，乡村基本上实现自治，而城市作为国家的统治据点，其管理体系在宏观上与国家行政管理体系相重合，即国家的行政管理体系就是城市管理体系，这种重合性湮没了中国古代城市治理体系应有的城市管理宏观内涵，虽然"城市对中国人的生活产生的影响力在不断提高，但这并没有使它正式进入制度实践和文化实践中。城市的概念化附属于一个悠久的以农村为中心的文化模式，城市的自主性呈现出一种高度情景化的形式，处于国家制度之外"④。作

① 李鑫：《商周城市形态的演变》，中国社会科学出版社，2012，第21页。
② 周一星、陈彦光等编著《城市与城市地理》，人民教育出版社，2003，第10页。
③ 成一农：《中国城市史研究》，商务印书馆，2020，第9页。
④ 〔美〕费丝言：《谈判中的城市空间：城市化与晚明南京》，王兴亮译，浙江大学出版社，2021，第15页。

为一个整体的城市，城市自身没有独立的行政地位。对外既无法律上的自治地位，也不是一级行政建制，在中国古代的大部分时期中，缺乏专门管理城市的行政制度，城市管理融入国家行政，仅仅是地方行政单元中的一个组成部分，"城市一部分的管理权限属于其他地方政府"①，大多数是由附郭县或县负责管理，城市的主体性主要体现在城墙、城门上；对内的直接治理主要体现为基层社会管理，"几乎从一开始就被组织在一种与农村截然不同的制度规范与文化氛围中"②，而且呈现出极强的分裂性、非整体特征。因此，在治理主体性这一根本性问题上，"传统的中国城市不是一个正式的政治单位"③，在城市治理体系中，城市自身的地位明显处于弱势，呈现出较强的自身力量与在国家治理体系中被忽视之间的结构性矛盾。可以说，城市治理的整体性实践体现的就是城市自主性的缺失。

第五节 古代城市治理体系路径上的实用性话语

一 实用理性是古代城市治理的核心方法论

作为伟大的工程师和建筑师，罗马人留下了两千年屹立不倒的城市建筑。与之不同的是，中国古代城市善于建立一种城市生活，使城市在建筑倒塌以后还能持续繁荣，这是因为中国古代城市集聚了大量的资源和人口，"要花费较小的成本有效地利用这些资源和人口，就必须不断提高城市的管理制度水平，使其尽可能达到高效合理的状态，城市便因此而具有了相当的制度创新功能"④，这种制度创新功能的核心体现就是实用理性，"如果没有实用性，中国就没有什么了"⑤。在自耕农所有、个体生产的小农经济下，"一分耕耘，一分收获"的实践使中华民族形成

---

① 姚尚建：《在城市革命之前——中国古代城市的制度巩固》，《晋阳学刊》2017年第5期，第79页。
② 萧斌主编《中国城市的历史发展与政府体制》，中国政法大学出版社，1993，第138页。
③ 〔美〕费丝言：《谈判中的城市空间：城市化与晚明南京》，王兴亮译，浙江大学出版社，2021，第5页。
④ 李鑫：《商周城市形态的演变》，中国社会科学出版社，2012，第311页。
⑤ 〔英〕约翰·里德：《城市的故事》，郝笑丛译，生活·读书·新知三联书店，2016，第83页。

坚信利无幸至、力不虚掷、"大人不华，君子务实"的实用风格。在中国古代城市治理体系中，无论是以儒家学派为主的"王道"思想，还是以法家学派为主的"霸道"思想，在城市治理体系空间布局和政策措施等各个现实操作层次上都体现出共通的实用理性，这成为中国古代城市治理思想的主流。这种"实用理性"话语的主要内容表现为重视协调和变通，这是古代中国城市治理的独特态度。如在古代城市中，"街"和"巷"作为主要交通网络，其数量一直受到政府的严密监控；而"弄"则被忽略，官方从未对"弄"进行深入的统计。这种情况"反映出传统社会城市管理的某些重要特征，即当局对某些'重大'城市事务保持严密的监视，而对大量'细碎'的实务则采取放任态度"①。

二　合适简化是古代城市治理实用性话语的核心逻辑

"判断治理好坏的基本标准不是制度、形式、社会组织、方法这些外在的'客观存在'，制度是否完善、形式是否合理、社会组织是否健全、方法是否先进都不重要，只要采取了'合适的'治理措施，实现了有效治理，就是完善的社会治理。"② 城市治理也是这样，其核心是探索各利益相关方都可以接受的、合意的、平衡的治理途径。汉代的晁错将营建城邑的过程分为对人迁居心理过程的诱导和对自然环境的利用，正是当代"安居"的双重含义。③ 同时，还应看到"突破坊市的目的不是将商业活动和社会活动引进坊里，而是将之引到街上"④，这使古代城市治理制度所构建出的层次感更加适合人性的自然需求，自北宋东京以来许多城市都广泛存在的"大街小巷"格局就是这样。"大街小巷"格局在总体上具有以下特征，人流较大的商店、机关单位、餐馆、酒楼都建在主干大街的两旁，在坊里的胡同、小巷南北建设合院、住宅。这样，"人们劳动一天，都回到各胡同的家中，没有市面上的叫嚷声，也

---

① 罗桂林：《地名与日常生活的政治——以福州历史上的地方兴替为中心》，载张利民主编《城市史研究》第34辑，社会科学文献出版社，2016，第146页。

② 窦竹君：《传统中国的基层社会治理机制》，中华书局，2021，第11页。

③ 庞骏：《东晋建康城市权力空间——兼对儒家三朝五门观念史的考察》，东南大学出版社，2012，第53页。

④ 宁欣：《城市化进程的历史反思：以唐宋都城为中心》，河南人民出版社，2019，第78页。

没有任何吵闹声，特别安静舒服，所以达到古人之言‘居之安’的目的”①。"从传统的经验来看，城市治理体系本质上还是建立在相应人类社群的基础上，包含多种社会阶层的大城市，要维系稳定，依然需要建立与之相适应的、多形态、多途径的城市治理手段。"② 城市治理体系的一个重要特点就是以便利国家治理为目标，通过"分隔"的总逻辑化繁为简：权力上的分级、空间上的分区、组织上的分类。在很长的时期里，四方形的坊把古代的大多数城市划分成整齐划一的方形，从本质上讲就是一种高效便捷的统治措施；而城市基层治理由县以下的准官员而不是带薪的正式官员负责，则"体现了简约治理的特性"③。

三　策略式治理是城市治理实用性话语的表现

"因为朝廷和政府的文档都没有留下城市政策的记录"④，也就是说，国家的正式政策文件中极少透露国家对城市治理的具体设计，如果想要弄清楚只能从地方政府治理的内容中去一点点地拼接，甚至以解读相关设施的功能来取代文字记载。但是，"国家没有授权城市正式的法律地位，并不必然排除它做出制度调整来适应帝国境内城市影响日益扩大这一现象的现实"⑤。严格地讲，古代城市没有一个专门的、全面负责的直接治理主体，而是分散于不同的管理单项专门领域的部门中，具有层级较低、授权有限、整体协调性不足的特点。但是，城市问题变化快，需要社会和政府及时做出回应，于是城市直接治理主体就从实用理性出发，针对当下某个特定时间而非长时间城市化发展趋势，采取一种应激性缓和问题而非解决问题的精微而权宜的策略式治理模式。策略式治理模式的城市治理调整比制度变革更有弹性、更便于实现，既包容了制度上的

---

① 张驭寰：《中国城池史》，中国友谊出版公司，2015，第227页。
② 傅舒兰：《苏州传统城市治理的空间结构及其近代化研究》，载顾朝林编《城市与区域规划研究》第13卷第2期，商务印书馆，2021，第95页。
③ 〔美〕黄宗智：《集权的简约治理——中国以准官员和纠纷解决为主的半正式基层行政》，载〔美〕黄宗智、尤陈俊主编《从诉讼档案出发：中国的法律、社会与文化》，法律出版社，2009，第411~416页。
④ 〔美〕费丝言：《谈判中的城市空间：城市化与晚明南京》，王兴亮译，浙江大学出版社，2021，第30页。
⑤ 〔美〕费丝言：《谈判中的城市空间：城市化与晚明南京》，王兴亮译，浙江大学出版社，2021，第27页。

模糊性，又保持了治理上的具体效用。因为虽然政府的力量和权威从来没有正式对城市社会做出过退让，但实际上它们是实现了相应的协商和调整。历代对城市基层治理组织就常有"名存实改"的倾向。① 即使在律令严谨的唐代，这种策略式治理模式也存在。如宵禁只限制不准在街上行走，至于坊内则不在此限。《唐律疏议》里"犯夜"条中说："若坊内行者，不拘此律。"② 因此，在坊门关闭之后，居民仍可在坊内行走，坊内的酒店、商店也可照旧营业。从坊内不禁这点看来，坊制下的街鼓之制固然执行得很严格，是对都市人民生活的一种制约；不过如考虑坊内仍然可以自由活动，以及唐代都城内的坊面积很大，约等于小的州县城，便可知唐代坊制下的制约其实并不是那么严格或不合理。③

第六节　古代城市治理体系政策上的情景化话语

一　古代城市的工具属性造就了其情景化特征

自古以来，城市一直是国家体系运作的标志，"中国古代城市不仅是政治统治的中心，它本身就是统治者获取或维护权力的一种工具或手段"④。但是，从行政建制意义上说，中国古代缺乏现代意义上的"城市"的划分标准，⑤"城"作为整体一般实行无差别的城乡合治，由管辖包含周边区域的一个（也可能是几个）附郭县（府州及其以上行政层级）或者县管辖，"城"与其周边地区在行政层面上没有显著的区分。城市作为地方政府的地理空间支撑，身份介于超地方的国家权力与地方社会之间，承担着国家治理的地方行政运作职能，"城市的这种标志性，常常体现在中国传统形象画法的地图中，并因被夸大而凸显"⑥，甚至形成了"一种渗透到地图绘制中的用城楼的层数来体现行政

---

① 〔美〕牟复礼：《元末明初时期南京的变迁》，载〔美〕施坚雅主编《中华帝国晚期的城市》，叶光庭等译，中华书局，2000，第157页。

② （唐）长孙无忌等：《唐律疏议》卷二六《杂律》，中华书局，1985，第490页。

③ 刘淑芬：《六朝的城市与社会》（增订本），南京大学出版社，2021，第451页。

④ 鲁西奇：《中国历史的空间结构》，广西师范大学出版社，2014，第328页。

⑤ 成一农：《中国城市史研究》，商务印书馆，2020，第9页。

⑥ 李孝聪：《城市——明清帝国体制运作的标志》，载陈恒、洪庆明主编《世界历史评论》第3卷第2期，上海人民出版社，2016，第3页。

等级的观念"①，而与城市本身的属性完全脱离了关系。城市治理的自主性也完全由地方政府的自主性所代表，如城市治理最直观的内容代表对外安全的城墙，就一直由城里的州、县等地方政府掌管。城市治理的基本内容只剩下最基本的对内治安治理和基层社区治理，远没有地方治理内容完备、体系健全，呈现出明显先天不足的残缺状态。由于缺少制度完善的法律边界，城市治理实践紧紧依赖不同群体、社会组织在不同时间、地点获得的特定空间，采取非常情景化和多变的形式，城市内部治理就是这种逻辑体系的不断复制，城市内在的个性化特征也只能是分散在这些各不相同的专项治理和基层治理中的共性。

二 厘定边界是情景化话语的基本逻辑

城市治理是带有城市属性的治理，这个城市属性主要指的是城市的空间感。②"中国社会力量分化清晰，不同的势力均可能拥有各自的社会空间"③，并拥有各自对空间的象征表达。在古代城市治理实践中，常用的政策手段就是在空间上限制和控制人们流动的需求，实施的形式主要是促进城市内部网络空间的分散和整合，这种具体化的空间调整就是城市治理实践的情景化。通过情景化的治理政策，最终对应并支持了城市功能的运作和总体等级秩序的维护，也实现了城市治理的自主性。情景化是建立在各种边界的清晰化基础上的，城市中边界的使用，"帮助架构了整个城市空间的社会政治和制度框架。从院落和街区的墙到街道路口的栅栏，到围绕各区的巡逻路线，到城墙和围绕中心的宫墙：它们都是划分整个空间的边界"④。这样以公共空间（街道）或人为设置障碍的方式实现了城市的分区管理机制，并实现了分层分类的治理目标。古代城市街坊整体布局上讲求内外、主次、大小等异质空间的和谐过渡，"公共

---

① 成一农：《理想与现实——明清时期政区舆图所描绘的城池》，载陈恒、洪庆明主编《世界历史评论》第 3 卷第 2 期，上海人民出版社，2016，第 32 页。

② 葛永海：《中国城市叙事的古典传统及其现代变革研究》，商务印书馆，2022，第 15 页。

③ 王铭铭：《刺桐城：滨海中国的地方与世界》，生活·读书·新知三联书店，2018，第 59 页。

④ 朱剑飞：《中国空间策略：帝都北京（1420—1911）》，诸葛净译，生活·读书·新知三联书店，2017，第 315 页。

的庙宇建筑常沿主街布置，宅院依靠支巷与主街联系，增强住宅的私密性，体现内外有别的明确分区"①。城坊大体按功能分区建设、居民按身份居住已经成为一个普遍现象。秦代的里制，"里"的居民有"闾左"与"闾右"之分。魏晋南北朝至隋唐，根据更加严格的阶层和身份划分居民区，形成了身份、地位相近的人群聚居的现象。坊市分离制度瓦解后，直到明清，坊区作为城市管理的基层架构并没有消失，"当时街坊虽然是贵族、官吏与一般居民相杂，但是贵族与官吏也还聚居在一定地区，以便于保卫与出行"②。

三　时、物与人融合成古代城市治理特有的情景化模式

城市治理政策的实施是由时间、设施与治理力量深度组合所展现出来的情景实现的。这种古代城市治理特有的模式，以时间信号的发出为政策执行过程开始的依据，以城门、坊门或栅栏等设施的置放到位为政策执行过程结束的标志，以执法人员的动态巡查为政策执行过程中的监督。无论是固定的殿门、宫门、城门、坊门等各个层次的通道启闭，还是用可移动的栅栏、卫兵封闭街巷，以及军巡或火甲队伍的巡逻，其本质都是政策情景构成元素，时、物、人三要素科学分工、无缝对接，形成了一个科学严密的政策体系。古代城市治理的情景化政策模式融即时性、场景性和权威性为一体，将城市治理的秩序监管行为精细化为鼓的警示、门的闭合、墙的隔离，通过调节城市各个构成部分之间的联系这一城市运行生命线，限制内外的交互流动和联络性，以人流的切断与恢复实时管控人流的状态及其流动方向，实现了情景状态与人的行动的对应。通过这种对应，将复杂的城市社会秩序转化为简便易行的情景，形成了从上向下流动的强有力的城市社会控制力量，最大限度地消解了社会的不确定性，实现了控制公共秩序的目标。"这是一个切割与围合空间的墙的世界，它没有开放的空间，也没有连续而集中的自发都市性空间"③，情景性政策模式的这种严密配合特征，充分利用设施等多元要素

---

① 李昕泽：《里坊制度研究》，博士学位论文，天津大学，2010，第101页。
② 杨宽：《中国古代都城制度史研究》，上海人民出版社，2016，第577页。
③ 朱剑飞：《中国空间策略：帝都北京（1420—1911）》，诸葛净译，生活·读书·新知三联书店，2017，第84页。

弥补了主要依靠管理人员可能出现的漏洞，并利用情景产生的规训作用促使行动者由他律向自律转变，深化了城市治理政策所应有的制度规范内在属性，保证了城市治理政策效果的深度和广度。

第七节　古代城市治理机制上的协同化话语

一　王霸间杂是城市治理机制的指导思想

"复杂的、多层次的组合，才是中国古代城市居民（市民）的特点。"① 作为城市治理体系中最关键的实践层次，城市治理机制为了适应这种特点采取了王霸间杂、软硬兼施的思路。这在城市空间尤其是都城的空间布置上体现得十分突出，"一方面作为被设计的理想的形式空间，遵从儒家正统的都城规划模式，以平面的象征形式表现出'王道'的理想；另一方面，更重要的则是作为被使用的真实场所，它的空间设计深植于法家的理论之中，并通过运动、社会实践以及人们的日常生活而最终显示出帝都空间的'霸道'本质"②。同时，古代城市治理法律制度的核心逻辑是"法制简约"，也就是重点打击危害皇权、纲常礼教以及社会秩序的重大刑事犯罪行为，除此之外的大量社会行为则由社会的乡规民约及家庭的族规等进行规范。另外，"王道"还体现为由礼治衍生出的"教治"，"在儒家语境中，'教'是古代中国'政教合一'传统中的一项政治实践，兼具社会性和道德性，是统治者通过传递政治要求、价值观念使下层民众形成良好的道德修养、净化社会风气，从而达到政局稳定、社会和谐的一种统治手段"③。这种"教化"尤其在城市社会治理中发挥极为重要的辅助作用。从秦汉时起，城市基层的乡里组织就在承担经济赋役功能的同时，发挥社会教化作用。到了隋唐，虽然由于乡里组织被从行政体系中剥离出去，其教化功能一度被削弱，但随着北宋推行保甲法，乡里的教化功能又得到恢复和强化。这种教化功能还反映在

---

① 宁欣：《城市化进程的历史反思：以唐宋都城为中心》，河南人民出版社，2019，第7页。

② 朱剑飞：《中国空间策略：帝都北京（1420—1911）》，诸葛净译，生活·读书·新知三联书店，2017，第14页。

③ 李雅雯：《亦师亦吏：汉代社会治理的循吏作用》，《北京日报》2020年3月23日，第11版。

城市地名中，"官方努力主导对'城门'等重要场所命名的过程，在街巷名方面努力与'俗名'竞争"①。

二　官民协同是城市治理机制的逻辑

随着人口流动加剧，"里闾无豪族，井邑无衣冠，人不土著"②，使居民集中的外郭城逐渐成为城市治理的中心和重心，推动城市管理体系的成熟与完善。"政治力量碰到社会力量时，必须运用民间力量来协调，不然政府的管理就不能落实。"③ 因此，从秦汉时期开始，与相对完善的国家治理中强大的政府力量相比，城市治理体系就显示出了更加明显的官民协同特点。如在古代城市治理中长期实行的宵禁制，街巷实行专职巡逻的军人与居民轮派的治安人员分区分段地来回巡查。城市管理分为民间自治管理和政府管理，在政府管理居于主导地位的同时，政府对基层社会管理是比较松散或者说放任的，以自我监管或者说委托管理为主，城市中的退休官员和乡绅对城市管理有很大影响，"社会做出了巨大努力来协调国家法令规范城市居民生活空间的方式"④。一方面，乡里等基层管理人员逐渐由正式的国家行政管理人员转变为职役制的半官方半民间的角色，最后彻底变为自治，但是官方支持一直是这些古代基层治理得以顺利展开的根本保障。另一方面，古代城市的基层社会治理也存在自身的运行体系，一般由街坊推举正直热心、德高望重的人通过议定乡约与规范来处理内部公共事务，维护街区的公共秩序。这些正直热心、德高望重的人能够顺利推动社会公共服务，与其社会地位背后的官方认可密不可分。另外，城市公共事业的发展和完善，也往往采取官民共建的方式。⑤

三　多元融合是官民协同机制的具体表现

驻扎城中的各级政府集权与社会精英向城市集中，形成了城市内

---

① 罗桂林：《地名与日常生活的政治——以福州历史上的地方兴替为中心》，载张利民主编《城市史研究》第 34 辑，社会科学文献出版社，2016，第 146～147 页。
② （唐）杜佑：《通典》卷一七《选举五》，王文锦等点校，中华书局，1988，第 416 页。
③ 许倬云：《从历史看管理》，新星出版社，2017，第 26～27 页。
④ 〔美〕费丝言：《谈判中的城市空间：城市化与晚明南京》，王兴亮译，浙江大学出版社，2021，第 4 页。
⑤ 宁欣：《城市化进程的历史反思：以唐宋都城为中心》，河南人民出版社，2019，第 126 页。

部与乡村显著不同的熟谙政治治理的整体氛围，为古代城市治理体系
各种主体的融合治理奠定了基础。从政府的城市治理政策上看，对因
资源紧缺而产生的社会冲突和矛盾，主要采取的是倾斜与调剂相结合
的原则。倾斜指的是向上层群体（包括皇室、贵族、官僚、大工商业
者等）倾斜，保证他们的供给。调剂指的是政府采取积极措施，解决
民生问题。如调拨粮食和其他紧缺物资，采取配给制的方式控制消费
总量等。① 从城市最核心的治安机制上看，主干街道由政府治安部队负
责，而街区内部则由社会负责执行相关制度，二者实现了有机结合。
在城市日常的社会治理上，还形成了中国特色的"化礼成俗"机制。
"所谓'化礼成俗'，主要是指通过礼乐教化，辅之以惩罚约束等手
段，将伦理道德点点滴滴渗入人们内心，成为人们普遍内化的认知，
在此基础上内化于心、外化于行，以内心理性约束外在行为，并将这
种有意识的行为生活化、习惯化，进而成为日用而不觉的行为习惯。"②
礼是官方的，俗是社会的，社会治理就在潜移默化中得以实现。同时，
从天子到庶民都有各自所属的"庙"和"社"，"社"是政治地缘关系的
表现，是个人社会身份和地位的象征。也就是说，"通过祭祀供奉不同土
谷神的土地庙（城隍庙）进行自我界定和强化内部联系的自治单元"③。
此外，在城市流动人口的管理上，会馆既是客籍商人自我管理、谋求发
展的社会组织，也是地方政府对外来人口加强管理的重要辅助力量。

小　结

　　"城市影响力的日益增长引起国家对城市的规定和文化解释的相应变
化"④，形成了一个不断积累的连续过程，在这一过程中将中国古代城市
治理的制度、理念落实到每一个个体，融入每个人的具体生活之中。在

---

① 宁欣：《城市化进程的历史反思：以唐宋都城为中心》，河南人民出版社，2019，第
　　133 页。
② 窦竹君：《传统中国的基层社会治理机制》，中华书局，2021，第 86 页。
③ 傅舒兰：《苏州传统城市治理的空间结构及其近代化研究》，载顾朝林编《城市与区域
　　规划研究》第 13 卷第 2 期，商务印书馆，2021，第 79 ~ 80 页。
④ 〔美〕费丝言：《谈判中的城市空间：城市化与晚明南京》，王兴亮译，浙江大学出版
　　社，2021，第 3 页。

这种融入之中，逐步凝结出古代城市治理体系的意识形态、价值导向、基本内涵、主体性质、方向路径、政策风格、运行机制等核心要素的基本逻辑，这些逻辑进一步生成了具有中国特征的古代城市治理话语体系。中国古代城市治理话语体系不仅是一种抽象的理论分析框架，而且是中国城市治理发展的重要规律，也是用西方的思路无法解决中国城市问题的症结所在。

参考文献

《马克思恩格斯文集》第 2 卷，人民出版社，2009。

《列宁全集》（第 2 版增订版）第 23 卷，人民出版社，2017。

〔英〕安德鲁·海伍德：《政治学》（第 2 版），张立鹏译，中国人民大学出版社，2006。

（汉）班固：《汉书》，中华书局，1962。

包伟民：《宋代城市研究》，中华书局，2014。

陈国灿：《南宋城镇史》，人民出版社，2009。

陈力：《东周秦汉时期城市发展研究》，三秦出版社，2010。

陈筱：《中国古代的理想城市——从古代都城看〈考工记〉营国制度的渊源与实践》，上海古籍出版社，2021。

陈寅恪：《金明馆丛稿二编》，上海古籍出版社，1980。

陈直校证《三辅黄图校证》，陕西人民出版社，1980。

陈智勇：《中国古代社会治安管理史》，郑州大学出版社，2003。

成一农：《空间与形态——三至七世纪中国历史城市地理研究》，兰州大学出版社，2012。

成一农：《中国城市史研究》，商务印书馆，2020。

〔美〕道格拉斯·C. 诺思：《经济史中的结构与变迁》，陈郁、罗华平等译，上海三联书店、上海人民出版社，1994。

〔美〕道格拉斯·C. 诺思：《制度、制度变迁与经济绩效》，杭行译，格致出版社、上海人民出版社，2016。

邓文龙、梁曦文、胡睿：《广川之上——中国古代城市》，浙江少年儿童出版社，2018。

〔德〕迪特·哈森普鲁格：《中国城市密码》，童明、赵冠宁、朱静宜译，清华大学出版社，2018。

董鉴泓主编《中国城市建设史》，中国建筑工业出版社，2004。

董巧霞：《〈周礼〉所见地方行政组织考察》，博士学位论文，东北师范大学，2009。

窦竹君：《传统中国的基层社会治理机制》，中华书局，2021。

（南朝宋）范晔：《后汉书》，中华书局，1965。

〔美〕费丝言：《谈判中的城市空间：城市化与晚明南京》，王兴亮译，
　　浙江大学出版社，2021。

费孝通：《乡土中国》，江苏文艺出版社，2007。

〔日〕富谷至：《文书行政的汉帝国》，刘恒武、孔李波译，江苏人民出
　　版社，2013。

傅崇兰：《城市史话》，社会科学文献出版社，2011。

高敏：《秦汉史探讨》，中州古籍出版社，1998。

葛永海：《中国城市叙事的古典传统及其现代变革研究》，商务印书馆，
　　2022。

〔日〕宫崎市定：《中国聚落形态的变迁》，张学锋、马云超、石洋译，
　　上海古籍出版社，2018。

顾朝林等：《中国城市地理》，商务印书馆，1999。

郭湖生：《中华古都》，中国建筑工业出版社、中国城市出版社，2021。

韩大成：《明代城市研究》（修订本），中华书局，2009。

韩光辉：《宋辽金元建制城市研究》，北京大学出版社，2011。

何一民：《中国城市史》，武汉大学出版社，2012。

何一民主编《中国城市通史（秦汉魏晋南北朝卷）》，四川大学出版
　　社，2020。

贺业钜：《考工记营国制度研究》，中国建筑工业出版社，1985。

贺业钜：《中国古代城市规划史》，中国建筑工业出版社，1996。

黄敬斌：《郡邑之盛：明清江南治所城市研究》，中华书局，2017。

〔美〕黄宗智、尤陈俊主编《从诉讼档案出发：中国的法律、社会与文
　　化》，法律出版社，2009。

〔韩〕金大珍：《北魏洛阳城市风貌研究——以〈洛阳伽蓝记〉为中心》，
　　中国社会科学出版社，2016。

〔日〕久保田和男：《宋代开封研究》，郭万平译，上海古籍出版社，2010。

李进：《宋元明清时期城市设计礼制思想研究》，人民日报出版社，2017。

李久昌：《两京与两京之间历史地理研究》，科学出版社，2020。

李明丽:《〈左传〉国野叙事研究》,博士学位论文,吉林大学,2018。

李凭:《北魏平城时代》,上海古籍出版社,2014。

(宋)李焘:《续资治通鉴长编》,中华书局,1992。

李孝聪:《历史城市地理》,山东教育出版社,2007。

李孝聪:《中国城市的历史空间》,北京大学出版社,2015。

李昕泽:《里坊制度研究》,博士学位论文,天津大学,2010。

李鑫:《商周城市形态的演变》,中国社会科学出版社,2012。

李泽厚:《中国古代思想史论》,生活·读书·新知三联书店,2008。

林立平:《封闭结构的终结》,广西人民出版社,1989。

林玉军:《唐至元代城市民政与治安管理演变研究》,博士学位论文,北
    京大学,2010。

刘君德、范今朝:《中国市制的历史演变与当代改革》,东南大学出版
    社,2015。

刘淑芬:《六朝的城市与社会》(增订本),南京大学出版社,2021。

〔美〕刘易斯·芒福德:《城市发展史——起源、演变和前景》,倪文彦、
    宋俊岭译,中国建筑工业出版社,1989。

卢海鸣:《六朝都城》,南京出版社,2002。

卢现祥:《西方新制度经济学》,中国发展出版社,1996。

鲁西奇:《中国历史的空间结构》,广西师范大学出版社,2014。

罗桂林:《地名与日常生活的政治——以福州历史上的地方兴替为中
    心》,载张利民主编《城市史研究》第34辑,社会科学文献出版
    社,2016。

罗文恩等:《西方城市管理思想与流变》,社会科学文献出版社,2018。

吕振羽:《殷周时代的中国社会》,生活·读书·新知三联书店,1983。

马非百:《盐铁论简注》,中华书局,1984。

(宋)孟元老撰,邓之诚注《东京梦华录注》,中华书局,1982。

孟昭华、王涵编著《中国民政通史》上卷,中国社会出版社,2006。

宁欣:《城市化进程的历史反思——以唐宋都城为中心》,河南人民出版
    社,2019。

庞骏:《东晋建康城市权力空间——兼对儒家三朝五门观念史的考察》,
    东南大学出版社,2012。

钱穆：《中国历史研究法》，生活·读书·新知三联书店，2001。

〔瑞典〕乔恩·皮埃尔、〔美〕B. 盖伊·彼得斯：《治理、政治与国家》，
　　唐贤兴、马婷译，格致出版社，2019。

曲英杰：《古代城市》，文物出版社，2003。

任重、陈仪：《魏晋南北朝城市管理研究》，中国社会科学出版社，2003。

〔美〕施坚雅主编《中华帝国晚期的城市》，叶光庭等译，中华书局，
　　2000。

史念海：《中国古都和文化》，重庆出版社，2021。

（汉）司马迁：《史记》，中华书局，1959。

（明）宋濂等：《元史》，中华书局，1976。

〔英〕汤因比：《历史研究》（插图本），刘北成、郭小凌译，上海人民出
　　版社，2019。

（元）脱脱等：《宋史》，中华书局，1977。

万晋：《"变动"与"延续"视角下的唐代两京研究》，商务印书馆，
　　2018。

汪洪涛编著《制度经济学——制度及制度变迁性质解释》，复旦大学出
　　版社，2003。

王贵祥等：《明代城市与建筑——环列分布、纲维布置与制度重建》，中
　　国建筑工业出版社，2013。

王国维：《观堂集林》，河北教育出版社，2003。

王铭铭：《刺桐城：滨海中国的地方与世界》，生活·读书·新知三联书
　　店，2018。

王瑞成：《中国城市史论稿》，四川大学出版社，2000。

王社教：《古都西安·汉长安城》，西安出版社，2009。

王振霞、王玉冲：《古罗马城市与城市化》，山东人民出版社，2018。

（北齐）魏收：《魏书》，中华书局，1974。

吴刚：《中国古代的城市生活》，商务印书馆国际有限公司，1997。

吴良镛：《中国人居史》，中国建筑工业出版社，2014。

夏炎主编《中古中国的都市与社会》，中西书局，2019。

肖建乐：《唐代城市经济研究》，人民出版社，2009。

萧斌主编《中国城市的历史发展与政府体制》，中国政法大学出版

社，1993。

徐龙国：《秦汉城邑考古学研究》，中国社会科学出版社，2013。

（清）徐松撰，李健超增订《增订唐两京城坊考》（修订版），三秦出版社，2006。

徐卫民：《秦汉都城研究》，三秦出版社，2012。

许宏：《先秦城市考古学研究》，北京燕山出版社，2000。

许宏：《大都无城：中国古都的动态解读》，生活·读书·新知三联书店，2016。

许倬云：《从历史看管理》，新星出版社，2017。

〔古希腊〕亚里士多德：《政治学》，吴寿彭译，商务印书馆，1981。

阎步克：《波峰与波谷——秦汉魏晋南北朝的政治文明》，北京大学出版社，2017。

杨鸿年：《隋唐两京考》，武汉大学出版社，2005。

杨宽：《中国古代都城制度史研究》，上海人民出版社，2016。

杨一凡、田涛主编《中国珍稀法律典籍续编》第1册，黑龙江人民出版社，2002。

袁芳馨：《唐代长安城治安管理制度研究》，硕士学位论文，首都师范大学，2009。

袁琳：《宋代城市形态和官署建筑制度研究》，中国建筑工业出版社，2013。

〔英〕约翰·里德：《城市的故事》，郝笑丛译，生活·读书·新知三联书店，2016。

〔英〕约翰·伦尼·肖特：《城市秩序：城市、文化与权力导论》，郑娟、梁捷译，上海人民出版社，2011。

臧知非：《战国秦汉行政、兵制与边防》，苏州大学出版社，2017。

曾宪义主编《新编中国法制史》，山东人民出版社，1987。

张春兰：《城市发展与权力运作：唐代都城管理若干问题研究》，人民出版社，2018。

张岱年、程宜山：《中国文化精神》，北京大学出版社，2015。

张国硕：《夏商时代都城制度研究》，河南人民出版社，2001。

张鸿雁：《春秋战国城市经济发展史论》，辽宁大学出版社，1988。

张继海：《汉代城市社会》，社会科学文献出版社，2006。

张晓虹：《匠人营国：中国历史上的古都》，江苏人民出版社，2020。

张学锋编《"都城圈"与"都城圈社会"研究文集——以六朝建康为中心》，南京大学出版社，2021。

张驭寰：《中国城池史》，中国友谊出版公司，2015。

张泽咸：《唐代工商业》，中国社会科学出版社，1995。

赵伯雄：《周代国家形态研究》，湖南教育出版社，1990。

赵鼎新：《国家、战争与历史发展：前现代中西模式的比较》，浙江大学出版社，2015。

赵汀阳：《天下体系——世界制度哲学导论》，中国人民大学出版社，2011。

周长山：《汉代城市研究》，人民出版社，2001。

周振超：《当代中国政府"条块关系"研究》，天津人民出版社，2009。

周振鹤：《中国地方行政制度史》，上海人民出版社，2014。

周执前：《国家与社会：清代城市管理机构与法律制度变迁研究》，巴蜀书社，2009。

〔美〕朱迪斯·戈尔茨坦、罗伯特·O. 基欧汉：《观念与外交政策——信念、制度与政治变迁》，刘东国、于军译，北京大学出版社，2005。

朱剑飞：《中国空间策略：帝都北京（1420—1911）》，诸葛净译，生活·读书·新知三联书店，2017。

朱绍侯主编《中国古代治安制度史》，河南大学出版社，1994。

包伟民：《意象与现实：宋代城市等级刍议》，《史学月刊》2010 年第 1 期。

曹尔琴：《唐代长安城的里坊》，《人文杂志》1981 年第 2 期。

陈昌文：《汉代城市的治安与组织管理》，《安徽师大学报》（哲学社会科学版）1998 年第 3 期。

陈昌文：《汉代城市规划及城市内部结构》，《史学月刊》1999 年第 3 期。

陈鸿彝：《对古代治安的理论思考》，《中国人民公安大学学报》（社会科学版）2000 年第 2 期。

陈鸿彝：《隋唐时期的社会层面控制》，《江苏公安专科学校学报》1998 年第 4 期。

成一农：《理想与现实——明清时期政区舆图所描绘的城池》，载陈恒、洪庆明主编《世界历史评论》第 3 卷第 2 期，上海人民出版社，2016。

戴建国：《唐〈开元二十五年令·田令〉研究》，《历史研究》2000 年第 2 期。

范学辉、吕仁祥：《西周、春秋地方行政制度略论》，《山东工业大学学报》（社会科学版）1996 年第 3 期。

冯春生：《我国历史上数县同治一城现象之探讨》，《浙江师大学报》（社会科学版）1995 年第 6 期。

冯继康、王洪生：《制度变迁理论的逻辑蕴涵及现代价值》，《云南行政学院学报》2001 年第 1 期。

傅舒兰：《苏州传统城市治理的空间结构及其近代化研究》，载顾朝林编《城市与区域规划研究》第 13 卷第 2 期，商务印书馆，2021。

傅兆君：《论春秋战国时期城乡对立运动的发展与经济制度的创新》，《中国史研究》1999 年第 4 期。

顾銮斋：《中西封建社会城市地位与市民权利的比较分析》，《世界历史》1997 年第 5 期。

郭璐：《从〈晏子春秋〉谈对中国古代城市轴线的认识》，《北京规划建设》2012 年第 2 期。

郭雪飞：《传统到近代：中国城市管理理念的演变》，《西南民族大学学报》（人文社会科学版）2015 年第 5 期。

韩光辉、林玉军、魏丹：《论中国古代城市管理制度的演变和建制城市的形成》，《清华大学学报》（哲学社会科学版）2011 年第 4 期。

韩光辉、魏丹、王亚男：《中国北方城市行政管理制度的演变——兼论金代的地方行政区划》，《城市发展研究》2012 年第 7 期。

贺云翔、陈思妙：《明清城墙的城市规划影响力——以荆州城墙、襄阳城墙为例》，《中国文化遗产》2016 年第 3 期。

姜伯勤：《从判文看唐代市籍制的终结》，《历史研究》1990 年第 3 期。

李纯：《中国古代城市制度变迁与城市文化生活的发展》，《美与时代》（城市版）2015 年第 5 期。

李学勤：《战国题铭概述（上）》，《文物》1959 年第 7 期。

李迎春：《试论秦汉郡县长官任免升迁属吏权的变化》，《浙江学刊》
　　2014 年第 3 期。

刘爱武、肖贵清：《中外不同语境中的"中国模式"概念辨析》，《山东
　　社会科学》2011 年第 9 期。

刘建军、孙杨程：《历史·社会·环境：中国古代治理体系长期存续的三
　　重密码》，《河南社会科学》2017 年第 12 期。

刘庆柱：《中国古代都城遗址布局形制的考古发现所反映的社会形态变化
　　研究》，《考古学报》2006 年第 3 期。

鲁西奇、马剑：《城墙内的城市？——中国古代治所城市形态的再认
　　识》，《中国社会经济史研究》2009 年第 2 期。

罗晓翔：《"国都记忆"与晚明南京的地方叙事——兼论明清时期的国家
　　与城市关系》，《江海学刊》2017 年第 6 期。

彭华：《王朝正统论与政权合法性——以商周鼎革为例》，《四川大学学
　　报》（哲学社会科学版）2021 年第 6 期。

权家玉：《画地为牢：南朝政权的京畿化与政局演变》，《厦门大学学报》
　　（哲学社会科学版）2016 年第 5 期。

权玉峰、张磊：《南朝都城行政官员研究——以建康令为例》，载柴冰、
　　董劭伟主编《中华历史与传统文化论丛》第 4 辑，中国社会科学出
　　版社，2018。

任重：《十六国城市史二题》，《福建论坛》（人文社会科学版）2002 年
　　第 6 期。

申言：《中国古代城市研究概说》，《中国史研究动态》1989 年第 2 期。

孙晖、梁江：《唐长安坊里内部形态解析》，《城市规划》2003 年第 10 期。

孙圣民：《制度和发展的政治经济学：制度变迁理论最新进展综述》，载
　　《中国制度经济学年会论文集》，2006。

陶新华：《论魏晋南朝地方政权的军事化》，《史学月刊》2002 年第 4 期。

王安泰：《天命有归——三国时期的地方行政体系与正统观》，《华东师
　　范大学学报》（哲学社会科学版）2018 年第 4 期。

王子今：《走马楼简牍所见"吏"在城乡联系中的特殊作用》，《浙江社
　　会科学》2005 年第 5 期。

吴先宁：《南北朝经学异同与社会政治》，《中国社会科学院研究生院学

报》1991 年第 4 期。

宿白:《北魏洛阳城和北邙陵墓——鲜卑遗迹辑录之三》,《文物》1978
年第 7 期。

闫明:《门牌保甲与清代基层社会控制——以清代门牌原件为中心的考
察》,《南京大学学报》(哲学·人文科学·社会科学)2013 年第 2 期。

杨光斌:《诺斯制度变迁理论的贡献与问题》,《华中师范大学学报》(人
文社会科学版)2007 年第 3 期。

杨光斌:《中国政治学的研究议程与研究方法问题》,《教学与研究》2008
年第 7 期。

杨茜、冯贤亮:《官绅互动与万历年间的南京社会:以丁宾的活动为中
心》,《江苏社会科学》2012 年第 1 期。

姚尚建:《在城市革命之前——中国古代城市的制度巩固》,《晋阳学刊》
2017 年第 5 期。

尹向阳:《宋代政府市场管制制度演进分析》,《中国经济史研究》2008
年第 2 期。

于赓哲:《中国中古时期城市卫生状况考论》,《武汉大学学报》(人文科
学版)2015 年第 3 期。

于云瀚:《〈管子〉一书所反映的春秋战国时代的城市居民管理》,《管子
学刊》1998 年第 3 期。

袁玉洁:《我国门牌制度沿革:由简至繁再至简》,《春秋》2016 年第
5 期。

占焕然:《从"坊"字词频词义谈中国里坊制度的形成与发展》,《建筑
与文化》2019 年第 3 期。

张春兰:《由唐入宋都城管理制度的变革》,载姜锡东主编《宋史研究论
丛》第 12 辑,河北大学出版社,2011。

张鸿雁:《论中国古代城市的形成》,《辽宁大学学报》1985 年第 1 期。

张金龙:《北魏洛阳里坊制度探微》,《历史研究》1999 年第 6 期。

张荣明:《西周地方行政制度辨析》,《烟台师范学院学报》(哲学社会科
学版)1987 年第 2 期。

张学锋:《所谓"中世纪都城"——以东晋南朝建康城为中心》,《社会
科学战线》2015 年第 8 期。

张永禄：《唐都长安城坊里管理制度》，《人文杂志》1981 年第 3 期。

张玉莲：《汉代都亭考》，《中国文化研究》2007 年第 3 期。

赵理文：《制度、体制、机制的区分及其对改革开放的方法论意义》，
　　《中共中央党校学报》2009 年第 5 期。

赵世超：《西周的国和野》，《史学月刊》1988 年第 2 期。

赵贞：《唐代长安城街鼓考》，《上海师范大学学报》（哲学社会科学版）
　　2006 年第 3 期。

邹水杰：《秦汉县丞尉设置考》，《南都学坛》2002 年第 6 期。

后　记

接到可以结题出版的消息，不由得长舒一口气，历经三年的艰苦努力，总算可以告一段落。作为一个研究城市公共管理与政策的学人，在同人们大多埋首于引入西方城市治理新论或投身国内城市治理实践的时候，为什么我却做起了古代城市治理研究这样一件吃力不讨好的事情呢？这也是很多身边好友不时对我发出的追问。就个人而言，除了对古代历史有些天生的兴趣，在古代城市治理方面确实没有太多的积累，所以在此有必要做些交代。说到写作本书的缘由，既是偶然，也是必然。说其偶然，是其动机。这个主题进入我的视野，是在写完《西方城市管理：历史、理论与政策》之后，动手准备写作《中国共产党城市管理思想》之时，在梳理中国传统城市管理理念对现实的影响过程中，却发现这一方面缺乏成体系的研究，特别是从规范的公共管理视角进行的研究付之阙如。为了更好地进行后续的工作，只好停下手头已经开始的研究，先完成古代城市治理研究这一工作，也就是现在做的这项工作其实是《中国共产党城市管理思想》的基础。说其必然，是其事功。当前的中国城市治理阶段，正处于由学习借鉴西方经验向实现中国式城市现代化的转折期，探索、构建中国城市现代化治理体系任务艰巨，特别是需要进行大量的知识积累，古代城市治理的研究工作恰恰是这一任务无法绕开的基础性环节。

在本书的写作过程中，我进一步加深了对中国城市治理内涵特性的整体性认识，特别是古代城市治理中的个性化内涵，在当前的城市管理研究中对此尚缺乏清晰认知，这一问题尚未引起足够重视。"牧人民，为之城郭。内经闾术，外为阡陌"，这虽然是汉代人对城市治理的概括，但它却比较全面地涵盖了中国古代城市治理的基本内涵，突出了中国城市治理体系所具有的结构、政策、机制三位一体特征，体现了上位思维和本位思维的有机统一，并彰显了中国城市治理的国家话语与西方城市治理的地方话语的根本区别。也就是说，中国城市治理是从宏观的国家治理和中观的地方治理这样的双重内涵出发的。城市治理首先或者说首要的是国家话语，这是中国城市自古至今的行政治所性质所决定的，所以虽然古代"皇权不下县"，却仍然能够实现大一统中央集权国家的有效统治；当代著名学者夏书章先生就指出，"城市管理不是在国家行政体系之外的'无上级'的管理"，也强调了这一内涵的重要意义。当前国内城市治理一般指涉的城市更多类同于西方城市治理的地方话语，与之相比则处于次要的位置。这是中国古代城市治理体系对现代城市治理研究和实践的一个重要启示，也是当前中国城市治理所忽视的内容。其实，这一上位思维的重要性，已引发西方学者的关注。美国学者杰拉德·弗拉格和大卫·巴伦指出，在重点关注的城市自治之外，"美国的每座城市都有州政府为其设立的法律边界和地理边界，这限制了城市的权力"。"这些结构是城市据以运行的法律机制。""它们在城市控制之外，却决定了城市能做什么和不能做什么。"

　　同时，本书的写作历程进一步强化和印证了我对古代城市治理重要性和艰巨性的深刻认识。一方面，相关学科涉及古代城市治理研究的资料内容浩繁，不断带来意想不到的惊喜，让我从历史这面镜子中看到了很多城市治理现实行为习惯之由来，时常给枯燥的研究生活增添一些"原来如此"的会心一笑情趣，更为重要的是，它为更加全面深刻地理解城市社会行为提供了清晰有力的合理性视角，为减少在政策实践中因缺乏城市历史逻辑造成"建设性破坏"后果而不自知的治理困境提供了有力保障。另一方面，古代城市治理的现有研究成果整体上体系散乱、深度不够，不仅缺乏从城市治理自身学科规范出发的体系性研究，而且从城市治理现实需要出发的研究也少之又少，这在加大本书写作任务难度和复杂度的同时，也使我进一步认识到了古代城市治理研究任务的宏大和艰巨。本书虽然在对现有研究资料的梳理和归纳之上，力图搭建起一个整体性的理论框架，但由于本人能力和精力所限，这些努力只能算是为中国城市治理这座理论大厦提供了一些基础性的知识积累，希望更多的城市治理界和公共管理界同人，带着中国之问和城市之问投入古代城市治理的研究工作，为构建中国城市治理和国家治理的话语体系贡献自己的一份力量。

　　本书是在国家社科基金后期资助项目"中国古代城市治理体系的变

迁、特征及经验研究"的最终成果基础上修改而成。虽然从篇幅上不算宏大，但由于当前尚缺乏关于中国古代城市治理体系的规范研究，以及个人生活所遭遇的不可抗力，所以撰写过程充满艰辛，甚至不得不在忍受身体和生活双重压力之下坚持完成这一工作。在此过程中，相关领导、朋友和家人的关爱和支持使我最终完成了这项工作。因此，首先要向项目立项和结项过程中提出宝贵意见的 8 位匿名专家表示诚挚的感谢，正是你们的专业意见令本书的质量不断得到提升。其次，要对我所在的北京建筑大学城市经济与管理学院的赵海云书记、孙成双院长、张丽副院长、王丹副院长的大力支持表示由衷感谢。再次，要感谢我的同门浙江工商大学的应琛副教授在本书选题和布局谋篇上提供的宝贵意见和全天候帮助。还要感谢我最亲爱的公管博07班同学们，特别是张汉威、宋玮玮、张芳芳诸君，关键时刻你们给予我的家人般的无私支持，是我人生之路上最坚实的后盾。另外，要感谢我的父母、妻子、一双儿女的陪伴，家庭是一世的修行，你们是照亮我学术和生活前行之路的明灯。我的研究生王金行、邓雅洁、杨佳慧所做的文本校读工作使本书增色不少，在此一并致谢。最后，要感谢出版社孙美子、段其刚、赵怀英等编辑老师的协调沟通及专业编校工作，这使本书的后期出版进行得更加顺畅。当然，受个人能力和专业水平所限，本书还存在诸多不足之处，烦请读者批评指正！

2023 年 4 月

于北京清华园半橡书舍

图书在版编目（CIP）数据

中国古代城市治理体系研究／陈松川著. -- 北京：
社会科学文献出版社,2023.8
国家社科基金后期资助项目
ISBN 978 - 7 - 5228 - 2313 - 3

Ⅰ.①中…　Ⅱ.①陈…　Ⅲ.①城市管理 - 研究 - 中国
- 古代　Ⅳ.①F299.22

中国国家版本馆 CIP 数据核字（2023）第 152460 号

国家社科基金后期资助项目
中国古代城市治理体系研究

著　　者／陈松川

出 版 人／冀祥德
责任编辑／王玉敏
文稿编辑／郭锡超
责任印制／王京美

出　　版／社会科学文献出版社·联合出版中心（010）59367153
　　　　　地址：北京市北三环中路甲 29 号院华龙大厦　邮编：100029
　　　　　网址：www.ssap.com.cn
发　　行／社会科学文献出版社（010）59367028
印　　装／三河市龙林印务有限公司

规　　格／开　本：787mm × 1092mm　1/16
　　　　　印　张：23.75　字　数：377 千字
版　　次／2023 年 8 月第 1 版　2023 年 8 月第 1 次印刷
书　　号／ISBN 978 - 7 - 5228 - 2313 - 3
定　　价／89.00 元

读者服务电话：4008918866